邵　雍 等著

中国近代土匪史

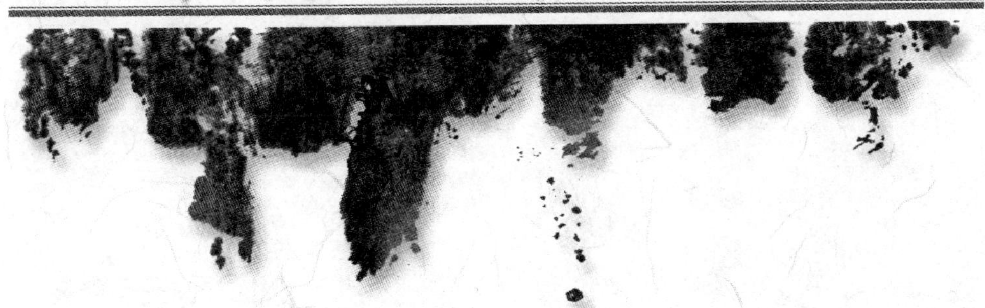

合肥工業大學出版社

目 录

绪 论 …………………………………………………………………… (1)

一 鸦片战争前后的土匪

鸦片战争前后的粤闽浙海盗 …………………………………………… (7)
鸦片战争时期的江苏水陆土匪 ………………………………………… (24)

二 太平天国时期的土匪

太平军兴起前后的土匪 ………………………………………………… (29)
道光末年广西会党的土匪活动 ………………………………………… (38)
从《豫军纪略》看咸丰同治年间的河南土匪 ………………………… (48)
郭嵩焘与广东匪患治理 ………………………………………………… (58)

三 光绪年间的土匪

晚清的灾荒与土匪 ……………………………………………………… (83)
刘坤一的治匪策略 ……………………………………………………… (86)
光绪年间的江浙盐枭 …………………………………………………… (89)
从《点石斋画报》看江南地区的盗匪问题 …………………………… (98)
中法战争结束后的广西游勇土匪
——以苏元春、陆荣廷为中心 ……………………………………… (107)
甲午战争时期的土匪动向 ……………………………………………… (118)
义和团运动时期的天津土匪 …………………………………………… (125)
袁世凯与十九、二十世纪之交的华北剿匪
——以《袁世凯奏议》为中心 ……………………………………… (132)

四　辛亥革命时期的土匪

1901—1911 年间的东北绿林 …………………………………………………（151）
日俄战争中的东亚义勇军 ……………………………………………………（159）
《图画日报》视野下的清末土匪 ……………………………………………（163）
革命党人的绿林工作 …………………………………………………………（170）
张謇论绿林土匪 ………………………………………………………………（176）
武昌起义后的各地土匪 ………………………………………………………（182）

五　北洋军阀时期的土匪

北洋军阀统治时期的土匪活动与社会变迁 …………………………………（189）
近代土匪的变态行为分析 ……………………………………………………（196）
由着装看近代土匪的心理 ……………………………………………………（204）
孙中山与民国绿林 ……………………………………………………………（211）
廖仲恺与广东土匪 ……………………………………………………………（218）
冯玉祥与绿林土匪 ……………………………………………………………（225）
从《申报》舆论看 1922 年河南匪患……………………………………………（234）
从洋票回忆看民国时期的土匪 ………………………………………………（242）
二十世纪二十年代江浙沪地区的水上盗匪 …………………………………（253）
民国时期安徽土匪的成因 ……………………………………………………（261）
从民国报刊看北伐时期的湖南土匪 …………………………………………（269）

六　南京国民政府时期的土匪

一首土匪歌谣的研究 …………………………………………………………（283）
二十世纪二三十年代中国女性匪首的婚姻家庭概观 …………………………（285）
刘桂堂与各派军阀 ……………………………………………………………（292）
三十年代河南省政府的剿匪及其失败 ………………………………………（300）
韩复榘与山东剿匪 ……………………………………………………………（306）

七　抗日战争时期的土匪

日本侵略者对土匪的利用 …………………………………………（315）
刘桂堂与日本侵略势力 ……………………………………………（323）
刘桂堂与八路军 ……………………………………………………（329）
张治中与抗战初期的湖南匪患 ……………………………………（334）
1935 年至 1941 年中共治理陕北地区土匪问题初探 ……………（346）

八　解放战争时期的土匪

陈云与东北剿匪 ……………………………………………………（357）
解放战争时期察北的剿匪斗争 ……………………………………（368）
新中国成立初期的苏北剿匪 ………………………………………（378）
邓小平与西南剿匪 …………………………………………………（385）

参考书目 ……………………………………………………………（391）

后　记 ………………………………………………………………（392）

绪　论

中国土匪历史悠久，古已有之。通常所称土匪者，乃是指占山为王，不受法律约束，采用暴力手段烧杀绑票，是对现存社会秩序有很大破坏性的武装集团。

土匪问题是困扰近代中国的一个严重的社会问题。近代以来由于清朝政府在对外战争中接连失败，其在国内的统治力量日趋衰弱，封建秩序陷于紊乱，使土匪有机可乘。而历次内外战争结束后大量被裁撤的兵勇，不甘解甲归田，又源源不断地投身土匪，这又是土匪在近代的一个新变化。

土匪猖獗

辛亥革命时期，新旧政权交替，治安力量大为减弱，大批游民一时得不到妥善的安置，酿成严重的匪乱。及至 1913 年二次革命失败后，受嫌疑的南方军队悉数被裁，由于谋生之路断绝，大多流为匪类，在城乡各地掳掠劫杀，制造恐怖。随着时间的推延，中国近代社会兵匪一家的特点表现得越来越明显。

北洋军阀时期，各派军阀混战，天灾频仍，民不聊生，不少人铤而走险，投身土匪以求自保。民初白朗起事横扫五省，临城劫车震惊中外，关外胡匪马贼盛行，关内会门神兵四起，构成了民国政治史上一道别致的人文风景线。

中国共产党和毛泽东等领导人很早就注意土匪问题。毛泽东在八七会议上指出，“土匪问题是非常大的问题。因此种会党土匪非常之多，我们应有策略。”秋收起义后毛泽东率工农革命军上井冈山之前力排众议，成功地制定了团结改造王佐、袁文才绿林武装的方针，建立了第一个农村革命根据地，从而创造了无产阶级先进政党善于改造绿林武装的范例。由彭德怀、滕代远领导平江起义后建立的红五军，在转战赣南时也提出了欢迎绿林洪会兄弟武装起来组织革命的游击队，以及打土豪分田地的口号。贺龙率领的红二方面军曾多次收编哥老会和神兵武装。红四方面军解放通、南、巴地区后，也与绿林任伟璋部合作过。

1931 年九一八事变后，东北群雄并起，一些有爱国心的绿林同仇敌忾，加入了抗日义勇军。中国共产党在组建东北抗日联军时同样注意到了团结绿林山林武装的问题。杨靖宇、赵尚志、李兆麟等人为此呕心沥血，做了大量的艰苦工作，使绿林成为抗联第三、四、八、九、十一诸军的一个主要组成部分，共同为抗日救国血洒白山黑水。

由于土匪领导权很多是为地主、土豪、惯匪所控制，阶级属性和传统的劣性决定他们为利之所在而趋之若鹜；再加上中共处理土匪问题上的“左”倾错误，并不是所有的土匪头目都愿意服从革命权威改造的。1933 年 5 月混入红二十九军的神团头目张正万发动马儿岩事变，杀害军长陈浅伦等人，最终搞垮了这支红军；还有抗联第八军军长谢文东、第九军军长李华堂不久叛变投敌，成为民族罪人。

日本帝国主义在长期侵华过程中，非常注意利用土匪。早在 20 世纪初日俄战争中，日本就利用马贼冯麟阁等部组织东亚义勇军，后成为伪满“国防大臣”的张海鹏即混迹其中。九一八事变后，日寇利用东北土匪某些头领组织“救国军”、“东北民众自卫军”和关东军别动队，华北事变前后又先后在当地招募某些土匪头领拼凑“东亚同盟军”、“自治救国军”等，作为其继续南侵的急先锋和马前卒。

关于中国土匪的日本漫画（1931 年）

七七事变后，国民党军在日军大举进攻时迅速溃败，华北以至江南先后出现过若干“真空”地带，各色游杂武装蜂起，成为地方一霸。中国共产党与所领导的八路军、新四军和华南纵队挺进敌后，以民族大义为重，在创建各个抗日根据地时对当地绿林各支队伍曾做了大量工作，成功地将一批绿林武装改造成人民军队。与此同时，接受国民党委任的土匪游击武装也为数不少。一开始或中途投靠日寇的土匪也大有人在。土匪武装成为各方纷争的一支力量。

国民党与土匪本来就有千丝万缕的联系。国民革命军各部在北伐时期就收编了不少土匪武装。南京政府成立后把利用土匪反共作为其既定方针。1937 年，国共谈判再度合作时，毛泽东特命周恩来向蒋介石提出，不许国民党再利用土匪帮会反共。抗战胜利后，国民党为争夺胜利果实率先在东北大肆收编土匪，使之成为政治土匪。解放战争时期，西南西北地区很多土匪武装公然接受国民党政府所授予的番号、官衔被纳入反共反革命阵营，以对付人民解放军的胜利行进。

直至 1949 年 10 月 1 日中华人民共和国成立时，全国尚有土匪 100 万人以上，他们在各地破坏公路桥梁，抢劫运输物质，破坏基层人民政权，杀害干部群众，奸淫妇女，绑架勒索，骚扰、阻止人民解放军作战，制造政治谣言，煽动武装暴乱，攻占县城。中国人民解放军在中华人民共和国成立前后出动 39 个军 140 多个师约 150 万人的兵力，对国民党遗留下来的百万土匪进行清剿。与此同时又大力开展土地革命、镇反清剿、减租退押等民主改革运动，建立政权、发展生产，从根本上消除了土匪生存活动的条件。经过一年多的努力，至 1950 年 6 月消灭土匪和国民党非正规军 98 万人。从 1950 年 6 月至 1953 年，解放军又解放东南岛屿 50 个，消灭华东海匪 7000 余人，彻底消除了历史悠久、害民甚深的匪患。

当今，要研究民国史，不可不注意土匪，土匪可以说是一个与民国相始终的严重社会问题，其兴衰成败，对政情的变化、政局的变动、社会的变迁有直接的影响。但迄今为止，这一课题尚未引起学术界应有的重视。因此运用历史唯物主义的观点对其进行全面系统的研究，时不我待。

在民国时期的 30 多年中，未有一本土匪史问世。新中国成立以来，史学界比较注重中国农民战争史、中国革命史的研究，对土匪之类下层社会和社会病态现象的研究在很长一段时期内没有引起应有的重视。

20 世纪 80 年代中期以来，随着社会史研究的复兴，土匪问题逐渐成为中国近代社会史的一个研究热点。蔡少卿主编的《民国时期的土匪》（中国人民大学出版社 1993 年版）、邵雍的《民国绿林史》（福建人民出版社 2001 年版）、《中国近代绿林史》（福建人民出版社 2004 年版）相继问世，英国学者贝思飞 1988 年成书的专著《民国时期的土匪》经徐有威翻译，于 1992 年由上海人民出版社出版。另外大量的文献资料陆续出版，其中比较重要的是：徐有威与贝思飞主编的《洋票与绑匪——外国人眼中的民国社会》（上海古籍出版社 1998 年版)、《我和土匪在一起的日子：民国匪案洋人亲历记》（团结出版社 2009 年版)。

还有曹保明《东北土匪考察手记》（时代文艺出版社 1999 年版）是他的社会实地调查的记录。从 20 世纪 70 年代到 90 年代，曹保明先后采访过“大来好”、“小百龙”等人，本书留下了宝贵的口述史料。

所有这些史料为我们今天展开对土匪史的研究奠定了比较坚实的基础，如何科学地解读分析，得出正确的结论，以史为鉴，则是放在史学工作者面前的重要任务。

一　鸦片战争前后的土匪

鸦片战争前后的粤闽浙海盗

粤闽浙海盗在鸦片战争前后的所作所为关系到禁烟运动与鸦片战争的进程，与鸦片战争前后中外力量的重新排列组合密切相关。长期以来史学界对此关注不够，专题论文十分罕见，笔者目力所及，仅见姜修宪、王列辉的《开埠初期闽浙沿海的海盗活动初探》（《安徽史学》2006 年第 2 期），该文对道光至同治年间的闽浙沿海的海盗活动进行了梳理，清楚勾勒出其基本活动轨迹，对海盗的成因、危害以及各方的应对措施也有介绍，不足之处是基本没有提及闽浙海盗与广东的关系，没有海盗个案举例，对黄位的定位也有不妥之处。[①] 另外，拙著《中国近代绿林史》（福建人民出版社 2004 年版）虽对此专题有所提及，但失之过简。总体上说相关研究是很不够的。以下拟在现有研究的基础上，主要依据清代档案，努力揭示这一段历史的真相，以供学界参考。

抢掠中的郑一嫂

① 黄位是闽南小刀会起义军的首领之一，并非一般的海盗。

一

18世纪末，清朝统治趋于衰微腐败，对沿海洋面的控制能力减弱。广东海盗集团郑文显等部大股海盗作乱，称雄海上，猖獗一时。1807年郑文显死后，他的“红旗帮”由其妻郑石氏、义子张保仔统领。1810年4月张保仔率众投降官方，8月著名海盗蔡牵义子蔡小仁等也被招安。这年共有2万余粤闽海盗缴械。[①] 他们伙同稍前投降的郭学显部“黑旗帮”大量杀戮其他也愿接受招安的海盗。至此华南沿海的大股海盗基本平息，转入小股海盗与土盗并存的新阶段。1826年清朝政府又重新发布了严惩海盗的条律，规定“豪强奸徒聚至十人以上，撑架大船，张挂旗号，擅用兵杖火器，拒敌官兵伤人案内，原例发往伊犁、乌鲁木齐为奴”等。[②]

不过，一直至鸦片战争爆发前夕广东沿海仍有一些海盗活动，他们抢劫过往船只，包括外国船只。1835年，一只英国小艇上的12名船员在由孟加拉开往广州途中，“在这个口岸西面四五十英里的地方，偶然地落入了沿海的一些不法之徒或海盗分子手中。”英国有关方面获悉后，立即委派海军上校义律向广东省当局求助。广东官方以求助文本不符“禀帖”格式为由，拒绝接受。[③]

1839年8月下旬，泊于大屿山附近的英国“黑笑话”号遭到海盗袭击，该船全体船员除了塞兰之外全被杀死。“唯一的一名旅客莫斯先生残酷地受伤，他的耳朵被割去了一只，他被留下来等死。”海盗上船拿走了船员的一些钟表，当他们试图纵火焚船时，英国“哈里特”号船只及时赶到，并把“黑笑话”号拖走了。根据英国人马地臣说：“袭击者由七艘中国划艇组成，配备的人员和拥有的武器很像是清朝官员们的船只，但我认为他们必定是海盗，他们相信目前的混乱状态将使他们不受惩罚。”[④]

当然，海盗是多种多样的。有的与外国人为难，有的则投靠外国烟贩，大赚黑心钱。1840年2月4日曾望颜奏片称：“臣闻沿海各省洋面，盗贼未尽肃清，而广东向有一种快蟹船，专务走私，当华夷通商之日，该匪等尚敢肆行无忌，近闻查拿鸦片严紧，亡命之徒率皆驾驶快蟹船出洋，抢劫客商，私载米面，接济奸夷，若不亟为剿灭，则该匪等将为奸夷所诱，悉听其用，酿

---

① 汪荣宝：《清史讲义》第三编，第二十一章，第24-25页。

② 《台湾私法人事编》，文丛第117种，第165页。

③ 罗宾臣爵士致巴麦尊子爵函（1835年2月3日于澳门），《英国档案有关鸦片战争资料选译》上册，第69-70页，中华书局1993年版。

④ 马地臣先生致义律海军上校函（1839年8月25日），《英国档案有关鸦片战争资料选译》上册，第434-435页，中华书局1993年版。

成大患。应请旨勅下广东、福建、浙江、江苏、山东、奉天各督抚将军提督，严饬舟师，务先将海盗剿捕尽绝。”① 由于当时中外关系空前紧张，各地方当局均把防范英国侵略作为首要任务，抓捕海盗只能暂缓。

鸦片战争爆发前夕，在临近广东的福建海面上围绕着私贩鸦片的巨额进账，洋人、汉奸、海盗之间展开了扑朔迷离的争斗。早在1833年初，厦门就有私造草鸟等船匪徒，出洋伺劫，最为民害。盗匪林后等人后被金门县丞会同营员拿获，处以斩枭。② 同年9月闽浙总督程祖洛回福州后详加访察，始知夷船与草鸟等项船只之由来，“其初本系表里为奸，各图渔利，后即贪得无厌，罔知忌惮。夷船愈肆凶横，而私船遂并行盗劫。缘夷船诡名不一，大率俱从西洋而来，阳以求市为名，实则图贩鸦片。从前烟禁颇弛，即有内地奸民私驾小船接济，彼此各获重利，夷船来者愈多，而奸民既以接贩起家，遂各私造船只，以便勾通接贩。……该夷船既得所欲，故亦不肆凶横。后又有一种匪徒，窥知匪船通夷私贩之利，遂亦各置私船，混迹洋面，伺其贩得烟土，乘间肆劫，因而私贩者咸有戒心。若辈本系习惯流匪，无所事事，既不能如常私贩，遂即流而为盗。有夷船则仍通夷贩烟，并私藏火器刀械以防抢劫烟土之船；如夷船未来，即在洋面伺劫商船，并以防劫之器械为行劫拒捕之用。”③

私造草鸟等船并不只是厦门海盗的专利。福建晋江之衙口乡，惠安之崇武、獭窟各乡，同安之浒井、浔尾、高崎各乡，马港之柏头乡并厦防所属均有巨奸勾通夷人，大本贩卖，并违例私造草鸟、牵风多桨等船，以图轻捷灵便。除了草鸟船（又名白底船）、牵风船外，福建民间私造的还有同安县潘涂、高崎、汩头、杏林附近的草鹃船，漳浦县井尾、白沙、将军澳的虎艚船，诏安县含英村、洋尾村、陈城墟的租渔船等。这些“贼窟”出产的海盗船在当时恶名昭彰。福建巡抚魏元烺“久以为此等奸匪，罪不胜诛，尤刻不可缓，惟拿办甚不容易。且若辈与大小衙门兵役，声息相通，稍不慎密，彼即闻风远窜”④。1838年魏元烺密札有关道府，多带兵役突然围拿，陆续破获数起积惯巨奸案，“水路则责成巡洋舟师，遇有牵风、草鸟各匪船，务期实办围捕，人船俱获。如势有不能为力之处，即开放枪炮，将其船只打碎击沉。缘此等匪船，非济盗，即通夷，必如此水陆兜擒，或余孽可期尽净。巨奸绝，则小贩自无，小贩既无，则烟馆从何而设，吸食者不禁而自禁矣。是首先督获积惯巨奸，为塞漏第一要务。”⑤ 但是从日后的历史来看，魏元烺对形势发展的

---

① 中国近代史资料丛刊《鸦片战争》（二），第128页，上海人民出版社1957年版。
② 闽浙总督程祖洛奏为查究英船游奕闽浙洋面情形片，《鸦片战争档案史料》第一册，第140页。
③ 闽浙总督程祖洛奏为查究英船游奕闽浙洋面情形片，《鸦片战争档案史料》第一册，第141页。
④ 福建巡抚魏元烺奏陈严查贩烟巨奸为塞漏第一要务片，《鸦片战争档案史料》第一册，第332页。
⑤ 福建巡抚魏元烺奏陈严查贩烟巨奸为塞漏第一要务片，《鸦片战争档案史料》第一册，第332页。

预期过于乐观，在随后不久发生的鸦片战争中，竟然还有不少草鸟海盗船充当英舰的帮凶，协同进犯台湾。

早在鸦片战争爆发前，由于有了外国侵略势力的介入，福建的盗匪问题更形棘手。一些奸民投奔外国主子以为护符，使得官方难以下手查处。1840年1月26日监察御史杜彦士奏：“漳、泉沿海奸民，平日勾通夷船者，今多在船同事，习其教法，依其装饰。……臣风闻道光十七年间，署泉州府沈汝瀚索取晋江衙口乡鸦片陋规八百余圆，该处土棍施叔宝以陋规经前任取去，不肯再缴。该署府即以该犯窝卖鸦片，详禀会拿，该犯闻风远飏，缉捕无获，……今闻施叔宝在夷船上为夷人心腹，主张一切，指示机宜，沿海之人，无不周知。恐此外奸民，似此逃匿夷船者尚复不少。”杜彦士认为，“若不设法盘查，严行驱逐，则漳、泉地方，盗贼充斥，一经破案闻拿，皆得依夷船为逋逃之薮，其流弊更有不可胜言者。”① 当时福建沿海通夷奸民就不是只有施叔宝等少数几个人，鸦片战争爆发后的事态进展证实了杜彦士的忧虑是很有根据的。同年4月28日，遵旨复查的黄爵滋等人奏报说：“查海口各处地面，除该御史所指衙口施姓、深沪陈姓、陈埭丁姓外，如晋江县之东安、狮头、西岑、西边、溪边、水头、莲埭、岑兜、永凝、高厝等乡，惠安县之獭窟、呈边、下按、荟头、白靖等乡，均属大姓，多以通夷贩烟为业。其奸首之最著者，除该御史所指逸犯施叔宝、施金外，臣邓廷桢昨自漳、泉一带来省，留心访闻（问），人数甚多。”“漳州诏安，向有绿头尖船赴粤买货，夹带烟土，迳由大海扬帆转运沿海各省售卖。”黄爵滋等人还奏报说，近年以来夹板夷船在闽洋游奕飘泊，“多在铜山营辖之布袋澳、悬钟及金门营辖之海［梅］林、深沪、衙口、大坠、围头等外洋面，……此逐彼窜，去而复来，总不离梅林等处。夷船所以飘泊无忌者，盖由沿海奸民，其初系自用小船，径赴澳门夷船贩卖烟土，转运隔省作奸，事本周折；且常有匪徒在洋伺劫，更属利害相牵，故尚不致十分充斥。迨后泉郡奸民，串同诏安奸民，勾结夹板夷船，专载烟土，直入闽洋。奸民以夷船为狡窟，无盗贼抢劫之虞，夷船以奸民为地主，有水米接济之利，于是夷船日多，烟贩愈炽。”②

而福建水师的战斗力较差，对通夷奸贩与海盗不能实力巡缉，常以诱敌来劫为由，雇佣民船出洋，根本不注重提升战斗力。道光帝对此深感不满。③据清朝官员张集馨揭露，福建“水师与洋盗，是一是二，其父为洋盗，其子为水师，是所恒有。水师兵丁，误差革退，即去而为洋盗；营中招募水师兵

① 《鸦片战争在闽台史料选编》，第12-13页，福建人民出版社1982年版。

② 《鸦片战争在闽台史料选编》，第15-16页，福建人民出版社1982年版。

③ 《清宣宗实录》卷三十一，页五五五—五五六。

丁，洋盗即来入伍……水师提督窦建德，即洋盗投诚者”[①]。自1832年后只有盗首曾武、通夷奸贩王略等人被拿获严办。1840年10月闽浙总督邓廷桢承认：“闽省奸民下海则为盗，归里则为良等语，系属实在情形。是以闽省所获洋盗之案，有当时在海上经舟师追擒者，有事后在村中经州县弋获者”[②]。这种情况在美国贩烟船“玫瑰”号航行记录中也得到了证实。1837年“玫瑰”号在从澳门到南澳的航行途中，“很注意水面上的渔船队，因为这些和平的渔夫，有时也会变成劫掠的海盗。”[③]

二

1840年6月，英国借口广东禁烟悍然派兵侵略中国，英国舰队封锁广州珠江口，鸦片战争正式爆发。素充英国兵船买办的卢亚景不顾官方禁令，仍“窜往香港裙带路，串通香山、新安好民”，不断地为英国侵略军提供牛羊鸡豕面包等食物。在英军的庇护和支持下，卢亚景自充海盗头目，“招集不逞之

广东海盗

① 张集馨：《道咸宦海见闻录》，第63页，中华书局1981年版。

② 闽浙总督邓廷桢奏为遵旨查明闽省水师兵丁实无雇盗代操情事折，《鸦片战争档案史料》第二册，第450页。

③ 《鸦片战争在闽台史料选编》，第23页，福建人民出版社1982年版。

徒数千人，分驾草扁拖罾数百只，在虎门外洋面肆行劫掠”。卢亚景手下有13个坐舱贼头，“每起船或二十至三十只，每船贼或二三十人不等，火食炮械具备”①。海盗与英军互相勾结：“汉奸附而不散，以夷船为巢穴，内犯则抢掠，外聚则走私”②。至同年9、10月间广东出海货船，必须打单，否则劫掠虐杀，“洋面成盗薮矣”③。广东官方认为，这些海盗汉奸“盘踞香港，逆夷为之包庇，查拿愈紧，则趋香港者愈多。是以出示招致，如有洗心取面反正来归者，概赦不问，果能杀贼立功，更当格外加赏”④。至1841年11月已先后招回1000余名，连同炮位器械俱全的大小船只4艘。但首恶卢亚景仍执迷不悟，起先坚拒广东当局的招抚，至1842年2月虽勉强接受了清朝官方的六品顶戴蓝翎，但仍借口滞留香港不归。他“外托于归命投诚，内恣其怀欺挟诈”，继续包庇汉奸船数十只，“替夷运货，而且驶入乡村，抢劫掳掠，无所不至”⑤。

在1840年7月英国舰队北上途中，浙江海盗曾经在舟山群岛附近与之发生武装冲突。英舰“派拉德斯”号轻巡航舰在航行途中与三只海盗船不期而遇。当英舰长派出的小艇水兵登上一只海盗船时，“有一百多个埋伏在里面的人突然从甲板上起来，向小艇开枪并把矛和装着污水物的罐向水手身上投掷。”打死英国水兵2名，打伤5名。英国水兵立即驾驶小艇到一个不远的地方去，用枪炮一齐向海盗准确地还击，那只海盗船被炮击着火燃烧起来，漂流海上，船上海盗被打死过半。但“派拉德斯”号舰并没有追上其他两只乘着风势逃离的海盗船。⑥ 此外钦差大臣裕谦奏折也透露，1840年秋间，“即有盗船直扑定海夷船，为逆夷轰沉数船，并有夷船追逐盗船救护商船之事。”⑦

同年8月，英国海军上校义律在与琦善会谈时宣称：“我们在舟山附近各岛某些和平居民的请求下，最近驱逐了一群当地海盗，他们劫掠那些居民的住宅，并伤害人民。在宁波附近的一艘中国商船上，我们发现许多水手被这些暴徒残酷地弄成残废。”⑧

钦差大臣裕谦曾分析过海盗与英军发生武装冲突的原因。他认为“盗匪素无家业，非可交易之人，其性又多凶悍嗜利，见有资财即图反戈相向，夷性多疑，不敢与之交接，与通夷之奸民各分党类”。裕谦在奏折中还报告了土

① 中国近代史资料丛刊《鸦片战争》（三），第25-26页，上海人民出版社1957年版。

② 《鸦片战争档案史料》第4册，第16页，天津古籍出版社1992年版。

③ 中国近代史资料丛刊《鸦片战争》（三），第26页，上海人民出版社1957年版。

④ 《鸦片战争档案史料》第5册，第811页，天津古籍出版社1992年版。

⑤ 《鸦片战争档案史料》第5册，第529页，天津古籍出版社1992年版。

⑥ 《鸦片战争史料选译》，第277-278页，中华书局1983年版。

⑦ 钦差大臣裕谦奏为遵旨查明沿海土盗汉奸情形折，《鸦片战争档案史料》第三册，第593页。

⑧ 义律与琦善会谈备忘录（1840年8月31日），《英国档案有关鸦片战争资料选译》下册，第746页，中华书局1993年版。

盗汉奸之所由来："浙洋之土盗，闽匪居多，温、台二府匪徒间亦有之，从前夷船之贩卖鸦片烟土者，皆停泊于广东之伶仃洋面，闽、粤奸民凑集资本，驾坐小船前往接运，沿海无业游民窥知奸民贩烟获利，遂亦各驾船只，溷迹洋面，乘间肆劫，因而贩烟者咸有戒心。即勾引夷船阑入闽、浙洋面，就近接运，夺烟之游民伎无所施，遂皆流而为盗。……近年以来，夷船肆横日甚，奸民恃以无恐，盗匪则专与奸民夷船为难，波及良善，蔓延江苏。……乘机劫掠不可不防，现在浙洋盗船虽皆远窜，水师各营及管带水勇之文武各官巡逻亦俱认真，自能渐就平靖。臣惟有会同江、浙两省抚臣提臣，督率镇将设法追拿，擒其渠魁，散其协从，断不任其结聚成帮，致为海疆之患。"不久道光帝朱批："认真查缉，断不可疏纵。"①

从历史上看，"浙洋当春夏之交，渔汛旺盛，渔户四集，每有闽省及本省台州府属匪徒溷迹其间，伺隙劫掠。一至深秋，即各远遁，历岁不免。往年提镇出洋巡缉，盗稍敛戢，然亦间有被劫之案。"1841 年提镇均因鸦片战争军事紧急，督兵防守要隘，不克亲出巡洋，以致劫案稍多。后经浙江提督余步云、定海总兵葛云飞分委尤吉、包传益、张绍廷，守备王廷鳌等，统带舟师，出洋侦缉，浙江巡抚刘韵珂亦饬带水勇，配驾八桨快船前往协拿，抓获盗犯程秉南、陈往等人。陈往供认"向夷船贩买鸦片烟土"。但刘韵珂在1841 年7月的奏报中承认："盗匪阻虽较前稍减，然犹未能尽绝，前此拒捕伤兵之犯亦未就获。……盗匪出没无定，如与夷相通，因大为地方之患，即绝不与夷相通，亦属为害商渔，总当及早搜捕净尽，以靖海洋。现已会同提臣，严饬各员弁勒限追拿，务将各盗匪全数获案，尽法惩办。倘逾限无获，即将怠玩之员，咨会督臣颜伯焘从严参处，以儆玩忽。"②

1842 年四五月间，英军进犯台湾时"以草鸟匪船为其羽翼，俾于浅水处所探试导引。"③ 根据台湾总兵达洪阿、道员姚莹奏报：自 4 月 28 日至 5 月 6 日"沪尾中港、五汊港、番仔挖等洋面，有夹板夷船一只，并未插旗，自北而南，复自南转驶，有草鸟船十数只，或引或随，牵去沪尾渔船一只，至晚放回。该厅传讯，据渔户蔡双、王福同供，伊等被夷船牵去，见夷船……内有汉奸装束一人，语音相通，盘问沪尾口门深浅，又问前有夷船来台，在何处击碎。"南路凤山大秀房洋面，有夹板夷船六只停泊，复有三桅夷船一只，在打鼓港洋面游奕，后随草鸟船数只，由于兵勇义首防守严密，这些船只向西南外洋驶去。安平黑水外洋有夷船十只往来游奕，并有草鸟船多只闯驶四

① 钦差大臣裕谦奏为遵旨查明沿海土盗汉奸情形折，《鸦片战争档案史料》第三册，第593–594 页。

② 浙江巡抚刘韵珂奏报查明定海给发义勇器械及督缉洋盗情形片，《鸦片战争档案史料》第三册，第631 页。

③ 《鸦片战争史料选译》，第215 页，中华书局1983 年版。

草湖口，被文武弁兵壮勇开炮击沉草鸟船二只后，余船即时退去，其外洋夷船亦先后由南向北驶去。5 月 2 日黎明，有夷船一只同草鸟船数只，在嘉义树苓湖口外窥伺。清军开炮轰击，击破近岸之草鸟船二只，夷船旋即开驶北去。5 月 3 日又有草鸟船八只在树苓湖外，当地弁兵水勇出洋击沉匪船三只，溺毙贼匪无数，生擒匪犯林山一名。林山供称系同安县人，“自置草鸟船一只，本年三月初九日，有彭士、彭生、孙宴、孙赏、蔡兴、林佑等，闻有夷船多只到台湾攻打，起意来台乘机抢夺，并可为夷船向导邀伊入伙，伊当允从，即共坐伊船，于是日开行。初十日驶至不识地名津画，遇有小商船一只，彭士起意同伊等过船，抢得苧麻钱米等物，将商船放走，并未伤人。二十日驶至树苓湖外详，遇见素识之黄劝，及不识姓名草鸟船十余只，询知已与夷船约为向导，事成酬谢，以夷盔一顶，留在黄劝船上，为异日讨银凭据。二十三日，伊同黄劝等船八只驶至树苓湖外，正欲进口探水，即有避船出捕，开炮打碎草鸟船三只，众人纷纷落水，余船逃驶。伊扶板片凫水逃命，被兵勇拿获。彭士等俱已漂没，夷盔在水面捞获，想黄劝之船亦已打沉”。淡水厅大甲兵勇也击破草鸟船一只，“拿获匪犯陈义、王真、王安、王楮、翁扇、陈答、翁赉、陈久、王保、王能、翁赤、翁软十二名。”陈义供称系同安县人，1840 年 6 月 13 日在澎湖青水乾洋面起意纠伙十二人，行劫晋江县金茂义商船，得财分用。该犯同王真、陈久、王能、王安、王保、王楮、翁扇过船搜赃，拒伤舵水，林清、林锡、张起、许景在本船接赃。1841 年 8 月 26 日英军攻破厦门时陈义又伙同王真等“乘机抢夺，得赃无多。”王真制有八浆白底船一只，因闻夷船犯台，陈义纠同王真、陈久、王能、王安、王楮、王保、翁扇八人，约为夷船向导，乘机行劫，并约陈答、翁赉，翁软入伙，并未告知为夷船向导情事。又逼胁翁赤在船煮饭，驶至淡水地方，即被官兵将船击沉擒获。达洪阿、姚莹认为：“该匪船胆敢出洋行劫，附和逆夷，不法已极……林山、陈义、王真、陈久、王能、王安、王保、王楮、翁扇九犯在洋行劫，过船搜赃，已属法无可贷，复为逆夷作线，窥探海口，情尤可恶”，绑赴市曹处斩。“翁赉、翁软、陈答，听纠出洋，行劫未成，并不知通夷情事，除在厦门抢夺轻罪不议外；均照强盗已行而不得财，皆杖一百，流三千里律，拟流发配，照例刺字。翁赤被逼煮饭，依洋盗案内被胁在船胁役，杖一百，徒三年律，拟徒左足成废，照例收赎。”①

必须指出，为英军侵犯台湾打头阵的草鸟船在台湾是有内线接应的。据后被台湾知县拿获的萧石供称：他原系 1838 年胡布案内的逃犯，逃至厦门后在与夷人往来的陈彩奉家居住。陈彩奉“令伊先回台湾暗地勾结党伙；俟大

① 达洪阿、姚莹：《击破通夷匪船拿获奸民逆夷大帮潜遁奏》，《鸦片战争在闽台史料选编》，第 215-217 页，福建人民出版社 1982 年版。

帮夷船到厦，攻打台湾，有草鸟船先到，即可商量接应。伊于本年三月初十日到台，在沿海竹排存身，尚未约人，即被拿获”①。

三

鸦片战争结束后，海盗问题并没有随之解决。

1847年1月25日傍晚戌刻，停泊福建泉州深沪洋面的“客勒棱”、“阿咪喀”二桅英国货船两只突遭两只澳门大捕鱼船的袭击。海盗80余人分乘坐两船，驶近货船，分头攻击。“客勒棱”船主旃白冷同伙长水手人等共16名，均跳落小杉板船逃避，因船小沉溺，当被盗匪殴毙，尚有一人带伤落舱，受伤甚重，言语含糊。“阿咪喀”船主默佛冷同水手人等约15人，亦被盗杀无踪。英国驻厦门领事列敦为此照会福建兴泉永道恒昌，指明当时同泊一地的暇蛄船有重大作案嫌疑，要求查拿。恒昌等当即禀请水师提臣窦振彪督同兵役星夜出洋，查无盗船踪迹。但水师28日驶至晤屿洋面时查获业经存船水手雇人管驾“客勒棱”号。后来列敦向福建官方通报说，“阿咪喀”船业经住厦英商丝步送回香港。恒昌事后报告说：“当日客勒棱等二船寄泊深沪洋面，查有暇蛄艇船二只同泊一处，追夷船被劫后，该二船即行开驶，并闻此项船只多系广东香山县民人所制，水手素称强悍，向在闽、粤等省载送客货。”闽浙总督刘韵珂接报后认为：“查盗匪在洋劫掳，本为商旅之害，兹复行劫夷腙，并杀死多夷，情节尤凶，若不严拿惩办，窃恐匪胆日炽，群起效尤，将来内地商船亦同遭劫掠，贻害海疆，殊非浅鲜”，并认为煆蛄艇船“难保非即劫杀夷商之盗艘”，要求迅速查清，“严拿是案正盗，务获究办。”②

福州开埠初期，由于成群的海盗阻碍了当地的海上贸易，以至于1848年整个下半年内，没有任何英国或其他欧洲国家的商船到过福州。1849年1月英国驻福州领事若逊抱怨说：“海盗和强盗所造成的萧条已使这里的外国货消费量正在逐年减少。”③

1850年11月13日，已在福州城外南台地方租屋居住的瑞士人发士、吕吉士雇坐小船，赴五虎门外夷船借得洋钱二百圆。回至金牌洋面突遇贼船拦抢，发士被一贼用尖枪刺落水中淹毙，吕吉士泅水逃回，船中洋银被贼抢去。福建巡抚徐继畬“查金牌洋面系属内洋，距省城止一百数十里，该匪等胆敢驾船抢夺，杀伤事主，不法已极。未便因事主系属夷人，稍涉松懈。当即飞

① 达洪阿、姚莹：《击破通夷匪船拿获奸民逆夷大帮潜遁奏》，《鸦片战争在闽台史料选编》，第213–215页，福建人民出版社1982年版。

② 闽浙总督刘韵珂奏报英船在洋被劫已将巡洋员弁摘顶棍责折，《鸦片战争档案史料》第七册，第784页。

③ 《中国近代对外贸易史资料》，第608页，中华书局1962年版。

檄署闽安协副将林相荣，限三日内务将正贼拿获。旋据该署副将于十四（11月17）日，将匪船主朱青青即朱茂科拿获，并续获朱爪婆、朱阔嘴、朱恭恭三名解办。”①

由于福建水师巡缉攻盗，很不得力，葡澳当局便乘虚而入，越俎代庖，抢夺所谓的“护航”权。1850年12月徐继畲在奏折为葡澳当局的“护航”行动辩护。他向道光皇帝报告说，停泊在福州南台的五六只外国轮船“系蔑篷而非布篷，俗名假夹板，系住澳门之大西洋即葡萄牙国。因英夷新开香港马头，其澳门房屋无人租赁，贫窘无聊，因制小夹板数十只，编列号数，每船配夷人五六名，广东水手数人，安址夷炮数门，护送商船，往来各省港口，业已数年。洋盗最畏夹板，望辄避去，各商船借此壮胆，每在上海、宁波、福州、厦门各港口雇觅护送，俱系随时讲价，出自情愿，并非知行勒索。……骤然禁止，未必即肯停歇。况闽、浙、江苏三省洋面数千里，水师即巡缉无懈，终难保无盗船出没。设一旦将护商夷船概行查禁，无论夷人不肯听从，且恐各商闻之，反生怨望，尤多未便，止可稽查弹压，勿令滋事而已。”②

到1853年，“闽省洋面，广艇匪徒愈肆滋扰，台湾米船间被抢掠”，水师提督郑高祥怯懦无能，“每遇巡洋，往往藏匿海汊，愈时捏报期饰，……无怪匪徒日肆。”③ 于是港英当局也介入福建海上剿匪事务。同年第1号《遐迩贯珍》报道说：“福建洋面有盗匪，经英国师船将其拿获，俱解交地方官衙门讯治正法”。1853年10月23日，有英商船在厦门至福州洋面，遇匪劫掠，“火轮师船闻报，驰援赴剿捕，歼毁四十余船。”④

鸦片战争结束后，临近福建的浙江洋面也很不太平。1843年浙江提督李廷钰奏报说：“浙洋盗匪为患，而温州洋较甚，节经奴才咨行水师镇将严督剿洗，旋经拿获数起，捕务渐有振作。复经督臣刘韵珂饬调定、黄二镇总兵，带领兵船，前赴温洋，会合进剿，……现在匪船多半解散，不复前此联帮多只。然该匪形如鬼蜮，一闻大帮兵船会哨，旋即散去，追伺巡缉已过，复又聚集。该匪虽经三镇兵船俘获数次，无如大海茫茫，计无所施，此逐彼窜，终无了局，必须拔本塞源，方能敛迹。”⑤ 而“闽洋盗匪近来伎俩，愈出愈奇，竟有滨海殷实之户合伙出资，整理船只，私制枪炮药铅，招集滨海穷民，

① 闽浙总督刘韵珂等奏报住居福州南台瑞士人被劫并葡人杀毙民人两案均已获凶分别办理折，《鸦片战争档案史料》第七册，第1047页。

② 福建巡抚徐继畲奏为奉旨查询御史奏参各情节虽事出有因而传闻有误情节失实片，《鸦片战争档案史料》第七册，第1053页。

③ 《清文宗实录》卷八十二，页六。

④ 《遐迩贯珍》1854年第1号。

⑤ 浙江提督李廷钰奏报遵旨筹办宁波开市并现在洋面情形及造办船只等事折，《鸦片战争档案史料》第七册，第373–374页。

结为伙党，令其出洋行劫，得赃俵分。此风沿海多有，近来即浙省台州府属滨海亦然，而泉州府属各厅县之马巷厅，同安、惠安两县之滨海乡村为尤甚。”本年督臣刘韵珂到闽任事后，“即经行文闽、浙沿海各道府，督饬厅县，凡遇获盗，认真严鞫，究明出本之犯，密移该地方官按址查办，平时仍密访拿究等因，诚为靖盗要策。”李廷玉认为：“此后若能果尔认真查办，再加以严究所获盗船从何地方出口，贼赃在何地方窝家销变，穷究根株。庶口岸澳甲胥差不敢贿庇，地方文武知凛考成，亦不敢以向来外洋被劫，例无处分，致存膜视。盗源既塞，则盗风自消。……本省土盗船只不大，尚易擒捕，以冀肃清海洋而安商旅。”①

在同一奏折中李廷钰还论及鸦片战争对缉捕海盗的影响，称浙江“定海镇标镇海营、昌石营、乍浦营、提标右营，前年遭夷毁坏战船，现尚未经补造，辰下俱系雇募民船，权行巡缉攻盗，究不能得力。同安梭商船资本重大，不愿雇募，所雇尽皆钩船，船身既小，中装箬叶倦篷，以庇风雨栖身之所，船头船尾只堪数人站立，遇有攻盗，无可用武之地。且船过小，本为闽盗所轻，屡次仰攻，未见得力。”1843 年 11 月 15 日，署昌石营守备刘朝元在大目洋进攻盗船时，被贼掷下火罐，船着火起，刘朝元及兵丁等多被烧伤。群贼过船依仗人多势众，虽被官兵击杀落海多名仍抵死格拒，致伤刘朝元及兵丁林茂芳等 18 名落海。事后李廷钰“函商雇募钩船，以资配缉，终非久远之计。现在缉捕吃紧，需船孔急，自应一体补造。……于捕务实有裨益。”而当时黄岩、温州二镇“所有兵船，类多钉稀板薄，一出外洋，莫不船身乱战”。1843 年 10 月 1 日，兵船“陡遇飓风，断桅失舵者不一而足，或漂失无踪，或冲礁击碎，其余亦皆多有损坏。”因此李建议：“黄岩、温州二镇属各营内，有年满届应拆造之船，亦即一律仿照新造之船改造，庶海洋早得新船一日，即多得一船之力。”② 然而对于在鸦片战争中战败被迫割地赔款的朝廷来说，要拿出一笔客观的经费重整水师又谈何容易。

由于清朝水师在鸦片战争中受到很大损失，对海盗的约束力随之大为下降，因此“洋匪充斥，终年不见水师能获一盗”③。1847 年中国官员只好雇请 7 艘葡萄牙快艇，扫荡了宁波一带的海盗。1848 年 10 月，一艘葡萄牙船在乍浦附近洋面被海盗击沉。同年中国的 60 只师船以 5 艘葡萄牙快艇为前锋，捣毁了宁波海盗的老巢。但是这些“护送商船往来各省港口”的夷船的要价也

---

① 浙江提督李廷钰奏报遵旨筹办宁波开市并现在洋面情形及造办船只等事折，《鸦片战争档案史料》第七册，第 374 页。

② 浙江提督李廷钰奏报遵旨筹办宁波开市并现在洋面情形及造办船只等事折，《鸦片战争档案史料》第七册，第 374–375 页。

③ 段光清：《镜湖自撰年谱》，第 80 页，中华书局 1960 年版。

十分高昂，“向商船每只索洋银三百元”[1]。这种勒收巨额“护行费”的做法实际上与海盗的行径已经相去无几。

1849年经闽浙总督刘韵珂、浙江巡抚吴文镕督饬镇道雇勇添船，复飞饬水师提督窦振彪，统师前往浙江海盗老巢，先后擒斩多犯，沉毁多船，并将巢穴门户分别毁除填塞。朝廷接报后命每月派官兵巡查，以便捣除净尽，不准再有人迹往来。[2]

1851年冬浙江官方招安了在宁波一带海面横行一时的广东海匪布兴有集团一千数百人，“收盗船数十艘，洋炮八百余尊。”[3] 布兴有集团在日后整治海盗的事务中也出过大力。1853年5月间，他们出洋作战，旬日“即获盗十七名，盗船二只。海盗并有被炮打死者”[4]。布兴有兄弟还在官方的授意下，擒杀另一广东海盗首领高成，摧毁了这一海盗团伙。[5] 1855年一批广东海盗应宁波官方和商民的重金雇请赴宁波护航，1857年他们在法国人的直接支持下向葡萄牙快艇发起总攻，重创葡萄牙人。1859年葡萄牙人在英、法领事的干涉下被迫退出他们勉强维持的“护航”生意，有些快艇落到了海盗们的手中。[6]

1842年清政府在《南京条约》中被迫将香港岛割让给英国侵略者。英国统治香港初期，华南海盗十分猖獗，他们往往聚集盗船数十只，抢劫过往船只。面对猖獗的海盗，英国以中国打击海盗不力为由，自行采取了海上缉匪行动。英国首相巴麦尊还训令驻华公使文翰，“必要时间派遣兵船，直接向北京抗议。”[7] 实际上华南海匪肆虐与某些港英官员的纵容有关。港英首席裁判司威廉·坚则利用手下的卢亚景向中国商人和其他租户索贿收规，一面纵盗，一面诬良为盗。[8] 1846年担任副警司的高和尔“平日结交海盗，招纳亡命。”[9] 香港华民的匿名揭帖揭露：“本地理事之官，视唐人如草芥，作生命如虫蚁。请观审事之判断，受冤枉者十居其七八。……有匪徒抢夺，优游事外，良人无辜，诬陷为盗者；又有盗掠，而附近小民平空受累者；……种种冤屈，不可胜数。”[10]

1853年5月一个月内香港就发生海盗案70宗。[11] 同年第5号《遐迩贯

---

① 中国近代史资料丛刊《第二次鸦片战争》（一），第130页，上海人民出版社1978年版。
② 《清通鉴》第3册，第803页、第811页、第819页。
③ 段光清：《镜湖自撰年谱》，第70页，中华书局1960年版。
④ 段光清：《镜湖自撰年谱》，第79页，中华书局1960年版。
⑤ 参见段光清：《镜湖自撰年谱》，第176-178页，中华书局1960年版。
⑥ ［美］马士：《中华帝国对外关系史》第一卷，第459页。
⑦ 《清通鉴》第3册，第800页、第813页。
⑧ 参见刘蜀永：《香港的历史》，第127页，新华出版社1996年版。
⑨ 刘蜀永：《香港的历史》，第129页，新华出版社1996年版。
⑩ ［日］佐佐木正哉编：《鸦片战争的研究》（资料篇），第312-313页。
⑪ 参见蒋英豪选注：《近代诗人咏香港》，第51页，中华书局1997年版。

珍》报道说："月内本港附近洋面，船只往来频遭意外之变。九月二十日檐杆头有拖船一只被劫。二十三日平海洋面亦有拖船一只被掳。十月初一日龙船湾有渔船一只被匪抢罄尽。初二日有渡船被劫于急水门，并船亦牵驶而去。初三日有快艇被掠于内零丁洋。初五日后门湾有渔船两只同时被劫。咫尺内洋而出没层叠，其凶暴憝不畏法如此。"1854 年 12 月 22 日，在香港附近海面有"数盗舟，聚劫一商船"，由金星门来港的邮船公局的火轮船"间顿"见状"即前驶援救，盗舟四窜。其一逃至零丁搁浅，盗匪弃舟，泅向山岛奔逃。而商船已被火焚，烈焰方炽，人皆赴水。"① 1854 年第 8 号《遐迩贯珍》报道"英国船遭海盗袭击"。第 9 号又刊出"香港的海盗情报"。这年 8 月 19 日至 9 月 9 日，渔船、商船、英国船接连遭海盗侵害。② 1856 年初，"香港大宪"才发布了"办理海盗"的明文告示。③

1849 年英国"米底亚"号在电白进攻海盗船

英国海军以香港为基地，无视中国政府的主权，在广东海面来往巡弋，炫耀武力，自行缉盗。1849 年 9 月 28 日至 10 月 3 日，英国海军在广东沿海击毁海盗船 23 只。④ 9 月 16 日一个目击英舰在电白港攻击海盗船队的英国人在停泊黄埔的英舰"米底亚"号上给《伦敦画报》写了相关的文字报道，12 月 8 日《伦敦画报》刊出了相关的图画。⑤ 在香港出版的中文报刊《遐迩贯珍》创刊号即 1853 年第 1 号便有关于海盗的新闻："粤东洋面近有盗贼无数，

① 《遐迩贯珍》1854 年第 3、4 号。

② 《遐迩贯珍》1854 年第 10 号。

③ 《遐迩贯珍》1856 年第 2 号。

④ 《清通鉴》第 3 册，第 817 页。

⑤ 参见黄时鉴编著：《维多利亚时代的中国图像》，第 46 页，上海辞书出版社 2008 年版。

每有良民运货出口，辄被劫掠，财命两丧，殊堪悼惜。”同年第2号《遐迩贯珍》载：“英国商船名亚勒顿亚卜驾……此船是日出口，行至子刻，船内中国水手十余人忽起，乘船主暨各英人熟寐，持刀将船主等人砍毙，弃尸于海，将箱匣掀开，掠所有器物而逸。”后经英方大力侦察，并悬赏花红，终将盗匪缉拿归案。“地方官捕获主谋人一名李华监禁在狱，近已瘐死。前经县赏购捕各凶，除凶首者每名花红银一百，其捕获李华之人，已得领红银矣。”① 同号《遐迩贯珍》又载：“本月初五日，英提督统率师船五只，离港前诣电白洋面，缉拿海盗。随获毁盗船十二号，炮七十余门，救放商船数只。”1854年第3、4号《遐迩贯珍》报道：“近日英师船赴虎门外一带洋面，巡缉海盗，匪踪稍戢，自是以来，商船往来，无报劫者。”第7号《遐迩贯珍》还报道了美军出动缉匪的消息：“近日香港附近洋面，海盗窃发，四处劫掠，有两枝桅花旗师船出海缉捕，复有英师船一只，出海巡缉。”1854年第11号《遐迩贯珍》发表评论说：“近日海上盗贼蜂起，不可胜数；此皆因官府无制，遂使群盗劫掠海岸。既已失察于前，复不剿捕于后，得毋谓外国与中国，既通贸易，而遂委之外国代除残暴也耶”，为英国海军在广东海面自行缉盗的大造“合法性”的舆论。

事实上，广东当局对于惩治海盗是下过工夫的，特别是两广总督叶名琛剿办海盗还相当认真，为此甚至引来了英国侵略者的无理交涉。1856年5月17日两广总督叶名琛奏报朝廷：自上年夏起至本年春间，两广地区共歼捕海盗不下2000余名，夺获并烧沉各匪船140余只。② 10月8日，广州水师营千总梁国定根据被劫事主五品顶戴黄联开的指控，率同兵弁四十余人，登上停泊于省河海珠炮台附近的“亚罗”号，捆绑押走了12名水手。至10月10日已初步审明，该艇水手李明太（又名梁明太）和梁建

叶名琛像

① 《遐迩贯珍》1854年第5号。

② 《清通鉴》第3册，第979页。

富等两人曾于9月初在广东新宁县三洲塘洋面将黄联开船上的“洋靛、八角、牛皮、砂纸、稻谷等五六百担，尽劫一空”，并致4名船员于死命，证据确凿。[①] 但英国方面竟然颠倒事实，硬说“亚罗号”是只英国船。其实该船是1854年8月中国人苏亚成建造的，不久就被海盗劫走，后被广州乡勇俘获出售，1855年夏卖给香港维多利亚路中国商人方亚明。根据同年9月港英当局第四号法令，[②] “亚罗号”在9月27日向港英当局注册，获得了悬挂英国国旗、接受英国保护的为期一年的权利。至事发当天已经注册过期11天了。然而英国侵略者为了进一步扩大自己的在华权益，不惜袒护海盗，并以此为借口，联合法国对中国发动了第二次鸦片战争。

1865年英国炮舰进攻香港附近中国海盗

第二次鸦片战争结束后，由于英、法两国的侵华欲望暂时得到了满足，中外关系趋于缓和，在联合打击海盗方面进行了一定程度的合作。其实在1858年的中美、中英、中法天津条约中已经有了防范海盗打劫外籍商船的条款。[③] 1863年8月1日《伦敦画报》刊出了炮舰“弗莱默”（F1amer）号在佐基湾击毁中国海盗船的图画。[④] 1865年9月2日《伦敦画报》刊出了香港附近中国海盗遭到英国“奥珀森”号炮舰攻击的图画，并说明“奥珀森”号“由海军少校圣约翰指挥。这些海盗残酷伤害从事和平贸易的人，杀尽男子，掠其女子为奴。这次英舰进击海盗的活动得到清官方的支持。”[⑤] 10月28日

① 叶名琛札复巴夏礼，1856年10月10日，《中英抗争》，第230-231页。

② 这一法令是违反中英《虎门条约》的。1843年10月中英《虎门条约》第十三、十四条规定，凡往来五口及香港之间贸易的中国商船均应先在五口请领牌照，港英当局应“特派英官一员”，“将拍照严行稽查”，使“洋盗无可混迹”而杜“走私透漏各弊”（《中外旧约章汇编》第一册，第37页）。

③ 《筹办夷务始末》（咸丰朝）卷27，第2104页；卷28，第2171-2172页、第2196页。

④ 黄时鉴编著：《维多利亚时代的中国图像》，第235页，上海辞书出版社2008年版。

⑤ 黄时鉴编著：《维多利亚时代的中国图像》，第252页，上海辞书出版社2008年版。

《伦敦画报》刊出了中国船队靠近英舰“奥珀森”号，准备攻击“出没于海南附近，在过去12个月内攻击挂有英国、日耳曼和欧洲旗帜的商船”的濠州海盗的图画。[①] 1866年9月29日《伦敦画报》又刊出了英舰“奥斯泼赖”号和“奥珀森”号在沙麻湾摧毁中国海盗船队的图画。[②] 此后，喧嚣一时的粤闽浙海盗逐渐趋于平定。

1866年英国军舰在沙麻湾摧毁中国海盗船队

综上所述，人们可以看到，鸦片战争前后粤闽浙海盗是十分活跃的。在籍贯上，福建海盗以粤匪为主体，浙江海盗以闽匪居多。在区域分布上，以香港、福建泉州的深沪、同安县的潘涂、浙江温州、台州、宁波等附近洋面为重灾区。在装备上，有长矛、枪支、火炮与洋炮。在座船上，有快蟹船、草鸟船（又名白底船）、牵风船、草鹃船、艚船与租渔船等，其共同特点是快捷灵便。烟土私贩船、商船、渔船与外国轮船都是海盗抢劫的对象，具体涉及的人员有外国侵略者、水手、中外不法烟犯，也有普通商人和渔民。海盗手段残酷无情，令人望而生畏：打单勒索，炮轰枪击、火攻焚烧、劫掠虐杀，无所不为，有时还用割耳等方式伤害被俘人员，将他们弄成残废。

海盗与官兵特别是水师官兵，与外国侵略者的关系盘根错节，错综复杂，你中有我，我中有你。其聚散分合的标准是资财，而在这其中争夺私贩烟土的巨大经济利益又是重中之重。鸦片战争后，在泉州府属之马巷厅，同安、惠安两县之滨海乡村以及浙省台州府属滨海等地区又出现了滨海殷实之户合伙出资，提供船只、枪炮，招集滨海穷民出洋行劫，得赃俵分的新情况。

① 黄时鉴编著：《维多利亚时代的中国图像》，第254页，上海辞书出版社2008年版。
② 黄时鉴编著：《维多利亚时代的中国图像》，第255页，上海辞书出版社2008年版。

对于清朝地方官府而言，本来在训练、武器、整备、作战等方面上并不较海盗占有多大的优势，加上外国侵略势力的介入与操纵，海盗问题更加难以解决。纵观粤闽浙各地负责官员的奏报，对剿灭海盗的前景普遍看好，对这一斗争的艰巨性、复杂性估计不足，盲目乐观。这些认识既是对当时态势的误判，反过来又对正在进行的惩治海盗事务带来不利的影响。

某些海盗在中华民族与英国侵略军浴血奋战的重要时刻，能够与英军进行正面武装对抗，不管其原始动机如何是应该充分肯定的。与此相应的，在英国侵略者侵略中国的大背景下，粤闽浙海盗不过是侵略者达到既定阶段性目标的一枚小小的棋子。一旦外国侵略势力与清朝政府达成协定，海盗很快被外国主子所抛弃，最终是没有好下场的。

鸦片战争时期的江苏水陆土匪

1842年6月16日午后，清军吴淞战败的消息传到上海县城，“人皆窜城外，奸民载道，白日抢掠，西北两乡更甚”，败兵从吴淞逃进上海城里后“手挟利刃，肩背行囊，或十或五，横行街市，抢夺与土匪等”。次日“逃兵土匪，抢夺益肆，毁县漕书赵姓居，片刻成白地。”18日城内“土匪如蚁塞街巷，争毁县署、道署及督宪行辕，逃兵等亦乘势滋事，……而民之逃生者，苟值弃所携，否亦不免”。入夜，但“闻城外人声鼎沸，盖浦中及沿浦呼救声也。”[①] 地方志也记载说，6月18日“土匪蜂起，毁官署肆行抢掠，城中大乱。”[②] 次日上海沦陷。20日“土匪之抢掠益众，盖洋人入室毁门户，继之者即若辈也。”21日“土匪如故，而又出一种抢掠者，盖乡人数十成群，遍掠当铺各铺及殷户，而城中无赖亦三五成群，要于路，……择其物之破恶及书籍等付之火，其金银铜锡火不能毁，并衣物之值钱者，自取之。而诸洋人又伺于其侧，以择取焉，此风一起，遍地皆然”[③]。深夜土匪二三十人“声言避雨”，强行闯入民宅，“倾箱倒箧，更甚于敌，凡洋人之不取者，悉卷而去。……凡可食可用者，十去八九”[④]。英国侵略军进城后一面“四出抄掠财物及鸡鸭等并奸淫妇女”[⑤]，“凡遇于途者，苟有挟，必为搜攫，六门中则尤甚。金银珠玉其最也，次钱衣，衣服必择其新，又次则食用物”[⑥]，一面装模作样告示上海城民：“此次本地匪类，乘机抢夺官民，诚属痛恨甚矣。此后该匪敢再抢劫，本官宪从重治罪，不稍宽贷。”[⑦] 6月23日英军全部开拔后“土匪复起”，直到7月8日匪患方平。[⑧]

1842年7月中旬，英国舰队侵至镇江到仪征一带江面，散在扬州四乡的枭匪乘扬州府城“居民大半牵徙，店铺全行闭歇”之际“肆劫”[⑨]；仪征枭徒千余人扑向汤村抢劫。[⑩] 18日该县陆上枭徒不顾外敌当前，国难临头，悍然

---

① 《夷患备尝记》，《鸦片战争》（三），第126–129页，上海人民出版社1957年版。
② 同治《上海县志》卷十一，兵防
③ 《夷患备尝记》，《鸦片战争》（三），第132页，上海人民出版社1957年版。
④ 《夷患备尝记》，《鸦片战争》（三），第133页，上海人民出版社1957年版。
⑤ 乔重禧：《夷难日记》。
⑥ 《夷患备尝记》，《事略附记》。
⑦ 《鸦片战争》（三），第329页，上海人民出版社1957年版。
⑧ 同治《上海县志》卷十一兵防。
⑨ 《鸦片战争档案史料》第六册，第11页，天津古籍出版社1992年版。
⑩ 《鸦片战争》（三），第82页，上海人民出版社1957年版。

向水上枭徒“巴竿老”发动突袭，“纵火烧毁盐船”。当“巴竿老”反击时，停泊在附近江面上的英舰又向老河影盐船“连开大炮，火光烛天”，[①]“数千私枭无噍类矣”[②]。同一天，盐枭汉奸在镇江“放火，计毁二百余家”，次日又“乘间抢劫军库”[③]。尽管两淮盐运使但明伦等人应急招了1800余个枭徒充任乡勇，稍后一些地方的团练“亦半用枭徒”[④]，但未被招抚的部分枭徒依旧自行其是，危害社会。“回多往六合一带乡间抢掠”[⑤]，镇江附近“连日以来，盐枭处处蠢动，放火肆抢，虽经查拿数起，不能禁止。”[⑥] 7月21日英军攻陷镇江府城，又有“系盐枭引导”之说。[⑦] 淮南盐枭则“到处放火截杀”[⑧]，致使“难民四散窜逃”[⑨]。盐枭趁火打劫，扰乱防务，荼毒百姓，大大加重了江南人民在鸦片战争中的灾难与痛苦。

鸦片战争以后，外国商贸船只比过去明显增多，自然也就成了海盗劫掠的新目标。这一时期出现了所谓“洋盗”。1846年8月7日（道光二十六年六月十六日）两江总督璧昌上奏：江苏海面商船数次遇盗，奉贤、宝山二县地方又有“洋盗”登岸行劫典铺之事。广东沙船也被外国船只（洋盗）劫取物件，杀伤水手。朝廷认为，“夷船在洋行劫，难保无内地奸民勾结附和，必应及早捕拿，而商盗骤难辨认，尤须确切侦探，实力捕获”，令两广总督耆英等沿海各省将军、督抚等查探盗船踪迹，认真追捕。[⑩]

与此同时，不少中国商船先后在浙江、上海等沿海被劫，人口、货物被扣，勒赎洋银，甚至遭到杀害。海盗首领陈双嬉在闽、浙、苏骚扰，受创后逃窜山东登州洋面，屡肆抢劫。在营口、金州海口、山东即墨等地盗船连续劫掠烧杀。对此朝廷三令五申，要求水师打击海盗：“江南洋面，劫案络绎不绝，并有伤毙人命、掳船勒赎情事，佘山一带，复有盗船伺劫商米，甚至有至崇明、上海等处者。时值海运漕米沙船陆续放洋之时，命两江总督、江苏巡抚严饬水师将弁，认真缉捕。”[⑪]

但由于清朝水师在鸦片战争中遭到重创，战斗力大不如前，对打击海盗不可能有大的作为。

---

① 《鸦片战争档案史料》第六册，第11页，天津古籍出版社1992年版。
② 《鸦片战争》（三），第103页，上海人民出版社1957年版。
③ 《鸦片战争》（三），第104页，上海人民出版社1957年版。
④ 《鸦片战争档案史料》第六册，第43页，天津古籍出版社1992年版。
⑤ 《鸦片战争档案史料》第六册，第11页，天津古籍出版社1992年版。
⑥ 《筹办夷务始末》（道光朝）第4册，第2126页，中华书局1964年版。
⑦ 《鸦片战争档案史料》第六册，第14页，天津古籍出版社1992年版。
⑧ 《鸦片战争》（四），第569页，上海人民出版社1957年版。
⑨ 《鸦片战争档案史料》第五册，第764页，天津古籍出版社1992年版。
⑩ 《清通鉴》第3册，第763页。
⑪ 《清通鉴》第3册，第790页。

二　太平天国时期的土匪

太平军兴起前后的土匪

太平天国前期，太平军在南方顺利发展，并发动北伐，清王朝全力镇压，顾此失彼。在双方激烈博弈之际，各地土匪起了什么作用，是一个必须研究的主要问题。然而长期以来，未见专论发表。笔者主要依据清政府留下的档案资料，进行初步梳理勾勒，提出管见，以就教于大家。

一

1842 年《南京条约》签订后，广东当局即命令将以前招募的万余水兵遣散。这些人前来当兵的目的在于坐拿军饷。加上农民一旦与一向紧密相连的土地分离就很少可能再回复原位，可是这些人在生活无着的情况下，持械抢劫，为害治安，成了中国近代第一批的游勇。

有些“粤东水陆撤勇逸盗，或潜入梧浔江面行劫，或迭出南太边境掳掠”①。另外在战后被遣散归农的兵勇“剽悍者不安耕凿，各于山险啸聚为盗。……贼起，又募民为勇以剿贼，逮事峻遣散，又聚而为盗。已形之贼，即昔年之勇，现在之勇，又他年之贼。故招募愈繁，而盗根愈众，勇贼递为消常，卒未能清其源者。延至咸丰二年，群盗如毛，水陆要津皆为盗踞，劫估客无虚日。”② 赵烈文在《能静居日记》中说：“道光二十二年夏，和约始定，而粤省先募水兵万余，初次议和后，即令解散，军器皆未缴出，由是盗风大炽。及耆英为粤督，捕之甚力，时广西巡抚为郑祖琛，则转讳盗，盗皆以粤西为渊薮，党羽既众。”一方面生活无着，另一方面，“军器皆未缴出”，危害社会是势所必然的。

而广西梧州本地招来的壮丁被遣散后，“滑黠之徒，相聚为盗，烟贩盐枭之属，从而附和。”③ 在贵县，有监生韦三“富而贪，往往出资与匪徒越境抢劫，坐收其利。大盗自张嘉祥、黄亚左、黄亚右之下，均听指挥。”1845 年他抢劫路过的广东龙门协的座船，“官眷依附亦剥取一空。……摆设在其家坐卧

① 严正基：《记粤西贼情兵事始末》。

② 《太平天国史料丛编简辑》第 1 册，第 151–152 页。

③ 《太平天国革命时期广西农民起义资料》第 45 页，中华书局 1978 年版。

之小厅。”到了1849、1850年“盗贼如毛，每贼队经过典铺，或油房，但得其一到弹压即无事。此贼实乱之始，罪之魁也”①。张嘉祥，广东高要人，自幼不安分，创立天地会广义堂后，专门进行抢劫、绑架、打单等活动。1849年他率团伙千余人来到贵县，“到处焚劫村庄，抢掠财物，淫污妇女，杀毙良民，攻围南宁府城，逼处柳州府城外”②，屡败清军。1850年他再次接受官府招抚，改名张国樑，成为反清天地会武装和太平军的劲敌。

1846年夏，广西桂平李观保“纠任文炳、刘亚乌、陈亚贵劫掠浔江，为艇匪之始。”③ 接着大头羊张钊、大鲤鱼田芳在浔江、梧江上“剽掠客贩货物，日益横肆。”大头羊张钊被官方招抚后在巡河时“每商贾贩运有贼船护送者，始免去箧，名曰押帮。然而，吹求措索，稍不遂，掠杀如故。”④ 这里的押帮即“包江食水”。“船与钱不抢，曰包江；货纳金不夺，曰食水。”⑤ 大头羊张钊、大鲤鱼田芳等人先前都是广东波山水手，他们在投降官府时称，“以频年水患，力农则粒米难求，贸易无资工作，则投身匪党，通来西省，欲觅枝栖。”⑥ 1847年大头羊张钊、大鲤鱼田芳等人又与容县冯道和即冯六在自良墟“结盟拜会，朋比为奸。当墟设立土马、广马、大坡马诸馆，不时打家劫舍，包江食水，打单捉参。村堡供粮不焚劫曰打单，掳人勒赎男曰捉参，女未嫁者曰托花；已嫁者曰水盘。”⑦ 当时他们的实力有限，无法与官军正面交手，“故所过皆掳掠，乡牛草芥无余”。⑧ 根据介绍，广东籍匪徒“号称广马，土著则统名土马。土马易于制服，广马奸黠异常。事败窜越东境，难于踩缉。……土匪中，杂有二三广马，即难擒拿扑灭。”⑨ 另外有材料说，在广西“加以广东高、廉、惠、潮、番禺遣散之乡勇，鹤山、清远、英德包送洋烟之悍棍，来而为之领袖”，⑩ 土匪们的破坏性就更大了。1848年、1850年张钊等人两次接受官府的招抚，不久又叛。1850年夏之后他们与钟敏和、邓立奇等联络，“掠往来客舟，江道为梗”。⑪

---

① 光绪《贵县志》卷六，第5-6页。

② 清军机处录副档，花沙纳奏折（道光三十年八月二十九日），《清政府镇压太平天国档案史料》第一册，第34页。

③ 苏凤文：《堂匪总录》卷三，页五押帮。

④ 光绪《平南县志》卷一八，第3页。

⑤ 光绪《容县志》卷二七，第2页。

⑥ ［日］佐佐木正哉编：《清末秘密结社》（资料编）第一部分《广西艇匪关系文书》，日本东京近代中国研究委员会1969年出版。

⑦ 光绪《容县志》卷二七，第2页。

⑧ 龙启瑞：《上某公书》，转引自周育民、邵雍：《中国帮会史》第149页，上海人民出版社1993年版。

⑨ 严正基：《记粤西贼情兵事始末》。

⑩ 《太平天国文献史料集》第87页，中国社会科学出版社1982年版。

⑪ 同治《苍梧县志》卷十八。

广西土匪股数甚多“每到一地，文武员弁望风先遁，有不及脱逃者，则被掳勒赎”。匪徒白昼公开抢劫，来往横行，“常将其地富户、货店之银物尽数劫掠以表散于其党”，“饱则飏去，村落为墟”。[①] 天地会匪在玉林州等地“逼胁乡村入会曰转红，交纳租石谓之交红租。其不从者，为白家。”红家则“聚党以墨涂面，夜劫富家，未晓而散，莫可踪迹。”[②] 1847 年 7 月洪秀全从广东去广西传道，半道曾经遭到一伙匪徒的拦路抢劫，随身所带盘缠、行李被洗劫一空，几乎因此困死旅途。[③] “1848 年张四等人进攻容县水上里“劫附近殷户，及北流民乐、平南丹竹各当铺”。[④]

1847 年—1848 年曾经依附李观保艇军的陈亚贵虽然是最先进攻县城的人，但在象县中平圩“行劫，……遇妇女辄污辱。”[⑤] 1850 年在武宣“攻下湾龙、上马来两村，焚劫殆尽。”[⑥] 太平天国领导人杨秀清后来指责陈亚贵，“掳掠乡村，扰害良民，奸邪淫乱，无所不至，图呈一日之豪强”[⑦]。李秀成在自述中也说：“广西贼烽四起，年年盗贼纷张，一出贼之大头目陈亚贵、张家祥、大头羊、山猪箭、糯米四、刘四各贼首，连年贼恶，劫当铺，抢城池，上下未停”。

1852 年新宁州土匪四起，“有大胜堂、得胜堂、友胜堂、广胜堂、勇胜堂、义勇堂、广义堂、忠义堂、联义堂等诸名号。……每伙必推一人为头目，称‘某大’，称其副曰‘某晚’，其管下曰‘先锋’、曰‘打手’，掳人勒赌曰‘祝参’，逼人出钱曰‘打单’。”[⑧] 1854 年姚新昌在浔州洞心一带“设坛拜会，……勒胁狱众，遂霸收钱粮，私征商税，一方骚然。”[⑨]

《堂匪总录》记录说：“广西自道光二十七年，土匪纷起。南、太、泗、镇四府，道路阻隔者将及十年。弱肉强食，不独流贼、土贼，即团练亦贼，居民亦贼。到处裹胁，转徙无定，乘虚窜扰，击散复聚。或旋起旋灭，或附外匪大股，是为流贼。逼胁村民，招纳亡命，负隅抗拒，少或数十人，多至数百人、数千人者，为土贼。始为团，终为贼；阳名为团，阴实为贼；官兵强则附，官兵弱，贼扈跋，不听征凋，其所为有甚于贼者。”1853 年 10 月劳崇光奏报，在广西“柳城县落崖地方，有匪徒韩溛招集匪党数百人，持械抢

---

① 《罗文恪公遗集》卷上，页八、《经德堂文集》卷六，页四—五。
② 光绪《玉林州志》卷一八，第 1–2 页。
③ 参见《太平天日》，中国近代史资料丛刊《太平天国》(一)，第 646 页。
④ 光绪《容县志》卷二七，第 2 页。
⑤ 民国《象山县志》第六编，第 8 页。
⑥ 民国《武宣县志》第五编，第 12 页。
⑦ 《天情道理书》，《太平天国》(一)，第 376 页。
⑧ 光绪《新宁州志》卷四，第 13 页。
⑨ 同治《浔州府志》卷五十七，第 13 页。

劫”①。

金田起义前后广西土匪的频繁活动，使得广西地方的斗争形势更加扑朔迷离，从官府到百姓已经处于惶惶不安的氛围之中。总体上对太平天国顺利团营、发动起义是有利的。

二

太平天国初期的土匪规模大小不一的，“据报有数百人为一股者，有二三千人为一股者”，[②] ①由于组成人员比较复杂，土匪所要达到的目的各不相同，组织一般较为松散，人心难齐，无法成就大事。

1851 年 1 月金田起义爆发，太平军异军突起，神州大地烽烟四起，警号频传。各地土匪除了干抢劫的老本行外，趁社会动荡之机更加放荡不羁。1853 年初，湖北襄阳“北乡一带土匪滋扰。旱路新集、烟家店等处系郭大安、董加林、易有道等为首，伙匪一千三四百人，拒伤兵勇，夺去大炮四尊。水路董家埠、古城营等处匪首孙贵、乐玉石即乐二千岁、刘见谰、刘子槐等聚众一千六七百人，抢劫商船三百余只，制有黄旗、红袍、抬枪、大炮等件”[③]。10 月骆秉章上奏称，江西“泰和等县土匪乘江省被围，聚集多人，窜扰吉安，戕伤官弁，……该匪纠聚三千余人，已由莲花厅窜入茶陵地方，召集痞匪焚抢”。[④] 1854 年春“朝城县土匪肆扰，县城失事”[⑤]。土匪的存在威胁到了清政府对于地方的统治。

在太平天国的策源地广西，有一部分原先的惯匪，在遭到官兵打击的情况下成股的加入太平军，如罗亚旺、大头羊张钊、大鲤鱼田芳、邱二嫂、苏三娘等几股，其中特别值得注意的是罗亚旺。罗亚旺初在广东为盗，败入广西后成为大湟江匪首，投入太平军以后改名罗大纲，他和苏三娘的部队均屡立战功。但大头羊张钊、大鲤鱼田芳、邱二嫂等股难改本性，后又叛去。

在太平军到来之前，“且土匪为逆匪向导”，[⑥] 为了迎接太平军，使当地民众信任太平军，有些土匪大造舆论，说太平军提倡平均主义，实行“劫富济贫”。“窃惟逆匪未至，而倡言惑众者，土匪也”，[⑦] 毫无疑问，这种诱惑自然会吸引不少贫民加入太平军。还有些土匪为了响应太平军，加快太平军的行军速度，往往在当地先行焚掠杀戮，扰乱地方社会秩序，使太平军有机可

---

① 《清政府镇压太平天国档案史料》第 10 册，第 68 页。

② 《清政府镇压太平天国档案史料》第 13 册，第 86 页，社会科学文献出版社 1994 年版。

③ 《清政府镇压太平天国档案史料》第 4 册，第 370 页，社会科学文献出版社 1992 年版。

④ 《清政府镇压太平天国档案史料》第 10 册，第 57 页。

⑤ 《清政府镇压太平天国档案史料》第 13 册，第 165 页。

⑥ 《清政府镇压太平天国档案史料》第 13 册，第 86 页。

⑦ 《清政府镇压太平天国档案史料》第 10 册，第 161 页。

乘，顺利攻城夺地。刘坤一后来承认："粤西自道光三十年洪逆倡乱以来，土匪蜂起，大则攻陷城池，小则保据岩阻，水陆盘结，出没无常，遂至十一府州、六十四州县无一块干净地，省会亦有累卵之危。"①

太平军北上进入两湖后，有些先前不断被政府缉拿、走投无路的当地土匪加入了太平军。1852 年太平军"入楚，凡入添弟会者，大半附之而去。然尚有余孽未尽。此外又有所谓串子会、红黑会、半边钱会、一股香会、名目繁多，往往成群结党，啸聚山谷，如东南之衡、永、郴、桂，西南之宝庆、靖州，万山丛薄，尤为匪徒卵育之区……白日抢劫，毫无忌惮"②。1854 年 4 月曾国藩奏报说，湖北"崇阳土匪最多，有头目廖姓，系本邑屡次严拿之犯，上年从贼。今春廖姓至汉口带老贼六百人，至崇阳招集崇通土匪，已二万余人"③。

在太平军向江南胜利进军中，长江下游地区的粮船水手、盐贩、盐枭、青皮等纷纷参加太平军队伍。"抵镇江，城中无官无民，房屋皆为盐枭所据"④，"南京城有盐枭数千，效贼装束来扑城，官军伤千人，枭徒伤三千人"⑤；"南京盐枭欲投贼匪，……乃于十二日亥刻枭众攻进外城……复于十四日攻破内城"⑥。1854 年 4 月琦善奏称，"仪征老河影、泗源沟两处在大江之中，素为盐枭出没之区。自贼至江南，该处湖南人俗名巴杆老，结党薮奸，无恶不为，夹江于滩之上，添建房屋，不可数计。臣派兵防守以来，屡与地方文武商议，欲燔其巢穴，歼其丑类……十三日黎明，瞭见贼船百余由下游上窜，艇船自后追击。……见江干停泊大小船只，船户已逃，随饬兵勇将大船五只烧毁，夺获小船三十一只，并于江岸巴杆老所住房屋内搜获人犯四十二名，蟒袍一件、黄红帽一顶、红头巾一条、红男鞋三双、小红旗一杆、火药四包。随将房屋焚毁，共二千余间。"此日清政府又派兵再次到老河影地区，"该匪等有复潜回，瞥见官兵，欲渡往大江南岸。兵勇追至江滨，刀矛并举，砍毙及溺死者不计其数。获男妇三十四名，鸟枪一杆，长矛一杆，刀一把，子母炮三尊，大黄旗三面。随将贼船三十四只及该匪所备之渡船全行焚毁，并毁巴杆老住房三千余间"⑦。由于太平天国的旗帜全是黄旗，人们完全可以据此断定次日清军抓获的肯定是太平军，而这也正反映出在这一地区的盐枭与太平军的密切关系。清政府为了进一步严厉打击太平军及盐枭势力，

① 《刘坤一遗集》（六），第 2738 页。
② 《曾国藩全集·奏稿》（一），第 44 页，岳麓书社 1995 年版。
③ 《清政府镇压太平天国档案史料》第 13 册，第 314 页。
④ 《清政府镇压太平天国档案史料》第 13 册，第 499 页。
⑤ 鹤湖意意生：《癸丑纪闻录》，《太平天国史料专辑》第 484 页，上海古籍出版社 1979 年版。
⑥ 鹤湖意意生：《癸丑纪闻录》，《太平天国史料专辑》第 487 页，上海古籍出版社 1979 年版。
⑦ 《清政府镇压太平天国档案史料》第 13 册，第 264 页。

十五日又派兵搜缴，“毙贼数十名，生擒五名，获旗帜、器械八件，焚毁贼巢房屋，并毁江边小船十余只。”①

但总体而言，太平天国初期的土匪规模大小不一的，“据报有数百人为一股者，有二三千人为一股者”，② 由于组成人员比较复杂，土匪所要达到的目的各不相同，组织一般较为松散，人心难齐，无法成就大事。

三

1853年太平军以南京为首都改名天京后，旋于5月派出李开芳、林凤祥从扬州出发进行北伐。

太平军北伐部队前锋所到之处，清政府以及军队一片惊慌，即便在京畿之地也是如此。“直隶被扰之后，土匪蜂起”③，“乘机肆抢”④。根据清朝官方奏报，“土匪倡乱，每以从贼为乐，及至从贼以后，挑米抬炮，鞭扑冻饿，责令摇旗念咒，以挡官军之枪炮。是从贼而先死者，土匪尤多”⑤。

1854年春清政府派官员去阻截太平军渡河，没想到“金乡、钜野、鱼台等处土匪充斥，道路不通”⑥，于是这些官兵只能先剿土匪，耽误行程，但清政府又没有其他机动兵力可拨，处境颇为尴尬。也有土匪乘当地的军队被调去支援镇压太平军之时，用武力对抗政府，扰乱地区的社会秩序。山东官方张亮基也奏报称，“实据观城县禀报，三月初间逆匪由该县张鲁集经过，朝城县知县任腾蛟正集乡勇堵截，忽本地土匪乘间进城，焚烧衙署”，“其阳谷、寿张、东平、滕、峄一带土匪，虽委臬司厉恩官带兵进剿，兹因臣营兵力太单，又经奏调该司移兵前来”，⑦ 真是捉襟见肘，进退两难，焦头烂额。

在太平军凌厉攻势的鼓舞下，长期活动于北方的捻党也深受其鼓舞，并迅速形成了声势浩大的捻军起义。随着太平天国声威的日益高涨，捻党的声势也日渐强大，活动区域遍及皖、豫、苏、鲁等省的边界地区，并且以安徽蒙城、亳城、青州等地为主要活动地区。捻众的谋生手段很多，惯用的有：（1）吃大户。不论在捻党时期还是捻军时期均是如此。他们所到之处，“每逢殷实人家，随时散贴，勒取钱文，谓之定钉”⑧；“或入集及经过之处，先遣

① 《清政府镇压太平天国档案史料》第13册，第425页。
② 《清政府镇压太平天国档案史料》第13册，第86页，社会科学文献出版社1994年版。
③ 《清政府镇压太平天国档案史料》第12册，第74页。
④ 《清政府镇压太平天国档案史料》第12册，第73页。
⑤ 《清政府镇压太平天国档案史料》第10册，第162页。
⑥ 《清政府镇压太平天国档案史料》第13册，第87页。
⑦ 《清政府镇压太平天国档案史料》第13册，第165页。
⑧ 《钦定剿平捻匪方略》第一卷，鲍继培折。

数骑传呼派饭若干桌，如止百余人，必食派百桌或七八十桌，伪为众多以吓诈之”[①]。捻军歌谣也唱道：“一牛一驴广种田，光蛋子子跟我玩，瓦屋楼台少我债，专向大户去要钱。”[②] 可见捻众吃大户的普遍性。（2）掳人勒赎。《钦定剿平捻匪方略》载：“无论男妇大小强拉入群，给钱放还，否则拷打吊饿，无毒不施”[③]；《能静居日记》亦载：“获民之富者，持至其家所处围（圩）子边，勒贡马匹、粮食、鸦片以为赎，不应则脔割之。”[④]（3）“打捎”。捻军“因粮于敌”，外出打粮称之“打捎”，或干脆谓之“出掠”。捻军在很长一段时间里，是“居则为民，出则为捻。”。“每秋获农暇，捻酋招集乡里无赖，部署为兵。劫掠行旅，攻村堡城邑，归分其赀，岁以为常”[⑤]。因此他们“恒于春秋二时，援旗摩众，焚掠自近及远，负载而归。饱食歌呼，粮尽再出，有如贸易者”;[⑥] “计近二年来，每年春仲秋季两次出巢，大掠河南。本年秋冬将及湖北之襄阳、汉阳、德安等府，又扰于陕西、山东、山西等省”[⑦]。当然，不论季节的出掠活动也是常见的。[⑧]（4）武力要挟。捻军的军事战略是“过城寨不攻，遇大军则走”[⑨]。“不占城邑，不赍资粮，饱掠狂奔，数日千里，”是“捻之长技”[⑩]。但这并不等于捻军绝不攻城。在捻军史上，被捻军攻下的城池有几十个，但一般是纵掠几日而去。

有官员惊呼：“今逆匪窜扰于前，土匪窃发于后，且土匪为逆匪向导，焚掠夺杀戮，愈肆鸱张，若不痛加剿办，势将不可收拾”[⑪]。清政府就不得不从对付太平军的军队中抽调部分兵力来镇压各地的土匪，无法全力镇压太平军，这对太平军自然是有利的。[⑫]

四

清政府在全力镇压太平天国的同时，对于尾随太平军后进行滋扰的土匪也予以了一定的重视，采取多种办法进行防范。

---

① 方玉澜：《星烈日记汇要》第32卷。

② 王奎璧等：《捻军革命活动史实采访实录》，《史学工作通讯》1957年第2期。

③ 《钦定剿平捻匪方略》第一卷，鲍继培折。

④ 赵烈文：《能静居日记》，同治六年四月二十五日。

⑤ 王定安：《求阙斋弟子记》第十一卷《剿捻》上。

⑥ 《山东军兴纪略》第二卷《皖匪》。

⑦ 王之春：《椒生随笔》第三卷《论捻》。

⑧ 参见池子华：《中国近代流民》第126-127页，浙江人民出版社1996年版。

⑨ 中国近代史资料丛刊：《捻军》（一），第357页，上海人民出版社1957年版。

⑩ 中国近代史资料丛刊：《捻军》（四），第140页，上海人民出版社1957年版。

⑪ 《清政府镇压太平天国档案史料》第13册，第86页。

⑫ 《皇朝经世文续编》卷四十七。

清政府积极鼓励各地兴办地方团练，因为团练“既可防守省垣，复可查拿土匪”[①]。在有些地区由于没有进行团练，常被土匪滋扰或为太平军所占，清政府以此为戒，愈加重视团练，要求各地积极添募壮勇1852年9月太平军围攻长沙，清廷下令湖南巡抚传旨奔丧回籍的曾国藩，“令其帮同办理本省团练乡民，搜查土匪诸事务”[②]。1853年初咸丰帝发布上谕，“现在楚省土匪查缉尚未净尽，各处团练保卫乡闾，最关紧要”[③]。同年秋王茂荫奏称，安徽“庐民勇悍，团练最早，自正月安庆失守，江北土匪肆起，经周天爵令练勇格杀数人，地方稍靖”[④]。对于清政府来说，举办团练既可以利用来抵御太平军的进攻，又可就近剿捕土匪。

清政府还在各战略要地布兵，威慑抑制土匪的袭扰。1853年5月太平军发动北伐期后，清政府在北方多处地区布兵，布置适当兵力严防太平军的来袭。咸丰帝非常重视土匪对于军事重地的滋扰，1854年初发布上谕指出，“襄阳据楚北上游，为陕豫门户，最关紧要，朕早筹虑及此，曾谕令罗绕典带兵前往，相度驻扎。现在该处土匪纠众抢夺，该抚能不分畛域，即令柏山带兵驰赴襄阳，会同该抚攻其不备，所办甚合机宜”[⑤]。当时“南阳地方虽觉安静，而襄阳土匪根株未绝，所属时有红胡、捻匪，留兵二千尚恐不足弹压。倘一经调拨，难保土匪不乘机窃发，所关非细”。[⑥]

在镇压太平军和土匪的过程中，清政府在各地逐步下放了死刑权，允许地方军政官员运用“就地正法”的办法。在清政府看来土匪和太平军都是犯上作乱，扰乱了封建统治秩序，不杀不足以震慑百姓。1853年11月咸丰帝明确下令：“土匪啸聚成群，即行就地正法”[⑦]。当然，清政府对待太平军和土匪是有缓急之分的。清政府剿办的重心是太平军，土匪问题只能暂时搁置一边。1853年11月劳崇光奏称，“惟有粤西土匪之窃发，与金陵逆贼匪之盘踞相提并论，轻重悬殊，自应权衡缓急，先顾大局”[⑧]。官府对于匪首和伙匪所采取的措施也是不同的。“惟其党与众多，又不宜操之过蹙，致生他变。密饬梧州文武授以机宜，令其不动声色，设法拿办”[⑨]；“一面尽力剿办，一面解散胁从，计擒首匪”[⑩]。

---

① 《清政府镇压太平天国档案史料》第4册，第473页。
② 王先谦：《咸丰东华录》卷十八，咸丰二年十一月乙亥谕。
③ 《清政府镇压太平天国档案史料》第4册，第473页。
④ 《清政府镇压太平天国档案史料》第10册，第233页。
⑤ 《清政府镇压太平天国档案史料》第4册，第372页。
⑥ 《清政府镇压太平天国档案史料》第4册，第582页。
⑦ 《清政府镇压太平天国档案史料》第13册，第470页。
⑧ 《清政府镇压太平天国档案史料》第10册，第436页。
⑨ 《清政府镇压太平天国档案史料》第10册，第68-69页。
⑩ 《清政府镇压太平天国档案史料》第10册，第69页

清政府还采取了招安的手段，用立功、免死为诱饵，收编土匪加入清军，与太平军作战。此举既可防止土匪为太平军所招募，又可调拨原来用来对付土匪的军队去对付太平军。有些官员认为，土匪“与其被贼哄骗而卒，不免于死，何如助顺剿逆，而且可以立功”①。至1851年春，清军已接受了大头羊张钊、大鲤鱼田芳、侯志即卷嘴狗、关钜即大蜘蛛等的“投首”，并令其“杀贼自赎”。② 不过由于他们在帮助清军攻打太平军时，“仍在浔、梧一带江面包货抽税，剽劫如常”③，并为了谋取暴利，高价向艇军任文炳部出售武器，后来还是被官方断然惩办。1852年10月清朝官员奏报说：“讯明投诚之张钊等，潜通贼匪，接济火药，即行正法。”④ 次年田芳、侯志也被官方设计擒杀。当时还有一惯匪张嘉祥，常纠合党徒在贵县一带行劫，也曾拒捕打败清军，后来也被清军所招抚，改名张国樑，所部匪徒，成了镇压太平军的一支劲旅。四川总督曾望颜在镇压响应太平天国的李蓝起义时鉴于川省“五方杂处，人烟稠密，游手尤多，啯匪乘机，易于裹胁”⑤ 也曾经“广招啯匪”⑥。另外，清政府还以重金引诱当地老百姓出卖匪首，“又札饬各团协力兜剿，并谕该处良民能捡献匪首者立予重赏，当不难解散党与，以净根株”⑦。

在19世纪50年代前期太平军与清王朝激烈搏斗时期，各地土匪趁势而起，但由于立场、主张各异，总体上在两者之间徘徊摇摆，从根本上不可能成为太平军的依靠力量。随着1856年天京事变的爆发，太平天国无可挽回地走上了衰败之路，太平军本身的素质在下降，有些也开始土匪化了。而各地土匪与太平军的暂时有限的合作由于太平军实力的锐减也趋于结束。

---

① 《清政府镇压太平天国档案史料》第10册，第265页。

② 《咸丰朝东华录》，咸丰元年三月乙卯。

③ ［日］佐佐木正哉编：《清末秘密结社》（资料编）第3页。

④ 《咸丰朝东华录》，咸丰二年九月己酉。

⑤ 赵庶吉奏疏（咸丰九年十月初六），转引自胡汉生：《四川近代史事三考》第126页，重庆出版社1988年版。

⑥ 崇实奏折（咸丰十年闰三月初六），转引自胡汉生：《四川近代史事三考》第126页，重庆出版社1988年版。

⑦ 《清政府镇压太平天国档案史料》第4册，第347页。

道光末年广西会党的土匪活动[①]

广西西北接云贵高原，“粤西山形奇怪，水势险恶，故人心不循良者多，向称多盗之都”[②]。当地向来民风强悍，“民情难治”，民不畏官，“彼见奸淫偷盗，忿争劫杀，干名犯分之事，绅士一一为之，无怪其渐染成风，浸以恶薄也。且愚民无事之日，畏强横之势力，甘听指挥；奸民有事之时，又仗绅士之神通，曲加党庇，其积害不可胜言”[③]。官府“稽察废弛，相沿成习”[④]。

道光年间的广西乱象环生，土匪四起。柳州府属之象州，思恩府属之宾州、迁江、武缘，得州府属之桂平、武宣、贵县，郁林州属之兴业，梧州之苍梧、藤县，平乐之昭平等处，“现均有另股盗匪十数起，自数百至数千人不等”。“忽聚忽散，一经大兵剿捕，则闻风避匿，散而为民，如兵力孤单，则恃其人众，各处村庄派索银钱，名为打单，不遂其意，即肆行抢劫，掳人勒赎，而堵捕兵单，又复肆行抗拒”[⑤]。右江之思恩、柳州、浮州、庆远各府属，及左江之南宁、太平等处，“均有另股盗匪肆行劫掳，人数动辄盈千，其头目姓名，亦不一而足，沿村打单开角，勒索抢劫”[⑥]。清廷屡有“奈兵少匪多，屡御屡溃”、“官军孱弱无能，剿捕无效”[⑦] 等语。

这时期土匪武装的骨干分子是游民阶层，他们没有正当的谋生手段，主要从事盗匪活动。这种放荡的生活，赋予他们一种特殊的社会性格，对反动统治阶级，他们是顽强的反叛者，但同时在一定程度上也给社会生产力和人民生命财产带来极大的破坏。如杨秀清曾批评陈亚贵起义，“掳掠乡村，扰害良民，奸邪淫乱，无所不至，图逞一日之豪强，遑恤他时之殄灭。”[⑧] 各个会党武装的盲目破坏和残酷杀戮，使他们严重脱离群众，因此在清军进攻面前孤立无援。

---

① 本文作者为黎瑛。

② 金毓黻、田余庆编：《太平天国史料》，第491页，中华书局1955年版。

③ 《广西通志》卷一。

④ （清）谢启昆主修：《广西通志》卷一，嘉庆六年刻本。

⑤ 《太平天国文献史料集》，第52页，中国社会科学出版社1982年版。

⑥ 《太平天国文献史料集》，第59页，中国社会科学出版社1982年版。

⑦ 《太平天国文献史料集》，第59页，中国社会科学出版社1982年版。

⑧ 《天情道理书》，中国近代史资料丛刊《太平天国》（一），第376页，神州国光社1952年版。

这几年会党活动频繁，将其归纳总结，不外乎三个方面：

1. 抢掠村舍，滋扰百姓

早期会党的活动都具有很大的破坏性。抢劫、放火是他们在起事的过程中常作的勾当。就道光三十年这一年间，广西会党的破坏活动达到了极致。宾州向来安稳，素称乐乡。突于道光三十年二三月间匪首陶八结连丁四、彭亚理、余亚元、李官六等起义阳桥墟，后移屯黎塘墟，共计二千余人，沿村索扰，拉开了当地会党破坏社会生活的序幕。起初是二月的时候，土豪监生黄体中暗勾匪贼张亚珍、曾二等二千余人肆劫各乡，官置不理。四月中旬，颜亚有等五千余匪为一股，谢国太二千余为一股，文亚英等为一股；五月上旬，徐亚文等二千余匪为一股，“蜂拥各竖旗帜，近则入乡焚抢，远则持帖勒扰，以及掳男辱妇，人畜俱空，人命死若鸿毛，村舍焚为平地，荼毒已极”①。六月初五，文亚英等逼扰州县。初八，陶八等“昂然入城占屋放犯斩人”。“现今陶八出走，众官无奈，止劝各户送银免害”。地方官员只能感慨“似此贼势日盛，生等恐人心中变，玉石难分，进退无策”②。

就道光三十年上半年，广西各地村舍遭到会党的劫掠就有数十起。道光三十年二月初四日，曾二、刘亚生等二千余匪焚劫莫村韦善扬、韦明楷数家，打死民人九命，烧屋数间。初六日，又到雷神墟播兴盛铺，掳掠银钱什物甚口。二月初六日，土豪监生黄体中勾连贵县匪徒张亚珍、曾二、刘亚生、李木保等二千余贼劫掳梁村五十余家。二月初七晚，又烧劫必岭村十余家，抢夺牛只，毙妇人一命。二月十九日早，会党数百人到老罗村掠夺牛只财物。三月初五，会党陶八、丁四、彭亚理、余亚元、李官六、王亚康等千有余人屯聚黎塘墟，安城文武官与团人联合与之交手，官民失利。三月十一日，陶八等带匪二千余人自黎塘阳桥至邹墟，发单索扰，旗帜有百余面张，号仁义堂，所到郭村、禄蒙村、黄寨村、乍黎村、大林村均被扰害，邹墟汛官黄茂强亦被掳。以上案例均被查报在案。

三月二十三日，陶八带匪三千余人沿途掳劫，白圩、狮螺圩均被索扰。他们直入芦获村，到州同周秉抵、拔贡周世德家掳劫银钱，掘地挖房，劈开周秉全胞弟秉忠棺骸和周世德父亲棺骸。贼匪停住周家八日，临行烧毁房屋。四月初六日，陶八等带贼由芦获村直抵上林县，绕城而过，所到廷亮墟、里墟、巷贤墟一带地方，发单索银，捉人辱妇，杀死芦护村生员谭津及妇女和

① 《两广部堂徐批》，《道光二十九年广西会党反清斗争档案选编》（下），《历史档案》1994年第4期。

② 《两广部堂徐批》，《道光二十九年广西会党反清斗争档案选编》（下），《历史档案》1994年第4期。

其他老百姓十余命，至月底方起程。①

三月二十四日，陶八等合土匪三千余人自邹墟由狮螺墟白墟到白岩村，烧劫房屋，村中被杀四命。生员白升恒等报州文武官在案。

四月二十二日，贼首颜亚有、叶大哥、李四、李太、曾三、曾二等统匪五千余，多由贵县桥墟程到三里黄练墟，直抵黎塘墟住歇，他们所经过的附近各村，均遭扰害。他们的旗帜有二百余面，单号胜义堂。二十四日，这批会匪烧劫林村、思村、北勾村。二十五日，又烧韦洞村、李村、布宁村等，当天被会匪杀死的一共有四人。如果各村肯送银钱就能免烧掳。

四月二十六日，陶八等又劫到红岭村上下七十余家，烧毁房屋数间，杀人一命。

五月十一日，会党刘五、徐亚文、纪桓青、林大等带匪三千余人，号结义堂，自贵县黄练墟与土匪汤西利、汤七指引行劫，至下黄堡劫掳太平村八十余家，又劫李四村，至十二日方走。下黄村、李落村、梁村均被索扰。十三日，徐亚文等轮劫到石龙石碑村、葛村、茶表村，又烧岭挞村数家，共打死六人。

五月二十二日，陶八等又带匪到武凌墟沿村滋扰。二十五日，到丁桥墟，劫大村、六维压村、下步村、芦州村等继续劫掠。

二十五日，另股会党长腰四、陈六、谢国太等带匪二千有余，号正义堂。另外，方亚、延二、朱木成、谢六等，带有千余人，号真义堂，共有会匪三千多，合伙自横州灵竹墟到古辣墟，沿村索扰，烧劫平地等村，毙命七人。六月初三，这股会党直抵黎塘墟，至初六日，始往贵县黄练墟而去，经过的王衣村、荣堂村、大塘村、太平村、下黄村、梁村均被索扰，毙死七命。

二十九日，党首文亚英、石牛四、屈四等，带匪四千余人由陶邓墟到邹墟纷扰各村。六月初五日，他们直到州城内外劫铺烧屋，污辱妇女，放走犯人。武生韦有光带勇截击，被会党毙命十余人，被伤十数人。直到初八日地方团练才赶走了这批会党。

六月初八日，陶八等又带匪数千，分一半人屯庐墟，一半入城内外滋扰。从前思恩府与州所曾禁押其同伙犯，陶八等进城后悉到衙门放出同伙。这些会匪横行霸道，吓斩平民，污辱妇女，肆横无忌，文武官无奈，止劝各铺各家送银送米，以图免害，显得极其难堪。

七月初二日，陈亚贵、大头杨、陈康先、杨段二、李九、吴大、杨亚丁、杨大、杨二、杨三等又伙同党匪千余至庙王墟，初三日，至寺村墟，焚掠数十村，劫杀数十人。初十日，他们经白丈墟至中平墟，又焚掠各墟，劫掠多

① 《计抄吝村被掳毙命实情呈电》，《道光二十九年广西会党反清斗争档案选编》（下），《历史档案》1994 年第 4 期。

人，“未知死生确耗〔数〕，现在拒杀瑶壮，人民逃躲，村墟杳无人烟，生等家族被执，死生未卜，脱身奔诉情急。”①

七月间，又有会党入永康州，知州脱逃，前任眷属尽遭荼毒。“至人民之遭杀戮，村舍之遭焚毁，财物之被搜括，妇女之被淫污，平民之为裹挟，数难更仆，惨不可言。民等家乡荡尽”②。

从这些频繁发生的案例来看，当时宾县的会党主要从事的是破坏社会秩序，滋扰百姓的勾当。核心力量是宾县的陶八、颜亚有、南宁的徐亚文为首的一些山堂，而陶八的仁义堂尤为活跃。他们的活动范围主要集中在柳州地区，并从宾县出发，沿着来宾，往南宁、上林一带发展，柳州、南宁地区应该是他们的主要势力范围。他们对这些区域的百姓的生活造成了很大的破坏。

2. 劫抢富户，破坏商业活动

加入造反队伍的基本群众是破产劳动者、失业游民。他们在统治者的高压政策下无法生存才起来造反。因此在他们起事的活动中，抢劫富裕阶层的财产以求生存是他们活动的主要内容。会党抢劫的对象主要是富户、店铺和商船。“惟西省游匪多向墟市商船勒诈，兵至匪逃，兵散则返。查游匪人数，每股或数十人百余人及二三百人等，若人数过多，不特劫掠乡村难供口食，且亦无栖止容身，每到之处，必须勾结本处土匪，随同劫抢，外匪藉内匪为眼线，内匪赖外匪为声援。表里为奸，同恶相济”③。

道光二十七年会党起义开始后，广西几乎每个地方的商业都受到了不同程度的劫掠。如1846年北流县李二股劫大伦圩当铺；1847年玉林平乐圩当铺被劫；1848年广东人张四一股进攻容县水上里，劫附近殷户及北流平乐、平南单竹各当铺。随着各处会党的日益兴起，这种劫掠活动越演越烈。

“近来盗风四起，贼首各踞要津，扰害民商，已非一日”④。就在1849年，广西的许多地方就同时发生了程度恶劣的抢劫活动。如当年马平县高墟铺户被劫；举人莫云卿等在宜山之思练地方开设五美当。道光二十九年十二月间，“有匪窜入思练及袄尚等处，将五美、恒兴各当抢劫，当经该督率兵勇团练追捕，格毙二十七人，擒获十八名，夺回货物十七担，内十四担系莫云卿五美当原赃，三担系袄尚周一清恒兴当原赃，分别给领”⑤。贵县、永福、永安等

① 《七月十八日，象州生员何为易、冼征清等叩署藩司呈为大盗焚劫残杀各村冤惨恳恩急救事》，《道光二十九年广西会党反清斗争档案选编》（下）。

② 《计抄各村被掳毙命实情呈电》，《道光二十九年广西会党反清斗争档案选编》（下）。

③ 《两广总督徐广缙等为两广地区应大力任办团练以与官兵合剿起事会众事奏折》，《道光三十年四—九月两广会党反清斗争史料》，《历史档案》1995年第1期。

④ 《广西生员冼微清京控粘抄》，《道光二十九年广西会党反清斗争档案选编》（上），《历史档案》1994年第3期。

⑤ 《广西巡抚郑祖深为遵旨查明马平等县会众活动情形事奏折》（道光三十年六月二十八日），《道光三十年四—九月两广会党反清斗争史料》。

处也同样被劫，“所有贵县之案，已据拿获首伙三十余名，格毙多名。永福、永安之案，已据拿获格毙共一百数十名”①。在永福等地方，武生陆宗璃、进士吴鼎元、举人梁凤廷、韦景儒、文生韦光汉被劫；象州之寺村、罗秀、石龙、泰山等村墟主事郑存纷和提塘韦世徽等，被匪连劫多家，该署州王大均参奏革职。苍梧县赤水地方，有职员苏泰州等被劫。其余修仁、武宜、迁江等处被劫各案，也让地方官吏头疼不已。在九月间柳州县有贼匪数百人在该县之牛岭等处抢劫典当，掳夺苗船，后来该股会匪由柳城之沙塘至象州之麻子塘逃逸，武举谢授章家被劫，即在柳城之牛岭地方。

道光三十年二月十六日，大盗陶八等数百人逼城滋扰后，三月初三日，该股党匪又勾引大盗张生等数千人直至围城，“索掳数日，财空业歇，民不聊生”，商业大受打击。②

“窃安民固先治盗，裕国首重通商”。过去“粤西南宁、百色、龙州、大平等处贸易，谷米银两各货，上口均属通流，安堵无虞”③。但是自从会党倡乱以来，这些地方被贼抢劫银货不下数十万之多。道光三十年十月初九日在江龙头墟亦聚匪千余，劫财劫奸，田州等埠聚匪亦然。十八日，贵县东津遭贼，既劫银钱，复放火焚烧铺舍数十家，赤地一空，令人胆丧心寒。但商人“告则多事，究亦空言”。会匪日聚日多，如当时横州贵县界内周地塘、大吉滩二处来往船只银货，均被劫掠全空，“上水之船至贵县而歇，下水之船至横州而停，货不流通，各埠歇业，生民涂炭，人心惶惶，势迫不已”④。

在梧州郡内，党首钟敏和、邓立奇等，各聚伙党千百，“或掳掠河西，或焚劫乡村，或吊打酷财，或掳人勒赎，生者悻免，死者冤沉，惨毒情形，闻者伤心，见者流泪”⑤。

道光三十年三、四月商船在梧州藤县被劫情况表

时间	被劫内容	船主	货主	备注
三月	被盗勒索去银六十两	金胜船	桂平天泰号	桂平天泰号雇金胜船载谷至藤县火烧基，无客，其船主被贼吊打

① 《广西巡抚郑祖深为遵旨查明马平等县会众活动情形事奏折》（道光三十年六月二十八日），《道光三十年四—九月两广会党反清斗争史料》。

② 《道光三十年五月初四日递府宪刘呈》，《道光二十九年广西会党反清斗争档案选编》（下）。

③ 《道光二十九年十二月十八日贵县东津墟递两广总督部堂呈词》，《道光二十九年广西会党反清斗争档案选编》（下）。

④ 《道光二十九年十二月十八日贵县东津墟递两广总督部堂呈词》，《道光二十九年广西会党反清斗争档案选编》（下）。

⑤ 《广西生员冼征清京控粘抄》，《道光二十九年广西会党反清斗争档案选编》（上）。

（续表）

时间	被劫内容	船主	货主	备注
	被盗勒索去银一百两	伍荣茂船	南宁联合号	南宁联合号雇伍荣茂船载片糖、黑豆至火烧基
	被匪勒索去银六十两	盛华船	下湾德生号	下湾德生号雇盛华船载谷至火烧基，无客，该船主被贼吊打
以上船三只，是三月二十日在藤县被耽，一并强劫				
四月	被盗勒索银一百六十五两	杨亚社、杨尚富、杨亚德、彭亚二等船四只	柳州咸益店、同益店	柳州咸益店、同益店雇杨亚社、杨尚富、杨亚德、彭亚二等共船四只，装谷米至藤县属火烧基，内有客人黄敬时系三洲人，被吊打三次
	被勒索去银二百一十两	亨礼船、庆祥船共二只	古宜公兴号、广和号、泰隆号	古宜公兴号、广和号、泰隆号雇亨礼船、庆祥船共二只，装载茶油、桐油至火烧基，内有南海姓曹姓陈客人，俱被盗吊打三次
	被劫去米一万零六百斤	木社船	桂平广源号	桂平广源号雇木社船载米至火烧基
	被劫去豆一万六千一百斤	张元柏、宝善船二只	南宁泰吉号	南宁泰吉号雇张元柏、宝善船二只，载豆讲、白糖至火烧基
	被盗勒索去银八十六两	源安、和杰、正朝船	迁江	迁江源安、和杰、正朝船载豆至火烧基
	被劫去谷二千余斤，并衣物一包		武宣钟元善	
以上船十一只，是四月初八日在藤县被一连强劫				
	被盗勒索去银二百三十两正	南宁苏友回、李亚三船二只		南宁苏友回、李亚三船二只，载糯米、片糖、白糖至火烧基，内有客人李尚新，新会人，被贼吊打三次

（续表）

时间	被劫内容	船主	货主	备注
	被贼劫去稻谷一万零六百斤	建华船	象州怡和号	象州怡和号雇建华船载谷至藤县属思礼州头连塘大地
	被盗勒索去银六百两	严敬纬、李振兴二船	运江和丰号	运江和丰号雇严敬纬、李振兴二船，载货至藤县思礼州，内有客人吹阳静仁被贼吊打数次，又用火燃大香，以客手抱之
	被贼劫去谷三万余斤	大乐墟顺发号	大乐墟顺发号	大乐墟顺发号有自船载谷至思礼州，内有大乐墟本墟莫姓客人被吊
以上船六只，是四月十五日在藤县被一连强劫				
	被勒索去银六百两	不详	柳州陆安号、元盛号、恒盛号、安盛号、安隆号五店	州陆安号、元盛号、恒盛号、安盛号、安隆号五店，雇船九只，载谷至藤县思礼州
	被匪劫去银三百两，另绸缎布正，共值银一百四十余两	宗琼船	武宣联昌号	武宣联昌号在宗琼船上口至藤县登州头
	劫去衣物银两，共值银一百五十余两	作荣船	运江安盛、浩昌、广盈、秀利，象州隆盛、中平、隆泰，柳州泰昌	运江安盛、浩昌、广盈、秀利，象州隆盛、中平、隆泰，柳州泰昌，在作荣船上口
四月内在藤县地方被会党强劫的船共三十一只				

资料来源：《计粘同禀店名被盗失单被酷情形一纸》，《道光二十九年广西会党反清斗争档案选编》（下）。

从以上图表可见，会党在藤县西江上的活动是很频繁的，有时候一天就会有好几艘船遭到严重的打劫，严重影响了正常的社会生活和商业秩序。然而，这仅仅是广西会党打劫的冰山一角。会党在劫取财物的过程中，常常伤人，说明这时期的会党具备了土匪、流氓的特征。为什么梧州藤县这些区域的抢劫商船情况会如此严重呢？广西民间有一句俗语：“无东不成市，无市不趋东”。这句话说明，广东商人在广西的市场中占有举足轻重的地位，广西经济的发展和商业贸易是依靠广东市场辐射而进行的。在长距离运输主要依靠水路的近代，梧州的西江水运是广西商品进出广东的唯一通道，广西的绝大部分商品都要经过这里转运，因此这里的商业贸易尤为繁荣。而靠打劫为生的会党正是看到了这一点，活跃在梧州地区的会党无疑会疯狂地掠夺过往的商船。

综上所述，会党的活动带有明显的地域性特点。在第一次会党大起义的前期，会党的活动是带有破坏性的，但这种破坏性呈现出了区域特征。在内地商业欠发达地区或农村，会党主要从事破坏村舍，扰乱社会生活的活动。而在商业发达的沿海地区，会党的主要活动则是破坏正常的商业秩序。会党的主导力量应该是分布在现在的南宁、柳州、桂林、梧州地区。对于会党的活动，人民是畏惧的。“其畏有三。衙门惯于把持，官长每被挟制，若仰县势必难办，即委员亦恐播沉，此畏其权大，一也。大盗皆其羽翼，宵小尽属爪牙，攘臂一呼，远近响应，此畏其党众，二也。……行比豺狼，知风报复，铺命堪虞，此畏其性凶，三也”[①]。然而“愈畏而愈横”，正是由于人民的畏惧和地方政府的软弱，会党更猖獗了。

3. 破坏统治秩序

随着单打劫舍的队伍越来越多，会党势力的逐渐壮大，会党活动由原来的打家劫舍发展到攻破城池，城市日益成为会党武装进攻的对象。早年的会党没有先进的政治意识，其对封建统治者的不满，就直接表现在破坏、摧毁象征封建统治的秩序和一些设施上。从最新披露的资料来看，会党的攻城活动从道光三十年二月就已经开始了。其最先发生在迁江、上林、宾县一带。道光三十年十一月，广西省柳州府象州生员洗征清、思恩府宾州生员梁德馨、平乐府荔浦县举人梁振浪，梧州府藤县举人邓作辅、平乐府贺县职员李谦光、浔州府贵县监生曾克诚、柳州府马平县监生熊葆光，因为“逆匪”横行，全省涂炭，联合向衙门呈文，恳奏请用兵，“以全数百万生灵事”[②]。他们在呈文中说到：“二月间贼逼迁江，知县令民括财求免。三月间，贼入上林，知县清泰被执，勒银赎回。五月间，贼入来宾，知县脱逃，监狱尽放。六月间，贼入宾州，知州讲和，按户送礼。”[③] 在宾州，贼首文亚英等还逼宾州知州“放伊党羽四人”[④]。此外，会党还攻入藤县、贺县，藤县知县被伤，城守被

① 《道光三十年五月初四日递府宪刘呈为大盗复敢逼城，亟遵宪谕密禀事》，《道光二十九年广西会党反清斗争档案选编》（下）。

② 《广西生员洗征清等呈文》，《道光二十九年广西会党反清斗争档案选编》（上）。

③ 《广西生员洗征清等呈文》，《道光二十九年广西会党反清斗争档案选编》（上）。

④ 《都察院左都御史花沙纳等为广西生员洗滋清来衙呈控本省会党滋事奏折》（道光三十年十一月二十九日），《道光二十九年广西会党反清斗争档案选编》（上）。

杀死。贺县知县鹤年被逼缴死，其余官员合境逃散。六月间，陈亚贵等逼武宣知县于监中放其母弟数人。武宣官吏“皆听其指取，莫敢支吾”[①]。更为严重的是，五月末会党直逼柳州府，与官兵战于都寒堡，伤毙营官八员，游击邓宗布死得最惨。会党打死兵丁二百余名。署武缘县知县邵坦亦被逼死。此外，他们还在思恩之丁桥将卸署左江道刘大烈行李尽行劫去，后来幸得宾州知府为其说情，才得以解围。七月间，陈亚贵党羽劫入平乐府属，先破修仁县，执文武官五员，勒赎银数千两，而县官刘益淇则被执至荔浦，十余日后才得以放回。随后会党破荔浦县，县中各官皆弃城逃窜。会党的攻城活动也延至临近的太平、镇安各府，太平府知府王式和被逼死，龙州刘千总家眷亦被掳去。宁明州知府抱印而逃。明江千总李新盛亦被执去，守备李升荣被执，勒银数百两赎回。当月，会党入永康州，知州脱逃，前任眷属尽遭荼毒。

道光三十年十一月，广西生员洗征清由于“本州盗匪充斥，团集乡勇，被贼闻知，将其堂弟洗气清杀死，并烧毁住房八间，历控本省各衙门，均未查办”[②]。洗征清八月初六日独行来京，以逆匪横行等词赴衙门具控供称，“盗首张加祥、大头杨等各拥众数千，包收关税，地方官恐其难擒，始欲招安张加祥，继复假大头杨以总缉之号，以致党羽四布，头目纷起”[③]，从而惹来后面一系列各知县被逼被执，阖境逃散，括财求免的事端。同时，左右江流域也无法幸免于难。“自盗首张加祥等拥数千人盘踞左江一带，盗首大头杨等又拥数千人横劫右江一带，至今处处皆盗。”[④] 可见，道光三十年会党攻城的已经相当频繁，其破坏性非同小可。

道光三十年十一月，当地乡绅联名向朝廷衙门呈递了有关广西匪乱的详细呈文，而柳州府的生员洗征清还千里迢迢地跑到北京申诉，可推知当时广西会党攻城活动已相当严重，引起了地方官吏和士绅阶层的恐慌畏惧。从地方乡绅呈文的记载来看，会党攻城由最初勒索钱财到后来大动干戈，攻下城池，逼走逼死地方官吏，其对统治秩序的破坏是一个由轻到重演变的过程。我们可以推断，陈亚贵攻破荔浦城是会党起事已经发展到一个高潮阶段。会党攻城从道光年初到六七月间，经历了一个量变到质变的过程，如果说刚开始会党的攻城破坏性活动还在地方官吏的控制范围内，那么六七月以后会匪

---

① 《都察院左都御史花沙纳等为广西生员洗滋清来衙呈控本省会党滋事奏折》（道光三十年十一月二十九日），《道光二十九年广西会党反清斗争档案选编》（上）。

② 《道光三十年二月十八日藤县阖邑衿者递梧州府呈词》，《道光二十九年广西会党反清斗争档案选编》（上）。

③ 《道光三十年二月十八日藤县阖邑衿者递梧州府呈词》，《道光二十九年广西会党反清斗争档案选编》（上）。

④ 《道光三十年二月十八日藤县阖邑衿者递梧州府呈词》，《道光二十九年广西会党反清斗争档案选编》（上）。

攻城的规模和程度与以前相比都已发生了质变，地方政府对会党起事也渐渐失控，这才引起了朝廷的格外重视。会匪“焚掳乡村，剖杀人民，劫掠官长，且不胜计也”，“各官弃城逃窜，居民弃家转死”，社会一片混乱。[①] 故当地官员发出了“窃思该匪等初起，止劫城外，未劫城中，焚掠者犹可以未据城为解，多杀武员，少杀文员，……今则非徒害民并害官，非徒害官并害国，是而可忍，孰不可忍”的感慨。[②]

在众多的会党攻城活动中，给封建统治者带来最大冲击的莫过于陈亚贵攻破修仁、荔浦两城，他们引起了清王朝的震惊。道光三十年七月二十四日，陈亚贵等由武宣东乡墟纠聚二千余人，窜至象州之中平、百丈等村墟抢掠滋扰，并将在籍刑部主事郑存纷之侄郑涛掳捉勒赎。七月十九口拥入修仁县城，并窜至荔浦，离城甚近。七月二十二口，“贼众从青山地方蜂拥而至，众寡不敌，团众俱被冲散，未及入城，贼已闯入城内。”[③] 修仁与荔浦相距仅四十里，“该匪等窜扰修城之后，道光三十年七月二十七日已分股至荔浦近城地方”[④]。

攻略城池的活动自陈亚贵以后日趋发展。如道光三十年十月，永康州被攻陷。在道光八月二十七、八两日，就有会党三千余人，由罗阳土县来至永康州界，“沿途杀死五六十人，竟将州衙捕署全行打毁，复将监门坎开，断落众囚锁铐，释放。”[⑤] 地方百姓早已走空，知州高妆霖率领壮勇迎敌，被贼打败，不知下落，“吏目身受重伤”。后来据高汝霖称，“八月二十六日探有贼匪数千由逍村窜至罗阳，……二十七日带领兵差团练前至高岭堵剿，放炮不燃，贼匪杀毙兵勇数十名，维时该知州在陇东地方防守，于二十七日起身回署。距城不远，始知贼已进署打开监门，放走人犯，署内抢劫一绝，杀毙该州妻女官友三名口，盘踞城内四出搜掠。该知州亲往各图劝谕团练，至二十八日下午齐集，二十九日抵州，用火夹攻，贼闻风先遁，前往一甘墟。虽已夺回城池，所有署内文卷一切均被残毁无存”[⑥]。该知州高汝霖等，因此事一并先行革职。后又据抚臣郑祖琛咨称，此股贼匪即系前次拥入明江、龙州等处残害官员之匪。同时，河池州亦被滋扰，守备、吏目均被围困。会党攻城此起彼伏，清政府在广西的统治日趋瓦解。

---

① 《广西生员冼滋清等呈文》，《道光二十九年广西会党反清斗争档案选编》（上）。

② 《广西生员冼滋清等呈文》，《道光二十九年广西会党反清斗争档案选编》（上）。

③ 《广西巡抚郑祖深等为陈亚贵等拥入修仁县城事奏折》（道光三十年七月二十四日），《道光三十年冬清军镇压广西会众史料》。

④ 《广西巡抚郑祖深等为陈亚贵等继拥入修仁复入荔浦事奏折》（道光三十年七月二十七日），《道光三十年冬清军镇压广西会众史料》。

⑤ 《两广总督徐广缙为报永康州失守情形事奏折》（道光三十年十月十一日），《道光三十年冬清军镇压广西会众史料》。

⑥ 《两广总督徐广缙为报永康州失守情形事奏折》（道光三十年十月十一日），《道光三十年冬清军镇压广西会众史料》。

从《豫军纪略》看咸丰同治年间的河南土匪[①]

晚清的咸丰同治两朝，在中国近代历史上是一个充满了尖锐冲突、复杂矛盾的急剧动荡时期。南方太平天国、北方捻军相继起义，在河南相应也引起了不少大杆和股匪的活跃。据《临颍县志》载："自咸丰三年粤匪犯境，此后寇盗蜂起，烧残杀掠，飘忽去来，十余年间，贼无岁不数数至。"[②]"自粤逆陷金陵，犯河南，中州土捻乘间竊发，所在蜂起。"[③] 呈现出一幅不可多得的乱世绿林纷争图。目前关于河南土匪的研究成果颇多，但大多集中在对民国时期的土匪上，[④] 对晚清河南的土匪尚未有人关注。因此本文拟以清朝官员尹耕云的《豫军纪略》为视角，对这一时期河南土匪状况加以梳理。

一、土匪猖獗的原因

咸丰同治年间，河南土匪活动猖獗，几乎遍布全省各县。规模大小不一，小的匪伙只有数十人，同治六年程岱、程得宽等五人"各领伙匪百余人、数十人不等"，[⑤] 大规模的竟达成千上万人。同治元年，捻匪陈大喜"益结新（蔡）、项（城）、阜阳捻估计张凤林正（阳）、息（县）、明港匪众三四万"围攻清营。[⑥] 有些还配有大炮等武器，咸丰三年七月初八，清军获夏邑捻匪

① 本文作者为赵莹莹。

② 《重修临颍县志》卷13，第46页。

③ 尹耕云：《豫军纪略》，中国近代史资料丛刊《捻军》（二），第192页。

④ 目前关于河南土匪的论著有，吴惠芳著：《民初直鲁豫盗匪之研究》，台湾学生书局1990年版；贝思飞（Phil Billingsley）著、徐有威、李俊杰等译，《民国时期的土匪》，上海人民出版社1992年版；邵雍著：《中国近代绿林史》，福建人民出版社2004年版；蔡少卿著：《民国时期的土匪》，中国人民大学出版社1993年版；冉光海著：《中国土匪》，重庆出版社2004年版等。论文主要有谢晓鹏：《河南匪祸治理的历史考察（1912—1949）》，《首都师范大学学报》2005年第3期；周蒋浒：《北洋政府时期的乡民防匪》，《文史月刊》2005年第3期；江仁宝：《民国土匪组织内幕》，《炎黄春秋》2002年第3期；王天奖：《民国时期河南土匪略论》，《商丘师范学院学报》1988年第4期等。

⑤ 尹耕云：《豫军纪略》，《捻军》（二），第286页。

⑥ 尹耕云：《豫军纪略》，《捻军》（二），第250页。

"佛郎机大炮三"①。咸丰三年永城土匪"枪炮器械畢具，势益剽悍。"② 为何土匪会如此猖獗？通过对《豫军纪略》中相关记载的分析，主要有以下几方面的原因：

1. 自然灾害

咸丰同治年间，河南范围内自然灾害严重而多发。笔者对咸丰同治年间河南与山西、广东两省遭受的自然灾害进行了对比统计，列表如下：

灾情＼地区	河南	山西	广东
咸丰元年	水，雹		
咸丰二年	水，雹	旱	
咸丰三年	水，震		水
咸丰四年	水	雹	
咸丰五年	水，旱，蝗，雹		
咸丰六年	水，旱，蝗	水，蝗	
咸丰七年	水，旱，蝗	蝗，雹	
咸丰八年	水，旱		
咸丰九年	水，旱	水，雹	水
咸丰十年	水，旱	水，旱	
咸丰十一年	水，旱，虫	水	水
同治元年	水，旱，蝗，疫	震	风
同治二年	水，旱，雹	水	水
同治三年	水，旱		水
同治四年	水，旱	水	旱
同治五年	水，旱	水	
同治六年	水，旱	水	
同治七年	水	水	
同治八年	水，旱	水	
同治九年	水，旱	水，旱，雹	

① 尹耕云：《豫军纪略》，《捻军》（二），第193页。

② 尹耕云：《豫军纪略》，《捻军》（二），第193页。

（续表）

灾情＼地区	河南	山西	广东
同治十年	水	水	水
同治十一年	水，旱	水，旱	水，旱
同治十二年	水，旱		
同治十三年	水，旱，蝗	水，雹	风

资料来源：李文海、周源：《灾荒与饥馑 1840—1919》，高等教育出版社 1991 年版，第 76-83 页表格改制而成。

从上表可以看出，咸丰同治年间，与山西、广东两省相比，河南连年受灾，而且每年都不止遭受一种灾害，以水，旱灾为主，受害程度最为严重。

灾害频发，严重破坏了社会经济。农业歉收，人民无法生存，只能背井离乡，或者以乞讨为生，或者落草为寇。与茫无目标的乞讨生涯相比，做土匪似乎是一种颇有吸引力的选择。他们往往选择某一安全地方作巢，四处出掠，活动范围由家乡扩展到受自然灾害冲击轻微的地区。咸丰六年六月，“裕州土匪李太春、张五秃以年荒失业，起意结捻讹索酒食”①。河南巡抚英桂上报说：“本地土匪因年岁荒歉乘机竊发，十百成群。”②

2. 太平天国运动和皖捻的影响和带动

乾隆以后，清政府统治日益腐败。到了咸丰年间，为反抗清政府的残酷压迫，南方太平天国、北方捻军相继起义。在太平天国运动和捻军起义的影响和带动下，河南土匪纷起响应，揭竿而起。

河南地处中原，又为屏蔽畿辅重地，历来是兵家必争之地。太平天国北伐军（1853—1855）和西北远征军（1862）出于军事斗争的需要，多次在河南作战，直接推动了河南境内的社会对抗。据河南方志记载：“咸丰之初，粤匪之乱，皖匪与土匪蜂起。”③ 同治三年，“髪逆、皖捻交讧于南阳，土匪趁机蠢动。”④ 河南与安徽毗邻，轰轰烈烈的皖捻起义给了河南人民以莫大的鼓舞，原先活动在河南地区的捻党便重新活跃起来，规模逐渐扩大。咸丰九年四月，“皖捻窜北舞渡，裕州泌阳土匪乘机复起。”⑤ 有些还与皖捻

① 尹耕云：《豫军纪略》，《捻军》（二），第 203 页。
② 尹耕云：《豫军纪略》，《捻军》（二），第 203 页。
③ 张庭馥：《许昌县志》卷 19，第 25 页。
④ 尹耕云：《豫军纪略》，《捻军》（二），第 286 页。
⑤ 尹耕云：《豫军纪略》，《捻军》（二），第 226 页。

相结合，联合反抗。“咸丰十年夏，陈州府属之沈丘、汝宁府属之新蔡土匪，勾结皖捻，以秦宣、袁曜春、袁安愚、张蘭、张凤林、余万祥为首股，股或一二百或三四百，四出焚劫，而以阜阳之黄花嶺、李家桥、迎仙店为巢穴。”①

3. 兵勇溃散

清政府为镇压太平天国及各地人民的反抗，招募了大批兵勇。河南各地烽火四起，各地官员士绅纷纷募勇参战，随着战争的延续和不断扩大，清政府财政日益困窘，士兵的粮饷经常被拖欠、克扣，于是战争中如果被击溃，往往逃跑。这些兵勇多数不愿再务农，又无以为生，便聚众闹事，同清政府对抗，甚至成为土匪。咸丰五年四月，“楚省官兵迭挫，所募豫勇溃散，潜回汝阳、正阳、确山、息县结捻肆扰”②，著名捻匪陈大喜也“始以无赖充勇目，或言为事所激，遂称乱。”③ 兵匪危害最为严重，因为他们长于作战，武器装备也比一般土匪要好，使清军深感头痛。咸丰三年“永城散匪复聚，中有周天爵行营散勇，曾历行阵，枪炮器械毕具，势益剽悍。”④

二、土匪的活动状况

这一时期，河南境内的土匪，既有单独活动的小股土匪，如咸丰七年三月“土匪高汶生纠合张第三等在嵩、盧连界之楼子关、明白川滋扰，复又另股在嵩县属之龙王庙处立大旗、持枪炮、嚇索钱财。”⑤ 也有结捻活动的土匪，如“土匪李汰春、张五秃以年荒失业，起意结捻……李太春有捻伙金小毛等六十人，张五秃有捻伙陈汰安等五十八人。”⑥ 有些还与皖捻相结合，“陈汰安、萧况、王三辫子、管绍堂、梁道荣为五大股，旗分五色，梁道荣为红旗首。初，萧况与皖逆张乐行约，欲攻下确山，以九月至周家口和捻。”⑦ 既有本地土匪，也有邻省窜来的外匪。“山东临清土匪以十一年四月，扰及内黄之楚旺，伤亡兵勇数十”⑧。咸丰十一年秋，“东省濮州、范县有匪聚扰，以九月二十六、七等日由直隶开州、清丰分股扰至豫省内黄县境东庄、黄辛集诸处，蔓延数百里，势甚张。二十七日，直犯内黄县城。”

① 尹耕云：《豫军纪略》，《捻军》（二），第236页。
② 尹耕云：《豫军纪略》，《捻军》（二），第197页。
③ 尹耕云：《豫军纪略》，《捻军》（二），第243页。
④ 尹耕云：《豫军纪略》，《捻军》（二），第193页。
⑤ 尹耕云：《豫军纪略》，《捻军》（二），第202页。
⑥ 尹耕云：《豫军纪略》，《捻军》（二），第203-204页。
⑦ 尹耕云：《豫军纪略》，《捻军》（二），第212页。
⑧ 尹耕云：《豫军纪略》，《捻军》（二），第230页。

从分布地域上看，这一时期的土匪多是山匪和边界土匪。“所谓山匪，一种是指常年在山岭地区活跃的土匪，一种是指以山寨为根据地的土匪，但他们的活动并不限于山寨地区。所谓边界土匪，就是活动在省与省或县与县等交界地区的土匪。”① 同治九年二月，“张野猫及其弟张花猫踞黑山顶、红涧沟，至泰山庙纠众抢掠。”② 角子山位于“宛属裕州、泌阳、舞阳、汝属西平、遂平、确山等州县交界，素有土匪出没，号红胡子。”③ “南召、内乡、镇平交界之大坪头复有另股土匪数百人啸聚滋事”④。

这些土匪从事的主要非法活动包括抢劫财物、绑架勒赎、贩卖私盐等。“咸丰七年，土匪李汰春，复纠另股匪首李中显、王二党等数百人，煽惑饥民，勾结散勇，时于近村讹抢。四月，由叶县、舞阳至禹州，架人勒赎。”⑤ “窜匪禹法成、李喜元、陈第四等匪又窜入舞阳泌阳塔湾装，架人勒赎……遂平之上渠保复有张占鳌等匪二百余，在张堂沟、周庄诸处派饭架人。”⑥ 咸丰七年，张五秃捻伙“五十八人，所至讹索酒食，包送私盐”。⑦

咸丰同治年间，河南境内的土匪活动规模大，次数多，破坏力极大。他们多次攻破县城，咸丰五年四月，散勇易添富、林其贤、朱明义等纠众於汝阳县之马乡集，攻破息县县城，“兵勇不敌，贼拥入城，放狱囚，肆焚掠。”⑧ 咸丰六年，邓州为贼所陷。⑨ “咸丰七年二月，贼闯入内黄县城。”⑩ 清军在剿匪中，有多名官员阵亡。笔者对《豫军纪略》中记载的阵亡清朝官员，进行了统计，列表如下：

姓名	官职	时间	阵亡地点	事件
邱联恩	南阳镇总兵	咸丰九年四月	舞阳县之北舞渡	剿灭窜豫皖捻
巴彦克喜	佐领	同治元年九月	平舆	攻陈大喜老巢
周见思	副将	同治元年十二月	固镇	清剿陈大喜股捻匪
左敬轩	参将	同治元年十二月	固镇	清剿陈大喜股捻匪
吉昌	参将	咸丰十一年七月	不详	窜豫之苗逆

① 蔡少卿：《近代中国的土匪》，《百科知识》2005 年第 6 期。
② 尹耕云：《豫军纪略》，《捻军》（二），第 288 页。
③ 尹耕云：《豫军纪略》，《捻军》（二），第 203 页。
④ 尹耕云：《豫军纪略》，《捻军》（二），第 206 页。
⑤ 尹耕云：《豫军纪略》，《捻军》（二），第 205 页。
⑥ 尹耕云：《豫军纪略》，《捻军》（二），第 227 页。
⑦ 尹耕云：《豫军纪略》，《捻军》（二），第 203-204 页。
⑧ 尹耕云：《豫军纪略》，《捻军》（二），第 197 页。
⑨ 尹耕云：《豫军纪略》，《捻军》（二），第 201 页。
⑩ 尹耕云：《豫军纪略》，《捻军》（二），第 202 页。

（续表）

姓名	官职	时间	阵亡地点	事件
瞿盛南	都司	同治元年十二月	新乡	清剿李占标股土匪
陈大胜	都司	咸丰十一年四月	内黄之楚旺	清剿山东窜河南匪
许得胜	守备	同治元年四月	范寨	清剿陈大喜股捻匪
胡士元	守备	同治元年五月	二王楼寨	清剿陈大喜股捻匪
盧东成	守备	同治元年九月	平舆	攻陈大喜老巢
左长清	守备	同治元年十二月	固镇	清剿陈大喜股捻匪
刘泰成	守备	同治二年九月	正阳之杨庄寨	进攻息县土匪
陈学仁	候补知州	同治二年正月	华庄	清剿陈大喜股捻匪
方元燮	五品军功	咸丰七年九月	保安驿	追剿角子山土匪
庞秀文	千总	咸丰七年十一月	寨山	追剿角子山土匪
姚从泰	千总	咸丰七年十一月	寨山	追剿角子山土匪
王培	千总	咸丰十一年七月	正阳	清剿陈大喜股捻匪
汪兆琛	光州州判	咸丰五年四月	息县之乌龙集	清剿易添富等股匪
潘树森	桐柏知县	咸丰三年六月	桐柏县之黄岗	剿桐柏土捻
王万龄	嵩县知县	咸丰七年六月	临汝镇	追剿角子山土匪
李鸿藻	息县知县	咸丰十年十月	范寨	清剿陈大喜股捻匪
王聪明	把总	咸丰七年五月	繁城	追剿角子山土匪
杜仕珍	把总	咸丰七年六月	蔡寺	追剿角子山土匪
张士位	把总	咸丰七年九月	大坪头	追剿角子山土匪
刘开源	把总	咸丰七年十一月	寨山	追剿角子山土匪
胡凤山	把总	咸丰七年十二月	唐县之晒山	追剿角子山土匪
朱长明	把总	咸丰十一年十月	新乡	清剿李占标股土匪
王万仓	把总	同治元年九月	小王寨	清剿陈大喜股捻匪
陈大德	把总	同治二年九月	正阳之杨庄寨	进攻息县土匪
何明亮	把总	同治二年十一月	小刘寨	进攻曹魁等伙土匪
周金科	把总	同治九年二月	泰山庙	清剿刀匪张野猫
汪暾	候补通判	咸丰七年十一月	鲁山	追剿角子山土匪
郑履成	东河候补通判	咸丰十一年四月	内黄之楚旺	清剿山东窜河南匪

（续表）

姓名	官职	时间	阵亡地点	事件
陈福年	南召典吏	咸丰七年五月	南召铁牛庙	追剿角子山土匪
彭希良	东河主簿	咸丰七年六月	禹州新郑交界	追剿角子山土匪
苏云龙	候选主簿	咸丰七年九月	禹州新郑交界	追剿角子山土匪
王铭恺	外委	咸丰七年八月	赊旗店之大河屯	追剿角子山土匪
李成	外委	咸丰七年十一月	寨山	追剿角子山土匪
李莊	外委	咸丰七年十一月	寨山	追剿角子山土匪
董积善	外委	咸丰七年十一月	寨山	追剿角子山土匪
徐鼎甲	外委	咸丰七年十一月	寨山	追剿角子山土匪
王琦	外委	咸丰九年六月	乐山沟	追剿角子山土匪
余清太	外委	咸丰十一年十月	新乡	清剿李占标股土匪
汪学政	外委	咸丰十一年十月	新乡	清剿李占标股土匪
沈文明	外委	咸丰十一年	新乡	清剿李占标股土匪
畢高升	外委	咸丰十一年	新乡	清剿李占标股土匪
傅得银	外委	咸丰十一年	新乡	清剿李占标股土匪
姜沅	外委	咸丰十一年七月	正阳	清剿陈大喜股捻匪
杨树勳	外委	同治元年十月	泌、汝、舞交界	剿李合等股捻匪
王朝玉	外委	同治九年二月	泰山庙	清剿刀匪张野猫
刘全胜	外委	咸丰十一年十月	新乡	清剿李占标股土匪
赵贞	明港驿丞	咸丰十一年七月	明港	与帼明鳝和陈大喜作战

从表中可见，阵亡清朝官员中，光七品及以上官职者就达 30 人。足见当时河南土匪势力之庞大，清军剿匪付出了沉重的代价。另一方面，河南土匪的猖獗也分散了清军的兵力，极大地牵制了清军剿灭太平天国和皖捻的行动。咸丰八年，“上以皖省六安未复，霍山继失，按舒、桐、庐、凤遍地贼巢，大军即日克服金陵，贼必尽趋安庆，皖北吃重，命英桂（河南巡抚）回驻正阳关，会合袁甲山扼守要隘。英桂以角子山大股虽就歼灭，余匪窜入角子山，难保不复图啸聚，逆首陈太安、萧况、管绍堂尚未弋获，南路伏莽尚多，非亲督剿办不能请得力，请暂缓行。”①

① 尹耕云：《豫军纪略》，《捻军》（二），第 219 页。

三、土匪的特点

从《豫军纪略》的记载来看，咸丰同治期间的河南土匪呈现出以下特点：

1. 以捻匪为主

咸丰同治年间，在河南境内活动的土匪，绝大多数是捻匪。其中最大的两股是在角子山活动的以李太春、张五秃为首的捻匪和在汝宁活动的陈大喜、张凤林股捻匪。咸丰六年夏，贫苦农民自动结捻，形成以李太春、张五秃为首的豫西南角子山捻匪伙，势力达十几个州县，并深入到平顶山，吸收很多煤矿工人入伍，活跃于宝丰、鲁山、郏县一带。“角子山股匪胁众万余，倡乱数月，蹂躏十余州”①。咸丰十年，豫西南陈大喜和张凤林，以平舆为中心组成了数万人的队伍，势力所及之地达到新蔡、上蔡、沈丘、项城、确山、息县，直接控制的圩寨有成千上万，以至于清政府官方文书档案将其与安徽捻军并称为“皖捻”、“豫捻”。尹耕云也曾论说“汝宁自陈逆倡乱，诸寨应之，几于遍地皆贼，无可措手。”②“流毒三府一州之地，袤延几及千里。沈、项、新蔡、汝阳之贼奉大喜白旗为号令，确、遂、桐、泌、信、罗、商、固之贼奉张凤林黄旗为号令。”③

2. 战术灵活

这一时期的土匪根据自己的特点，善于利用地形特点，采用灵活战术，与清军抗衡。

在平原上，土匪多采用“圩寨”战，就是坚守圩寨自卫，抗击敌人进攻，以保守据点和根据地。圩寨一般以村庄为单位，四周筑有寨墙，墙外开掘壕沟。不仅捻军有圩寨，清军、团练也修筑大批圩寨，以与捻军相对抗。通常在同一地区内，敌我双方的圩寨犬牙交错，互相攻杀。“陈大喜以平舆为老巢，其自霍庄遁归，益深沟高垒，运砖石筑围墙以自固，分股盘踞王寨、曹寨，状若连珠，相为掎角。啸聚死党数千，逼胁民寨数十，煽动附近土匪，纠约秦宣等股，四处焚掠，占据圩寨，为抗拒官兵计。”④ 在山区，土匪则往往选择地势险要的山为老巢，恃险抵抗。如角子山，“重山叠嶂、山路分歧，贼倚山为巢。”⑤

由于土匪组织松散，武器粗劣，因此难以与清军持久对阵，也无力夺取城镇，因而发挥自身特长，采取流动战。以走疲敌，以走制敌；此击彼窜，

① 尹耕云：《豫军纪略》，《捻军》（二），第211页。
② 尹耕云：《豫军纪略》，《捻军》（二），第255页。
③ 尹耕云：《豫军纪略》，《捻军》（二），第264页。
④ 尹耕云：《豫军纪略》，《捻军》（二），第243页。
⑤ 尹耕云：《豫军纪略》，《捻军》（二），第207页。

行走迅疾；“时大坪头之贼窜入嵩县之磐续沟、傅店、马街、伊阳之泰山庙、上店诸处，往来游驶。”[①] 避实击虚，沿途裹胁。咸丰七年四月“知州程信带兵驰剿，匪窜汝州武巡店。汝州知州率兵勇截剿，匪向叶县、确山一路山径奔窜。……匪众旋由确山、西平扰及郾城。初止数百人，及至临颍东三家店，沿途裹胁，众已达二千，马贼百余。”[②] 到了七月二十日，“裹胁约四千余，始有马队。”[③] 咸丰十一年七月确山土匪帼明鳝股，从明港窜到正阳“贼沿途胁附众已逾万”。[④] 土匪会捕捉有利战机，歼灭敌人：“因我军连日急剿，因先据山下牛角沟，恃险抗拒，连开大炮。”[⑤]

3. 分布相对集中，且多在边界地区

这一时期的河南土匪，从地域上说，集中活动在鄂、皖交界处的豫东、豫东南、豫西南地区，豫中、豫北、豫南土匪相对较少。角子山位于豫西南，“自舞阳以南、泌阳以北，东界西遂，西界裕叶，重山叠嶂”[⑥]。陈大喜老巢位于豫东南，“其党遍布汝、正、新、息之交”[⑦]。为什么土匪多集中在边界地区？笔者认为有以下几点原因：（1）边界地区往往地形险要，有利于土匪出没。（2）边界地区政治统治势力比较薄弱，属于历史上的“三不管”、“四不管”地区，有利于土匪活动。（3）边界地区往往风气闭塞、民风强悍，好争斗，为土匪的滋生创造了良好的条件。

4. 政治意识淡薄

这些土匪基本上是被人祸或天灾逼出来的，为了生存不自觉地上反抗道路，政治意识十分淡薄。自发造反，初无大志，政治目标不明确。他们当中脚踏两只船、投敌叛变的很多，同一战壕的战友经常转化为刀矛相向的仇敌，帮助清朝消灭“友军”。“是有老黄庄贼目王秀中诣乞降，许之……选勇目数人授以机宜，使入各寨为内应……于是军抵杨楹，以内应破其寨。”[⑧] “胡楮店首事胡永贵缚匪党萧文礼等十余，匍匐来献。察之信，遂抚其众。”[⑨]

5. 封建落后

这些土匪的封建意识很浓，有些甚至妄想做皇帝。同治元年清军进攻平舆陈大喜老巢，“起获伪印二，黄色龙帽龙衣数事。”[⑩] 破新蔡东乡巨捻陈太

---

① 尹耕云：《豫军纪略》，《捻军》（二），第 208 页。
② 尹耕云：《豫军纪略》，《捻军》（二），第 205 页。
③ 尹耕云：《豫军纪略》，《捻军》（二），第 208 页。
④ 尹耕云：《豫军纪略》，《捻军》（二），第 246 页。
⑤ 尹耕云：《豫军纪略》，《捻军》（二），第 206 页。
⑥ 尹耕云：《豫军纪略》，《捻军》（二），第 207 页。
⑦ 尹耕云：《豫军纪略》，《捻军》（二），第 248 页。
⑧ 尹耕云：《豫军纪略》，《捻军》（二），第 255 页。
⑨ 尹耕云：《豫军纪略》，《捻军》（二），第 258 页。
⑩ 尹耕云：《豫军纪略》，《捻军》（二），第 257 页。

常寨，“搜得金龙红毡风帽一、伪印一。”① 此外，因为他们往往没有什么文化修养，也没有战略战术头脑，很容易被清军所利用。“项南踞匪数百，刘兴、陈升为我军设计离间，自相残杀，刘兴、陈升及其党皆焚死。”②

四、小结

咸丰同治年间，一方面河南严重的自然灾害使得大量农民无法生存，另一方面在清朝日益腐败的封建统治下爆发的太平天国运动和皖捻起义，给了河南人民巨大的影响和鼓舞，再加上镇压各地起义大量募兵，造成了众多的溃散兵勇，三者共同作用，导致了河南土匪的猖獗。他们势力庞大，多次攻破县城，清军在清剿过程中损失巨大，多名官员阵亡。这一时期的河南土匪呈现出以捻匪为主、战术灵活、分布集中、政治意识淡薄、封建落后等特点，这是由河南特定的地理环境和当时特定的社会大环境所造成的。

① 尹耕云：《豫军纪略》，《捻军》（二），第281页。
② 尹耕云：《豫军纪略》，《捻军》（二），第261页。

郭嵩焘与广东匪患治理①

郭嵩焘（1818—1891），字伯琛，号筠仙，晚号玉池老人，湖南湘阴人。道光二十四年（1847）中进士，同治二年六月二十九日“以三品顶戴，署理广东巡抚”②，同年九月十一日“抵广州，接广东巡抚关防”③。同治五年二月二十六日奉上谕“郭嵩焘着来京另侯简用”④，并于“五月初四交卸抚篆”⑤。光绪元年任福建按察使。光绪三年起，任清政府驻英法公使，而后又遭到刘锡鸿的诬陷于光绪四年被召回，从此彻底赋闲。

作为“中国近代历史上一位知名的政治家、外交家和思想家”⑥，学界关于郭嵩焘的研究很多，不但整理出版了《郭嵩焘奏稿》、《郭嵩焘日记》和《郭嵩焘诗文集》⑦ 等郭嵩焘本人留下的文献；还有众多学者陆续出版《郭嵩焘先生年谱》、《郭嵩焘评传》等著作⑧；同时湖南社会科学院等单位发起主办“郭嵩焘生平与思想研讨会”于1999年在湖南省岳阳市举行，会后出版论文集《郭嵩焘与近代中国对外开放》⑨；研究郭嵩焘的论文则更多，三十年来（1978—2008）各类刊物刊发的有289篇之多。⑩ 这些著作主要是涉及郭嵩焘的外交、通商、洋务等思想，关于其抚粤治理匪患虽有论及但是还很不充分。

---

① 本文作者为金坡。

② 《署理广东巡抚谢恩疏》，《郭嵩焘奏稿》，第3页，岳麓书社1983年版。

③ 郭廷以：《郭嵩焘先生年谱》，台湾“中央研究院”近代史研究所1971年版。

④ 《奉旨来京另侯简用谢恩疏》，《郭嵩焘奏稿》，第317页。

⑤ 《郭嵩焘先生年谱》。

⑥ 王兴国：《郭嵩焘评传》，第1页，南京大学出版社1998年版。

⑦ 《郭嵩焘日记》，湖南人民出版社1981年版。《郭嵩焘诗文集》岳麓书社1984年版。

⑧ 曾永玲：《郭嵩焘大传》，辽宁人民出版社1989年版。张静：《郭嵩焘思想文化研究》，南开大学出版社2001年版。陆宝千：《郭嵩焘先生年谱补正及补遗》，台湾“中央研究院”近代史研究所2005年版。汪荣祖：《走向世界的挫折—郭嵩焘与道咸同光时代》，中华书局2006年版。研究郭嵩焘的专著还有很多，此处不再一一录及。

⑨ 该研讨会于1999年11月22日—24日在湖南岳阳举行，参加学者80多人，收到论文60余篇，会后出版《郭嵩焘与近代中国对外开放》，岳麓书社2000年版。

⑩ 朱从兵、孙凯：《改革开放以来晚清人物研究述评》，《史学月刊》2010年第1期。比较具有代表性的主要有：熊月之：《论郭嵩焘》，《近代史研究》1981第4期。钟叔河：《论郭嵩焘》，《历史研究》1984年第1期。夏泉：《郭嵩焘出使英国时的矛盾心态》，《近代史研究》1990年第4期。袁伟时：《从林则徐到郭嵩焘》，《近代史研究》1991年第5期。陈秀眉：《郭嵩焘看西学》，《光明日报》1994年3月6日。张建华：《郭嵩焘与万国公法会》，《近代史研究》2003年第1期。

广东土匪问题研究不是很多，主要有中山大学的何文平和上海师范大学的邵雍。① 前者主要侧重于清末广东的盗匪问题而后者在《中国近代绿林史》中主要涉及与政治运动相关的盗匪。关于清同治年间的广东匪患则未有细论。

同治初年广东多匪的原因

郭嵩焘抚粤时正值广东“盗贼未息、兵戈肆起之时”②，在其受命之初即表示“于军务、饷务、吏治三者，稍有所知，必与督臣细心体察，力求整饬。”③ 到任之后的一系列活动均围绕“军务、饷务、吏治”三者展开，而这三大任务的结合点就是“治盗”，也是他“初至首议整顿之事”④。同治初年的广东匪患严重这主要是因为：广东民风强犷，地方吏治不修，清军与太平军余部交战连年并且当时自然灾害频发所致。

民风彪悍。民风主要是指一个地区百姓的精神面貌和风俗习惯。近代以来广东地区民风彪悍主要体现在：极度自私嗜利，“风俗强犷，趋利背公，习为固然。又擅山海之饶，商贾巧诈，居奇动赢巨万。无艺之民，眼热心忮，聚而为盗贼”，“自搢绅以至走卒，傲狠嗜利，莫不皆然”⑤；好勇斗狠，嗜杀轻生，“各城乡市镇游手无业之徒，百十成群，遇事生风。”⑥ 轻视生命的另一个体现就是械斗成风，大族欺凌小族，土客互相仇杀。潮州府当时百姓“抄抢掳掠，视为故常。其民户有大族、小族之分；一族之中，又有强房、弱房之分。强者侵弱，众者暴寡，寻仇相杀，积为械斗。其嗜利轻生，习与性成。”⑦ “惠、潮、嘉三属械斗之案，动连人命数十，习以为常。南雄、连州及广州所属之东莞、新安、龙门等县，械斗掳劫勒赎各案，时时有之。肇庆土、客之乱，互相仇杀，至毙男妇丁口数十百万之多，贪横残忍，积为风俗。”⑧ 盗风盛行，当时该处百姓习以为匪并且多以打劫、偷盗为生，因此出

① 何文平：《被舆论化的历史“粤东盗甲天下”说与近代广东匪患》，《中山大学学报》2005 年第 1 期；《近代的会与匪——以广东为例》，《历史教学》2006 年第 5 期；《清末广东的盗匪问题与西江缉捕权风波》，《学术研究》2007 年第 4 期；《清末广东的盗匪问题与政府清乡——从社会治理看清朝统治的末世》，《中山大学学报》2008 年第 1 期；《清末民初广东盗匪问题的社会成因探讨》，《广东社会科学》2002 年第 3 期；《晚清军事变革与地方社会动乱——以广东盗匪问题为中心的探讨》，《清史研究》2006 年第 3 期；邵雍：《中国近代绿林史》福建人民出版社 2004 年版。另外蔡少卿，邱捷等人均在其著作或文章中论述清末民初广东土匪问题。

② 《恭报接篆日期谢恩疏》，《郭嵩焘奏稿》，第 8 页。

③ 《缕陈广东大概情形疏》，《郭嵩焘奏稿》，第 4 页。

④ 《请变通办理盗案片》，《郭嵩焘奏稿》，第 15 页后自记。

⑤ 《缕陈广东大概情形疏》，《郭嵩焘奏稿》，第 4 页。

⑥ 《沥陈广东厘务情形疏》，《郭嵩焘奏稿》，第 13 页。

⑦ 《调署潮州知府片》，《郭嵩焘奏稿》，第 40 页。

⑧ 《沥陈广东隐患日积应请及时筹办情形疏》，《郭嵩焘奏稿》，第 16 页。

岭南山盗

现大大小小的匪村、匪乡。“粤东山海交错，匪类窝藏，到处皆是”[①]。“附省近地，如番禺之鹿步，东莞之双冈、水口、沙部，新安之冈边，顺德之谭村、五沙，竟有连村比户，以劫盗为生者。农民耕作余闲，二三人偶语，持刀出门，辄至行劫。城垣市镇，白昼伙抢，悍无顾忌”，“积久相沿，乃使百姓群趋于劫盗”[②]。耕作余闲无事可做为盗贼的一种情况。更有甚者“双冈居民约有二千余人，无田产贸易，均以盗窃为生”[③]。另外，“沿海盗贼之多，令人心悸。盗首许云开，有船二十余”[④]，英德县股匪邓二尺七“党众约有三千余人”[⑤]。同时匪徒还占据一定地盘，“高州沿海以东，客匪屯聚，自新宁之曹冲、大湖山，阳春之金堡、金磡、黄蕴，高明之五坑，尽属匪巢。迤西北一带以至罗定之排埠、嘉益，西宁之思化等处，皆为股匪占踞。”[⑥]“各州县详

① 《请变通办理盗案片》，《郭嵩焘奏稿》，第15页。
② 《沥陈广东隐患日积应请及时筹办情形疏》，《郭嵩焘奏稿》，第16页。
③ 《郭嵩焘日记》第二卷，第139页，湖南人民出版社1981年版。
④ 《郭嵩焘日记》第二卷，第142页。
⑤ 《官军攻剿三山土匪贼巢获胜现在筹办情形疏》，《郭嵩焘奏稿》，第41页。
⑥ 《信宜抚局稍定筹办进剿积匪片》，《郭嵩焘奏稿》，第9页。

报抢劫之案，日常数起。”① “近省州县，详报劫案，日或数起”②。虽然盗案成患，但是慑于盗贼势焰“保证不敢举发，官吏不敢查拿。”③ 以致“盗案获犯过半者已寥寥无几”，“是盗而被获者十之二，获而伏法者十之一也。”④

吏治腐败。晚清时期广东各级衙门腐败不堪，纪纲法度废弛，“至于吏治，败坏已极”，“吏治之坏乱实深”⑤。同治初年广东官场腐败的表现是：官员惮于任事、捕吏徇私枉法、员弁参与赌博、士绅操纵官场豢养盗匪等。具体来说官员“以办事为大忌，而又各怀私见”⑥。“地方大吏，本乏推行尽利之术，”并且“则甘坐卑污，流风所染，涤荡实难”⑦。至于盗案则“地方官捕务久弛，加以近年办理军务，缉捕一事，往往视为缓图”⑧，“州县自顾考成，遇有禀报劫案，多方推迟。”⑨ 大小官员为了自己的前程因循粉饰，致使匪患愈演愈炽。“地方官苟且偷安，粉饰消弭，隐忍不发，以故北江一带贼匪之多，甲于通省。”⑩ 广东兵勇捕吏“勇于犯上而怯于临敌，工于扰民而拙于杀贼”⑪。捕捉盗犯、勘察作案现场一般都是捕役的职责，官员对于捕务消极则使差役得可乘之机。捕吏操纵案件“讳盗为窃，改轻情节”⑫。广东土客杂居差役“本地土音不能通知”，因此“每与劫匪巨盗，差役自度不能捕获，即先隐其名”⑬。捕吏与匪多有勾结，很多土匪均为“文武员弁幕友丁差之朋比”，因此差役庇盗“讳盗为本计，劫盗横行，匿不详报”⑭。更有甚者，“千总陈雄辉、施有政，私放海盗曾润添一犯”。⑮ “常有绅富为之营谋保纵，名曰包头；供给食用，名曰米饭主；窝留停顿，名曰财东。”⑯ 也有士绅参与匪乱。同治三年五月饶平县汤、李两姓斗案就是监生汤其材、郑文泽等主谋。“永安中镇一案，候选训导黄遇周实为匪首”，肇庆协副将杨青山办理赤冈、杨屋村一案督勇进攻时，武进士“杨林芳与其子杨国安骑马督阵”⑰，公然与

---

① 《请变通办理盗案片》，《郭嵩焘奏稿》，第 15 页。
② 《沥陈广东隐患日积应请及时筹办情形疏》，《郭嵩焘奏稿》，第 16 页。
③ 《沥陈广东厘务情形疏》，《郭嵩焘奏稿》，第 13 页。
④ 《请变通办理盗案片》，《郭嵩焘奏稿》，第 15 页。
⑤ 《缕陈广东大概情形疏》，《郭嵩焘奏稿》，第 4 页。
⑥ 《郭嵩焘日记》第二卷，第 174 页。
⑦ 《缕陈广东大概情形疏》，《郭嵩焘奏稿》，第 4 页。
⑧ 《请变通办理盗案片》，《郭嵩焘奏稿》，第 15 页。
⑨ 《沥陈广东隐患日积应请及时筹办情形疏》，《郭嵩焘奏稿》，第 16 页。
⑩ 《官军攻剿三山土匪贼巢获胜现在筹办情形疏》，《郭嵩焘奏稿》，第 41 页。
⑪ 《缕陈广东大概情形疏》，《郭嵩焘奏稿》，第 4 页。
⑫ 《沥陈广东隐患日积应请及时筹办情形疏》，《郭嵩焘奏稿》，第 16 页。
⑬ 《请奖擢拿获巨盗之都司守备片》，《郭嵩焘奏稿》，第 59 页。
⑭ 《御史潘斯濂所陈两条始终办理情形片》，《郭嵩焘奏稿》，第 247-250 页。
⑮ 《郭嵩焘日记》第二卷，第 147 页。
⑯ 《御史潘斯濂所陈两条始终办理情形片》，《郭嵩焘奏稿》，第 247-250 页。
⑰ 《筹办各属土匪请将庇匪倡乱之绅士先行斥革疏》，《郭嵩焘奏稿》，第 305-308 页。

匪为伍，反抗政府军队。郭嵩焘认为官场的腐败是匪患滋生的根本原因，他说：“纪纲法度废弛已甚，遂使盗贼日益横行”①，“粤东盗贼公行，历年已久…其根源皆由于吏治废弛”②。吏治的腐败导致官员为考成而惮于任事，捕吏差役贪赃枉法从中牟利，地方恶绅则豢匪自重。

战争连年。太平天国起义开始之后波及东南诸省，自此广东战乱不断。咸丰四年广东爆发了天地会的红兵起义，影响颇深。“咸丰四年红匪之乱，被扰二十余州县，绅民多被裹挟”③，“数月之内，攻克了府、州、县城40余座，先后卷入的群众百万人以上”④。自咸丰四年开始到咸丰十年止，广东“七年之间，群盗蜂起。其著名巨匪由邻省窜入者，则有石达开、翟火姑、许里光、花旗股匪翟开明等约五六股；由本省串合者，则有陈金缸、练四虎、朱子仪、赖子贵、曾超、周春、梁柱等约十余股。兵端肆起，几如蔓草，随剃随生。”⑤到同治三年湘勇克金陵以后，太平天国余部10万人左右进入广东后与清政府展开激烈争夺，尤其是同治四年的二、三、四、五以及闰五月这5个月战争最为频繁激烈（如表一）。

表一　同治四年二、三、四、五等月份清军与太平军在广东的战斗

交战时间		交战地点	太平军将领	清军将领	清军所获	清军损失
二月	初五	合江圩地方	江甲麟		生擒江甲麟等二百七十八名，杀千余名，又在城外盘获内应奸细江亚六等八名	
	初六	平定圩之天井			毙二十余，擒何信大、李九油、何亚翠等十余名	
	初八	白砂、茶地		都司方耀、方恭	毙四百余名，阵斩伪官钰天安陈帼辉、伪御林护驾列王黄姓，生擒十三名，夺获贼马四十八匹，旗帜枪械什物不计其数	受伤九名

① 《密陈司道知府考语疏》，《郭嵩焘奏稿》，第153页。

② 《御史潘斯濂所陈两条始终办理情形片》，《郭嵩焘奏稿》，第247–250页。

③ 《肇庆各属土客一案派员驰往办理情形疏》，《郭嵩焘奏稿》，第24页。

④ 蒋祖缘、方志钦主编：《简明广东史》，第424页，广东人民出版社1987年版。

⑤ 《保奖剿办北路贼匪绅勇疏》，《郭嵩焘奏稿》，第104页。

续表

交战时间		交战地点	太平军将领	清军将领	清军所获	清军损失
二月	十八	大埔县柏嵩关	丁太阳	守备李瑄芳	毙不计其数，生十一名，夺获旗帜多件	兵勇亦有伤亡
二月	十九日	河垌		陈龙书、卢满江、韦其文、刘金华、陈璁、洪瑞荣	生擒贼目何仲厚、梁亚晚、梁亚来、李朝天等七十八名，杀毙不计其数，夺获旗帜器械马匹伪印共六十余件	阵亡弁勇周遇贵、方涛等二十名，受伤七十余名
二月	二十一日	大埔县属之维新甲、漳溪	花旗	守备苏镇超、游击王传训副将方耀、参将林保	先后毙匪甚多	
二月	二十六日	信宜石根堡、公豹岭	曾五、刘二		生擒逆匪欧柱九等九名，轰毙伪军师杨姓一名，夺获大旗、抬枪、火药、丸弹、红簿、伪印多件	
三月	初七	信宜东镇		黎正春、曾敏行	毙匪数千人，擒七百余人，内有逆首欧柱九、刘二、陈太尉、伪军师杨姓、伪都督李晚、伪先锋杨三聘，伪司马张十八、伪指挥丘二等多名	阵亡哨官、队长张胜新等三名及各营兵丁等二百余
三月	十九日	西江水汶	李河娘、陈日升、	曾敏行	生擒伪军师何得胜及匪党张十九伪都督吴春标领军梁亚洪、伪先锋朱子佩等二百余名	阵亡梁肇兴等八名，受伤七十二名

（续表）

交战时间		交战地点	太平军将领	清军将领	清军所获	清军损失
四月	十五日	嘉益	王狂七、张大眼	副将潘其泰、曾敏行	斩张应元及大眼二、张廷秀及伪先锋等二十五名。生擒王狂七之兄王丕烈、丕绪及其一妻一子	守备杨昌云率各弁勇入栅，均致阵亡
	十二至十五日	大埔县	康王汪海洋，平东王	都司方耀、郑绍忠	毙数千。方军斩获伪九门御林曾曹等首级六颗，长发级五十二颗，擒黄绍等十三名，获旗帜炮械无算。郑军斩贼首四十三颗，大小旗帜一百余件	
	二十日	五通庙	汪海洋	都司方耀、郑绍忠	歼匪数百名，斩取首级三十八颗，生擒十六名，夺获旗械枪炮无数	
	二十一日	平和县城		福建提督高连升	枪毙伪官永天福、和天预等四名，搜获伪印四颗，生擒悍匪九十余名	
	二十九日	苏边	陪王、利王、平东王、来王	都司方耀、郑绍忠	歼毙以万计包括伪进王刘逆及伪天将多名。生擒三五六名，有伪天将潘大用、林开国、陆建莱等十一名，夺获骡马旗帜不计其数	

（续表）

交战时间		交战地点	太平军将领	清军将领	清军所获	清军损失
五月	二、三	诏安县太平墟		黄朝恩、游击吉瑞	毙匪无数，生擒八十七名，夺获器械不计其数	游击黄相奎左腿伤
	初四	茂芝乡	天将丁太阳	谢树棠、李元顺、副将林保、千总杨浮等	约计歼匪二千余名，生擒伪和天燕陈得胜并悍匪七十余名，夺获旗械马匹无算	
	初五、初六	东船乡		总兵翟国彦等	共毙贼千余名。各军生擒伪朝将胡永新、伪先锋何大发等共三百二十三名，救出难民五六百	
	初七	漳溪		都司方耀	斩伪天将汪传根、钱永延、王合义等五名，毙二千余，斩首级一百五十余颗，生擒二百六十六名	
	十五日	镇平县三川墟		郑绍忠、刘顺昌等	复斩发首七十二级，生擒殿左三旗伪帅曾天夷一名，伪领军苏秉、恽大燕二名，发逆三十一名。数日内生擒要逆千余名，歼匪以巨万计	

（续表）

交战时间		交战地点	太平军将领	清军将领	清军所获	清军损失
闰五月	十五六日	平远县		藩司李福泰、吴赞诚	毙二千余名，内有伪天安陈景贤等六名，并搜获伪印伪照旗帜骡马等件甚多。生擒六百七十九名	
	十八日	镇平县白渡	汪海洋	都司方耀、周生等	毙伪天将林杨等六名，斩取首级二百余颗，生擒伪都尉陈占魁一名，夺获旗帜枪炮马匹甚多	千总郑纪勋林、都司杨仁、守备王熊彪、千总林恩、黄点死

注：此表根据《太平天国军事史》（下编第三册，郦纯著，中华书局1982年版）、《广东地区太平天国史料选编》（陈周棠主编，广东人民出版社1986年版）、《郭嵩焘奏稿》（杨坚点校，岳麓书社1983年7月版）整理而成。

由表一可知在短短5个月的时间里太平军的余部和清军在广东竟然有一个月的时间处于交战状态，大大牵制了地方政府的实力，为土匪的崛起提供了可乘之机，尤其是两军交战的州县“纵前后十余年间，吾州发逆两来，土匪迭起。”① 动乱尤其是战乱的发生更会滋生大量的盗贼。“顷因长乐失守，惠州戒严，沿江盗贼蜂起”②，“叛匪一起，乱民从之如归，蔓延遍及东南”③。在战争的社会背景下趁火打劫的土匪更加难以治理。

灾害频繁。广东属于热带、亚热带季风气候类型，“是我国自然灾害的多发区，也是重灾区。”④ 水灾、旱灾、风灾等各种自然灾害频繁发生。近代以来广东每年都会有数个县受这样或那样的灾害，现将顺德县自道光元年（1820）至同治三年（1864）44年间发生的自然灾害的次数和种类统计于下（见表二）。

① 光绪二十四年《嘉应州志》卷二十三，转引自《广东地区太平天国史料选编》广东人民出版社1986年版。

② 《缕陈粤东大局情形片》，《郭嵩焘奏稿》，第244–246页。

③ 《请酌量变通督抚同城一条疏》，《郭嵩焘奏稿》，第331页。

④ 梁必骐、梁经萍：《广东自然灾害成因及其对经济的影响》，《自然灾害学报》1994年第3期。

表二 清道光元年至同治三年顺德县发生自然灾害的种类及次数

朝代＼灾害种类	水灾	旱灾	风灾	地震	虫灾	冻灾	雨雹	饥灾
道光（1820—1850）	7	2	2	1	2	3	2	1
咸丰（1851—1861）	4	3	4	1	1	1	2	1
同治（元年到三年）（1862—1864）	1		2					

注：此表根据《广东省自然灾害史料》（广东省文史研究馆1963年9月内部发行）整理而成。

在短短的44年中，顺德县竟然40次受灾，平均每13个月就会有一次自然灾害发生。尤其是咸丰元年到同治三年的短短14年中受灾次数达20次之多，平均每8个月就会有一次灾害发生。不仅是灾害发生的频率高，其危害也是巨大的。同治二年“七月初一日，飓风由澳门起，广州河面复舟溺死者以数万计，省河捞尸八万余。”① 如此高频率、高危害的自然灾害大大超出了地方社会和政府的承受能力。由于地方政府救治不力自然就会“奸宄丛生，地方不靖。”② 不仅是顺德县如此，广东省的其他各县也基本如此。同治三年夏秋间的一场大水使广东二十余县受灾。③ 灾害发生后，因灾害影响而失去家园的百姓往往“四处逃荒乞食，每每形成庞大的流民群体…再加上接连不断的‘平米价’、抢米、‘吃大户’抗粮、抗捐、抗租、闹灾等形式的灾民斗争，更加剧了社会的动荡不安。”④ 受自然灾害的影响，导致了社会的不稳定，更加剧了灾民向流民、游民甚至土匪的转化，以至“饥旱连年，从乱者日众。”⑤

民风强犷是近代广东多匪成患的社会基础，吏治不修则是多匪成患的根本原因；“地方情形之不同，为病之本；官绅办理之未善，为病之标。”⑥ 连

① 民国二十五年《清远县志》，转引自《广东省自然灾害史料》，第119页，广东省文史研究馆1963年内部印行。

② 民国三十五年《潮州志》，转引自《广东省自然灾害史料》，第210页，广东省文史研究馆1963年内部印行。

③ 《设法抚恤被淹被扰各州县疏》，《郭嵩焘奏稿》，第136页。

④ 康沛竹：《灾荒与晚清政治》，第92页，北京大学出版社2002年版。

⑤ 《逆匪麋聚一隅现筹合力进剿以收全功疏》，《郭嵩焘奏稿》，第228页。

⑥ 《沥陈广东厘务情形疏》，《郭嵩焘奏稿》，第13页。

年不断的战争和频繁多发的自然灾害则是多匪成患的催化剂。四者互相作用最终使同治初年的广东大地“盗贼充斥，风俗颓敝”①，“盗贼之横行，几为意象所不能测。”②

同治初年广东土匪的种类

广东历来民风强悍，自然灾害不断发生并且近代以来尤其是咸丰四年天地会起义以来战争连年，加以当时政治腐败不堪，最终导致广东伏莽遍地、土匪横行。笔者将同治初年广东的土匪分为：盗匪、洋匪、客匪、兵匪和会匪等五种类型。

盗匪。同治初年广东盗匪成群，很多地方匪乡连片。“东江一带东莞县属之萌下、罗屋、垦下、铁冈、江边、厚街、锦堂、倒滘，博罗县属之布上、礼村、陈屋、龚屋、吴屋、边苏村、深湖，归善县属之杨屋、源头、上村、唐屋、东岸数十百乡，匪徒充斥，公行劫掠。”③ 百姓习以为匪，“农夫贩竖，交耳密语，即起行劫。”④ 盗匪多自然就会导致偷盗、抢劫等案件多。“南海、番禺、香山、东莞、新会各县，地广人稠，盗匪出没无常，每月据报抢劫之案，间有数起”⑤。内河则“东、北两江无日不禀报劫案，省城以内每年劫案动至数起”⑥，然而更多的是没有报案的，“大率报案者十之一，未经报案者十之九。”⑦ 由此可见盗匪之多，盗案之繁。其中比较著名的盗匪头子有“东莞县大埌墟盗魁叶乌榄头，”以及“李亚会、刘亚坤、刘亚妹、梁亚礼、黄志三、赖亚旺、梁亚坚、樊亚金、樊亚祖、樊绵羊苏、樊运通、周亚富、黄亚作、李干等…皆系著名巨盗。”⑧

除了上述这些小规模的盗匪以外，还有相当数量以劫掠为生，占据一定地盘，具有一定实力和规模甚至能恃众拒捕、戕害官弁的大股盗匪。英德县属之邓二尺七“踞守英德县属之鹤嘴山中，依山筑垒，树立木城，深挖壕沟，密排枪炮”⑨，“党众约有三千余人”，“四处劫杀，扰及阳山之田心乡、龙家洞等处。”⑩ 翁源县与英德、长宁等县交界处“山深路险，素称盗薮”，“该处

① 《特参声名平常府县各官疏》，《郭嵩焘奏稿》，第 39 页。
② 《据实举劾以肃官方而苏民气疏》，《郭嵩焘奏稿》，第 57 页。
③ 《发逆荡平酌量撤留兵勇查办土匪疏》，《郭嵩焘奏稿》，第 291-292 页。
④ 《广东盗犯恳请变通例文办理疏》，《郭嵩焘奏稿》，第 107 页。
⑤ 《复陈广东大概情形疏》，《郭嵩焘奏稿》，第 111 页。
⑥ 《御史潘斯濂所陈两条始终办理情形片》，《郭嵩焘奏稿》，第 247-250 页。
⑦ 《广东盗犯恳请变通例文办理疏》，《郭嵩焘奏稿》，第 109 页。
⑧ 《请奖擢拿获巨盗之都司守备片》，《郭嵩焘奏稿》，第 59 页。
⑨ 《官军攻剿三山贼匪老巢生擒首逆现在搜捕余匪以期净绝根株疏》，《郭嵩焘奏稿》，第 52 页。
⑩ 《官军攻剿三山土匪贼巢获胜现在筹办情形疏》，《郭嵩焘奏稿》，第 41 页。

土匪实已聚有数千人之多，竟敢恃众拒捕”，带兵前往搜捕的署翁源县知县张兴烈“竟为土匪所戕”①。不仅如此，还有大股土匪主动袭击抢劫正规军的现象。同治四年八月赴粤追剿汪海洋的左宗棠属下福建军队路过兴宁县黄陂“队伍在前，辎重军火在后”，“黄陂土匪竟将押行之弁勇及挑夫概行戕毙，军装火药被抢一空”，同时杀害“哨长参将邹朝瑞，千总胡得贵、李起生带勇二百名。”②

洋匪。亦称海匪、洋盗或海盗，顾名思义是对在海面上驶船对往来商船抢劫勒索、从事走私并不断到陆地上来作案的匪徒的总称。广东面朝大海，海域甚宽，境内水系较多，为洋匪的横行提供了便利。同治初年广东海匪横行，骚扰地方，为害甚巨。“粤东山海交错，盗贼滋繁。近来高澜一带洋面匪徒啸聚，恣行劫掠。”③ 各股洋匪都有自己的船艇等装备。“广东盗贼风行，有出洋之巨艇，有内河之快艇，有各村庄之龙艇，皆船坚炮利，聚众横行。每出行劫，又有包庇匪类为饭主之绅士，有窝匪之村庄。”④ 有的海盗还具有一定的规模，“盗首许云开有船二十余。又清远刘姓亦为沿江一方之害。”⑤ 洋匪驾船在海面上往来无阻主要是劫掠往来商船。“总理衙门以法国柏公使照会，该国合实般船在八达思海岛被劫，云系琼州属地。”⑥ 同时也有从事诱卖人口出洋者，“愚民被其胁诱，动辄数十百人载出海外，与洋人交易，多索买价…其略卖人口伙党，船户勾通共谋，并无分首从。人口数十，关闭仓底，谓之买猪仔。”⑦ 洋匪作案一般在洋面来去无影，因此受害者报案很少。“洋盗行劫，率在大海风涛之中，搜赃杀人，焚烧船只，即事主亦不知名姓，行劫地方又不知坐落何县，故海洋报案至少于内地。”⑧ “事主不敢报案者十之六七”⑨。事主隐忍不报再加上水师武营腐败不堪这更使洋匪肆无忌惮。“近年水师营弁无不吸食洋烟，专以包揽商船漏税、坐收海盗规例为事……炮船屯于沿海各口，日久朽烂无存，所领修船经费，各武弁照例瓜分”。官员巡洋则“雇佣民间救生船，俟风色大顺，在内洋巡哨数周，离海口不过五六十里之远，朝发夕还。若见盗劫商船，则必扬帆远避，仍以巡洋无事奏闻。”⑩ 不

---

① 《知县张兴烈剿匪被戕恳恩优恤片》，《郭嵩焘奏稿》，第 193 页。

② 《黄陂等处土匪截劫闽军现饬严办片》，《郭嵩焘奏稿》，第 261-262 页。

③ 《汇保出洋捕盗及剿办沿海各处匪徒出力文武员弁疏》，《郭嵩焘奏稿》，第 255-257 页。

④ 《沥陈广东度支艰窘请缓解协拨各款并见催张运兰一军赴闽疏》，《郭嵩焘奏稿》，第 94 页。

⑤ 《郭嵩焘日记》第二卷，第 142 页。

⑥ 《郭嵩焘日记》第二卷，第 289-290 页。

⑦ 《广东盗犯恳请变通例文办理疏》，《郭嵩焘奏稿》，第 107 页。

⑧ 《广东盗犯恳请变通例文办理疏》，《郭嵩焘奏稿》，第 109 页。

⑨ 《郭嵩焘日记》第二卷，第 276 页。

⑩ 《郭嵩焘日记》第二卷，第 260 页。

但如此水师内部也参与走私洋药、糖等商品。[①] 水师的腐败自然助长了洋匪的气焰，以致一发不可收拾。

客匪。广东历来是土客混居之地，也正是因为土客杂居，近代以来才产生了影响较为深远的土客械斗，[②] 其中最为严重的就是肇庆所属各县的土客械斗。肇庆所属客民起初也奉公守法。“肇属客民，原籍皆隶嘉应，其始垦山耕种，佣力为生。土民役使严急，仇怨日积”[③]。咸丰四年红兵起义时“知县郭象晋专募客勇以攻土匪，于是开平、高明、鹤山诸客籍群起以剿办土匪为名…乘势报复，肆意屠杀”[④]。从此“土、客互相残害……垂六七年。”[⑤] 同治元年“开平民谭三才寓居香港，私购洋人火器，约集其族人，尽歼开平所属客民”[⑥]，引发新一轮的土客大械斗。土人不断驱逐遂使“客籍不堪其扰，孤立无援，势不得不抛弃田庐，去而他徙…彷徨失业，穷无所归”[⑦]，最终导致客民转而为匪。他们四处“杀害商民、抢夺货物，焚毁货船”[⑧]，“所过村庄，掳掠焚烧，悉成灰烬。”[⑨]

兵匪。晚清广东吏治腐败不堪，营规形同虚设，遂使国家正规额兵形同土匪。“广东绿营额兵，计数几至七万，而无一营可用之兵。承平日久，疲弱既多”[⑩]，同时“久处闲散，则志惰气靡，怠极而骄。”[⑪] 不论是将弁还是额兵同样腐败不堪，“将以扣饷冒额为能，无所谓训练；兵以窝娼查赌为利，无所谓营规。”[⑫] 由于当时欠饷严重所以经常出现索饷闹事，霆字营兵勇叛变转而为匪就是欠饷过多和营规废弛所致。[⑬] 由于纪纲法度废弛已深导致“署思恩英中军守备林源海，怙恶不悛结党苛敛团费，擅杀平民。”[⑭] “参将韩进春所部勇丁，因失火鼓噪，肆抢商贩，哄入粮台，抢去办米银八千余两。”[⑮] 勇目“多与各股贼匪声息相通，官军胜则设法约降，贼匪胜则潜谋从逆。”[⑯] 正规

---

① 《郭嵩焘日记》第二卷，第274页。

② 刘平在《被遗忘的战争——咸丰同治年间广东土客大械斗研究》（商务印书馆2003年版）中专门探讨过该问题。

③ 《肇庆各属土客一案派员驰往办理情形疏》，《郭嵩焘奏稿》，第24页。

④ 《前后办理土客一案缘由疏》，《郭嵩焘奏稿》，第198页。

⑤ 《肇庆各属土客一案派员驰往办理情形疏》，《郭嵩焘奏稿》，第24页。

⑥ 《肇庆各属土客一案派员驰往办理情形疏》，《郭嵩焘奏稿》，第24页。

⑦ 《恩平县那扶等处客民逼窜处境现在亟筹办法疏》，《郭嵩焘奏稿》，第237–238页。

⑧ 《郭嵩焘日记》第二卷，第244页。

⑨ 《官军进剿客匪连破匪巢余匪窜入高明县境五坑地方现筹办理情形疏》，《郭嵩焘奏稿》，第98页。

⑩ 《沥陈广东度支艰窘请缓解协拨各款并见催张运兰一军赴闽疏》，《郭嵩焘奏稿》，第91页。

⑪ 《请饬都统富明阿拣选精兵赴援临淮片》，《郭嵩焘奏稿》，第7页。

⑫ 《请停补各省兵额片》，《郭嵩焘奏稿》，第160–161页。

⑬ 《霆营叛勇被剿现窜南雄信丰等处片》，《郭嵩焘奏稿》，第211–212页。

⑭ 《郭嵩焘日记》第二卷，第235页。

⑮ 《郭嵩焘日记》第二卷，第265页。

⑯ 《粤东募勇若无把握应仍行添募楚勇片》，《郭嵩焘奏稿》，第72页。

营兵将官这样放肆而裁撤之兵勇则更是目无法纪，为所欲为。裁撤之勇“聚而为勇，散而为盗，两无区分。”[①] 同治三年七月十一日奉上谕，“有人奏苏州勇丁散回广东佛山等处，一月内连劫至数次数十次不等，番禺等处散勇至千百成群，帆樯络绎，有纠众攻打花杤情事”[②]。

会匪。会匪是指会党的匪化。清中期以来广东拜会之风盛行，“从嘉庆初年，天地会由闽入粤，迅速发展，广东逐渐成为了近代会党主要活动的地区。广东涌现出名目各异的众多秘密帮会，如三合会、三点会、小刀会、添地会、双刀会、隆兴会、卧龙会、斗牛会、沙包会等，其中多属于天地会系统”[③]。第一次鸦片战争以后广东会党四起扰害地方。“道光二十三年（1843）八月，三合会匪与卧龙会千余人，在顺德容奇乡之械斗，伤毙三命”。第二年两会又在顺德县贵州乡械斗“死者百余人，伤者百余人”[④]。咸丰四年陈开在佛山地区组织天地会红兵起义,[⑤]，扰及二十余县。虽然最终都被清军镇压，但会匪作案仍有发生。“近日于佛山石牌、龙眼洞等处破获拜会谋逆数案”[⑥]。同时“佛山机户有聚众拜会之案”[⑦]。

同治初年广东土匪势力猖獗，匪患严重。其中盗匪最为横行，小股盗匪则三、五作案偷盗、勒索，“行劫、打单相倚为用”[⑧]；大股盗匪则危害一方、恃众拒捕、戕害官弁形同谋逆；洋匪则主要在外洋洋面和内河水面劫掠商船，走私洋药、拐卖人口并不时骚扰地方；兵匪主要存在于通都大邑，以办案为名行扰民之实；客匪主要集中在肇庆所属各县，与土民连年械斗仇杀；会匪主要存在于佛山、番禺、崇仁等县假拜会之名伺机匪乱。

郭嵩焘治理匪患的措施

郭嵩焘上任伊始即首议整顿匪患，在其抚粤的两年多时间里，土匪问题一直是他面临的重要问题之一，他采取多种措施治理广东匪患。郭嵩焘认为吏治腐败是广东多匪成患的根本原因，因此整顿吏治、严肃纲纪成为其重点开展的工作，“讲求吏治以肃清祸乱之原”。对于各类匪患“以整饬戎行为攘除寇盗之实”[⑨]，因此派兵进剿、严厉捕杀；并且变通了缉捕、审

---

① 《东江一带兼资镇压片》，《郭嵩焘奏稿》，第281-282页。

② 《复陈广东大概情形疏》，《郭嵩焘奏稿》，第111页。

③ 何文平：《近代的会与匪——以广东为例》，《历史教学》2006年第5期。

④ 《广东地区太平天国史料选编》，第6页，广东人民出版社1986年版。

⑤ 《广东地区太平天国史料选编》，第109页，广东人民出版社1986年版。

⑥ 《防贼窜粤片》，《郭嵩焘奏稿》，第96页。

⑦ 《复陈广东大概情形疏》，《郭嵩焘奏稿》，第111页。

⑧ 《广东盗犯恳请变通例文办理疏》，《郭嵩焘奏稿》，第107页。

⑨ 《罗定官军越境荡平河垌贼巢驰援信宜片》，《郭嵩焘奏稿》，第167页。

判等章程，从制度上保证剿匪的顺利实施。他还采取整顿民俗，收拾人心等措施来净化社会环境，同时竭力筹饷，保障剿匪军需从而配合其他各项措施的开展。

整顿吏治、赏罚分明。同治初年，广东“纪纲法度废弛已甚，遂使盗贼日益横行…故于整饬吏事，必以捕除盗贼、疏通民气为务。”① 因此在其抵任之初就“通札各州县整饬捕务，严缉盗匪。”② 然而各项工作均须由人来完成，“天下之大本二，曰用人，曰理财。”③ 同时“天下之治乱在乎用人之当否。”④ 郭嵩焘对于官吏的考核，将弁的赏罚大多与办理土匪相关联。考核官吏“不敢稍有假借。尤以清理词讼、缉捕盗贼、约束幕友门丁为课程”⑤。

对于目无法纪、纵容家丁、为所欲为的官员严行参究，同时对于包庇甚至是参与匪乱的劣绅也严厉斥革。海丰县知县于奇峰无视法纪，“纵容家丁幕友…竟至因案带勇赴乡掳抢。”河源县知县张耀堂“惩办匪乡，率以纳贿销案…名曰打兵费”。最终郭嵩焘将这两个胆大妄为知县“先行革职，归案查办”⑥。副将衔李光因讹诈商船洋银，并抢夺商船因此“从严讯办，以惩贪邪而肃法纪…将副将衔升用参将李光暂行革职”⑦，同时斥革了因争索赌规而聚众殴斗的“署新会江门汛千总梁北威与武举陈元功”⑧。郭嵩焘对于那些尸位素餐、不胜烦剧的官员亦是一概革职。他将“查办汤、李等姓斗案，并不体察民情…以致乡民不服，抗拒伤差”⑨ 的捐纳知县吴庆凯革职。藩司吴昌寿“未足当事会艰难理繁治剧之任”⑩，最终离职。对于为官清廉、不染习气，严厉捕剿土匪的官员则据实保举，“至或举发巨案，或拿获著名大盗，核其劳绩，几与战功无异，似仍应酌量给予优奖，俾有所激劝。”⑪ 同时“设立奖恤局，查明历年各州县办理防剿及捐资募勇有功地方之绅员，逐案清厘，分别汇请奖励。”⑫ 在其抚粤任内保举了大量治理匪患有功之官员。（详见表三）。

---

① 《密陈司道知府考语疏》，《郭嵩焘奏稿》，第 153 页。
② 《沥陈广东隐患日积应请及时筹办情形疏》，《郭嵩焘奏稿》，第 16 页。
③ 《保举粮台文案委员请饬部无庸另立专条片》，《郭嵩焘奏稿》，第 336 页。
④ 《钦奉谕旨敬陈管见疏》，《郭嵩焘奏稿》，第 157 页。
⑤ 《特参贪婪不职之知县疏》，《郭嵩焘奏稿》，第 230–231 页。
⑥ 《特参贪婪不职之知县疏》，《郭嵩焘奏稿》，第 230–231 页。
⑦ 《特参二品职官讹诈有据疏》，《郭嵩焘奏稿》，第 163 页。
⑧ 《员弁争索赌规请斥革严讯片》，《郭嵩焘奏稿》，第 164 页。
⑨ 《请旨甄别道员县令分别降革疏》，《郭嵩焘奏稿》，第 135 页。
⑩ 《吴藩司办事竭蹶不胜烦剧之任疏》，《郭嵩焘奏稿》，第 253–255 页。
⑪ 《保奖获盗人员恳酌量变通并陈广东治盗情由片》，《郭嵩焘奏稿》，第 61 页。
⑫ 《保奖剿办北路贼匪绅勇疏》，《郭嵩焘奏稿》，第 104 页。

表三　郭嵩焘抚粤任内保举治理匪患官员弁勇表

原职	治匪事略	保举之职
署龙川县知县准补饶平县知县郑梦玉	在龙川办理老隆积匪，一清积年行旅之患	请以同直隶州尽先题补
卸署连山厅绥瑶同知候补同知韩凤翔	在连山七年，匪徒敛戢	请以同直隶州尽先题补
镇平县知县调补顺德县知县庞掌运	民服其教，匪类为之敛迹	请以同知直隶州升补
署广州协中军都司保应熊	拿获巨盗叶乌榄头、李亚会、刘亚坤、刘亚妹、梁亚礼、黄志三、赖亚旺、梁亚坚、樊亚金、樊亚祖、樊绵羊苏、樊运通、周亚富、黄亚作、李干等，等巨盗	请以游击尽先补用
补用守备广州城守营千总邓安邦		请以都司升用，赏换花翎
署南海县知县候补同知罗澹隆	拿获巨盗叶乌榄头等多名	请加恩以本班尽先补用
代理化州知州试用知县张钦泰	正丰店被劫案内，拿获要犯方良、周点、谢亚初、吴强、郭亚意、钟效妹、陈满等七名	
尽先补用游击署广州协中军都司保应熊	拿获侯管胜	请赏加副将衔
南海县绅士道员用安徽池州府知府李应棠	接济军饷，办理团练，剿灭多处股匪	以道员留于原省尽先补用，并赏加盐运使衔
长宁县知县宋锡庚	缉匪安良，疏通民气，剿办匪乡不遗余力	准以直隶州尽先补用
盐提举衔吴川县知县姜光耀	屡次出海搜捕洋盗，不避艰险	
总兵衔记名副将沈玉遂	搜除盗艇，素清江路，办理东莞、归善、博罗等县土匪，出力尤多	补缺后以总兵请旨简放
四川补用同知知府衔曾纪凤	防堵霆营叛勇，攻破翁源匪巢五处	免补本班，以道员仍留四川补用

（续表）

<table>
<tr><th>原职</th><th>治匪事略</th><th>保举之职</th></tr>
<tr><td>内阁中书陈惟新</td><td rowspan="3">先后举发逆案三起，获盗二百余名</td><td>赏加员外郎衔</td></tr>
<tr><td>同知衔江西安福县知县陈璞</td><td>请以同直隶州仍留江西尽先补用</td></tr>
<tr><td>内阁中书衔阳江县训导梁葆训</td><td>请以知县遇缺即补</td></tr>
<tr><td>五品衔安徽婺源县知县麦佩金</td><td>获盗多名</td><td>请以同直隶州仍留安徽尽先补用</td></tr>
<tr><td>记名总兵文恒久、叶明瑞、易荣华、刘光明</td><td rowspan="3">剿办巨股土匪邓二尺七</td><td>请赏加提督衔</td></tr>
<tr><td>副将贺国桢、谭邦连</td><td>请以总兵记名简放</td></tr>
<tr><td>游击谭发律</td><td>请以参将升用</td></tr>
</table>

注：此表根据《郭嵩焘奏稿》、《郭嵩焘日记》绘制而成，表中保举人员均系治匪有功者，但不包括攻剿海匪、治理客匪的有功人员。

由表三可知在郭嵩焘抚粤的短短两年多时间里竟然保举如此多的治理盗匪、洋匪有功官弁，对于多次获盗的都司保应熊竟连续为其转折请奖，由此既可看出当时广东匪患的严重，亦可窥伺郭嵩焘治理广东匪患的急切心情。在治理匪患上，郭嵩焘对于广东地方士绅也充满了希望。“抵任以来，接见绅士，申述各案情由，为之怃然不安于心。”除将个别倡乱劣绅斥革正法以外，对于大多数剿匪有功的绅员他都恳请奖叙。咸丰四年陈金缸围困四会县城，“该县绅民众志成城，昼夜固守…三月有余”，为表彰起见，他“呈请永广四会县文武学额各二名。”[①] “佛山股匪吴麟祥等驾船数十…勾结土匪吕萃进、陈松年等，四出煽诱，各乡响应，并有苏黑虎、李象能等匪树旗倡乱”[②]，在此情况下新会县“绅民同仇敌忾……卒能内保危城，外除强寇”，郭嵩焘据此呈请复还“文学额二名、武学额三名”[③]。连平州咸丰四年、同治四年两次遭遇大股土匪，“绅民男妇在城坚守，两次赖以保全”，为劝励起见“永远增广文武各二名”[④]。

经过大力整顿吏治，惩处无视纲纪危害扰民的官员、士绅，加之大力奖拔治理匪患有功的员弁，对于广东吏治的扭转和治匪工作的开展起到了较为

① 《绅民同仇敌忾力保危城援案仰恳永增学额疏会总督学政衔》，《郭嵩焘奏稿》，第 48 页。
② 《查明绅民剿匪守城情形疏会总督学政衔》，《郭嵩焘奏稿》，第 325–327 页。
③ 《请复还新会县原设学额疏会总督学政衔》，《郭嵩焘奏稿》，第 141–142 页。
④ 《连平州两次守城堵御大股逆匪援案请广学额疏》，《郭嵩焘奏稿》，第 323–324 页。

明显的积极效果。吏治清明匪患就会相应减轻，“各州县盗犯无加于前，省城年余尚无劫案，江路转较静谧，亦由近年吏治略清。”[①] 因此当西江匪患肃清时郭嵩焘也发出“能迅收扫荡之功者，良由吏治稍为肃清，各州县办事认真之力”[②] 这样的感叹。

严厉捕杀，重兵进剿。乱世宜用重典，这是自古以来治理匪患的常用之法。同治初年兵戈四起、盗锋未息，正值天下大乱之时，郭嵩焘在其抚粤任内亦以重典治乱世。他认为“小民固当使之怀德，亦不可不使之畏威。”[③]“今日治盗，有从严无从宽，有速断无久稽。”[④] 他的这种观点与李鸿章的想法不谋而合：“粤中乱民极多，宜用重典”[⑤]。在这种思想指导下，“查盗案缉捕，参限甚严”[⑥]，并且变通治理盗案的章程使过去属于刑部的最终裁判权由省“核明批饬就地正法”，达到“获一盗即诛一盗”[⑦]，使匪徒恐惧的目的。对于罪大恶极的土匪李河娘、陈独角牛等则“凌迟正法”。著名土匪王狂七在与官军的交战中被打死，为威慑乱民则“尸首认明，掳取首级，悬竿示众。”[⑧] 对于缉捕土匪之官弁不但大力褒奖，并且要求朝廷“加恩承缉盗贼之文武官吏，使之不为处分所累，有余力以求真盗。”[⑨] 这就解除了官弁的后顾之忧能够不为处分所累，全心全意地捕杀土匪。郭嵩焘对大股土匪则派重兵进剿，“总期悉数歼擒，不留余孽，以仰副圣主除恶务尽之至意。”[⑩] 郭嵩焘严厉整军，“遏止祸荫，急须治盗以防乱；筹思本计，尤在驻兵以自强。”[⑪] 首先于同治三年修筑永康、耆定、保极、拱极等四座炮台，“所须防者，洋盗之驶入而已。”[⑫] 其次更定营制，新制，“以五百人成军，设一营官统之，期使分合调遣略可稽查”[⑬]。另外每次办理匪案均购置眼线以为内应。“臣等上年九月莅任之初，即会议整顿捕务，督饬各路水陆文武员弁，广购线目，设

---

① 《御史潘斯濂所陈两条始终办理情形片》，《郭嵩焘奏稿》，第 247-250 页。

② 《官军叠擒首逆西江一律肃清片》，《郭嵩焘奏稿》，第 177 页。

③ 《沥陈广东厘务情形疏》，《郭嵩焘奏稿》，第 13 页。

④ 《保奖获盗人员恳酌量变通并陈广东治盗情由片》，《郭嵩焘奏稿》，第 61 页。

⑤ 《复广东抚台郭》同治三年正月初一，《李鸿章全集》信函一，第 287 页。

⑥ 《广东盗犯恳请变通例文办理疏》，《郭嵩焘奏稿》，第 107 页。

⑦ 《请变通办理盗案片》，《郭嵩焘奏稿》，第 15 页。郭嵩焘变通的章程使除广州府所属各县及佛冈直隶同知拿获逆匪盗犯，仍行解省勘审外，其外府各州县距省较远之区，如有拿获曾经拜会从逆，拒敌官兵，及迭次抢劫，伙众持械，拒捕伤人，罪应斩枭斩决者，于审实后禀解该管府州复审。如道、府同城，即由道、府会审，其直隶州厅承办者解赴巡道复审，俱先行录供禀报，由郭嵩焘等核明批饬就地正法，仍令备具招祥，由府、司核转分别归案具奏。

⑧ 《西路官军续擒首逆攻毁嘉益排埠贼巢片》，《郭嵩焘奏稿》，第 184 页。

⑨ 《保奖获盗人员恳酌量变通并陈广东治盗情由片》，《郭嵩焘奏稿》，第 61 页。

⑩ 《石逆余党窜扰粤境经调到楚军将首逆擒获正法余匪分别剿抚疏》，《郭嵩焘奏稿》，第 25 页。

⑪ 《沥陈广东隐患日积应请及时筹办情形疏》，《郭嵩焘奏稿》，第 16 页。

⑫ 《修筑广东省城炮台片》，《郭嵩焘奏稿》，第 22 页。

⑬ 《缕陈粤东大局情形片》，《郭嵩焘奏稿》，第 244-246 页。

法查拿，或出海游巡，或入山搜捕，至于内河各处，巡缉尤严。”① 著名巨盗叶乌榄头的拿获就是眼线发挥的作用。在其抚粤期间，多次出动大规模军队剿办土匪并取得较为显著成果。（见表四）

表四　郭嵩焘抚粤期间重兵剿匪表

时间	地点	将领	战果
同治二年十二月中下旬	英德县三山	福建臬司张运兰	全部扫平匪巢，并擒获邓二尺七及其幼子邓亚保及死党邓亚凤、邓亚盘、邓亚通等数十名
同治三年二月	岑溪河垌	副将曾敏行、署罗定州知州周士俊	生擒贼目何仲厚、梁亚晚、梁亚来、李朝天等七十八名，杀毙不计其数，夺获旗帜器械马匹伪印共六十余件
同治三年春	高澜横州、三造口等处洋面	署水师提标左营游击卫明英守备杨秀华	炮毙贼匪数十名，生擒何元得等十七名，并获贼船炮位
同治三年四月	浪白懇、乾雾涌	护香山协副将汤骐照、署水师提标左营游击卫明英	击头猛匪船一只，毙匪百余名拿获盗首张容得四及贼伙共三十四名起出被掳事主工伴三名，夺获贼船九只，大炮十一位
	大浪环洋面	千总吴迪文、黄廷耀	焚毁贼船一只生擒陈志满等七名，夺获贼船炮械
	西海一带	新会县营参将尹达章	拿获巨匪黄亚昌等三十七名
同治三年七月间	东莞县铁冈至石龙一带河面	副将沈玉遂、黄廷彪，都司张兆桂，知县吴经采	拿获土匪王老虎钱等十五名
同治三年十二月初五		靖安水师左营记名总兵王朝治、副将黄廷彪、都司许连生、海廷琛、文星瑞	斩级十二颗，生擒肖亚日等四十余名夺获炮械多件长龙贼艇九只
	黄角村北洋面	守备杨秀华	拿获匪首肖后才等三名

① 《复陈广东大概情形疏》，《郭嵩焘奏稿》，第 111 页。

（续表）

时间	地点	将领	战果
同治五年三、四月	翁源县	四川补用同知曾纪凤	阵斩六十余名，生擒十九名，投河淹毙者尤众
	长宁县	宋锡庚	获犯潘善三等十五名，以次平毁禾溪等处匪楼数十座，前后办理沙田、遥田、腊溪、禾溪、四约数十乡

注：此表根据《郭嵩焘奏稿》、《郭嵩焘日记》绘制而成，不包括官军进剿客匪的内容。

由表四可以看出大规模的军事剿匪效果还是很明显的，不但根除了盘踞英德县三山十余年的邓二尺七巨股，还使翁源、长宁等县略为肃清；出洋剿匪获盗二百余名，亦使洋匪有所收敛。郭嵩焘治理土客械斗则“前后接受两造控呈，皆亲自批发，反复劝谕，期使醒悟”①。对于客匪则剿抚结合，“当经檄饬卓兴相机进剿，并派委候补知府史朴携带示谕前往相机招抚”②，“威以兵力，急殄其凶渠数人，并所勾结李四白面猪等一例扫除，”将首恶必擒。然后“施扶绥之术”③，安插普通客民，最终擒获客匪贼首戴梓溃，并将其绳之以法。

疏通民气，整顿民风。同治初年广东地方民风强犷，民气凋敝，“广东俗尚繁华，民气之凋残已甚；”④“戾气之充塞，正气之微茫，至今日而已极。”⑤“绅士不能为善于乡，辄至盘剥欺压，为天下所同患，而广东为甚。地方官又复朋比为奸，人心风俗，安得不日益败坏。”⑥“士大夫相与网利，无复廉耻之存，其俗尚堪问乎”⑦。因此疏通民气，整顿民风则成为治理匪患时尤须注意的环节。郭嵩焘认为“不求此时勤求吏治，疏通民气，万无可以支持之理。”⑧具体来讲，“稍使百姓知尊亲之义，而后可因以收拾人心；官民有维系之心，而后可用以消除乱本。”⑨郭嵩焘在粤抚任内他大力推行文教，他认

---

① 《前后办理土客一案缘由疏》，《郭嵩焘奏稿》，第198页。

② 《官军进剿客匪连破匪巢余匪窜入高明县境五坑地方现筹办理情形疏》，《郭嵩焘奏稿》，第98页。

③ 《肇庆各属土客一案派员驰往办理情形疏》，《郭嵩焘奏稿》，第24页。

④ 《署理广东巡抚谢恩疏》，《郭嵩焘奏稿》，第3页。

⑤ 《据实举劾以肃官方而苏民气疏》，《郭嵩焘奏稿》，第57页。

⑥ 《郭嵩焘日记》第二卷，第291页。

⑦ 《郭嵩焘日记》第二卷，第127页。

⑧ 《据实举劾以肃官方而苏民气疏》，《郭嵩焘奏稿》，第57页。

⑨ 《缕陈广东大概情形疏》，《郭嵩焘奏稿》，第4页。

为“为文在能转移风气，当官行政在能挽回风俗人心”①，因此在条件恶劣的情况下仍能保证乡试的如期举行②，同时还为绅民力保危城的新会等县永增学额。

郭嵩焘还通过具体的惠民措施减轻百姓负担，收拾人心。同治三年夏秋间雨水较多，二十余县受灾，“民房人口均有倒塌淹毙。”对此“筹费修葺，抚恤殓埋”受害严重的阳江、恩平等县“随时周恤”③。阳春受客匪之患最深，而信宜则被陈金缸攻陷，两县被扰，困苦为广东各县之最，因此郭嵩焘呈请朝廷“将同治元、二两年阳春、信宜两县未完地丁银米一律豁免，以苏民困。”④

疏通民气，整顿民风并不是一朝一夕能见成效的事情，“若能及三四年之久，风俗犹可整顿一二。”⑤ 然而郭嵩焘抚粤仅仅三十一个月而已，因此在他离任之时仍然请求朝廷责成其后任蒋益澧继续整顿，“深盼后任之稍补臣过”⑥。

竭力筹饷，保障军需。同治初年的广东面临若干问题其中财政拮据是一个非常实际的问题，与太平军余部作战要用钱，剿办境内土匪、安置裁撤弁勇和客民都需要钱，同时还得不时接济别省军饷。广东多年用兵“筹饷之难倍于筹兵。饷裕则兵强，饷匮则虽有兵而不能恃以御侮。”⑦ 因为久欠兵饷导致部队战斗力下降，“饥军一溃，贼势弥炽”⑧。更有部队因欠饷而哗变，霆字营即因为欠饷铤而走险最终沦为土匪。

面临如此艰窘的情形，郭嵩焘在广东多方筹饷，既鼓励绅民员弁捐输效力又设卡抽厘，不但截留京饷亦向富户巨贾、洋人筹借。捐输取得较大成果，主要是针对富商大户“添派委员，指劝富户，务除包捐冒奖之弊。”“南海原派捐六万两，遂已捐至十四五万”⑨。同治三年“五、六、七等三个月，请奖实官、升衔、封职加级等项，填给藩库实收者二百八十一员名，计银六万七千三百五十九两”⑩。另外郭嵩焘还仿照户部捐办牙帖成案“招充牙行，派委候补道朱启仁总司其事”。开办不久即有各行户投充，“已有四十余行，计一百余家，缴到帖饷洋银六万五千两”⑪。郭嵩焘在形势紧急

---

① 《郭嵩焘日记》第二卷，第205-206页。
② 《甲子科乡试驻防翻译乡试应请依限举行疏》，《郭嵩焘奏稿》，第49页。
③ 《设法抚恤被淹被扰各州县疏》，《郭嵩焘奏稿》，第136页。
④ 《恳恩豁免阳春信宜两县旧欠地丁银米片》，《郭嵩焘奏稿》，第319页。
⑤ 《郭嵩焘日记》第二卷，第128页。
⑥ 《请饬蒋益澧整顿广东地方风气片》，《郭嵩焘奏稿》，第338页。
⑦ 《各省抽厘济饷历著成效谨就管见所及备溯源流熟筹利弊疏》，《郭嵩焘奏稿》，第126页。
⑧ 《郭嵩焘日记》第二卷，第323页。
⑨ 《前后办理捐输情形片》，《郭嵩焘奏稿》，第149页。
⑩ 《粤东绅士捐助军饷请分别奖叙疏》，《郭嵩焘奏稿》，第138-139页。
⑪ 《广东试办牙帖缘由片》，《郭嵩焘奏稿》，第252页。

时倡导“由官先捐廉俸，以为倡率，”大小官弁量力捐助“共计捐输廉银九万五千两”[①]，用于兵饷。当时广东很多地方“设卡抽厘，据为私利”，郭嵩焘将“包抽之私厂一概裁撤，归并官厂”，同时海西添设一厂，“谷米、薪柴两项…永远停止抽收”[②]。厘金一项效果亦较为显著，“北江厘金，每月约三万有奇。”[③]

郭嵩焘艰苦筹饷，兴利除弊却引起物议沸腾。其办理捐输、设卡抽厘、发行牙帖不断被人诬为病商、扰民。李鸿章对其筹饷评价较为中肯：“为巡抚，能治盗，尤锐意厘饬商征，立筹饷库以储捐罚，公私充溢，法成令修”[④]。“粤厘设卡多弊，岁入不过七十万，自裁汰归并，岁增至百四十余万。又创立筹饷库，以储捐罚各款，两岁亦积至二百余万。此皆实政可纪者。”[⑤]

郭嵩焘抚粤期间采用多种方法治理匪患，整顿吏治、赏罚分明是针对大小官弁采取的措施，目的是从根本上根除匪患；严厉捕杀、重兵进剿是直接针对土匪的强有力措施，大大打击了土匪的嚣张气焰，使很多地区大为肃靖；疏通民气，整顿民风是为营造一个良好的社会氛围，使百姓改掉尚匪陋习；竭力筹饷、保障军需主要是从物质层面配合军事进攻，免除进剿将士们的后顾之忧。同时郭嵩焘能够以身作则，他为“知州县之不事事…上下交相为伪”以至“与民人冤苦之多”[⑥] 而愤怒，鼓励百姓拦舆呈控；在其日记中竟有二十次申理盗案记录，共处理盗案、命案等一百五十余起，[⑦] 从一个侧面也能看出郭嵩焘治理广东匪患的艰难努力。

结 语

同治初年兵戈四起，盗锋未息，而广东恰恰又处于风口浪尖之上，在这种情况下郭嵩焘“吾辈身际其艰，所以自命，亦直不肯自居第二流人物，非敢自信其才力之裕，亦值时然也。”[⑧] 他整饬吏治，严明赏罚，通过严肃纲纪以杜乱源；严厉捕杀，重兵进剿，以乱世重典而收肃清之功；通过疏通民气，整顿民风而建立良好社会环境，竭力筹饷以保障剿匪军需。虽然破除万难治

---

① 《广东军需紧急谨率同各官捐廉助饷疏》，《郭嵩焘奏稿》，第 121 页。

② 《广东办理厘捐情形片》，《郭嵩焘奏稿》，第 133 页。

③ 《筹议各海口添设行厘片》，《郭嵩焘奏稿》，第 314 页。

④ 《兵部侍郎郭公墓表》，《李鸿章全集》诗文 37，第 38 页。

⑤ 《郭嵩焘请付史馆折》，《李鸿章全集》奏议 14，第 136 页。

⑥ 《郭嵩焘日记》第二卷，第 134 页。

⑦ 根据《郭嵩焘日记》第二卷统计。

⑧ 《郭嵩焘日记》第二卷，第 370 页。

理匪患，但因督抚同城这一体制影响加以性格等原因导致与两任总督失和，同时又遭左宗棠“四折究参”最终离职。他办理厘捐物议沸腾，很多人都不能理解，即使好友曾国藩亦认为其为“著述之才，难胜繁剧之任。”然而“誉满天下未必不为乡愿，谤满天下未必不为伟人。”① 郭嵩焘治理广东匪患虽然没有达到“一劳永逸”的效果，但是他的艰难努力不仅使广东全省大为肃清，亦使他成为那一时代当中不可多得的干吏。

① 梁启超：《李鸿章传》，百花文艺出版社2008年版。

三　光绪年间的土匪

晚清的灾荒与土匪

1876 至 1878 年（光绪年），山西、陕西、河南遭到二百年未遇的旱灾，“历时既久，为地尤宽，死亡遍野”[①]。山西巡抚曾国荃报告说，山西“赤地千有余里，饥民至五六百万之众，大祲奇灾，古所未见”[②]。1877 年甘肃亦遭大旱，被灾甚广。流民络绎于途，饥民嗷嗷待哺。一些饥民不得不铤而走险，聚众抢粮，甚至武装拒捕，封建统治阶级惊呼‘饥民聚为盗贼’，要求严加查办。8 月（七月），刘恩溥“以……苗稼枯槁，粮米昂贵，饥民聚众为盗贼，直隶武强县有砍刀会匪千余名，在景州、阜城、武邑、枣强、衡水、饶阳一带肆行抢劫，地方官形同聋聩，霸州、通州、固安等处，亦均有明火拒捕路劫之案，地方官规避处分，逼令事主攻盗为窃，请旨速饬查拿”[③]。10 月 6 日（八月三十日），李鸿章亦奏：“今夏天时亢旱，有著名首盗白洛玉即芦傻子，又名田起，乘机勾抢。……六月间潜约匪徒数十人，执持洋枪刀械，间有马匹，在于景州、故城、枣强等处行劫商民，杀毙捕役。附近游匪乞丐，渐亦蚁附，均夺粮食，约共百余人。”[④] 清廷对此动用军队，残酷加以镇压。

1878 年 1 月阎敬铭等人奏称：山西“省南一带，伏莽多矣，西则界连韩浦，刀客之啸聚靡常。东则错处修、济，枭徒之揭竿迭起”[⑤]。在武强县，千余灾民组成砍刀会，霸州、通州、固安等地也有进行抢粮的灾民武装。1879 年阎敬铭追述二年前灾情时将陕西与山西、河南联称，奏云：“山、陕、豫三省，自光绪三年苦遭旱灾，历时既久，为地又广，死亡遍野，诚为二百年之所无。臣奉命查赈山西及陕之同州，尤为极重极惨。”[⑥] 有关记载说：“关中大旱，赤地千里，榆边饥民无虑数万，涂莩相枕籍”[⑦]；或曰：“其年秋，关中旱，饥卒数十万，民倍之，情势岌岌，间不容发”[⑧]。饶应祺赴署同州知府

① 《光绪朝东华录》（一），第 757 页。

② 《曾忠襄公奏议》卷八。

③ 《清史列传》卷六十一，《刘恩溥传》。

④ 《义和团源流史料》，第 120 页。

⑤ 《光绪朝东华录》（一），第 515 页。

⑥ 清军机处录副档，光绪五年五月十七日阎敬铭奏折。

⑦ 《清朝碑传全集》三编，卷二十，《浙江温处兵备道童兆蓉神道碑铭》。

⑧ 《清朝碑传全集》补编，卷十八，《陕西布政使蒋凝学神道碑》。

任时，连遭饥民拦阻，当时“秦、晋亢旱，赤地千里，饥民汹汹，遮道不得前”。后饶应祺软硬兼施，宣称“此来赈汝饥耳，哗变者杀无赦！”始解围。饶到任后，赈灾颇力，“全活甚众”①。但因灾聚众之事，并非一处。9月12日（八月初六）上谕云：“据称近闻陕西同州府属之大荔、潮邑、郃阳、澄城、韩城、白水各县因旱歉收，麦田不过十之一二，华州、潼关等属秋苗尽为田鼠蝗虫所害，粮价骤增，大荔、蒲城等处抢粮伤人之案递出，韩城之白马川，聚人数千，游勇土匪，互相煽乱，并有军械旗帜，请饬办理等语。……著谭钟麟体察情形。”②

1878年广东“水灾过后，晚稻歉收，平民失业流离，匪徒或乘机滋事。”③ 这年匪徒“十百成群，结盟聚党，曾在顺德陈村等处墟场市肆白日打单，沿户勒写银单，敛取钱财。”④

1883年湖北大水灾，“桀骜者，流为土匪，随处抢劫”。

1898年清政府派溥良调查山东赈务后，“始张皇失措，草草查放”，且“所派委员与首事人等勾通，从中分肥。十户之中，领者一二，逼令合村具领赈甘结。以致各处哗然，情愿不领。而该抚乃在省城派委员十余人、书手数百人倒填月日，连夜赶造赈册。是今虽已放，而任用非人，百弊从生，半归中饱。百姓当时溺毙者五万余人，至今饿毙者不计其数。……近日嗷鸿遍野，少壮者已流为盗贼，东平安山一带立有水寨，抢劫之案层见迭出，地方官匿不一报。”⑤ 山东灾民求赈不得，全活无术，纷纷流亡，仅流入河南开封就食，经地方当局资遣回籍者，即有近六万人。⑥

1902年夏天广西三月不雨，赤地千里，旱灾已遍，匪患乘机蔓延：“自百色以至三江口、红水河一带，逢舟必劫，水行苦之。其思恩、南宁等处，乡民有散处稍疏者，夜则换户劫掠；有团聚加密者，昼则率党攻击。”⑦ 9月后“迭报抢劫之案，除桂、平、梧三府安靖外，无县无之，无日无之”。⑧

1906年湖南遭灾，平江、湘阴、长沙、浏阳一带“抢风日炽”⑨。

1907年的《民报》增刊《天讨》发表文章，论述灾荒与土匪的关系：“一有水旱，道殣相望。水深火热，二百年如一日。”“每遇一县，城郭崩颓，

---

① 《清史列传》卷六十一，《饶应祺传》。

② 《清德宗实录》卷五十五。

③ 《刘坤一遗集》（一），第457页。

④ 《刘坤一遗集》（一），第432-434页。

⑤ 清军机处录副档，光绪二十四年十二月二十二日翰林院侍讲学士陈秉和奏折。

⑥ 清军机处录副档，光绪二十五年正月初六日河南巡抚裕长奏折。

⑦ 中国第一历史档案馆、北京师范大学历史系编选：《辛亥革命前十年间民变档案史料》下册，第501页，中华书局1985年版。

⑧ 《辛亥革命前十年间民变档案史料》下册，第511页，中华书局1985年版。

⑨ 《辛亥革命前十年间民变档案史料》下册，第401页，中华书局1985年版。

烟村寥落，川泽汙潴，道路芜秽。自远郊以至县城，恶草淫潦，弥望皆是。夏秋之间，邻县几不通往来。饥民遍野，盗贼公行；无十年之盖藏，无三月之戒备。”①

1910年9月5日，“李大志、张学谦等字蒙城县北乡聚众其实起事，窜扰怀远、凤台等县交界之处。匪众约千余人，附近伏莽群起，囊胁复增。沿途抢劫军械马匹，现在啸聚凤台县属之南乡一带，势颇猖獗。而怀远、宿州等处，均苦水灾，诚恐亦有匪徒闻风蠢动。”② 据翌年3月19日（二月十九日）上谕，安徽全省遭受水灾地区计有宿州、灵璧等三十七州县。

① 观鲁：《山东讨满洲檄》，中国近代史资料丛刊：《辛亥革命》（二），第344页。

② 安徽巡抚朱家宝所禀电文，《大公报》1910年10月3日。

刘坤一的治匪策略①

刘坤一是曾国藩死后湘军的主要代表人物，先后出任江西巡抚、两江总督兼南洋通商大臣、两江总督并受命“帮办海军事务”。他不仅是清政府治理土匪政策的参与制定者，更是这些政策的执行者。

总体来说，刘坤一整治土匪的策略相对较为灵活，方式多样。

刘坤一

1. 首从区别对待，力图招抚。刘坤一认为：“治匪如治病。然首恶其病根也，除其根则枝叶无所附，不伐自灭；否则旋扑旋炽，后患正无已时。”② 刘坤一对于会党首领的惩治十分严厉残酷。广西会党重要首领黄鼎凤被擒获后，其妾、儿女都被砍头并且每砍一头即陈至黄面前。最后黄被凌迟处死并被挖胆，其尸体被置于城楼示众。只有他的妻母因为反对黄鼎凤的造反而幸免。这种酷刑实际上体现了清政府对于会党起义的彻骨痛恨。另一方面刘为了招抚土匪，相继颁行了《哥老会匪及早改悔示》、《游勇速归乡土示》、《通饬地方查拿哥匪示》、《招抚海滨游勇示》等命令。《哥老会匪及早改悔示》明确指出只要会党脱离改过自新，“以后安分守法，无论为首为从，一律予以自新”，否则“一经访拿得实，定行从严治罪”。1900 年义和团运动的高潮时，及时招抚了扬州著名的会匪徐宝山。

2. 强化保甲制度，力图妥善处理流民问题。我国历史上，保甲制是官府在基层社会施行的一种严密控制体系。在清一代，尽管统治者不断加强保甲建设，但由于诸多原因保甲制度还是有所松弛。至晚清大部分州县官吏在任

① 本文作者为王成。

② 《复孙开华军门》，《刘坤一遗集》，第 2038 页，中华书局 1959 年版。

期间并没编查保甲，或者只是虚造假名册走过场，应付了事。甚至某些地方的保甲负责人本身就是游民或会党。在封建统治者看来良法美意渐成具文。在此情况下，刘坤一力图强化保甲制度，以控制土匪蔓延。刘坤一认为，虽然土匪党羽繁多，难以掌控，但如果认真办理保甲，土匪就难有容身之地。他特别指出："华洋通商之地，五方杂处之区，以及邻境毗连，若辈尤易混迹，固不必尽在山罂间也。今力行保甲，使民自查匪而官为督责，则法简而易行，民安而不扰。"[①] 即使有人敢以身试法也会被"立时缉获"[②]。"是以迭饬各牧令力行保甲，严行缉捕，以期有犯必获，无案不破，则匪类无地藏身，何至有生意外之事；不但保全知黎庶，亦以自雇考成。"[③]

保甲制度的强化与流民问题日趋严重关系甚密，刘坤一对此认识深刻。早在1866年太平天国失败后不久，刘坤一就发布《招集流亡示》要求流民务须早回故乡，各修旧业。1870年，湖北周瑞麟率领五百流民在宜春县进行劫掠，刘坤一认为"似此行为，直与匪类何异?"他要求流民在官兵的护送之下逃荒，不得自行携带武器。他说："难民携带洋枪、刀矛，大干例禁，往来索扰不已，尤属藐法，难保非无赖之徒，冒充逃荒，肆意扰害。且楚南搜捕会匪正值吃紧之际，更恐有在逃匪党，混迹其中，若不速为查禁，必致酿成厉阶。"[④]

3. 实行文化控制。刘坤一将文化传播与控制土匪结合起来，注意加强对人民的思想钳制。1866年，刘坤一颁布《严禁淫邪优戏示》指斥瓦岗寨、鸡爪山以及粉妆楼等"背乱之事"，多系后人附会之说；称赞宋江、徐勣等人也是最后归顺朝廷，成为国家勋臣。他在文中大骂"两广贼目"李文茂、陈开等，"初皆梨园中人，因该地方最好扮演前项优戏，遂思即真，竟为狂悖，此本部院所亲见者。又如专诸刺僚等类，亦足启人逆志，是以纲目书之为盗，其垂戒深矣。"刘坤一规定"无论城乡演戏，务择忠孝节义藉资表扬，俾骈肩累足者有所观感，则与刊刷阴骘文劝世同功，即诙谐嬉谑亦足解颐。"对于违反三纲五常的文娱活动一律取消，令行禁止。[⑤] 刘坤一还认为："屡次破获斋匪各教，其始莫不起于烧香祈福，迨徒党既众，遂造逆谋。……并有匪党私建庙宇斋堂，以为藏垢纳污之所。"因此他要求必须查出拆毁，禀报有案。如需重建庙宇"必须列在祀典神祇实能捍灾御患有功德于民者，以及乡间庙社，始准修建。"换句话，建庙宇要发挥其导向作用，不能成为匪党集结之所，更要防止匪党利用庙宇进行反清动员。[⑥]

---

① 《遵旨详筹议覆折》，《刘坤一遗集》，第772页。

② 《饬臬司督查保甲札》，《刘坤一遗集》，第2773页。

③ 《饬属整顿保甲稽察匪类札》，《刘坤一遗集》，第2798页。

④ 《严禁难民携带军器示》，《刘坤一遗集》，第2790-2791页。

⑤ 《严禁淫邪优戏示》，《刘坤一遗集》，第2764页。

⑥ 《禁造淫祠及妇女入庙烧香示》，《刘坤一遗集》，第2779页。

4. 慎重处理与列强关系。近代以来外国人在中国开设租界享有治外法权，致使清政府时常处于内外交困之窘境，在社会治理方面也是如此。1891 年镇江海关英国职员美生帮助长江哥老会首领李洪私运武器，参与谋划反清起事。① 案发后中刘坤一在《寄总署》说“美生勾串会匪”，但被捕后只好按照西方的司法程序进行审判，最终得以“被判押解回国，并允不准再行来华。”② 这与被抓之后深知难逃凌迟处死遂在狱中服毒自尽的李洪的命运截然不同。③

1895 年《马关条约》签订后，刘在致李鸿章的信中指出：“苏州新开商埠，交涉纷繁，日人狡悍异常，颇难就范。所幸山东刀匪经陈凤楼击退回巢，擒斩颇多，余悉解散，否则捻匪复起，为祸不可胜言。”④

1901 年 12 月 22 日，自立军起义失败后，清军总兵颜梓琴在上海公共租界逮捕了自立会领导人龚超，英国驻沪总领事出于维护租界权益的考虑，于次年 1 月向清方提出抗议，迫使上海道将龚超交还公共租界释放。于是刘坤一要求已经招降的会匪头目徐宝山派人“访拿萧沈等匪”时，“务离洋人租界稍远，俟到黄渡地方而后下手，庶免洋人藉口索回，如龚超故事。”

5. 重奖有功人员。刘坤一注重提携在清剿土匪中表现突出的官员，以此进行激励。在《刘坤一遗集》中，《拿办会匪犯请奖出人力人员折》（第 249-250 页）、《拿获会匪土匪员弁择尤请奖折》（第 726-728 页）、《择尤请奖获匪员弁折》（第 919-920 页）时常可见。自立军起事发生后刘坤一提出：“若能妥办拿获萧子云、沈克诚，每名赏银二千元，秦力山、陈说、王四脚猪，每名赏银一千元；倘以为薄，将元改两，亦无不可。保奖准其破格。”而地方官员也将清剿土匪作为自己晋升的门路之一甚至有一名法国传教士舒复礼也因剿灭会匪有功被刘坤一奏赏五品顶戴。⑤

① 参见《寄裕泽帅》，《刘坤一遗集》，第 255 页。

② 《复总署》，《刘坤一遗集》，第 2555 页；《寄薛星使》，《刘坤一遗集》，第 2555 页。

③ 参见《寄薛星使》，《刘坤一遗集》，第 2555 页。

④ 《致李中堂》，《刘坤一遗集》，第 2181 页。

⑤ 《教士助平逆匪请赏五品顶戴片》，《刘坤一遗集》，第 1158 页。

光绪年间的江浙盐枭[1]

食盐走私一直是困扰中国历代统治者的一大疑难问题，其存在不可避免地对政府的盐课收入和盐政造成严重的冲击。当然参与走私的成员十分复杂，盐枭走私也并不占有最大份额，但是盐枭以其具有组织性、拥有武装、对抗政府等特点，成为重点防范和打击的对象。整个清代也是屡有盐枭大案，如

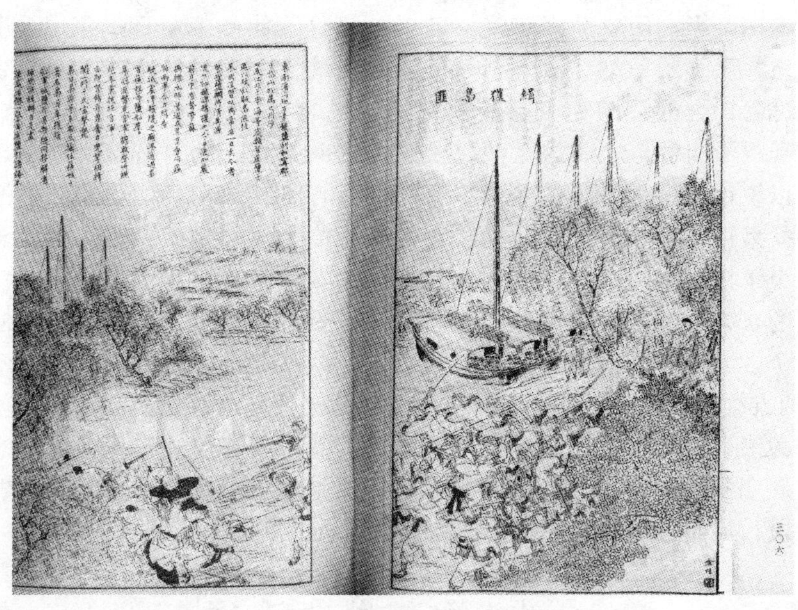

缉获枭匪

道光十年黄玉林案、山东峄县案等。有关清末长江中下游盐枭的研究已然不少，如著作方面：邵雍著《中国近代会党史》和《中国近代社会史》分别有若干章节论述20世纪初青帮的反清斗争、活动情况，基本理清盐枭在江浙一带的活动概貌。[2] 论文方面：吴善中的《客民·游勇·盐枭——近代长江中下

① 本文作者为张世光。

② 邵雍：《中国近代会党史》合肥工业大学出版社2009年版；邵雍：《中国近代社会史》合肥工业大学出版社2008年版；此外其他有关青帮的著作大多也会提到盐枭，如郭绪印：《青帮秘史》上海人民出版社2002年版，在此恕不一一列举。

游、运河流域会党崛起背景新探》① 从客民、游勇与盐枭三个维度来探讨会党崛起的原因，重点论述了太平天国及其以后两淮和长江下游地区盐枭在活动规模、组织形式和活动方式等方面显现出新特点；日本学者佐伯富在《清代盐政之研究（续）》② 一文中从史料出发，对道光年间的盐枭走私活动进行了系统的梳理，使我们能够得悉盐枭具体活动的全貌；日本另一学者渡边惇的文章《清末时期长江下游的青帮、私盐集团活动——以与私盐流通的关系为中心》③ 则立足于道光以降至光绪中叶私盐流通实况，探讨青帮（包括盐枭）与其他私盐集团的关系，论者尤注重对巢湖帮的考察；吴海波文《晚清江淮盐枭与帮会述略》④ 重点考察了江淮盐枭的组织形式以及与青红帮会的关系。

针对前人重视对太平天国和辛亥革命时期盐枭活动的研究，笔者把时段选定在光绪中后期，主要基于以下两点考虑：一、光绪年间特别是中后期爆发了几次深刻影响历史进程和晚清政局的事件，如甲午中日战争以及其后的戊戌变法、义和团运动、清末新政等，政治的大变动必然会带来社会的某些变化，尽管社会的反映通常会有所滞后。把盐枭作为一个社会问题来考察，可以发现政治与社会之间的互动以及两者之间究竟在何种程度上存在着一致性，可以说这是一个微小的窗口。二、通过仔细阅读史料，确可以发现这个时期的盐枭正处于一个过渡时期，在某种程度上可得窥晚清社会转型的大趋势，甚至于社会结构调整和社会秩序变动之关键节点的截取亦大有裨益。关于本文的研究范围，江浙一般指长江以南、钱塘江以西的江苏、浙江两省辖境，这个区域不仅是光绪时期及其以后盐枭活动最为活跃的地区，有所谓“江浙两省盐枭最多”⑤。而且也是清政府的财赋之地，通商口岸众多、外国侵略势力渗透，各种关系错综复杂。本文即着眼于光绪中后期盐枭的活动概况和发展变化的某些或隐或显的趋势，以及清政府、地方政府治理盐枭的策略和手段，从而进一步论述晚清江浙地方社会的变动。

一、光绪朝江浙盐枭活动概况

清代长期实行纲盐引岸制度，其间虽有道光时期陶澍的票盐法改革，但因受到鸦片战争和太平天国运动的影响，票盐制在长江下游地区迄未推行。

---

① 吴善中：《客民·游勇·盐枭——近代长江中下游、运河流域会党崛起背景新探》，《扬州大学学报（人文社会科学版）》1999 年第 5 期。

② ［日］佐伯富：《清代盐政之研究（续）》，《盐业史研究》1994 年第 3 期。

③ ［日］渡边惇：《清末时期长江下游的青帮、私盐集团活动——以与私盐流通的关系为中心》，《盐业史研究》1990 年第 2 期。

④ 吴海波：《晚清江淮盐枭与帮会述略》，《盐业史研究》2008 年第 3 期。另外还有杨呈胜、陆勇：《近代社会与长江下游的盐枭》，《许昌学院学报》2005 年第 6 期。

⑤ 《申报》1900 年 9 月 9 日。

旧盐制早已暴露其弊端，而盐课搜刮加剧，盐斤加价，遂导致两淮和长江中下游地区私枭充斥，太平天国时期盐枭的活跃即为明证。尽管盐枭在太平天国运动中遭到沉重打击，但是从同治至光绪年间盐枭走私问题依旧困扰清朝中央和地方政府。

有关盐枭的称呼十分纷杂，有枭匪、私枭、枭贩、枭徒等。江浙又俗称之“光蛋”[①]。江浙沿江及太湖地区“港汊纷歧，向为丛匪之薮”[②]，因此成为盐枭活动的主要场地，嘉、湖、苏、松地区枭患尤甚。江浙盐枭多属巢湖帮，皖籍居多。道、咸之交，巢湖帮就开始向长江下游的江浙地区渗透，逐渐形成以太湖为中心的盐枭集团。此外，还有当地的土枭，其“滨海而处，每藉煎晒为业，多捆载出运，不过数百斤”[③]。

盐枭以贩卖私盐为生，“余岱出盐处，每斤不过二三文，私贩售之内地，亦不过八九文，而官盐每斤在三十文左右”[④]。官盐与私盐之间的差价，促使盐枭敢于铤而走险，谋取暴利。为了对抗缉私，盐枭广结党羽，购置武器，往往“联樯结队、乘风破浪、闯越关卡”[⑤]。当然，江浙盐枭并不仅限于贩私，他们也时常专为人护送私盐，“倘其沿路平安，则稳取十一之利，否则即以刀枪从事”[⑥]。长期盘踞于上海浦东之地的巨枭邓海青亦“招各路游勇为羽翼”，“长江大河之中往往舳舻衔尾”[⑦]，参与为人护送私盐前后达三十余年。

光绪年间，盐枭的活动空间和行为方式都有所变化。其活动范围由偏远乡村扩及中心城镇，传统的贩私和护私行为则逐渐让步于开场聚赌、劫人勒赎、抢掠商民等，盐枭于是深为闾阎之害。“始之为枭者，不过贩盐耳，今则兼聚赌兼掳人。”[⑧]

上海青浦地方志记载：光绪十五年“有巢湖帮、南桥帮之称，皆剽悍善斗，俗呼光蛋，所至开场聚赌，自为囊家殷实之户时遭劫质。”[⑨] 此为有关盐枭恃强滋扰乡里的较早记录，此后报刊（如《申报》、《东方杂志》等）以及官员所上奏折时有反映。盐枭设台诱赌以敛财，往往夜以继日，肆无忌惮，

---

① 《申报》1903年5月21日。枭匪俗称为光蛋，盖即光单之转音，义取光棍及单身汉也。其为人也，大抵向隶营伍中。时值承平，军籍既撤，则散而之江之浒海之陬，与贩私盐或纠群不逞之徒，以六子博采南汇居歇。《申报》1899年11月5日首版《论枭匪劫人勒赎事》则给出稍微不同的解释，认为与广州的一种蛋艇有关。但光蛋其成员多为光棍，并且驾驶迅疾的蛋艇（江浙称枪船），应追无疑义。

② 刘坤一：《刘坤一遗集》，第1356页，中华书局1959年版。

③ 朱寿朋：《光绪朝东华录》，第2652页，中华书局1958年版。

④ 李文治编：《中国近代农业史资料》第一辑，第356页，生活·读书·新知三联书店1957年版。

⑤ 《申报》1893年3月10日。

⑥ 《申报》1893年5月9日。

⑦ 《申报》1906年5月28日。

⑧ 《申报》1904年6月5日

⑨ 钱崇威：（民国）《青浦县续志》，第259页。

"胜者乡人受荡产倾家之害，负则必至劫夺行人"[①]。盐枭多为客籍，固其横行乡里多有当地土棍、土枭为之奥援，遇有缉捕亦为之藏匿。"客匪藉土匪之耳目以肆其狡谋，土匪借客匪之声威以行其强暴"[②]。若有地方保甲及绅董阻止或禁止开设赌场，其必寻机携私报复，劫人勒赎即为惯用的伎俩。1899年，上海县新泾镇保甲局董潘上珍因阻挠盐枭开赌，结怨于盐枭，其衔恨在心，于次日纠集党类，将潘劫去。要求潘之家人以洋银三百元来赎，得款后仍不放归，潘后来侥幸脱险。[③]

盐枭劫人勒赎的现象层出不穷，其勒赎的对象多为地主、富商、店主和地保。每于无盐可贩、无钱可赌之时，四处劫勒富户，赎金自"洋银数十元、数百元以至千元"[④] 不等。有时手段极为残忍，对劫票"处以私刑"，至其"血肉糜烂"[⑤]。盐枭于暗夜之中，驾驶小船数艘，进入村镇劫人之后，即驾船远扬。行至湖面，乃迫被劫之人致书其家（或遍贴揭帖）告知暂泊之地并索取巨款，若不满足条件，则不肯罢休。勒索所得钱财，"除酒食挥霍外，多购买坚利枪械以为防卫"[⑥]，也可能部分作为从事贩盐的资本。

除此以外，盐枭还从事抢掠商民的非法活动。如曾活跃于太湖周边镇市的巨枭黑面施老窝子及其党徒聚赌贩私，恃强凌弱，甚至肆行抢劫。[⑦] 1903年，曾帼漳活动于常州、江阴一带，"遣党分路肆行抢劫"[⑧]。且其抢掠的规模越来越大，次数也日渐频繁，劫掠金额惊人，地方官无可奈何。1907年，监察御史徐定超指出："本年自夏秋以来，嘉兴一境劫案至四五十起之多，失赃至数十百万之巨。"[⑨]

其他如杀人越货、强赊强卖、敲诈勒索、强抢妇女、鱼肉乡里之事亦不少见，于是有人感叹其"行径与寇盗无异"[⑩]。就盐枭的活动范围而言，前后也存在一些差异。"初则肆行乡镇，继且波及于郡城茶坊酒肆中。"[⑪] 盐枭有向流氓、无赖转化的趋势，其所作所为渐与流氓、无赖无甚差异。活动于郡

---

① 《申报》1900年9月9日。

② 《申报》1900年3月16日。

③ 《申报》1899年3月5日。类似的记载还有很多，如1900年，其在昆山县"杀毙乡民六人，掳去啚董周姓及某某等六人，并纵火焚屋、抢劫财物，复贴匿名揭帖，谓所掳之人限以洋银二千元往赎"。见《申报》1900年4月14日。

④ 《申报》1900年9月9日。

⑤ 《申报》1903年4月26日。

⑥ 《申报》1904年3月16日。

⑦ 刘坤一：《刘坤一遗集》，第999页，中华书局1959年版。

⑧ 《辛亥革命前十年间民变档案史料》上册，第266页，中华书局1985年版。另其余党熊满堂供认："曾在崇明县属强劫沈恒丰典铺。"见该书第267页。

⑨ 《辛亥革命前十年间民变档案史料》上册，第373页，中华书局1985年版。

⑩ 《申报》1904年4月4日。

⑪ 《申报》1900年3月16日。

城内外的盐枭出没于烟室茶寮，“遇有良懦者或误撞以激之或遥訾以忿之”[①]，借机行敲诈之事，市民惟避之不及。

盐枭、光蛋驾驶轻便的枪船游弋于长江和湖泊之中，往往行踪飘忽，难以缉捕。其配备精良的武器，有些势盛者还“自造船只及潜购军械”[②]。盐枭已告别冷兵器，“枭党中皆有洋枪、手枪，船中并带有大炮”[③]。有如此强大的武装力量，自然敢于抗拒清政府的缉私。以往盐枭尤有所忌惮，从不主动或正面对抗缉私船队。如今“不畏之惮之，而反衔之恨之，而且敢藐视之”[④]，足见其猖獗若是。为了安全的需要，大帮盐枭联樯结对，又有营勇与之暗通声气，于是益发强横。“若遇巡船，远则开枪恫吓，近则持械抗拒，若辈人数既众，兵勇往往不敌。”[⑤] 清政府多次谕令地方清剿盐枭，此举遭致漏网盐枭的忌恨，其寻找机会伺机报复。1897 年，枭匪施老窝子等乘江苏巡抚赵舒翘大阅之际，抢掠黎里、白鹅泾等地枪船和军器衣履。[⑥] 有时其亦在内河、湖泊之中劫夺官员，如 1900 年，枭匪驾船数十号将观察使韩古农坐船围住并劫走韩[⑦]。假若实力不歹，难免不袭击地方官员的宅第，如江苏臬司吴广涵其家遭枭匪蹂躏。枭匪曰：“你家大人在任时，残戮吾辈不遗余力，故今特来报复。”[⑧]

其他与官府开仗、杀毙哨弁等事常见诸报端，引起地方官绅的长期关注。

盐枭耳目众多，消息灵通，故其能够掌握官府的举动。1903 年，大盗卫子林被拿获之后，巨枭曾国璋即“散播谣言谓将入城劫狱”[⑨]，常熟府令立将卫解往省垣，随后又有曾约期攻城之说，官民深为震动。可见，盐枭声势之大。江浙地区外国侵略势力较早渗入，这里洋人众多、教堂林立，盐枭也乘机参与教案抑或骚扰洋人，引起一些清政府官员的担忧。如光绪三十年之范高头，“上海洋人屡经受其滋扰，几至酿成交涉”[⑩]。

起初，盐枭肆行乡村皆有土棍为之做向导，或提供庇护，或通声气。于是土棍之类皆入枭党，以光蛋、盐枭之名横行乡里，无恶不作。羽翼渐成，声势颇壮，皖枭往往“力不能敌，心窃畏之”[⑪]，土、客枭之争由是引发，具

① 《申报》1901 年 7 月 26 日。

② 《辛亥革命前十年间民变档案史料》上册，第 271 页，中华书局 1985 年版。

③ 《申报》1899 年 2 月 4 日。

④ 《申报》1897 年 5 月 21 日。

⑤ 《申报》1900 年 3 月 18 日。另据《申报》1893 年 5 月 9 日，“一遇盐快及缉捕营兵，即互相斗殴，势不两立，胜则挑盐而去，败则弃盐而逃”。

⑥ 《申报》1897 年 5 月 21 日；《申报》1897 年 5 月 25 日。

⑦ 《申报》1900 年 7 月 21 日；《申报》1903 年 2 月 25 日。

⑧ 《申报》1903 年 8 月 19 日。

⑨ 《申报》1900 年 1 月 11 日。

⑩ 《辛亥革命前十年间民变档案史料》上册，第 271 页，中华书局 1985 年版。

⑪ 《申报》1904 年 5 月 6 日。

有代表性的是浦东的南北帮。南帮头目邓海青盘踞上南交界有三十余年，年逾七十，“自称北至浦滨，南迄青村港皆伊所辖之境”①。北帮头目王升奎聚集党羽数千人，“又得降枭林得胜阴相庇护”②，实力大增。邓贩私获利甚巨，王“日思以攘之”③，两枭之间彼此结怨，“各率群不逞之徒枪炮从事，如临大敌”。1903 年 6 月，南北帮之间爆发大规模冲突，酣战竟日，兵连祸结，地方缉捕营亦不敢靠近。一首竹枝词生动地反映了当时的情景：“南北枭帮互战争，炮声远震接枪声。巡防水路军分布，咫尺相违静守营。”④

总之，光绪年间江浙的盐枭已突破地域的限制，活动空间大为拓展，其踪迹遍布于乡镇、城市。盐枭的行为也不过是结党贩私、开场聚赌、劫人勒赎、掠夺商民、抗拒官府、互相争斗等，逐渐成为扰乱地方社会秩序的一股势力，江浙盐枭活动之区深受其害。尽管盐枭也劫富济贫，但也只有极少人参与进来，其掳掠之财多被挥霍殆尽。盐枭虽然袭击缉私营勇，主动抗拒清政府，但也不能看为一种推翻清政府的势力。他们“聚则为匪、散则为民，与大股巨寇攻城略地抗敌叛逆者，情形迥不相同”⑤，实则其本性使然。

二、清政府治理江浙盐枭的策略

江浙的盐枭问题由来已久，一直困扰着清朝最高统治者，地方官员也极为忧虑，这可以从各种谕旨、奏折以及报端文章中看得出来。盐枭的走私行为影响到清政府的盐课收入，至晚清盐课“已居各省财赋四分之一”⑥。光绪中后期战争赔款以及大量借款有以盐课作为抵偿，故两江总督刘坤一有“淮销畅而还款无误”⑦ 之说，打击盐枭的贩私就显得尤为重要。另外，盐枭的种种不法行为危及到清政府地方统治秩序的稳定，而苏浙又是“财赋要区，中外民商辐辏，教民到处林立”⑧，清政府自难以容忍。清政府多次饬令地方清除枭患，每任地方督抚上台之初也都着手剿除盐枭。通过对清政府治理盐枭策略的考察，可归纳为如下几点：

1. 剿抚结合

历代中央政府在对待地方反叛势力时惯用的手法即剿抚结合，当然在对

---

① 《申报》1906 年 5 月 28 日。
② 《申报》1906 年 5 月 28 日。
③ 《申报》1906 年 5 月 28 日。
④ 顾炳权编著：《上海历代竹枝词》，第 223 页，上海书店出版社 2001 年版。
⑤ 朱寿朋：《光绪朝东华录》，第 5821 页，中华书局 1958 年版。
⑥ 《申报》1901 年 6 月 6 日。
⑦ 《刘坤一遗集》，第 1357 页，中华书局 1959 年版。
⑧ 《辛亥革命前十年间民变档案史料》上册，第 372 页，中华书局 1985 年版。

付盐枭的具有策略运用和实际效果上还是存在差异的。江浙地区河网密布、港汊纷歧，其间多有湖泊，最大者当属太湖，其界江、浙之间，水面辽阔，易于躲藏，故“枭之羽党虽散布于四方，而枭之巢窟则在太湖之内”①。虽然地方多次集中兵力兜捕，然总是难收其效，“此拿彼窜，接济援应，事甚捷便”②。鉴于两省交界之处，盐枭利用地方差役各守疆界，以致无法有效缉捕的实际情况，于是地方官员在缉捕的过程中采用两省合力兜捕。在搜捕巨枭施老窝子及其部众时，两江总督刘坤一与浙江抚臣廖寿丰“通力合作，分别缉拿”③。擒贼先擒王，缉捕之时往往“力捕以擒其渠”④，对于抓捕之要犯立予正法，然后解散其附从。对于在逃之重犯，则设重赏悬拿，于出力兵勇则予以酌保。

清政府的缉捕虽能暂时令盐枭敛迹，但终难绝其根殊，并且这种剿捕越来越不起作用。“盖受剿者有限，未剿者甚多，此辈本无恒业，饥寒所迫，不旋踵而仍为匪”⑤。随着晚清社会的解体，无业游民的加入，盐枭队伍益加膨胀。在剿的过程中，招抚也被推上前台，成为祛除枭匪的一种无可奈何的举措。“匪愈横，官愈怯，不得已出此招抚之下策”⑥。先后招抚的盐枭有徐宝山、林得胜等。徐宝山“哥老会匪无不奉之为盟主，党羽之多，几及五万”⑦，受抚之后，成为清政府镇压枭匪的马前卒。由于被招抚的巨枭知悉其他盐枭的行踪，清政府的以枭攻枭之策一定程度可取得某些效果，但是枭勇相通也开始普遍起来。招抚者与受抚者均各怀心思，招抚者以求地方之安靖，受抚者以求暂时之安全。因此，盐枭只不过“暂时就抚，不久即复啸聚为枭”⑧。于是，盐枭未见其少，地方反更受其害。

光蛋、盐枭往来于河湖之上，皆驾驶小艇，即所谓枪船。此枪船便捷，行动迅速，缉私难以捕拿。为根除盐枭贩私和从事各种非法的所依赖的工具，江浙地区推行一项查禁枪船的禁令，饬令各地“协同一律照章查禁，不惟再有私设枪船，违者即以土匪惩办”⑨。所有枪船必须呈缴官府，分别改造编号。另外，还禁止各属私造枪船，违者治罪。虽则有此禁令，但盐枭仍驾驶枪船如故。

2. 厉行保甲、办理团练

江浙盐枭多属皖籍，后多有各地的游勇加入，此即客籍。土枭初借客枭

---

① 《申报》1900年9月9日。

② 《辛亥革命前十年间民变档案史料》上册，第364页，中华书局1985年版。

③ 《刘坤一遗集》，第999页，中华书局1959年版。

④ 《光绪朝东华录》，第5821页，中华书局1958年版。

⑤ 《辛亥革命前十年间民变档案史料》上册，第364页，中华书局1985年版。

⑥ 《申报》1904年4月1日。

⑦ 《申报》1900年7月14日。

⑧ 《申报》1904年4月4日。

⑨ 《申报》1904年11月5日。

之势横行乡里，后势盛渐有取而代之之势。据此情况，地方官吏有行保甲的督饬，以达到“查办窝囤以清其源”①，免除乡里为光蛋、盐枭所扰的目的。在乡镇清编保甲，实行连坐法，对外来盐枭以及本地恶棍、土枭的具体情况进行登记。同时还协助营汛拿捕被击散的匪党。② 保甲长称为董保或区董，他们保有地方安谧之责，如禁止赌博或把人送县究办等，故常招盐枭之徒的忌恨和报复。

团练与保甲连为一体，乡团为地方武装，抵抗外来骚扰和掠夺，同时也能震慑本乡地棍、土枭等，并帮助拿获、捆送盐枭。遂有“立民团以为守望相助之计”③ 的说法。在清除盐枭的一些战斗中，乡团也确实起到援救官军、参与助剿的作用④。行保甲、办团练自然会遇到不少问题，如选拔得力人才、军费的来源等。在清政府的赋税不断加重，地方各种搜刮加剧，以及吏治败坏等诸多情况之下，难以真正收到成效。

3. 安抚游民

自近代以来，因战乱、灾荒等原因而脱离土地的游民逐渐增多，成为社会不安定的一大隐患。游民而为匪者、为枭者数量众多，往往时聚时散。要治理盐枭，正本清源的方法莫过于解决游民问题，最根本的是为其谋得生计。“全恃捕拿亦非长治久安之策，盖中国各处游民之多日甚一日。”⑤ 于是就有开辟荒田、设工厂、推广劝公所的提议，然则只不过停留在口头上罢了。清政府既无长远的打算，也无切实可行的措施来安抚游民，这种从源头上清除枭患的可能性也就不复存在。

清政府虽试图采取多种手段来消除枭患，然则盐枭作为一种反社会的势力，不断没有被削弱，反而吸取更多成员，向社会的各个层面渗透。清政府对付盐枭最主要的手段即派兵剿灭，或一时能有所捕获，终不能根除盐枭这一颗毒瘤。一方面，清政府谕令地方督抚裁撤兵勇，“统计所裁十去其六，各处兵力已行单薄”⑥。特别是进入20世纪之后，发兵剿枭已经常动用水师、防营的力量，并且不得已重新招收散落游勇，甚至从其他地方调兵增援。尽管内巡、海巡相结合，投入兵力众多，消耗大量经费，所能收到的效果却极有限。另一方面，清政府的财政日绌，裁勇本为节饷，实际上裁撤兵勇得不到有效安置，再次涌入盐枭的队伍。巡缉私盐愈勤愈严密，则耗费愈繁多，自是难以持久。

---

① 《刘坤一遗集》，第1000页，中华书局1959年版。
② （民国）〈南汇县续志〉，第166页
③ 《申报》1900年9月18日。
④ 《申报》1904年6月2日。
⑤ 《申报》1902年10月7日。
⑥ 《申报》1899年3月5日。

三、余论

光绪年间的江浙盐枭有同帮会融合的趋势，著名巨枭魁首多为帮会头目，“盐枭、会匪互相勾煽”①。盐枭与青、洪帮和哥老会都有所勾结，如“哥老会匪无不奉之（徐宝山）为盟主”；1906 年抓获之文汉湘“身入红帮，在沿江贩卖私盐”②；青帮与盐枭的关系前人早有论及。这种合流既表明他们趋利的一致性，又说明其在行为上更加接近，其界限更加模糊。另外，江浙盐枭从来源上来讲，初主要为游勇，后兼有土枭，并且吸收无业游民。这在一定程度上反映了江浙传统社会正处于加速崩解状态的基本事实。

晚清七十年处在中国历史上从未有的大变局之中，其中尤以最后二十年引发的社会变动最为剧烈。政治上一连串狂飙式的政治格局的深刻变动，引发一系列持续的社会效应。外患的加重、迫不及待的内部革新都不可避免地导致地方社会的加速崩解和社会结构的变动，而具有强大控制力的传统社会秩序正走向无序化，一些游离于秩序之外的新力量开始形成，其往往以破坏者的面目出现，地方的安宁无以维持。而盐枭正是这样一种脱离社会、派生出的具有破坏性的力量。

特别是在光绪年间，盐枭的数量膨胀，活动猖獗，敢于公开对抗政府，本身就是晚清社会失控以及政府权威衰落的真实映照。其逐渐改变以往专以贩售私盐的营生，开始骚扰乡镇、进入城市，从事勒赎、抢掠、敲诈等非法活动，与各地土匪、地棍、流氓无异，实是江浙匪患的开端。清政府治理盐枭的难有作为则表明其内外交困，想要推行新政，革除弊政，却加重地方负担，催生枭匪。而行保甲、办团练则说明政府在维护社会稳定方面越来越依赖于的地方自身的力量，并且视之为常态。这种保境安民与 20 世纪以后地方社会的实态有某种相似性。

---

① 《辛亥革命前十年间民变档案史料》上册，第 266 页，中华书局 1985 年版。

② 《辛亥革命前十年间民变档案史料》上册，第 272 页，中华书局 1985 年版。

从《点石斋画报》看江南地区的盗匪问题[①]

1884 年初夏，上海街头出现了一种名叫《点石斋画报》的图册。该画报得名于点石斋书局（1879 年前后成立），由《申报》馆老板美查（即尊闻阁主人）创办，10 天一出，为旬刊，一般逢六出版，每期 8 页 9 图，售价 5 文。该刊内容生动新奇，画笔工整细腻，令读者耳目一新，兴趣盎然。先后出版 44 卷，共有图 4647 幅，历时 13 年，到 1896 年底停刊，是晚清延续时间最长的画报。包括名画家吴友如先生在内的近二十名画家为该画报作画。在吴友如等人的努力下，《点石斋画报》最终发展成为近代上海最著名和最有特色的一种美术画报。

《点石斋画报》的一个最明显的特点就是内容贴近大众生活，反映晚清社会，尤其是江南社会生活的方方面面，因此作为晚清社会流弊之一的盗匪问题自然在画报中就有了充分的反映。这为后人了解晚清社会的治安问题提供了相当丰富的史料。由于 1998 年版《点石斋画报》中无确切时间，所以笔者所引材料亦均无确切时间标志，但由于该画报存在的时间是 1884—1896 年，属晚清时期，所反映的事件也是即时性的，所以，笔者认为可以引用来说明晚清时期的社会状况。此外，这里所讲的江南并非严格意义上的江南，而是一种泛指。本文拟就《点石斋画报》中所反映出的现实来谈谈晚清时期江南社会的盗匪问题。

盗匪横行的江南城乡

晚清是中国社会发展的一个特殊历史阶段，传统的封建社会的安定局面被侵略者的洋枪洋炮打得七零八落。随之而来的则是社会方方面面的巨大而又缓慢的变化，整个中国社会处于历史发展的转型阶段。在这新旧交替时期，各种先前潜伏着的社会弊病喷涌而出。鸡鸣狗盗、明抢暗夺等社会不良现象更是在大江南北肆虐蔓延。江南作为当时中国发生裂变的前沿阵地，盗匪现象更是屡见报端。翻开《点石斋画报》，盗匪在光天化日之下进行抢劫的现象

① 本文作者为冯菊红。

比比皆是。更有甚者，有的盗匪竟然张狂到大白天在居民家门口当众进行抢劫。据《点石斋画报》记载："扬州风箱巷内某姓女郎偕邻女在门前嬉戏，有一人行近身畔，在耳根一抹，将金环攫去。女负痛揪住不释手"①。少女遭劫本不稀奇，然而联系作案的时间、地点以及当时的环境，这起发生在扬州的白昼抢劫事件就不能不令人感叹了。

自家门口尚且遭劫，外出行走者遭遇强盗更是不足为奇。"和州乡人妇某氏，贫不能卒岁，入城告贷，得二十金归。途遇二妇，以捉蚜虫为业。间与攀谈，无意中略露形迹。二妇见山径无人，剥其衣，夺其洋，飞奔下山。俄有官文报之某甲经过，问悉情由……侧马追上，喝令速还物，否将执送官府。二妇遂诺。卜骑取闪，转身理辔，忽被曳倒地，缚住手足，取剔牙铁，遍刺头面。"②

晚清时期的社会风气虽说已经趋开化，可女盗匪的出现还是颇能引人深思。儒家文化所宣扬的妇女应具有的禀赋在这些叛逆的女性身上荡然无存。男子为盗做匪已为社会所不容，深受儒家文化熏陶的妇女不顾世俗的道德规范，做出超常规的惊世之举，更是令人大跌眼镜。而且从这两位女盗匪智斗某甲的行为来看，她们即使不是惯匪，也绝非初次出山。她们的所作所为不能不说是从侧面反映了当时盗匪现象的普遍性。试想被世人一向看做是温顺、内敛的女子尚且如此，那么原本就带有叛逆因子的男子更不知有多猖狂！这种倾向在《点石斋画报》中暴露无遗。

光天化日之下盗贼尚且如此张狂，伸手不见五指的黑夜，更是盗匪肆虐的大好时机。从家资丰厚的官僚豪绅到普通百姓居民，无不成为盗匪觊觎的对象。画报中"贼思嫁祸"很能说明这一问题。

苏垣窃案之多，近来叠见，而贼胆之大，亦越出越奇。乌鹊桥弄有抚署书吏夏姓居民日前被盗。贼窃古珠花一对，环圈两副。因此多方戒备，彻夜不眠。一夕鱼更五蹶，个个人以为转瞬天明，可以安睡。讵夏尚未就枕，忽闻有长啸声，探头出视，瞥见一人手持宝刀直立帐前。不觉魂飞天外，噤不敢声。未几贼即蹶入庭心，飞登檐际，连蹦带跳而去。夏至是始大声叫喊。家人比集，检点箱笼，未失一物。瞥见墙上高贴红纸一张，上书日前收到珠花等件，计值大洋约 200 元。谨领谢之……尚少路费千金，务望一并资助。即速备齐送至张广桥张公馆云云。③

如果说扬州少女在家门口被抢，可怜的和州某妇不幸遭劫是由于她们缺乏警惕性和防范心理的话，那么"贼思嫁祸"中那位多方戒备、彻夜不眠的

① 吴友如等：《点石斋画报》，第 1056 页，上海文艺出版社 1998 年 2 月版。

② 吴友如等：《点石斋画报》，第 800 页，上海文艺出版社 1998 年 2 月版。

③ 《点石斋画报》，第 2122 页。

抚署书吏应该是令盗匪望而却步了，可实际情况却截然相反。盗匪不仅“手持宝刀，立于帐前”，竟还在临走前留言，威胁勒索。由此可见盗匪之狂，足以令人瞠目结舌！

当然，除了一般的居民家庭外，钱庄银行、医院等公共设施及来往商旅也往往是盗匪眼中的肥肉。《点石斋画报》中不乏这样的记载：“阜宁兴化一带比来劫案甚多。阜宁城内之某钱声被劫三千余金，报案饬辑在案。而交界处所又劫商船一艘，船主夫妻子女并客共毙六个，弃尸河干。”①

更有甚者，就连戒备森严的十里洋场也屡屡发生银行被盗的事件。这不能不令人震惊。据画报讲述，某晚7点钟左右，九名盗匪闯入位于上海租界内三马路的有利银行内进行劫掠。② 尽管有两名率匪当场被抓获，但事情发生在戒备森严的租界内，在当时这是引起了一阵震动。难怪人们会发出感慨：“夫洋场防范之严，非他处可比，而前次劫金铺，今且劫银行也，其不及洋行防范之居民能安枕耶？夜不闭户，路不拾遗。此风渺难观耳！”③

由以上事例我们可以看出，晚清时期盗匪的猖狂可以说是达到了十分严重的地步。无论是白天还是黑夜；无论是普通的平民百姓，还是戒备森严的银行、豪宅，无不遭遇盗匪不期而至的“造访”。整个晚清的江南简直成了盗匪们的乐土，同时也就意味着老百姓百姓为保卫自己的利益将不得不面临与盗匪之间没有硝烟的持久战。

形形色色的盗匪

从《点石斋画报》中可以看出，当时社会上的盗匪不仅多如牛毛，而且他们的种类及作案方式也五花八门。具体地说有以下几种。

1. 小偷小摸

这类盗匪往往贪图小利，想不劳而获，因此在正常的社会活动之外，相机而动，做些鸡鸣狗盗之事。例如前面提到的发生在扬州风箱巷少女耳环被抢一事及画报上所讲到的“妓女做贼”④ 等皆属此类。和那些惯匪惯盗相比，他们的偷盗行为只不过是小打小闹，有时还带有顺手牵羊的意味，例如那位盗窃同行好友财物的李桂英。他们之所以为盗，是由于特殊的场合、环境造成了他们行窃的便利，于是便往往抱着侥幸心理，梦想意外发财，不劳而获。

---

① 《点石斋画报》，第1138页。

② 《点石斋画报》，第11页、第52页。

③ 《点石斋画报》，第1152页。

④ 见《点石斋画报》，第1243页“妓女做贼”一文。其中讲到上海北富里某妓女晚上常常失眠，于是便邀请她的好友、同是妓女的李桂英给她做伴。李对该妓女的财富早有觊觎之心，于是乘此机会将该妓女的首饰财物窃为己有。

2. 有组织、大规模的明抢暗盗

如果说小偷小摸的偷盗行为尚带有“业余”性质的话，那么大规模、有组织的盗窃甚至抢劫活动则颇具有专业的意味。这类盗匪身份往往比较复杂。他们中既有以家庭为单位的家族明抢暗盗，也有泛舟碧波之上的海盗，同时叱咤江南江北的盐枭及手持秘密通行证的会匪也屡见不鲜。《点石斋画报》中曾有这样的记述：“扬州邵伯镇东杨家庄有一著名剧贼曰王小桃，年三十余，妻某氏与其徒三人亦孔武有力者。每出行劫，明目张胆，不做狗偷鼠窃伎俩。附近一带悉遭其鱼肉，无敢有忤之者。然而恨之入骨矣。一日又向本地富绅徐某借钱，勒出 30 千文。徐央人缓颊许借十千，王不允。”[①] 从这段文字中，读者可以很明白地看出，这是典型的以家庭为单位的明抢暗盗活动。

他们的行为很有些梁山遗风。在这起敲诈勒索案件中，王小桃夫妇夫唱妇随，再加一个孔武有力的帮手徒弟，横行乡里，俨然为地方一霸。

土霸王式的盗匪虽然令人望而生畏，但与那些横行陆地、水面的盐枭、海盗相比，仍不过是小巫见大巫。与个人或家庭、小团伙为单位进行盗、抢活动所不同的是，海盗、盐枭等盗匪们不仅组织严密，而且还拥有“船坚炮利”等较新式的武装。在“缉获枭贼”中，画家对此作了精彩的描述：“东南滨海地方素饶盐利。如宁郡之岱山，松属之川沙以及江北之崇海等类处，皆产盐之区。以故私贩枭匪往来出没，习以为常非一日矣。……前月中有督带苏抚标水师营游戎焦某，会同苏浙两军合力缉查。驶抵震泽县境之庙港，始遇枭首苏姓等盐船众集。该匪瞥见官军，胆敢登岸燃炮，率党抗拒官军。”[②] 至于拥船“数十艘，出没风涛，为患商旅”的海盗，更是气焰嚣张。

除以上所提到的几种类型外，会匪也是晚清时期流窜江南城乡、为害四方的一大祸患。从谋生的角度而言，流民原本就有为匪做盗的潜质，有了帮会这一打家劫舍的天然组织凭借后，他们更是有恃无恐。晚清时期会匪活动的猖獗同样在画报中有所体现。“松郡西门外有一元泰衣庄，近因减价出售，故闻风而至者俱欲得便宜物以归。而翦绺挖包之徒亦厕足其间。有一操外路口音者攫取乡人洋若干元，为另一乡人所瞥见，乃拉至东岳中，裸缚于庭，鞭挞数次，并于身畔搜出白洋布一方。上有一印，如宝塔形。内写楚岳山第六名同心协力字样。当即解县讯办。愚民入教为非亦知国典之未可幸逃乎？”[③] 这里所抓获的携带印有宝塔形、“内写楚岳山第六名同心协力字样”白布的小偷，绝不是一般普普通通的窃贼，而很有可能就是哥老会的成员。俗话说窥一斑而见全豹，从这短短的一则报道中，人们必能够对当时会匪一类的盗匪

① 《点石斋画报》，第 138 页。

② 《点石斋画报》，第 306 页。

③ 《点石斋画报》，第 1373 页。

的活动有所了解。

3. 女盗、女匪十分猖獗

一般而言，历朝历代为匪做盗的多为男性，但这并不排斥有巾帼而萑苻者。以红粉娇姿挟绿林毒气的女子虽说少见，但并不是说没有。如前所述，在《点石斋画报》里就不乏《水浒传》中一丈青母大虫似的女盗匪。她们往往两三个人一伙，在人迹罕至的山路或小道进行抢劫，抢劫的对象也以女性为主。而且有别于男性盗匪的是，女性盗匪更注意利用女性自身的特点，以达到她们抢劫的目的。根据人们的惯性思维，女性一般而言总是弱者，因此，人们对她们的戒心远没有对男性者高，这恰恰给女盗匪们提供了大好时机。她们利用人们的这种心理，往往在开始时并不采取直面袭击的抢劫方式，而是采用诱骗的手段。例如画报中讲到这样一则故事：某妇女因为家贫无法过活，于是到外面借了点钱。归途中经过一条山路时碰到两个女子。几人于是攀谈起来。不料这两个女子竟是女盗，在得知该妇身怀银钱之后，二人动手抢劫。可怜那轻信的妇女，不仅身上的救命钱被抢劫一空，而且就连身上的衣物也被剥夺而去。①

女盗逞强

① 《点石斋画报》，第800页，“女盗逞强”。

以上仅就晚清时期盗匪现象的严重性及盗匪的种类作了一个简单的归纳和总结。盗匪虽属一种普遍的社会现象，历朝历代都不能杜绝，但像晚清时期江南盗匪如此猖獗的，恐怕并不多见。掩卷深思，人们不禁会问，这究竟是为什么？

探索罪恶的温床

晚清时期的中国虽然在洋枪洋炮洋元的狂轰滥炸下拖着它那庞大、僵死的身躯被动地向工业化的方向迈进。但本质上讲，中国仍处于以农业为主体的传统社会阶段，农业仍然是国民经济最主要的部门，这从当时的人口统计中可以看出。19 世纪中期中国社会 4.3 亿总人口中，农业人口占 83.3%，非农业人口为 16.7%。[①] 按照这个比例计算，农业人口为约为 3.5819 亿，远远超过其他行业的人口。由于鸦片战争后农村经济的衰退，大量农民失去土地。急剧变化着的社会现实以一种强大的推动力迫使大批习惯于传统生活方式的人们或主动或被动、或偶然或必然地向工业化转型。这就不可避免地导致人口的大流动。这在地少人多的江南一带尤为明显。大量被迫离开土地的农民或者充当佣工，或者沦为游民而加入流氓、盗匪、乞丐、奴役等行列。

与此同时，由于男子们外出打工或经商，一般人家里只剩妇女和孩子，这反过来又为盗贼提供了作案的大好时机。这从《点石斋画报》的“智女擒盗”中看得尤为明显：“兴化有村落，四面阻水，非舟楫不可通。十亩五亩之地，三家两家之村。男子外出服贾，弱息亦无多，只一嫂一姑。一夕有盗七八人操舟抵岸，破扉入搜，括无所得，并无人影儿，逆知有准备，然以该家无男子，故即亦不惧。出其家酿，杀鸡为黍而食之。不谓姑嫂二人俯伏场角草堆内窥行止甚悉。姑要嫂窃盗舟渡邻村，集众围擒，无一得脱。”[②]

事实上，像这类“男子外出服贾，弱息亦无多，只一嫂一姑”的现象在当时的江南社会非常普遍。盗匪们利用这一现实，不仅敢于在大白天成群结队破门而入进行抢劫，而且还美酒伴香鸡，就地畅饮一番！

不可否认，由社会转型所带来的职业、家庭结构等的变化最终为盗匪的横行打开了方便之门，从而使破门而入的盗匪变得日益张狂起来。

1. 自然灾害及战争的影响

中国是个多灾的国家，晚清时期各种自然灾害尤其频繁，而且波及面也极为广泛。全国有许多地区甚至常年遭受水、旱、风、虫、雹、霜等灾害的袭扰，饥民遍野、饿殍塞途的惨相时有发生。据统计，在光绪元年至宣统三

① 姜涛：《中国近代人口史》，第 36 页、第 288 页，浙江人民出版社 1993 年版。

② 《点石斋画报》，第 764 页。

清代江西灾荒

年（1875—1911）的36年间，黄河流域和长江流域的12省（直隶、山东、河南、陕西、甘肃、江苏、浙江、安徽、江西、湖北、湖南等）共有13476个州县遭受水、旱、风、虫等自然灾害，平均每年受灾州县达3743个之多。①频繁的灾难造成成千上万的人民流离失所，无以为生，被迫沦为盗匪或下意识中成为统治者眼中的盗匪。《点石斋画报》中“土匪张狂”一文颇能说明这一问题。

浙省兵变之后，地广人稀。当道以土著不足以尽地利，客民与并耕。客民多刁悍，与土著如水火遇。遇丰年收获即栽之以去，稍遇水旱即纷纷抱荒。日前杭州富阳县客民亦以告荒打闹县署。据述擅敢折毁库房抢去帑银200两已属骇闻，而于潜县署则又被盗掠一空，报失数目约值2000余金。县官致遭绑缚，百般凌辱，目无法纪以至于此。②

富阳县的农民被灾请愿固然值得人们同情，然而某些人以告荒为名大闹县署，绑人、盗掠……凡此种种，与一般的盗匪行为的确很是相似。

① 《中国近代农业史资料》第一辑，第720-735页。
② 《点石斋画报》第1126页。

战争同样是一个重要的因素。从1884年到1896年，中国先后经历了中法战争、中日甲午战争等恶战。清王朝接连失败，威风扫地。与天灾一样，战争将成千上万的普通人抛入倾家荡产、流离失所的困境。同时除了造就新的流民阶层外，战后无所归依的散兵游勇也常常成为扩充队伍的可靠来源。难怪世人会无奈地感叹："自海防解严，营勇裁撤，而盗案递层见叠出……由前之说发逆之余波，由后之说海防之流毒。"①

2. 转型期社会心态的失常

尽管可以用自然灾害、战争、社会剧变等客观因素来解释晚清江南盗匪横行的现状，但反过来也可以这么说，以上这种客观事实在当时不是偶然的和个别特例，而是极具普遍性、代表性。按照这种理论，凡是面临这种客观现实的人都应该去偷去抢，而实际情况却并非如此。这就涉及个人的心理素质问题。

在晚清这个旧社会逐渐解体、新社会萌生发展的过渡时期，社会不可避免地分化为不同的阶层、群体与各个不同的利益集团。无论是社会发展所带来的利益也好还是痛苦也罢，总需要一定的人们去享用或承担。因此不同阶层、群体便面临着截然不同的命运。在这种时候，国家统治机器如果不能实行有力的整合，不能适当地调节、平衡不同利益集团之间的关系，不能照顾到各阶层人们之间的利益以及无法做到在他们之间公平地分配社会资源与社会财富的话，就会产生大量的社会问题，从而导致社会动荡不安。

与社会动荡不安相伴相随的总是生存的艰难与理想的幻灭。种种严酷的现实导致下层人民对自身的命运无法把握、对前途感到渺茫莫测。不满、忧虑、彷徨和无奈汇成一股强大的恶流，由此激发出一种本能的摆脱现状、报复社会的激愤心理。从某种意义上讲，在当时相当一部分人在被卷入时代的旋涡，随即又被无情地抛向社会边缘之后，很难做到应对自如。不同背景、不同心理素质的个人面对现实往往作出不同的反应。有些人经历了痛苦挣扎之后，在认同社会的同时也得到了社会的认同。而相当一部分人则由于职业、进取心等个人因素以及对突如其来的剧变缺乏心理准备等原因，一时很难认同自身所处的陌生环境。再加上"长期受传统文化熏陶而本能地产生抗拒心理等原因"②，他们往往无法适应新的社会环境以谋求自己的社会地位，从而在事实上为新环境所拒绝接纳。比如前面提到的杭州富阳里的客民，他们被迫迁入一个全新而又充满敌意的环境，因为天灾人祸打乱了他们原有的社会秩序与生活常规，并进而毁掉了以此为基础的个人的希望、抱负、前途、理想，于是他们只能用他们熟悉的非正常、非理性的方式和手段来谋生。这种

① 《点石斋画报》，第918页。

② 忻平：《从上海发现历史》，第565页，上海人民出版社1996年版。

"游离于现代社会圈子外的人群的自救行为"① 说白了就是一种盗匪行为。他们那种消极的生存方式及主动的反社会行为也就成为社会病态的一种。

综上所述，战争、天灾及晚清社会的特殊性是导致当时江南盗匪横行局面出现的直接原因。而这一切归根到底又都源于清王朝统治的腐朽。什么时候政治没落了，土匪便蠢蠢欲动。晚清社会盗匪横行的现状可以说是对这句话的最好诠释。从《点石斋画报》中，读者的确可以对晚清时期江南的盗匪有一个比较概括的了解。一叶落而知秋。《点石斋画报》中所暴露出的这一现状同样也使读者能够通过它而对晚清时期整个中国大地上的盗匪作出大致的推断。

① 忻平：《从上海发现历史》，第565页，上海人民出版社1996年版。

中法战争结束后的广西游勇土匪

——以苏元春、陆荣廷为中心

中法战争结束后，法国侵占越南全境。自1886年底清政府裁散抗法军队后，大部分人无家可归，便与三点会结合，利用藏匿的武器和号衣，组成游勇武装，靠打家劫舍，劫富济贫来维持生活，成了扰乱边疆的祸害之一。

广西上林人游维翰首先由镇南关外率领部众来到桂滇黔三省边区交通要道百色，沿途吸收了不少义勇豪侠、绿林壮士及失业农民。广西武鸣人陆荣廷继后崛起，成为广西游勇土匪最重要的代表。

陆荣廷出身于一个世代务农的赤贫之家。1879年他落草为寇的起因是打死了一只咬伤自己属于法国传教士的洋狗。为了躲祸，陆荣廷逃到中越边境水口关，开始了绿林生涯。1882年投靠当地清军把总，当了清兵。同年由绿林好友闭亚一介绍，加入三点会，成为该会水口关地区的头目之一。1885年2月又应募投入清军选锋营，参加中法战争。1885年6月中法战争结束后，陆荣廷被裁，他率军中弟兄先在果化、归德之间活动，后远走百色、镇安、归顺及边关一带充任游勇大哥。陆荣廷“不抢贫苦人，不抢中国人，也不抢驻地附近的越南人。”[①] 他主要在越南高平抢劫法国人和越南的富户，因而被附近的中越百姓称为“义盗”，不少绿林豪客纷纷慕名投奔他的麾下，手下很快发展到数百人。1892年其副手闭亚一被法军打死后，陆荣廷组织了一次伏击战，打死法军官兵20余人，为闭报了仇。根据地方志记载，陆荣廷率部“团成旅，隐然为一独立国，专与法人敌，角逐者将近十年，大小数十百战，每因粮于敌，从未稍扰越民”[②]。

陆荣廷照片

① 《广西文史资料选辑》第9辑，192页。

② 民国《武鸣县志》卷八，转引自《陆荣廷新论》408页，广西民族出版社1996年版。

李宗仁在回忆录中也说："陆氏本是一位重义气、有领导天才的人物，逼上梁山之后不久就成为盗魁。率领喽啰百数十人，打家劫舍，出没于中法边境。不过陆氏作强盗却专以抢法国人和安南人为务，而中、法两国官兵对他竟无可奈何。"①

1892 年以后，清政府在法国的压力下责令广西提督苏元春剿灭陆荣廷团伙。

苏元春 1885 年即受命督办广西军务，统率边军分守沿边各要隘，但面对出没无常的陆荣廷还是无可奈何，为了边境的安宁，只好在 1894 年冬将其招抚，命其为健字前营管带，辖两哨，以谭浩明、韦荣昌（韦老四）为哨长。

这一时期，反抗清政府的三点会在龙州乡下、靖西、西林、东兰等地以及桂中、桂北、桂南、桂东等地乡下十分盛行。自从 1886 年底清政府裁散抗法军队后大部分人无家可归，便与三点会结合，组成游勇武装，打家劫舍，劫富济贫，杀贪官污吏，杀土豪劣绅，摧毁清政府的基层组织。陆荣廷本来是三点会小头目，也是绿林游勇，经苏元春招抚后反过来为清政府保驾，现在转过来拥护清政府，先后开往下垌、金龙、硕龙、化峒、靖西、西林、东兰等地进攻会党、游勇，杀了不少人。由于陆荣廷率部清剿会党游勇有方，1896 年升为督带，辖 3 个哨。1898 年会党首领李立廷在陆川起义失败，陆奉命率部前往玉林、贵县"清乡"，杀害了不少起义者的亲族、会党成员和游勇。1900 年陆擢升任健字分统，先驻龙州，再移防南宁、贵县办清乡。泗城（今凌云县）府尹王方田利用与游勇有渊源关系的陆荣廷来招剿游勇，陆受命之后果然招徕百色地区至云南境内的游勇大哥、二哥、三哥投降自新，个别不愿投降者，也被他歼灭。1902 年，广西"游、土、会各匪勾连一片，山泽龙蛇遍称盗薮……太、镇、泗三郡，色、思、顺三厅、州，因左接滇壤，右接越疆"，由提督苏元春负责剿办。同年夏"苏元春移驻太平，就近策应，分派营官陆荣廷带四营行队，由镇边界上兜剿而出，会同滇军夹击。"② 1902 年底 1903 年初，陆荣廷向苏元春报告，"剿匪至者依河边之捷；又由都宅剿滇界窜匪追至那产之捷"。1903 年初春"陆荣廷报，马巷机击匪之捷；蔚武、岩谅围剿之捷；陇板机高山剿匪之捷"③。7 月陆荣廷奉命回顺州驻扎，"行至雹圩地方，闻离该处四十里之某某等村，被匪首黄有才等劫抢勒赎。陆君即率队前往，但该处山险路歧，贼众兵寡，……先是陆以众寡不敌，退回据险埋伏"。当匪股被闻讯赶来增援的龙州春字营击败退走时，"陆伏兵尽起，拦

① 广西文史资料专辑《李宗仁回忆录》上册，60-61 页，广西政协文史委 1980 年刊行。

② 广西巡抚王之春为查看各路军情会商合剿机宜事致军机处电（光绪二十八年七月二十八日），《辛亥革命前十年间民变档案史料》下册，第 506 页，中华书局 1985 年版。

③ 广西提督苏元春致军机处电（光绪二十九年三月十七日），《辛亥革命前十年间民变档案史料》下册，第 524-525 页，中华书局 1985 年版。

腰痛击，大获全胜。”是役，陆荣廷部“获得匪首一名，贼首四十余级，洋枪二十余枝”。[①] 11月陆荣廷“在镇边各处山岩搜捕贼匪，颇为得手。”曾在摩天岭攻破一洞，“生擒及毙匪共五十余人，救出被掳男妇四十名口”，缴获“督办各省边防事务总统彪字全军关防”印章一枚。[②]

苏元春对诸如陆荣廷团伙的会党游勇这种剿抚兼施的策略处置方式是广西当时各种政治军事势力互相斗争、互相平衡乃至互相妥协的结果，有着客观的合理性。它为边防建设提供了现成的兵员和劳力，减轻了边防的压力，当然若控制不严，也容易导致军队纪律松弛，但总体上对维持清政府在广西的统治、巩固边防是有利的。从清朝官方看来，中法战争结束后苏元春对陆荣廷会党游勇团伙的剿抚兼施处置收到了较好的效果。正因为如此，苏元春此举先后得到了广西巡抚张联桂、史念祖等人的支持。不料事过境迁，竟引起了一些高调官员的质疑和非难。1902年初两广总督陶模称，“游匪本关外散勇，向在越南境以抢掠为生。自法人在越境设立对卡以后，游勇无可潜身，窜入内地两省亡命，复以之为逋逃薮，愈聚愈多。督办广西边防提臣苏元春见游匪日炽，诛不胜诛，暂以招抚为笼络之计。无如人数太多，饷需不济，不能各满所愿，是以旋抚旋叛。各匪既曾就抚，与营勇气息相通，勾结之患，固所不免，边勇，游匪，几成一气。苏元春笼络驾驭之策，因之而穷。”[③] 必须指出的是所谓“饷需不济”与苏元春主持的边防建设有直接的关系。广西的边防建设需费甚巨，而清中央政府对此重视不够，不肯大力投资，苏元春虽想方设法自筹经费，开源节流，却仍不能解决问题，不得不挪用十二万“存饷”济之。而边军由于长期乏饷，纪律渐弛，常索饷哗变。兵与盗合而为一，广为蔓滋，也是事实。因此陶模和广西抚臣丁振铎有意请将苏元春调任，以冀徐图整顿，“无如饷需缺乏，截撤之勇不能照给口粮，逐渐资遣，以致军械多未呈缴，南宁、百色一带匪势益张。更值法国兵官有在越南境内被害之事，外人得以藉口”，朝廷复派苏元春接统边防，剿办各匪。[④]

至1902年初，由于各种原因，会党游勇问题积重难返，趋于恶化。南宁游勇首领梁丹桂甚至与水上警达成默契：游勇不侵入巡警的管辖范围，游勇则利用用脚蹬车轮排水的新式江船到广州、澳门、香港等地私运军火。当时“各匪聚散无常，分股甚多，游匪、会匪、土匪三者时分时合，勇多则逃窜，勇少则抗拒，虽未攻占城邑，而村庄时被蹂躏，道途为之梗塞。恩隆、迁江、凌云、西林、永淳等县纷纷告急，若不亟筹剿办，后患正不堪言。”[⑤] 苏元春

① 原载《岭东日报》光绪廿九年闰五月十六日；转引自《广西要闻》第一册，第28页。
② 原载《岭东日报》光绪廿九年九月二十二日；转引自《广西要闻》第八册，第40页。
③ 《广西会党资料汇编》，第401页，广西人民出版社1989年版。
④ 《广西会党资料汇编》，第401页，广西人民出版社1989年版。
⑤ 《广西会党资料汇编》，第401页，广西人民出版社1989年版。

准于3月17日由南宁驰回龙州接办。两广总督陶模认为“苏元春接统之后，仍听剿抚兼施，暂分匪势。……然能否苟安，尚不可知。而伏莽未清，厝火积薪，究非良策。若欲稍筹久远，则广西巡抚与广西提督必须并归一人，以一事权，暂驻南宁，以便控制边境，联合外交，与滇、黔、广东亦可脉络相接，更令破除成格，遴选十数牧令，使任有匪之邑，各募勇数百人，假以事权，宽其羁勒，以清内奸，另练数营游徼策应。一二年后，现有之匪或可渐就廓清。然此事关系甚大，必须局度恢闳，心思细密，素有威望，熟悉边情者，方足以胜其任。苏元春气局尚属开展，惟用人太滥，纪律太宽；丁振铎廉谨清正，表率有余，向未历练军务，胆识不坚，皆不足以当其任。且即使选得其人，……不能过求速效，转偾事机。惟时日既宽，所费计非百余万金不可，特此时早为之计，尚觉稍有把握。若待糜烂之后，耗费恐不止数倍。”① 8月12日苏元春在电文中也承认：“游匪于三省边界伏窜无常，此拿彼遁有年。”②

必须指出，苏元春对剿灭会党游勇没有少花心思和精力。1901年夏苏元春专程前往云南剥隘，与滇将覃修纲会商，共同追剿大股游匪至越南边境牧马界上歼除，“仅除匪二百零，已分投散匿，无从追剿。七月复由百色至知云、西隆、八达、西林沿界，约会覃修纲搜剿。遂将奏留之五营于粤界每四五十里分哨布置，以卫边民，与滇军联防遏匪。……年内滇军换防，匪乘机陷剥隘，后汉、土会匪起而附之，势益披猖，突犯粤界思澜、八达、西林。陈镇调集三营严防，以保城安。匪因防严而退，粤军追之，冯克纪遂有八车、平怀之捷，乘势赴滇那良会剿，滇军未至，仍扎界候滇军。匪遂深入陷皈朝，因会滇军复皈朝。提督奉电示，遵派分统陆玮廷四营，行队由镇边兜剿出界，遂有谷挑之捷。现仍在界会滇军夹剿。”③ 苏元春移驻太平后，“就近策应，分派营官陆荣廷带四营行队，由镇边界上兜剿而出，会同滇军夹击。”④

针对会党游勇在香料成熟之际聚众前往，上山强摘边民八角，往往酿成巨案的情况，苏元春联合太平府官员，成立八角保卫局，制定了“驱逐匪类”、“密缉偷果”、“凭部交易”等章程条款，⑤ 有效地制止了强摘八角的不良风气，保卫了边民香料种植户的利益。在法占越南经商的侨商，亦“蒙苏元春镇边保护，欢安无恙。”当他们获悉苏元春“忽闹获罪，如失所依”，急电清政府，称“无苏元春督办边防，诚恐游匪逃出关外扰乱，商等受害。只

① 《广西会党资料汇编》，第401-402页，广西人民出版社1989年版。

② 《广西会党资料汇编》，第406页，广西人民出版社1989年版。

③ 《广西会党资料汇编》，第406-407页，广西人民出版社1989年版。

④ 广西巡抚王之春为查看各路军情会商合剿机宜事致军机处电（光绪二十八年七月二十八日），《辛亥革命前十年间民变档案史料》下册，第506页，中华书局1985年版。

⑤ 《龙州县志》上册，第32页，南宁市自然美术油印社1936年印。

得联恳代奏，请天恩准其留办边防，戴罪图功，以安中外。商等幸甚，大局幸甚。”[1] 从这封电报来看，苏元春在制止会党游勇对侨商的侵扰方面确实花了不少力气。

为了剿灭会党游勇，苏元春也付出了沉重的代价。他的爱将马盛治就是在1902年镇压会党首领王和顺的战役中丧命的。“马镇盛治带勇在武缘县属剿匪。闻匪首王和顺等潜聚武缘县属之马安、陇懒诸村。六月十七日驰赴攻剿，十八日亲自攻入陇懒村，遇伏左手中枪，仍奋勇前进，右肋又中一枪，犹厉声呼战。随从弁勇冒死夺救回营，旋即身故。附近地方颇为震动。”[2]

苏元春在他的岗位上是尽忠尽职的。1902年8月，苏元春向清廷电报：广西“左右江汉、土各属会匪蜂起，股辄百数十众，伺间抢掠，水陆难行。设不早除，恐贻痈患，通盘筹画，兵力不敌。……不得已暂募两营，藉资驱策。先将边道所属清理，派分统黄云高率两营剿镇、顺属汉、土各州县匪，张得贵率两营为游击之师。管带沈北魁、马绍宗、莫荣新各带一营分扎上思、迁隆土峒、宁明、太平土州；吴田秀、陈炳昆、梁广礼、张文松各带一营分扎永康、左州、土江州、养利、新宁。提督先于三月中，督边防遴派各营部署粗定。接署太平府吴徵鳌电称，匪情猖獗，遂于五月二十五日移驻太平，居中调度。自三月以迄六月，……节据禀报到营综计，百日之间，击毙、斩级、生擒、正法首要伙党三百九十有奇，夺获枪码刀械百余。阵亡哨长一，伤亡勇百三十余，随时验明，分别赏恤。首匪黄福庭、谭现章、谢天膛、黄天勤日久稽诛，悬赏购捕。如能擒执解送，每名各给花红银一千两。此时由龙至邕道路通行，商贩照常往返，沿途村圩口岸无不派队搜剔。惟百姓惑于可保身家之说，遍地拜台，民与匪迹，颇难办理。现已奉成地方官认真兴办团练，各清各乡，无任循纵，发给军火，以资守御。尚能实力奉行，似已渐著成效。”[3] 1903年4月他又电告军机处：“元春冬月中旬，由邕抵色，当将各营分布西隆、八达旧州、凌云、西林、恩阳、奉兹、天保、镇边各边界扼扎。自百色沿河而上至西林，以防为剿；自恩阳之八角山以至镇边与土富州接壤，以剿为防。”自十一月至次年二月各营“迭次擒获匪首黄二即黄清登、施二、黄士恩、曾庆祥。攻黔之黄草坝，滇之土富州、剥隘，若辈均为头等匪目，及悍党一百七十余，斩级三百四十八，阵毙匪众六百余，得枪二百四十七支，骡马八十九匹。起获被掳男、妇丁口牛只，分别送交滇、粤地方官查主给领。综计伤亡弁勇二百三十四名。首目各匪在色核办，众目昭彰，人心称快，迭次电告西抚汇报。元春正月十六，亲赴东凌前敌调度。……即李

---

① 越南商绅致外务部电（光绪二十九年六月二十日），《广西会党资料汇编》，第459页，广西人民出版社1989年版

② 《广西会党资料汇编》，第406页，广西人民出版社1989年版。

③ 《广西会党资料汇编》，第406-409页，广西人民出版社1989年版。

二老板一匪，亦经熙字营击散其队伍，身已受伤，逃匿山中，为土人所获，送入滇军，因以为功”[①]。尽管正月望前各营剿匪战功，苏元春均已随时电明，但广西巡抚王之春在三省会剿电奏稿中对苏元春各营遏抑不叙，只字不提其战绩。相反，王之春在勘电中“详陈苏营所抚游匪，时有溃变各情”[②]。

1903 年 3 月 27 日奉旨：“召苏元春入觐，以黄呈祥署理广西提督。”[③] 这一指令发布后，王之春在 3 月 29 日的电文中对苏元春进行了全面的抱怨和攻击：“查该提督昔著战绩，初防边时，亦甚振作，乃日久玩忽，侈然自大，顿易初衷，营不足额，勇多乌合，通匪济匪，弊难数举，游匪之乱，苏始酿之。春去秋抵任，深悉其弊，念其曾著战功，且外交有年，操之过急，非朝廷保全功臣之意，又恐启外人干预，特奏劾其统领营官，冀自悔悟，可以徐阻共事。乃不知悛改，每商调营募勇，皆置不复。边境会剿，本派有苏部四营，乃远离防所，不与各军会议，且不知其营驻何处，致滇、黔屡次责言。幸春派黄呈祥统帅楚军与滇军夹击，始将各匪歼除。倘专恃苏营，恐蔓延更甚。即其原有之二十营，缺额疲弱，动以越南对汛为词，竟无一营抽调。太平距龙州仅百余里，该处匪徒尚须春拨营剿办，更没有入内地会击之日。春迭次函约，非淡漠恝置，即支吾掩饰，卒不能得其一勇之力。万不得已始举其大端上达宸聪，蒙天恩谕令来京，俾边营壁垒一新，绝通匪之路，断接济之源。”[④] 王之春的上述非难指责是没有道理的。苏元春作为广西提督，他的任务不光是镇压会党游勇的造反肇事，他还要对付侵占越南全境的法国侵略者，保障西南边疆的安全。根据 1902 年 8 月苏元春给清廷电报，苏元春属下广西“边防全部二十营，除卸署提督马盛治调署左江镇总兵，随带熙字四营前去剿匪外，尚留十六营，分扎南关。边关紧要，不容稍忽，可抽调者为数无多。”[⑤] 因此为了维持清政府在广西的统治秩序，苏元春在运用兵力方面，必须内外兼顾，防止顾此失彼。

令人遗憾的是当时与王之春站在同一立场，要把苏元春搞垮的还有两广总督岑春煊。1903 年 7 月 29 日两广总督岑春煊电称：“苏元春到边以来，既缺额冒饷；又扣饷克兵。黠者不服，则纵为劫掠，不敢约束，始则但扰沿边，终乃蔓延内地，游匪利器尽出苏营。至今言及元春，民既痛心，兵亦切齿等情。方缮折奏，复又据署提督黄呈祥电称，元春去任，欠饷十三万，近日各兵纷纷请饷，恐酿他变。……窃维元春受国厚恩，付以重任，乃不知感激，

---

① 广西提督苏元春致军机处电（光绪二十九年三月十七日），《辛亥革命前十年间民变档案资料》下册，第 524-525 页。

② 《广西会党资料汇编》，第 430 页，广西人民出版社 1989 年版。

③ 《光绪朝东华录》五，总 5505 页，中华书局 1958 年版。

④ 《广西会党资料汇编》，第 430-431 页，广西人民出版社 1989 年版。

⑤ 《广西会党资料汇编》，第 407 页，广西人民出版社 1989 年版。

蠹国殃民，缺额吞饷，丧心灭理，一至于斯。现在营伍废弛已极，若仅将其革职，不惟民怨不纾，兵情益愤再加溃乱，收拾愈难。其贪纵将弁观元春妄索而去，委身泰然，将群起玩法，营务从何整顿，盗乱恃何底平。应请旨将苏元春拿交刑部，治以纵兵殃民，缺额吞饱之罪。以谢士心，励臣节。”① 这封电报将苏元春上纲上线，简直欲置之死地而后快。苏元春治军不严是事实，这与他管辖的地方部队有关：首先成分复杂，来源多样（其中自然有部分被招抚收编的会党游勇）。其次是驻地分散，任务繁重（广西全边1700余里，24个营分散布防，有保卫边防、参建国防工程和镇压会党游勇）。第三是清中央政府对西南边防不够重视，应发的军饷往往不能及时到位，② 长此以往必然导致军心不稳。苏元春在这种困难的情况下，勉为其难，无能为力，得过且过，部队时有失控，也就在所难免。类似情况，其他边境省份也有。因此，认定他“纵兵殃民”实在是言过其实了。岑春煊等人如此参奏，意图是将1903年广西天地会起义的“酿祸”责任全部推到苏元春一个人的身上，而广西巡抚、两广总督均置身事外，不负任何责任。事实上广西会党游勇泛滥成灾自有其外界的和自身的多种因素，例如地瘠民贫、依靠他省协饷、清政府没有妥善地处理中法战争的善后问题、天地会历史悠久、有反清的斗争传统、资产阶级维新派和革命派在境外对会党的联络和争取等等，决非一人酿之，更非一人所能解决。将积重难返的会党游勇问题简单地归之于苏元春个人因素的说法是一种偏见、不实之词乃至陷害。

苏元春作为替罪羊被撤职查办后，广西会党游勇的造反势头并没有因此低落下来。一些原来由他收编会党游勇又散出来重操旧业。③ 1904年5月游勇出身、一度被清廷招安的陆亚发在柳州发动兵变，攻占衙署，劫取藩库饷银20万两和大批枪械。陆亚发部撤出柳州后，先后攻占柳城、罗城及中渡等地，转战于迁江、上林、融安、永宁各县。这时本来就是游勇根据地的永宁、雒容边境的四十八峒和思恩县五十二峒分别为陆亚发与诸大、欧四控制，得到了巩固与发展。“游、土各匪闻风响应，几于遍地皆匪”④。两广总督岑春煊自1903年入桂“剿匪”后，在对付会党游勇方面比起苏元春来并没有什么高招。他此时推荐陆荣廷出任广西边防军“荣字营”统领，内含原苏元春的熙字营军队的一部分。陆在凭祥设统领部，命原熙字营军官陈炳焜、林绍斐

① 《广西会党资料汇编》，第458页，广西人民出版社1989年版。

② 据两广总督张之洞测算，广西防所需军费每年至少72万两，广西仅可自筹30万两，剩下42万两需要他省协饷解决（参见《张文襄公全集》卷十五，页五），而广东、湖北、湖南等协饷省份往往不能按期或足额解送。

③ 参见《中法战争调查资料实录》，第242页，广西人民出版社1982年版。

④ 《辛亥革命前十年间民变档案史料》下册，第617页，中华书局1985年版。

分任帮统、文案；谭浩明、韦荣昌、林俊廷任督带。[①] 在岑春煊的指挥下，陆荣廷与龙济光部互相配合，“剿抚兼施”，平定了柳庆地区的游勇。陆亚发部被各路清军歼除，其本人被生擒解省正法。

褚大、欧四等股匪于1904年10月在罗城、柳城交界之王村一带被龙济光军打败后，窜入庆远府思恩县属之五十二峒，纠合五十二峒及河池、南丹各土匪，图窜泗、色。“五十二峒与黔省接壤，万山盘折，……而下趋思恩、庆远各城，势尤便利。……思恩驻勇无多，势颇危急。”[②] 岑春煊“先饬龙济光堵截动［东］窜之路，……又飞饬陆荣廷迅自南宁兼程前进，扼守西路”[③]。11月初，匪由五十二峒分路进攻思恩城，失败后仍踞思恩之广南、官桥等处，凶焰尚炽。适陆荣廷率五营由南宁行抵河池，扼思恩之西路，张得贵两营亦到县，龙济光率部驰往督剿。11月27日匪股数千再攻县城失败，次日由水源北上，陆荣廷奉命进行堵截。“匪窜河池属之六甲、邑仑，陆荣廷率荣军渡江截剿，并以开花炮速击，匪乃溃入山弄。”[④] 陆荣廷向龙州发电报捷称，在“河池州属连战三日夜，杀贼数十人，生擒百余，并获马三百余匹，妇女亦数十口。……此次在崇山峻岭互相包抄，贼至不克收队，营勇颇有伤损；后以边军素耐劳苦，渴饮山泉，饥餐炒米，匪队以枪码告罄，纷纷败阵而去。”[⑤] 12月2、3等日，各路官军在广南官桥一带扼剿，酣战七昼夜，毙褚大等两三千人，生擒欧四。褚、欧余党由南丹北上与黔边荔波、独山毗连的巴平、茫场、隅上、稿里一带。12月25日岑春煊又“饬陆荣廷亲率两营，驰往荔波、独山一带，会合黔军，不分畛域，迅速严剿。”[⑥] “陆荣廷本办南丹之匪，十一月初间迭在铜更村等处追剿，毙匪数十人，嗣进兵壅甲牛栏，派一营暂防泗城窜路，并移会黔军协力堵御。”1905年1月下旬，陆荣廷不顾连日雨雪，率队直达黔边，会合张得贵部两营并约会黔军，“尽力兜剿”由南丹转移到黔边的曾五、苏八、彭六伙党。[⑦] “南丹之匪系曾五、陆二等为首，……游土裹胁约有千人”，经“陆荣廷追击突过黔界，黔军及陆荣廷会合截回痛剿”，“连日歼毙逃溃，所余无几。”曾五在三再地方为陆荣廷军格毙。苏八、彭六只身逃窜，1月31日，“又为荣军在拉县三径地方斩毙，割取首级解

① 这些人日后成了旧桂系军阀集团的核心人物。陈炳焜、谭浩明在民国时期都做过一省督军，韦荣昌担任过浔梧镇守使，林俊廷担任过广西自治军总司令。

② 署两广总督岑春煊奏柳州变兵在思恩县属全股歼灭折（光绪三十一年正月初九日），《辛亥革命前十年间民变档案史料》下册，第593页，中华书局1985年版。

③ 《辛亥革命前十年间民变档案史料》下册，第595页，中华书局1985年版。

④ 《辛亥革命前十年间民变档案史料》下册，第594页，中华书局1985年版。

⑤ 原载《岭东日报》，光绪三十年十二月初四日，转引自《广西要闻》第六册，第12页。

⑥ 署两广总督岑春煊为柳州褚大等股余众入黔事致外务部电（光绪三十年十一月十九日到），《辛亥革命前十年间民变档案史料》下册，第586页，中华书局1985年版。

⑦ 原载《岭东日报》，光绪三十年十二月二十二日；转引自《广西要闻》第六册，第25页。

交黔军示众。”至此陆荣廷报告，“粤边亦已荡平”[1]，柳州变兵全股扑灭。3月陆荣廷回师左江，乘余威招抚了宁明一带的“游匪”。1905年初在桂滇黔三省官兵的镇压下，广西游勇起事终告失败。

应该指出，早期游勇为抑制法国帝国主义对我国边疆的蚕食以及削弱清朝政府在桂西南的统治起过一定的作用。可是到了后期，游勇变得良莠不齐，拉参、勒赎、铲村、劫掠、抽行水、献纳等无所不为，而且到处皆然。游勇的生活所需以及枪弹饷械等等费用均由各大小股的首领以劫掠、抽捐、“献纳”等手段自行筹措。游勇招人入伙叫“入湾”，其介绍人叫“拉马”，新“入湾”者视家道情况必上缴几元至十几元的入湾费，再经过拜台仪式才能成为正式的游勇伙伴。其装束有特殊的标志，最主要的是“薙发”而不“编辫”。《邕宁县志·兵事》载，清末壬寅（1902年）、癸卯（1903年）两年，广西边陲南宁，盗匪猖獗，绑票勒索，打劫村庄。有的还假借“反清复明”的旗号掩护匪行。在广西帮会大造反期间绿林游勇一方面打击了清政府的统治，另一方面也给当地百姓带来了巨大的灾难。他们在柳州以南利用水道抢劫商船军火，并在沿江上下设立关卡，霸收行水。陆荣廷剿抚游勇后，使地方恢复平静，百姓得以休养生息。1906年清政府以陆清剿三点会、游勇有功，派他赴日考察新兵教育。

同盟会发动镇南关起义之前，曾派人秘密策反广西边防军“荣字营”统领陆荣廷。1907年11月6日镇南关都督王和顺致书陆荣廷，劝其反正，共同光复。陆荣廷表示，革命党如在镇南关起义愿作响应。陆部帮统陈炳焜、幕僚赵竹君经苏元春旧部梁兰泉介绍，秘密入越向同盟会河内机关负责人胡汉民表示：“统领陆公，素有大志，同镇文武，相视莫逆，中国有事，边防之军，必不为天下后”[2]。为了争取陆荣廷，同盟会方面与陆荣廷结仇很深的王和顺主动辞职，由游勇首领黄明堂取而代之。12月2日革命军奇袭镇南关，夺取右辅山炮台。4日陆荣廷派一樵妇送来表示归顺的密函，同时又称清军明后两日各有五百及两千兵至，“乞为自重”[3]。陆荣廷最后并未输诚，其原因一方面是受广西巡抚张鸣岐的严令压力，另一方面也是感觉到革命军兵少力薄，似乎不成气候。为了留下后路，陆荣廷在钦廉战役中持壁上观态度。在革命未能取得明显胜利之前，出身绿林的陆荣廷是不会冒险反正的。

1911年11月广西宣布独立后，境内一度出现过“人心皆靖，营业照行”的局面，但实际政局并不稳定，兵变、匪乱接踵而至。《民立报》为此发表的报道和文章有：《桂林防兵：叛乱记》（1-2）、《桂林兵变始末记》（1-3）、[4]

① 《辛亥革命前十年间民变档案史料》下册，第594-595页，中华书局1985年版。

② 转引自蒋永敬：《胡汉民先生年谱》，第85页，台北，国民党中央委员会1978年版。

③ 冯自由：《革命逸史》第五集，第122页，中华书局1981年版。

④ 《民立报》1911年11月25日、28-30日、12月4日。

《广西独立后之种种》、《广西匪乱种种》[1] 以及《剿匪安民》等。[2] 在11月12日桂林兵变，都督沈秉堃避匿“不知下落”的情况下，“全省公举陆荣廷为桂省大都督，军政府设在南宁，为全省机关”。[3] 陆荣廷在南宁发出就职通电称：“现承桂省人民公举荣廷为全省都督，自惭德薄能鲜，惟顾念大局，保持治安，不得不勉其责，惟望联络匡助。”[4] 12月18日陆荣廷率军离邕赴桂，途经梧州，赶往桂林。经过20余天的筹措，陆于2月8日在桂林正式宣誓，就任都督职。五天后《民立报》，在《新闻》栏目内全文发表了上述就职宣誓，同时发出了剿匪的信号：

广西自独立以后，各处土匪纷纷蜂起，假民军之名，藉口筹资北伐，从而拉人勒赎。甚至铲村围城，肆行焚劫者层见迭出。似此种种不法扰害治安，岂可复以民军对待。嗣后，遇有前情事，应调重兵严加兜剿，以除民害。……讵仍有匪类心存叵测，诬军政府为伪革命，潜往各属运动绿林，伏莽四出暴动，充其用意，殆欲广西步武巴黎大破坏、大流血，现出恐怖时代而已。此等凶孽，应随时随处查缉，务获科罪名，与众弃之。[5]

在陆荣廷担任广西都督期间，广西境内社会弊窦丛生，匪祸猖獗。“陆都督之督辕在南宁，第一师长司令部、第五旅长司令部亦在南宁，乃匪徒成群结帮，专抢劫南宁附近之同庆村等处。陆督之府第新筑于武鸣府城，每月必回武鸣驻节多日，乃匪徒于武鸣数十里间出没自由，大掠不已。”[6]

1911年冬，陆荣廷出任广西都督后，为了平息桂南三点会起事，便特地将三点会著名首领李立廷从海外召回，任广西省水师第二军统领。次年2月25日陆荣廷离开省城，赴平、梧、浔、廷各属办匪，将所有军政府要件委军政司长陈炳焜代拆代行。[7] 他先后采取了“剿匪安民”、“派桂军援鄂”、“处理贺县兵祸”等一系列措施，安定人心。[8]《民立报》以《广西政界之改革》为题，对此进行了正面的报道。[9] 但由于“桂林米价飞涨，较前贵两倍”、“以五方杂处之重镇，值此灾役，人心惶惶”等原因“老弱饥饿，少壮迫而为匪”。尽管至6月初“已正法数百余人，而押讯者尚众。”“各军队、各团局之捕送者，尚络绎不绝。”《民立报》惊呼陆荣廷“都督之威望扫地尽矣”[10]。

① 《民立报》1912年1月21日。
② 《民立报》1911年11月9日、30日。
③ 陈春生：《辛亥革命光复记》。
④ 陈春生：《辛亥革命光复记》。
⑤ 《桂省军事近讯　陆督宣言》，《民立报》1912年2月13日。
⑥ 《民立报》1913年6月6日。
⑦ 陆荣廷致孙中山等电，《民立报》1912年2月28日。
⑧ 《民立报》1913年3月3日。
⑨ 《民立报》1913年3月7日。
⑩ 《民立报》1913年6月6日。

当时陆荣廷一面高喊“革命之目的已达，革命之名义已消”[①]，麻痹革命党人和人民群众；一面以“聚众作乱”、“图谋不轨”、“危害民国政权”的种种罪名，打着“节饷”、减少军费开支、“维护社会治安”、“替民除害”的旗号，消灭各地反对自己的民军，加强和确保其统治地位。毋庸讳言，民初民军，确实鱼龙混杂，良莠不一。有的并无革命认识，却乘广西光复、新旧政权交替之时，趁机浑水摸鱼；有的自以为反清有功，目空一切，不受任何约束，恣意妄为。因此，陆荣廷对民军中严重扰民害民的部分严加整顿惩处是必要的，但不分青红皂白，把所有民军全都“整肃”；顺我者生，逆我者亡，一律强制遣散，若不服从便加以镇压，则是没有道理的。

1913 年 3 月 20 日暗杀宋教仁案件发生后，广西的国民党人义愤填膺，奋起声讨。而陆荣廷“部下某统领竟欲联合各统领以武人威力箝制立法机关，封禁国民党支分部。因巡防第五军统领刘古香、第二师第二旅旅长黄榜标、浔梧水师统领李立廷、柳庆水师统领刘月清皆不赞成，势难一致进行，乃始作罢论。”[②] 由于陆荣廷与革命党人关系的紧张，花在剿匪治安上的精力明显减少。《民立报》曾揭露“自陆督以个人之私见违反全省舆论，赞成袁派政策，致与省议会冲突甚烈。官绅水火，日闹意见，而地方治安不可问矣。”[③]

后来陆荣廷对支持二次革命的刘古香、刘震寰等革命党人进行镇压，杀害了刘古香等人，又对广西各地起来向陆荣廷造反的会党也连带予以镇压，下令部属镇压了武宣、三江等地会党。陆荣廷在通电中声称“只知有国，不知有党”，将“抱着唯一宗旨”，“与中央共安危”[④]。有人评论说：“盖桂系往往出身盗贼，以盗贼而为武人，又由盗贼之武人而成为官僚，其祸国殃民尚堪言哉?”[⑤]

陆荣廷在广西崛起、以他为首的旧桂系集团的形成和发展实际上是中央政府对广西政局控制力量不足的结果，而绿林游勇是他从一个名不见经传的小人物发迹成为乱世英雄的主要社会资源。

---

① 《广西公报》第 1 期（1912 年 2 月 25 日），“要电”，第 3 页。

② 《武人竟干涉政治》，《民立报》1913 年 6 月 17 日。

③ 《广西通信　只闹意见不管匪》，《民立报》1913 年 6 月 17 日。

④ 《广西公报》第 65 期（1913 年 8 月 31 日），“公电”，第 27 页。

⑤ 李培生《桂系据粤之由来及其经过》，序三。

甲午战争时期的土匪动向

甲午战争是日本帝国主义蓄意对中国发动的一场侵略战争。在这场中国人民众志成城抵御外侮的战争中，走投无路铤而走险的土匪会如何施展拳脚，对此史学界似乎没有太多的关注。本文拟就这些问题发表一些看法，以期进一步探讨如何正确认识土匪问题。

一

在辽宁双城堡一带，“贼匪、教匪充斥”，就在“海疆多事”之秋，故意肆扰，致使“城市屯镇生意萧条，商贩不通”，迫使官方在沿海一带实施戒严。① 而当营口戒严，清军扼守盖州至营口必由之路时，“锦州土匪蜂起，且与逃兵相勾结，大为民害”②，迫使官方派遣军队，前往该地戍守，分散了与日军作战的实力。在辽宁复州，当倭人犯境之时，“匪民乘间而起，不分昼夜，连村抢夺。”③

在田台庄战役中有一群土匪既不抗敌又不愿被日本利用，纯粹惹是生非。一位外国人写道：“当城镇很好地管理着时，郊区实际上无法无天，盗匪四起，很多装备有玛克沁来福枪的盗匪，春夏之际在辽河里到处出没，水陆和陆路交通都非常危险，整个大地对此也只能发出哀叹。”④

1894 年 10 月 26 日（光绪二十年九月廿八日）锦州匪类，“日夜城外持械强窃者已屡见”⑤。11 月 15 日（十月十八日）由于锦州土匪日炽，绅民拟筹款创办团练，购借前膛枪二百支以自卫。⑥ 11 月 18 日（十月二十一日）锦州文武派驻防旗队数十名查拿土匪，仅击退十余人之小股。次日离锦七十里石山站，“土匪四起，逃兵络绎”⑦。由于该地系集镇，无城垣，并储城内的

① 中国近代史资料丛刊续编《中日战争》第四册，第 400-401 页，中华书局 1996 年版。
② 中国近代史资料丛刊《中日战争》第一册，第 182 页，新知识出版社 1956 年版。
③ 中国近代史资料丛刊续编《中日战争》第四册，第 436 页，中华书局 1996 年版。
④ 中国近代史资料丛刊续编《中日战争》第六册，第 374 页，中华书局 1996 年版。
⑤ 盛宣怀档案资料选辑之三《甲午中日战争》上册，第 222 页，上海人民出版社 1980 年版。
⑥ 盛宣怀档案资料选辑之三《甲午中日战争》上册，第 273 页，上海人民出版社 1980 年版。
⑦ 盛宣怀档案资料选辑之三《甲午中日战争》上册，第 283 页，上海人民出版社 1980 年版。

粮械受到严重的威胁。不久“风声更紧”，“此间土匪已结党四起，共有七八股，每股数十人，势甚岌岌。”至11月22日（十月廿五日）锦州一带土匪，“以大小凌河之间与沿边门一带为最多、最悍”，锦州营周冕提议“宜先将此数股扑灭”，并请求电热河都统，“饬朝阳驻扎兵进边会捕，以杜窜逸之处”①。1895年1月1日（光绪二十一年冬月初六）锦州西北一带土匪猖獗，“东南灾民甚多”，锦州府知府奎华、协领文楷、锦州营周冕同禀上级，请求派员“多带妥友，持款来锦赈抚，免其聚而为匪”②。1月8日（冬月十三日）锦州方面来电说：“锦匪甚煽，须早除，以清运路。”③

当时出现的一个新情况是在前线败北后撤的勇卒，漫无军纪，成了一伙伙兵匪。

10月31日（十月初三）“溃卒甚悍，动辄放枪，风局官车马多被抢掠。”④当天盛宣怀奉帅谕自辽阳电锦州营周冕、道台袁世凯：“溃勇抢掠，应饬擒获，就地正法枭示，勿姑容。祈转致各统领。”⑤

11月1日（十月初四）盛宣怀奉帅谕电蒋希夷等人：“溃勇如到营口，即由蒋希夷提督招集，倘敢抢掠，应饬擒获，就地正法枭示，勿任散漫滋扰。”⑥

袁世凯则电盛宣怀：“溃卒近日渐多，饥伤可悯，诛不胜诛。昨今搜截二百余名，各持利器，均发给米钱，派人分押归伍，并请祝帅饬各军派营官四乡搜缉。”⑦

11月2日（十月初五）营口方面致电盛宣怀：“溃勇……惟恐陆续而来，营口招营不多，势难尽留，惟有设法弹压。”⑧辽阳来电称：“溃卒饥容可悯，只可与米钱，押令归伍。已择尤杀数人。闻前途有千余人，知凯在此拿办，均奔回归队，想不日此路可清。”⑨

11月15日（十月十八日）锦州营周冕电称：日前有逃兵三名竟敢在中途开枪抢劫沈阳来锦对换回省的十万串大钱，“幸车夫人多，哄退。”⑩不久又有“天桥厂海口船上来有逃勇十余，自称由金州来，均带快枪，布散流言，

① 盛宣怀档案资料选辑之三《甲午中日战争》上册，第292页，上海人民出版社1980年版。
② 盛宣怀档案资料选辑之三《甲午中日战争》上册，第304页，上海人民出版社1980年版。
③ 盛宣怀档案资料选辑之三《甲午中日战争》上册，第314页，上海人民出版社1980年版。
④ 盛宣怀档案资料选辑之三《甲午中日战争》上册，第240页，上海人民出版社1980年版。
⑤ 盛宣怀档案资料选辑之三《甲午中日战争》上册，第242页，上海人民出版社1980年版。
⑥ 盛宣怀档案资料选辑之三《甲午中日战争》上册，第244页，上海人民出版社1980年版。
⑦ 盛宣怀档案资料选辑之三《甲午中日战争》上册，第244页，上海人民出版社1980年版。
⑧ 盛宣怀档案资料选辑之三《甲午中日战争》上册，第247页，上海人民出版社1980年版。
⑨ 盛宣怀档案资料选辑之三《甲午中日战争》上册，第247–248页，上海人民出版社1980年版。
⑩ 盛宣怀档案资料选辑之三《甲午中日战争》上册，第274页，上海人民出版社1980年版。

守口文武不敢动，人心愈慌。”锦州营周冕认为这些初起乌合，“倘有马步队各二、三哨，即足扑灭。再迟，恐各股并起，将成燎原矣。”① 地方官绅则坚请转恳宪台，商请马步一、二营来锦镇慑。②

在后方土匪滋扰生事，破坏社会秩序的潜在危害也不容忽视。1895 年 3 月，清廷在给南洋大臣张之洞的一份电文中表示，因“山东曹、济土匪勾结，游勇蠢动”，为了使转运军火的运道不被土匪所阻，故指示相关官员“遇有土匪，随时扑灭，以清运道。”③

1895 年 7 月 25 日（六月初四），牛庄廪生张鹏飞等禀称：“该处自倭人退后，土匪啸聚，为害闾阎。……兹探闻该处土匪，渐聚千余人，声言欲夺官兵器械，希图起事”。为了不让其星星之火燎原，辽阳知州徐庆璋派兵“前往牛庄、耿庄子驻扎，相机剿办”④。

二

对清政府来说土匪是一大隐患，最佳的应对办法就是加以剿灭了。不过在清军在辽东战场不断失利的情况下，清政府还是面对现实，接受了一些谋士的建议，对土匪采取以抚为主、以剿为辅的策略。

1894 年 11 月 5 日（十月初八）有人上奏提议招抚奉边匪徒。11 月 18 日（十月二十一日）又有人上奏称，马贼王某在奉辽为患，宜招抚兼办团练。

11 月 13 日（十月十六日）锦州锦州营周冕来电称：“清帅在吉招安韩毕万事，东三省今尤艳称。倘再以此法招马贼，令各镳行为线索，令其各自为战，每一首级或克复一处各赏若干，平时不给饷。此辈习知僻径，快枪现成，无论胜负，均有益处。若被倭寇招去，如虎添翼矣。何不请清帅行之。”⑤

12 月 21 日（十一月二十五日）清廷发出电旨，批准驻扎在锦州的湖北提督吴凤柱招抚当地马贼。12 月 30 日（十二月初四）军机处明确电令吴凤柱招马贼十营，东联辽阳，西助宋庆。吴凤柱奉命先招了七个营，后又招了三个营，至 1895 年 1 月 17 日（十二月二十二日）完成了任务，所有新招十营的军饷由吴大澂先行借拨。2 月初吴凤柱留四个营守锦州，自己带兵速赴牛庄救援。

1895 年初，辽阳知州徐庆璋在其日记中写道：“辽海新交界于家子一带，有土匪抢劫行车，即派把总王瑞歧带队前往剿抚。若土匪可以收服，亦令归

① 盛宣怀档案资料选辑之三《甲午中日战争》上册，第 287 页，上海人民出版社 1980 年版。
② 盛宣怀档案资料选辑之三《甲午中日战争》上册，第 287 页，上海人民出版社 1980 年版。
③ 中国近代史资料丛刊续编《中日战争》第三册，第 2 页，中华书局出 1996 年版。
④ 中国近代史资料丛刊续编《中日战争》第六册，第 330 页，中华书局出版 1996 年版。
⑤ 盛宣怀档案资料选辑之三《甲午中日战争》上册，第 269 页，上海人民出版社 1980 年版。

队"，以"募足数营，齐备军械"，可"督队攻四面城，以断贼济。"①

3月2日，御史钟德祥上奏折说："顷闻奉天锦州一带地方，上年荒歉异常，加以倭贼所至搜掠，土匪继之，劫食一空，村聚穷民，菜色满路。自冬腊两月以来，田野已多饿殍。地方官吏为兵事所困，无力议及赈救。若更至三、四月青黄不接之时，必立见屯空村尽，言之痛心。"② 余虎恩在《上刘岘帅书》中也说："第关外近岁大荒之后，继以重兵，天灾流行，民不聊生。锦州等处盗风日炽，抢往劫来，所在都有。良善之家至鬻妻子为食，困苦流离，野有饿殍。有司不以告，长吏若不闻，政体尚堪问乎?"③

与此同时有人上书建议："即有真正土匪，亦宜招抚解散，收为我用。其人能耐苦，不畏死，精练枪械，熟悉地形，若能募以当倭，强于新募市人百倍"，只要"化莠为良"，就可"不费一兵而可安地方，不费一文而可增劲旅"④。

诚然，官方招抚土匪可使当地获得一时的安宁，但也在清军队伍中滋生了不安定因素。1895年3月，两江总督刘坤一在一份电文中指出，"吴凤柱新勇四营滋事，扰害逃走肆劫。此勇本出匪徒。"⑤ 清朝官员在论及出关各军时，也曾指出，"惟老湘五营实在奋勇当先，牛庄尤血战竟日，……恺字营闻警自溃，……凤字营徒招匪类，此次溃回，骚扰尤甚。"⑥

1895年春，当中日议和已成定局时，袁世凯上书李鸿章提出："伏莽之起，恐不旋踵，而各省防练诸军尤须先行调回，以资弹压。"⑦ 同年12月，在辽宁复州，有人建议办团练，再"通信四外，接团相固，……按时操演，以备御侮"⑧，以安定民心。

三

1895年3月，日本便将侵略的魔掌伸向了台湾省所属的澎湖列岛。就在澎湖甫破，民心惶恐之时，台湾土匪却乘机蜂起，"出城一里许，官眷行李即为土匪所夺。"⑨ 5月13日，"土匪劫台北仓库，焚衙署。……引倭人入台北

---

① 中国近代史资料丛刊续编《中日战争》第六册，第272页，中华书局1996年版。

② 中国近代史资料丛刊续编《中日战争》(二)，第462页。

③ 《普天忠愤集》卷六。

④ 中国近代史资料丛刊《中日战争》第五册，第180页，新知识出版社1956年版。

⑤ 中国近代史资料丛刊续编《中日战争》第三册，第14页，中华书局1996年版。

⑥ 中国近代史资料丛刊《中日战争》第六册，第340页，新知识出版社1956年版。

⑦ 中国近代史资料丛刊《中日战争》第五册，第219页，新知识出版社1956年版。

⑧ 中国近代史资料丛刊续编《中日战争》第四册，第436页，中华书局1996年版。

⑨ 中国近代史资料丛刊续编《中日战争》第十二册，第60页，中华书局出版1996年版。

府城。”[①] 6月，日军占据新竹，又思乘胜攻取大甲溪，后因种种因素限制而未敢进，但此时“土匪蜂起，呼啸成群，夜则四出行劫，日则伏匿山谷间”，这让日军看到了攻取大甲溪的契机。日人深知“土匪生长是乡，僻径狭途，必所稔识，彼辈所涎者金，可以啖之为我用”，于是“乃以多金啖土匪，果乐为之作前导，日军遂长驱而直入矣。”[②] 尽管大甲溪有徐骧、袁锡清、李惟义三位将领的驻守，但由于受日军贿赂的土匪“冒称日军袭惟义营”，而导致“前军哗传后营溃，自相惊挠，禁之不能止，势乃大挫”[③]，日军遂占据大甲溪。7月，在八卦山和彰化战役中，日军“乃仍啖土匪为前导，昏夜由僻径蛇形而上，匍匐而达山巅”，夺八卦山，“日以巨炮轰彰化城”[④]，而“彰化城中土匪树白旗降贼”[⑤]。在台南也是盗贼充斥，“为倭人内间，将引以登岸”。在土匪的帮助下，日军由枋寮登岸，尽管遭到了黑旗军的阻击，但由于土匪“为倭援，直犯黑旗军，……故倭兵登陆无顾忌。”[⑥] 在轰轰烈烈的台湾保卫战中，一部分丧失民族气节、惟利是图的土匪充当了日本侵略者的急先锋，成了台湾军民抗击日军的羁绊，破坏了抗日的大局。

与此同时，也有一部分土匪选择了同中国民众一道抗敌御侮。1895年5月，“台北陷敌后，各乡皆起兵自卫。是时，各地义军蜂起，揭竿以抗。日军所到之处，几乎步步都遇到强烈的抵抗。”[⑦] 陈舫、简大肚、张大猷三人“所部练勇多土匪”[⑧]。桦山资纪总督在致日本内阁总理大臣伊藤博文的电文称：“惟占领新竹之后，其附近土匪自称义民，出没于沿道山间，破坏铁路电线，或据于村落，妨害我军。”[⑨] 日本侵略军面对如此士气盎然的抗日义军，曾为之哀叹：“举凡新竹、台北间一带土地，若说它山河草木全是土匪，也未为不可。”[⑩] 7月，日军抵嘉义县，简精华、黄荣邦、林义成等土匪中巨魁“各率义民协助官军剿贼”。“简精华等随同黑旗连获胜仗，叠克苗栗、云林等县，进规彰化。”[⑪] 简精华虽为绿林，但他在台湾军民的抗日斗争中确有功绩。时人称：“时台兵军声颇起……盖自精华等受抚，义民矫捷可用，虽用土枪，能卧击，无虚发，且稔习地势，蓦山越涧，尤为长技，聚散前后，飙忽猱腾，

① 中国近代史资料丛刊续编《中日战争》第十二册，第147页，中华书局出版1996年版。
② 中国近代史资料丛刊续编《中日战争》第十二册，第469页，中华书局出版1996年版。
③ 中国近代史资料丛刊续编《中日战争》第十二册，第470页，中华书局出版1996年版。
④ 中国近代史资料丛刊续编《中日战争》第十二册，第471页，中华书局出版1996年版。
⑤ 中国近代史资料丛刊续编《中日战争》第十二册，第120页，中华书局出版1996年版。
⑥ 中国近代史资料丛刊《中日战争》第一册，第100-101页，新知识出版社1956年版。
⑦ 戚其章《甲午战争史》，第527页，人民出版社1990年版。
⑧ 中国近代史资料丛刊《中日战争》第六册，第344页，新知识出版社1956年版。
⑨ 中国近代史资料丛刊续编《中日战争》第12册，第213页，中华书局1996年版。
⑩ 转引自戚其章《甲午战争史》，第527页，人民出版社1990年版。
⑪ 中国近代史资料丛刊续编《中日战争》第12册，第120页，中华书局出版，1996年版。

每绕倭兵后路，倭人畏之。”① 他曾对自己有一番评估，他说：“曾聚众万余，以与日人为难。然仇者皆系日人，并未毒及清人，故日人虽目我为土匪，而清人则应目我为义民。况自台湾归日，大小官员内渡一空，无一人敢出创义，惟我一介小民，犹能聚众万余，血战百次，自谓无负于清。”②

10 月，当日军行至台南二层溪时，郑清所率领的义民伏击日军。“郑清者，本凤山绿林豪，其侪七百，应刘帅募来谒，不愿受饷，愿杀敌，领一军守凤山路。至是，遇敌骑踊跃伏而击之，杀十数人。”③ 据日方记载：“敌军潜伏在甘蔗地里，待我军开来，突然自十数米处射击。部分敌兵退至二层行村头，以民房为地物，顽强抵抗我军。我尖兵一个小队在正面和侧面受敌，交战片刻。前卫又派两个尖兵小队到左右两翼，合力射击甘蔗地里的敌军。遂扫荡了敌军，进而到二层行溪，猛烈射击河对岸的敌军。但敌军顽强不动，枪声益烈。”④

刘永福

由于部分土匪的突出抗敌表现，土匪成了台湾官方招募的对象之一。在新竹战役中，台湾官方为了增加抗日的力量，纷纷招募土匪。云林县罗汝泽亦在“路多土匪”的家乡募军，“应募者多绿林亡命徒，视倭蔑如也。”⑤ 当彰化城陷后，“四处地痞、土匪复起，云林尤甚，有欲掠入县署者”，刘永福部将王德标于是将台南运来的六千饷银分寄练勇头目陈舫、简大肚、张大猷三人，“人各二千，大军至听用。”⑥

在提督刘永福被迫退回厦门后，“民众、土匪血战者五越年。糜无尽英毅之驱于炮火刀戚之中而无名、无功”⑦。

1896、1897 年之交，伏莽“斩木揭竿而起者处处皆是，日军到辄散，去辄聚，剿杀则不惧，招诱则不信，治之无术”，于是日本“颇重视台湾人街

---

① 姚锡光：《东方兵事纪略》，中国近代史资料丛刊《中日战争》第 1 册，第 105 页，新知识出版社 1956 年版。

② 中国近代史资料丛刊续编《中日战争》第 12 册，第 376–377 页，中华书局 1996 年版。

③ 中国近代史资料丛刊《中日战争》第六册，第 347 页，新知识出版社 1956 年版。

④ 《日清战争实记》，中国近代史资料丛刊续编：《中日战争》第 12 册，第 642 页，中华书局 1996 年版。

⑤ 中国近代史资料丛刊《中日战争》第六册，第 340 页，新知识出版社 1956 年版。

⑥ 中国近代史资料丛刊《中日战争》第六册，第 344 页，新知识出版社 1956 年版。

⑦ 中国近代史资料丛刊《中日战争》第六册，第 331–332 页，新知识出版社 1956 年版。

长、庄长，以招徕‘土匪’，稍稍收效矣。”① 不过四方土匪仍乘战乱之际“竟借大坪山名，到处剽掠”②，于是日人白井子澄建议以怀柔手段招抚土匪，得台湾总督府同意后，白井子澄至斗六署，“集文武官议挟街长及各庄长并官吏……同行至大坪顶”，“议给匪首金，俾安生业，……往返三次，于是抚事成。”③ 而等待这些被抚之人的最终结局却是被处死。

① 中国近代史资料丛刊《中日战争》第六册，第 364 页，新知识出版社 1956 年版。
② 中国近代史资料丛刊《中日战争》第六册，第 365 页，新知识出版社 1956 年版。
③ 中国近代史资料丛刊《中日战争》第六册，第 367 页，新知识出版社 1956 年版。

义和团运动时期的天津土匪①

土匪是近代中国社会的一大顽疾，给我国人民带来了深重的灾难，阻碍了中国社会的近代化。近年来学术界对于土匪史的研究成果丰硕，对其产生的背景、原因、性质等问题，进行了深入的探讨。对土匪问题的研究是伴随着20世纪80年代中期以来社会史研究的复兴而发展起来的，主要著作有英国学者贝思飞的专著《民国时期的土匪》，国内关于土匪史的著作有蔡少卿的《民国时期的土匪》，邵雍的《民国绿林史》、《中国近代绿林史》。另外学界关于土匪史的论文及专著也不胜枚举。通常定义的"土匪"指"以聚众抢劫为生，残害人民，或者窝藏盗匪，坐地分赃的分子。"② 霍布斯鲍姆认为"从法律上说，任何一群以暴力从事抢劫和袭击活动的人就是土匪。从那些在城市街道拐角处抢夺钱财者，到有组织的、尚未被官方认定的起义者和游击队员，均属此列。"③ 蔡少卿主编《民国时期的土匪》中对土匪进行分类。本文只是对土匪问题作阶段性论述，因而本文所指土匪主要是指蔡文中暂时性匪帮。④

义和团运动是一场伟大的反帝爱国运动，兴起于直鲁两省交界处，延及京津保，并在这里形成高潮，它作为一次自发运动，没有形成强大的领导集团和强有力的作战指挥体系，因而失败是难免的。社会秩序紊乱是土匪产生的直接根源，天津是义和团时期直隶总督驻地所在，义和团时期的天津是匪患深重的地方。目前学术界关于义和团时期的土匪运动特点少有论及，笔者不揣浅陋，作此拙文就教于方家。

一、缺乏先进阶级的领导催生抢劫乃至土匪行动

义和团运动是本质上是一场政治突变。帝国主义的入侵和封建统治出逃，使国家权力陷于真空，各种社会力量交错使整个天津及其周边地区陷于混乱，

① 本文作者为王成。

② 《辞海》，第439页、第1353页，商务印书馆1988年版。

③ E. J. Hobsbawm：*Bandit.*

④ 蔡少卿：《民国时期的土匪》，第4-8页，中国人民大学出版社1993年版。

光怪陆离，一片末日来临的群魔共舞情景。“混乱与抢劫主宰着一切”,① 义和团源于没有组织和固定领导的白莲教，流民是义和团的主要来源。② 实际上流民是社会生活最不安定者，当他们为饥饿所迫濒临绝境时就会越轨犯禁，为盗为匪，给社会秩序以冲击。据外国人记载，“天津城实际上在义和团与暴徒的掌握中，他们烧毁教堂并且迫使官吏在街上下轿。”③ “我们在阵地上还没有多久，就听到远处一阵低沉的吼叫声，这是从中国暴徒中发出的声……人群一面前进，一面散开，一小股一小股地走进所有的房屋里，在抢劫值得抢的东西，并且赶走不幸的主人之后，就纵火把这些房屋烧毁。”④ 义和团运动中，土匪杂行其中一方面抹黑了义和团的形象，另一方面也是义和团自身弱点暴露所致。

因为义和团进入天津后，对内对外斗争都更加尖锐了，而义和团成员也进一步复杂化，有些土匪冒充其中，这些都对义和团的纪律产生了消极作用。“城中自有团匪以来，焚杀任意，抢掠之禁。甚至抢衙署，劫监狱，无人问。是以素不安分之徒设坛附和，或仿效装束，鱼肉良善，人人思乱，不复知有法纪矣。”⑤

二、各种社会冲突集中爆发导致社会秩序严重失控

集团利益是社会冲突的原因之一。义和团运动时期各种矛盾冲突集中爆发，使社会暴力频发，土匪行径成为宣泄不满的重要渠道之一。有教民冒充拳民进行抢劫并嫁祸于义和团。“直北一带，天主教民往往效拳服色，四出行劫。被获者，自称义和团，则地方官即刻释之。”⑥ 在社会大剧变，暴力冲突频发的大背景下，昔日作威作福的官吏也不得不仰仗外国势力以防土匪的报复。饶阳县知事汪宝树在被革职后就在写给朋友的信中要求其转告美国提督，“交卸后，因从前与各境盗匪、拳匪结有深仇，势不能不将所有洋枪雇勇携带，以资保卫。又恐行近贵处，遇见洋兵诸多不便。如能求贵提督赐以贵国旗一杆，则幸甚矣。”⑦

---

① ［俄］德米特里。扬契维茨著:《八国联军目击记》，第146页，福建人民出版社1983年版。

② 胡绳:《义和团运动的兴起和失败》,《近代史研究》1979年第1期。

③ 天津社会科学院历史研究所编:《八国联军在天津》，第20页，齐鲁书社1980年版。

④ 《八国联军在天津》，第24页，齐鲁书社1980年版。

⑤ 《天津一月记》，转引自义和团运动史研究会编:《义和团运动史论文选》，第244页，中华书局1984年版。

⑥ 《天津一月记》，转引自义和团运动史研究会编:《义和团运动史论文选》，第245页，中华书局1984年版。

⑦ 《义和团史料》上册，第448页，中国社会科学出版社1982年版。

社会秩序失控使天津成为土匪的乐园。1900 年 6 月 14 日，“九点钟微雨滴滴不住，枪炮之声皆止。运署及津道署库银被土匪与洋人抢掠一空。”① 李鸿章在给樊国樑的信中认为，“以雄县所属王家场地方有拳土等匪，日聚日多，仍以仇教为名，致使教户纷纷逃避，请饬梅军剿除。”李鸿章在此将土匪与义和团相提并论，一方面可见土匪与义和团存在一定的渊源，另一方面也可见土匪之势烈。② 实际上李鸿章的担心是无不道理的，《庚子随行简记》中写道：“……各地段的警察管区，在他的管区内准许设立赌局和烟馆，警察在暗拿保险费。至于暗娼到处都有，中外国人任意的狂嫖滥赌，土匪到处抢劫，暗无天日。”由此可见，土匪与赌局、烟馆、娼妓成为当时社会顽疾。③ 1900 年 7 月 18 日杨慕时在上李鸿章书中也说道：“自赵、何、刚三大臣出京，而拳会之势不可遏矣。近于天津武库之军械，督署之饷银，街市之铺户抢劫一空，纷纷饱载而去。”④

土棍是天津地痞流氓。“丁字沽土棍，与穆家庄土棍，素有仇嫌，前会联名诬控，未蒙准理，心中愈觉忿恨。……丁字沽土棍等，勾结三义庙、老君堂、梁家嘴、姜家井等处拳匪约千余人，将穆家庄围住。远则用洋枪轰击；近则用刀剑残杀，该处居民，无敢抵御，被焚者数十家，人亦有死者。彼等仍以该处洋人通气为词，意欲剿洗净尽，藉报私仇。并将回教清真礼拜寺对厅南北讲堂焚烧。”由此可见，在义和团运动时期，土棍时而与教会势力合流，时而冒充义和团为害百姓，形成了一股事实土匪集团。因为丁字沽土棍与穆家庄土棍平时有仇，丁字沽土棍就以穆家庄与洋人勾结为名，于 1900 年 6 月 10 日洗劫了该庄，并顺带袭击了回族的清真寺。这种暴力行动毫无组织性、纪律性，因为他们大部分都是打着义和团的旗帜，因而造成了社会各界对于义和团的误解与不满，没有能够最大限度地团结广大民众，尤其是少数民族的群众。⑤

锅匪是土棍的一种，市井游民同居伙食，又称锅伙，自称混混儿、混星子，结党成群，愍不畏死。义和团就混入了许多混混儿，他们纷纷招集子弟设立坛口。因为混混儿类似流氓无产者，加之平素惯于劫掠，义和团运动中多表现为抢掠财物，趁火打劫。如天津西南著名锅匪王春甫，“在范庄召集子弟，设坛惑众，遇难民带有洋元者，即谓代洋人买物，立行杀死，受其害者，不知凡几。失城后，携带财物，遁迹山东。”⑥ 又如天津锅匪朱某于其家立坛，他的 4 个儿子“尽充团长师兄，始则割断电线，折毁铁路，继则劫开牢狱，

---

① 中国近代史资料丛刊《义和团》（二），第 42 页，上海人民出版社 1957 年版。
② 《近代史资料》专刊，1959 年 32 号，第 35 页。
③ 《近代史资料》专刊，1957 年 5 号，第 17 页。
④ 中国近代史资料丛刊《义和团》（四），第 354 页，上海人民出版社 1957 年版。
⑤ 中国近代史资料丛刊《义和团》（二），第 35 页，上海人民出版社 1957 年版。
⑥ 中国近代史资料丛刊《义和团》（一），第 279 页，上海人民出版社 1957 年版。

放走罪囚。及至城破，抢掠运库典铺。”①

三、帝国主义势力的支持使土匪愈加猖獗

一些土匪在帝国主义及其先锋队传教士的支持下有恃无恐，加之清政府出逃西安，整个京津地区处于土匪的世界。不可否认，近代以来每次侵略活动都有内奸祸害人民，传教士与土匪狼狈为奸，令形势雪上加霜。保定的闫村和安家庄虽然没有受到洋人的直接入侵，但教会招集大量土匪，“筑垒掘壕，操练枪礮，时常四出焚杀劫掠……外与洋兵响应。”② 土匪有了帝国主义及教会的支持气焰更加嚣张。

土匪与教会合流最根本的动力在于利益的驱动。两者结合的过程中，秉性恶劣的教民们往往成为两者合作交流的桥梁，成为土匪与教会结合的黏合剂。静海县刘左庄子清兵捉拿土匪，土匪投靠教民吴三坏。吴三坏因为有了法国人的支持，清军一时居然拿他没有办法，最终是英国人支持的石三出面才解决了事。③ 从这个事例不难看出，土匪往往寻找教民作为自己的靠山，而站在这些教民背后的又是他们的帝国主义主子。有些土匪则是直接冒充洋兵以寻求庇护。④

值得注意的是，侵略军在天津城内无恶不作，罪恶滔天，而各国所采取的方式是不一致的。各国对于天津战后如何安排看法并不一样，“闻津城未陷之前，各国联军会议，有主张得城后，即屠城无遗者；有主张严行杀法（伐）者。独日本兵官主张剿捕乱匪保护商民，英兵官及俄提督均赞成，议遂定。”⑤ 多数国家主张大肆杀戮甚至是屠城。只有日本主张剿灭义和团和土匪，保护商民。联军最后决定接受这一建议，对于土匪控制起到了一定的积极作用。进入北京城后“不数日，而日本安民告示张贴，旋即禁土匪抢掠，禁洋兵入室告示张贴。”⑥ 从这个意义上来说帝国主义在天津对待土匪的政策对于其进入北京城内有一定的参考作用。可惜的是强盗终归是强盗，这种参考作用只能是在极小的范围内起到了一定作用。正如清皇室成员奕谟所言：“城中各大老宅，有被洋兵搜抢者，有被土匪抢尽者，有洋兵入人家仅拿有限东西而土匪随之大加抢掠者。”土匪与洋兵上演了一幕幕趁火打劫的人间丑剧。⑦

都统衙门的建立对于遏制天津土匪的气焰起到了一定作用。侵略军在占

① 中国近代史资料丛刊《义和团》（一），第279页，上海人民出版社1957年版。

② 《八国联军目击记》，第260页，福建人民出版社1983年版。

③ 《近代史资料》1963年3号，第149页。

④ 中国近代史资料丛刊《义和团》（二），第96页，上海人民出版社1957年版。

⑤ 中国近代史资料丛刊《义和团》（二），第47页，上海人民出版社1957年版。

⑥ 近代史资料专刊《义和团史料》上册，第379页，中国社会科学出版社1982年版。

⑦ 近代史资料专刊《义和团史料》上册，第380页，中国社会科学出版社1982年版。

领天津后实行分区占领并采取了一些措施企图控制匪势。虽然取得了一定效果，[①] 但总体上来说，没有改变社会混乱的态势。实际上，各国军队带头抢掠的行径大大增加了社会的不稳定性，他们的行径比当时的土匪有过之而无不及。“每日洋兵串行街巷，携带洋枪，三五成群，向各家索取鸡鸭西瓜鸡蛋等物，稍不如意，即开枪轰击。并搜抢首饰洋钱时辰表等件，翻箱倒匣，不堪其扰，稍一阻止，即动手伤人，或竟开枪轰击，有被击死者。”[②]

四、义和团失败一些团员被迫离家为匪，势成骑虎

侵略军占领天津后，“时各县教民藉洋兵势力报怨寻仇，无不鸱张横行。而黠民之先当拳匪者，遂不敢回家，亦结党劫掠。洋兵搜剿，玉石不分。……其有义和巨匪扰害族戚及强盗杀人者，惧不敢归。”各县教民借洋兵势力报复原义和团。这使得那些参加过义和团的人不敢回家，于是只得三三两两干上了土匪的勾当。剿匪过程中由于各防营先经各国划居边界，土匪们此拿彼窜，或藏山谷，或匿村庄，这给当时负责剿匪的官吏带来了诸多不便。难怪当时负责剿匪的清直隶布政使周馥感叹道：“山有盗，野有匪，城有洋兵，何时是化日光天气象；档无册，房无书吏，全凭我空拳赤手指挥。”[③]

李鸿章在复樊国樑的信中描述当时形势时说道：“以雄县所属王家场地方有拳土等匪，日聚日多，仍以仇教为名，致教户纷逃避，请饬梅军剿除等语。”[④] “只以上年被兵剿杀，习拳者死伤大半，其余多已逃之不知下落，或附入盗匪之中。”[⑤] 由此可知，土匪在义和团失败以后很长一段时期成为义和团员避难方式的一种选择，这就是蔡少卿先生所说的社会土匪。这些土匪要么抢劫要么公开抗拒官兵追捕，这不难看出他们已经成了末路英雄，只有一条路走到黑。于是华洋合剿成为统治者的一种选择，他们一方面用武力对胆敢继续顽抗者以痛击，另一方面又下令招抚以减轻剿灭成本。[⑥]

义和团运动时期，社会规范受到前所未有的挑战，国家权力中心一度缺失，社会秩序紊乱，各种越轨行为频发而得不到约束。义和团运动后，中外合流成为定势，帝国主义企图通过惩戒义和团，杀鸡儆猴，给那些胆敢反洋的人以颜色，又使许多参加义和团的人有家难归不得已走上土匪的

---

① 《义和团运动史》，第 161 页。

② 中国近代史资料丛刊《义和团》（二），第 47 页，上海人民出版社 1957 年版。

③ 近代史资料专刊《义和团史料》上册，第 415 页，中国社会科学出版社 1982 年版。

④ 《近代史资料》32 号，第 35 页。

⑤ 《近代史资料》32 号，第 46 页。

⑥ 中国近代史资料丛刊《义和团》（二），第 121 页，上海人民出版社 1957 年版。

道路。具体到天津，“八国联军入津以后，由于天津总督裕禄和各级中国当局以及最有势力的中国人都跑了，中国地界便成为无人管理的、无秩序的、无防卫的城市了……甚至中国人自己也抢劫那些无主的房子了。”① 土匪在乱世既能庇护身家又能为较为轻松地获得社会财富。如果说可怜之人必有可恨之处，那么从另一角度来说可恨之人又有可怜之处。近代中国社会权力中心缺失，老百姓颠沛流离，人身安全难以得到最起码的保护。帝国主义视中国人为草芥，大清帝国的皇帝出逃西安，义和团虽然出发点是好的，但只能愚弄百姓，教民们为虎作伥，因而人民生活在水深火热之中。从义和团起中国近代匪患的一个高潮很快来到是不难理解的。没有人天生想做土匪，一个人如果无法维持最基本的生存空间，那么他做任何“过激”的事情都不过激了。

人们参加土匪或者是抢劫并不一定都是为非作歹，有些人的临时性土匪行动只是奋力一搏，求得最后的生存机会。贝思飞认为，贫穷和饥饿是人们走向非法之途的强大动力。② 1900 年6 月4 日，“各处居民人等，将盐坨所屯之盐肆行抢掠，官兵莫能阻止。”③ 6 月 15 日早，“肉市口承庆当铺被抢，当经洋兵击死多人，而依然抢掠不能阻上。午后当铺亦被抢。”④ 人们洗劫盐铺、当铺等虽遭到镇压，但“依然抢掠，不能阻止”。

1900 年北京民间抢当铺

① 《八国联军目击记》，第 245 页，福建人民出版社 1983 年版。
② 徐有威等译：《民国时期的土匪》，第 25 页，上海人民出版社 1992 年版。
③ 中国近代史资料丛刊《义和团》（二），第 29 页，上海人民出版社 1957 年版。
④ 中国近代史资料丛刊《义和团》（二），第 43 页，上海人民出版社 1957 年版。

权力中心也企图控制局势，比如清政府为了防止土匪抢劫也曾设立铺民局，派人巡查，但大沽炮台的失守及清军丢失天津使之难以维持。[1] 土匪不是一种孤立的社会现象，它必然要与其他各种社会现象发生这样或者那样的联系。义和团运动时期的土匪活动是一幅乱世写真，它与当时的社会背景有着千丝万缕的联系。

① 中国近代史资料丛刊《义和团》（二），第16页，上海人民出版社1957年版。

袁世凯与十九、二十世纪之交的华北剿匪

——以《袁世凯奏议》为中心

十九、二十世纪之交中国大地风云突变，烽烟四起，清朝政府内外交困，乱相迭出，接近崩溃的边缘。而这时确是袁世凯得到迅速发展的时期，从1899年担任山东巡抚，到1901年担任直隶总督、北洋大臣，袁世凯很快接近清朝最高统治集团。而在此前后他在山东、直隶、热河等地的剿匪，是他政绩的一个重要方面。但长期以来，一直没有得到应有的重视，没见有专文研究。另一方面，对中国近代土匪史而言，这段时间也是语焉不详。拙著《中国近代绿林史》虽对这一时段的直隶、山东土匪有所描述，但分量较少，而且直隶没有1900年以后的材料，山东缺少1901年到1905年的材料。[①] 有鉴于此，笔者以《袁世凯奏议》为中心，重构袁世凯华北剿匪的历史场景，以期对十九、二十世纪之交的时局有一更深的认识，从而把袁世凯的研究引向深入。

一

在1899年12月袁世凯出任署理山东巡抚之前，虽然担任过“驻朝总理交涉通商事宜”、浙江温处道、负责天津小站练兵等职，但总体上尚未直面大规模的土匪暴乱。袁世凯处置土匪的对策、措施是在实践中得出来的，并在剿匪实践中得到了较好的检验。

在袁世凯看来，鲁西南“兖、沂各属，边境皆山，人迹罕到，最易藏垢纳污。”兖州、沂州、东昌三府“界连江南、直，豫，盗风素炽，盐枭、马贼出没靡常。溯咸丰、同治年间以来，拿获情重盗匪，均经历任抚臣奏准，就地惩办。”1898年10月钦奉懿旨，嗣后除土匪、马贼、会匪游勇情节较重者，仍准就地正法，其余盗案，一律改归旧制。旋因曹州、济宁伏莽尚多，盗风未息，其凶暴情形，与游勇马贼无异。复经山东巡抚毓贤奏请，将曹济两属盗案，罪应斩枭之犯，由州县讯明，通禀抚臣察核情节，批饬该管道府提审，

① 参见《中国近代绿林史》第62-63页、第68-70页，福建人民出版社2004年版。

清代山东响马

取具确供，禀请就地正法，仍按季汇奏，得到朝廷的同意。①

1899 年，“费、滕、泗水、宁阳一带，盗贼枭匪勾结滋扰，饱掠民财，动辄抢劫数十家，复敢掳人，逼胁入伙，有不愿随从者，割其两耳，非理凌虐。每遇官兵往拿，公然拒敌。同伙中拒捕退后者立杀二三人，俨如军令。又有分哨、分棚、号衣、队目，群呼匪首为总爷，凶悍猖狂实与土匪无异。居民受其荼毒，日不聊生。”②

1899 年夏秋以来，“济、东、泰、武、临各属，多有不逞之徒，呼啸成群，揭竿倡乱。小者劫掠绑赎，大者拒伤官兵，日以蔓延，势殊猖獗。”年底袁世凯接任山东巡抚之后，各属抢劫案件，层见叠出，“分拨营队驰逐弹压，剿抚兼施”，情况有所好转。③ 但 1900 年 4 月 8 日袁世凯在奏折中承认：“近今盗匪百十成群，携带洋枪等械，劫掠村舍，掳人勒赎，放火杀伤事主，甚

① 《兖沂东昌拿获情重盗犯请就地惩办片》（光绪二十六年三月初九日），《袁世凯奏议》上，第 97–98 页，天津古籍出版社 1987 年版。

② 《兖沂东昌拿获情重盗犯请就地惩办片》（光绪二十六年三月初九日），《袁世凯奏议》上，第 98 页。

③ 《汇保山东迭次剿匪出力各员折》（光绪二十七年十月初三日），《袁世凯奏议》上，第 353 页。

至拒敌官兵，愍不畏法，习为故常。”为此他多次要求各级政府整顿缉捕，实力查拿。经该地方文武员弁分投搜捕，迭有弋获。袁世凯认为“若仍照例解勘，动需时日，不特长途疏脱勘虞，即使解至省监，设或病毙，不能在犯事地方正法，转致幸逃显戮，殊不足以昭炯戒而遏乱萌。……拟请嗣后兖、沂、东昌三府所属，拿获情重盗匪盐枭，罪应斩枭斩决者，援照曹济章程，审明后，禀准就地正法，按季汇奏。一俟盗风稍息，再请一律规复旧制。”① 根据这一奏折，整个鲁西南三府一直隶州加上东昌府的司法终审权就落到了袁世凯的手中。

1900 年东昌府聊城县蒋官屯著匪李曰俊被官府缉获监禁，其族众屡央教民赴县保释，教民不允。适匪伙季怀株等自外带回，因纠约外匪多人，于次年 2 月 25 日夜间，赴小店子庄掳架教民赵文林等 3 人，送至李曰俊家关禁，希图挟制抵换。东昌府知府洪用舟闻报，立饬哨官郝廷壁带队，会同署聊城县知县曹和浚于 26 日驰往查办，进庄包围李宅，谕令麇聚的匪众缴械投首，释放教民。不料“该匪等恃众不遵，逞凶抗拒。先将郝廷壁击伤”，后又在分股突围时“将曹和浚拒伤坠马，身受枪刃，重创数处”，3 天后伤重不治。在交战中，快役张连升被杀，多名丁役受伤。悍匪季怀株等 5 名被当场格毙，王钰林被俘虏，余匪窜逸。后经严缉，姜西朋、僧人觉江等 19 人被捕，“各据供认起衅前由，并临时拒捕戕官等情不讳。已批饬照土匪例，分别从严惩办。”②

1901 年 1 月 29 日袁世凯上奏称：“济南、武定、临清等属界连直隶，向系盐枭、马贼出没之区，加以本年（1900）夏秋之际，军务吃紧，各处匪徒乘机蜂起，势如燎原，劫掠勒赎，放火杀人之案，几于无处不有，虽经随时扑灭，严加惩创，而盗风迄未稍息。且省东登州、莱州、青州地处海滨，素称静谧，自租界既辟，铁路兴工，而外来无籍游民借口谋充工作，实则结伙为盗，缉捕不免窒碍，抢劫多于往时，其凶暴情形，殊与土匪无异。似宜量为变通，方足以靖闾阎，而消隐患。……应请嗣后东省登州、莱州、青州、济南、泰安、武定、临清等府州所属，拿获情重盗犯，罪应斩枭、斩决者，于讯明通禀后，即由该管府州提审，其直隶州案件由道审办，取具确切供词，禀臣核明情真罪当，批饬就地正法，按季汇奏，洵于地方捕务有裨。一俟盗风稍戢，即当奏请仍复旧制。”③ 这一请求也获朝廷批准。这样袁世凯就顺理

① 《兖沂东昌拿获情重盗犯请就地惩办片》（光绪二十六年三月初九日），《袁世凯奏议》上，第 98 页。

② 《聊城县知县曹和浚捕匪被戕恳恩议恤折》（光绪二十七年四月二十四日 1901 年 6 月 10 日），《袁世凯奏议》上，第 289 页。

③ 《济南等属拿获情重盗匪饬令禀请就地正法片》（光绪二十六年十二月初十日），《袁世凯奏议》上，第 249 页。

成章地掌握了整个山东省的司法终审权。他认为山东“民俗强悍，伏莽素蕃”①，必须快刀斩乱麻，乱世用重典。

但是一个省的社会治安又是与邻省的社会治安密切相关的。1900 年夏义和团运动在津、京地区进入高潮，列强组织八国联军进行武装镇压。7 月 14 日八国联军攻占天津后，“直境之选团、溃勇，纷纷东窜，纠结煽惑，内外勾连，狂焰复张，到处响应，几于遍地皆匪，防不胜防。”虽经山东巡抚袁世凯随时派队分投遏击，屡有斩获。但还是“此拏彼窜，倏散忽聚，办理实棘手异常。甚或拒捕戕官，如济阳一役，委员候补知县查荣绥、聊城一役署知县曹和浚，均因剿匪捐躯，肢骸残毁。德州一役，匪众竟敢黄夜袭击官兵，伤亡弁卒至百余员名之多，贼氛之炽，俨成巨逆。”

“武定各属与直境盐山、庆云等县，犬牙相错，该各县素为盐枭、马贼萃集之区”。1900 年夏“因直省兵力难分，不敷巡缉，以致匪徒麇聚，众且数万，四出扰害，民不聊生。并有著名股匪黑牛王者尤极凶狠，屡至东边窥犯，动辄焚杀数百家，武定属邑，蹂躏殆遍。又其甚者，阳信县之城池，竟被匪袭踞。蒲台县之关厢，竟被匪焚攻。而青城海丰以及泰安府属之平阴等邑，皆将县城围困，警报告急，旦夕纷来。”在滨州、青城境内有匪首崔日永、徐立疆等竖旗号召，数逾万人，出没于黄河两岸蒲台、新城、高苑、临邑数县之间。“省垣密迩，为之震动。”“其余各州县，凡遇有匪蠢动，多则数百人为一股，少则数十人为一起”②。

袁世凯认为“若非事先预防，及时戡定，则直境股匪，将与东省熔成一片，不旬月且与江苏票匪相合，燎原之势一成而东省糜烂，东省糜烂，而大局亦相随糜烂矣。况东省教堂林立，路矿纵横，如匪徒焚毁过多，不但难于赔偿，且虑口实贻人，后患愈大。”于是袁世凯密筹布置，叠饬副将张勋带所部驻防海丰，守备孟恩远带所部驻防乐陵，总兵龚元友等带所部分防运河，截其来往之路，使直东各匪，不能联合一气。“副将张勋复不时出外援剿，大小十余战，毙匪千余人。尤得力者为攻克阳信据城之匪，袭击蒲台关厢之匪，皆系大股悍党，且多积年渠魁，如王虎（即王三）、金玉胜、王文升、魏青峰等悉数就歼，无漏网者，并拔出难民，起获旗帜、枪械、牲畜无算。孟恩远亦在乐陵一带，叠与匪持，擒馘亦夥。嗣是直境股匪，不敢再越东境。而德州、恩县之交，匪聚数股，盘踞运河要冲之四女寺，肆意剽劫，运道梗阻。当派龚元友及都司曹锟、吴凤岭等各带所部会合殄灭，运道始通。”袁世凯还叠派副将王世清，同知雷震春、徐际鸿，知县徐寿彭、陈毓崧，千总裴家兴

① 《汇保山东迭次剿匪出力各员折》（光绪二十七年十月初三日），《袁世凯奏议》上，第 353 页。

② 《汇保山东迭次剿匪出力各员折》（光绪二十七年十月初三日），《袁世凯奏议》上，第 353-354 页。

等分带营队驰往滨州、青城一带击剿，不过两旬，匪魁授首，诸股悉平。”其他各地也是严密防遏，合力驱除，解散其胁从，惩拿其首要，先后戡平匪徒大小不下七十余股，“清腹地之骚扰而力保饷源，通南北之咽喉而慎护电线。”袁世凯还乘胜前进，“复派张勋督率马步炮队，越境往剿盐、庆各匪。先攻黑牛王老巢，该副将腿中枪弹，洞穿左股，尤复裹创力战，一鼓平之。继又将盐山小丰家总匪巢攻破，邻匪一律荡平。”① 从而使山东治安得以基本好转。

1902 年，山东巡抚周馥以胶澳划界，路矿繁兴，青潍之间，俨成重镇，奏调提督梅东益统领各军，办理一切。当时日照厉用九以仇教为名，兖、曹两镇剿抚俱穷，梅东益率部进驻后指授机宜，浃旬大定。英国蓝皮书亦称梅东益为中国武将中有卓识之员。②

二

天津、河间两府为山东直隶接壤之区，枭盗出没靡常，最称难治。1886 年直隶总督李鸿章命清军将领梅东益统乐字全军驻扎沧州一带。梅东益悉力巡防，拿获抢劫巨犯数百起，搜除匪巢数十处。其中山东海丰县五营村昆连直境，向属盗薮，梅东益乘元旦雪夜，料贼众回家度岁，亲督弁勇，出其不意，兜剿靡遗。如此这般直东之间赖以安堵者逾二十年。1891 年梅东益因随军剿平热河教匪有功，以提督记名简放。

1899、1900 年间，梅东益统领淮练各军仍驻沧州，分巡天津、河间两府各州县。当时土匪蜂起，沧州前后左右，无一净土，加以京津沦陷，马步二三十营挤溃南下，士民惊怖，哭声震野。同时南皮县潞灌等处，匪首朱紫垣等又纠聚数万人竖旗揭竿，谋为不轨。当时“不逞之徒，乘机构煽，揭竿并起。重以溃团、逃勇、土匪、盐枭与夫海洋之巨盗，边外之马贼，纷纷扰攘，四出横行，劫掠焚烧，恣意尽戮，阖境糜烂，几无完土。虽经直隶总督李鸿章派军分头击剿，连战数月，贼氛稍戢，而根株未净，伏莽犹蕃，出没靡常，勾结为患，此拿彼窜，动淹岁时。直至各属之联庄团会概行解散，民间之私藏军火悉令缴还，而漏网之匪徒，跳梁之小丑，犹不免伺隙蠢动，致有重烦兵力之处。”③

1900 年 12 月 16 日，沧州驻防旗人傅官竟率领土匪多人闯入科房并萧曹庙公所，将征存地丁钱粮银一千二百两并地粮京钱二百余吊同什物抢掠一空。

---

① 《汇保山东迭次剿匪出力各员折》（光绪二十七年十月初三日），《袁世凯奏议》上，第 354–355 页。

② 参见《袁世凯奏议》下，第 1236 页。

③ 《直隶防军迭次剿平拳土各匪汇案择尤请吏折》（光绪二十八年九月二十二日），《袁世凯奏议》上，第 658–659 页。

商作霖饬派将傅官拿获归案。袁世凯认为“查该犯傅官凶暴众著，法无可宽，……乘乱抢劫，经商作霖讯明正法，并无别故。……地方官惩办土匪，情真罪当，似无须佐领具结。”①

袁世凯认为，在这种形势下，“措置稍一失宜，外人将藉口剿匪，愆期退兵，非特和议难成，且恐势愈蔓延不可收拾。”梅东益计诱渠魁王之臣等至城下聚歼之，其幸逃法网者，则至州南七里淀邀击之，余匪得以星散。回营后，复简汰溃勇，编配成营，弱者缴械遣归，黠者立置军法，旬日之间，民皆安堵。② 梅东益一军在两年多时间内转战畿南北之地，大小数十战，“叠次剿平大城、文安、霸州、定兴、雄县、涞水、任邱、吴桥、景州、沧州、南皮、盐山等处之匪。此外，署天津镇总兵章高元，剿平景州、故城、宁津、东光、吴桥、南皮、青县、静海等处之匪。正定镇总兵董履高，剿平安平、深泽、定州、曲阳、高邑、晋州等处之匪。通永镇总兵李安堂，剿平大兴、三河、昌平、顺义、怀柔等处之匪。大名镇总兵何永盛，剿平永清、固安、新城、雄县、容城、任邱、宁津等处之匪。宣化镇总兵何乘鳌，剿平口外及本境各属之匪。统领新盛军记名提督郑才盛，剿平深州、冀州，衡水、枣强、武强、新河等处之匪。统领淮军毅字营记名总兵郭学海，剿平宝坻、三河、香河、通州、宁河、武清、东安、永清、固安等处之匪。多伦诺尔协副将胡金元，击走地里井子等处之匪。统带常备军马队记名总兵吴凤岭、统带练军马队补辟参将孟恩远、管带巡警队候补直隶州知州赵秉钧，会剿祁州、博野、蠡县、清苑、饶阳、安平、深泽等处之匪。”③

由于八国联军划界驻津，清军不敢越界剿匪，因此顺天、保定负固之余党，盐山肆掠之回匪，乘机蠢动，势将复燃。梅东益迅与外人商定，部曲往来，毫无阻遏，土匪得以一律肃清。

1901 年夏直隶藩司周馥到任，当时附近省城一带义和团势力尚存，而朝廷初定 9 月 1 日为回銮之期。为了确保回銮安全，防止愚民煽惑愈众，扑灭愈难，周馥采取变通措施，一面著为帖说，派遣直隶州曹景邱、知县陈友璋等日赴各处，分给免死牌，以解散胁从，化莠为良；一面商调各军力加搜捕，自秋及冬匪势渐戢，腹地渐安。后又各州县清查保甲，各营队严防地面。遇有劫案随时捕获。周馥此举引来了统治集团内部一些人的非议，他们以受抚“匪之黠者反以此为护身符，不知感激，益肆骄横，或虽得免死牌而劫掠如故”为由进行发难，指责周馥“素不知兵，恇怯无能，一味主抚”，“养痈贻

① 《袁世凯奏议》中，第 669 页。

② 《袁世凯奏议》下，第 1235 页。

③ 《直隶防军迭次剿平拳土各匪汇案择尤请吏折》（光绪二十八年九月二十二日），《袁世凯奏议》上，第 659-660 页。

患”，“以至盗风未息，民不聊生”①。袁世凯接到要求彻查的上谕后，在1902年3月28日奏报中极力为周馥辩护，他的最后结论是“现在畿南一带，道路尚属畅行。至京畿东南；沿铁路至津，多有洋兵驻守，津一地仍未退还，逋逃巨贼，恃为渊薮，中国官吏，无从过问”，除火车站外，仍难行路，甚不便于商旅，实不能归咎直隶藩司周馥养痈遗患。② 八国联军交还天津后，天津镇总兵吴长纯督率各营会同地方官搜剿沿河、沿海一带余匪。发栉苗薅不留余孳，畿甸一律廓清。③

1902年清丰县破获千总张宝镜倡立天乙邪教，潜谋招兵滋事一案。张宝镜，清丰县人，曾充县役，同治年间投营作战，得保蓝翎尽先千总。1900年赴津投效安卫练军，被该军统领、候选知县何鋆派充哨官。该军旋在沧州遣散后，张宝镜回原籍。1901年3月17日张接朋友湖北人单少卿来函，称由上海来至开州有事相商，招令前往。张宝镜即赴开州城内客店与单晤面。在两人密谈中单少卿对张宝镜说：“上年官军失利，由于心志不齐，拟赴各处招兵，杀掠洋教。”单并出示白银戒箍一枚，上錾天乙二字，声言“天乙赐水，能避枪炮”，交令照式制造，招集兵丁数至百名，给一戒箍，充为哨官。四月杪聚齐起事。大名一带杀教之事，即归张宝镜管理。张宝镜即拜单少卿为师。张宝镜回家后恐凭空招兵，人不见信。忆及前在天津，认识一南方人李孟斋，因孟斋字音与钦差相近，人皆呼为李钦差，起意造谣，扬言“李钦差要镇守长江，修理炮台，令单少卿来此招兵。”将单少卿所给戒箍，先后交与银匠照制二十枚，并将其中四枚分别给了同县人张朝仪、陈子荣、张三、安徽涡阳人秦安胜，还给了张朝仪传单一纸，均令招集兵丁，将来同至长江。时有纷纷图谋吃粮者，张宝镜均以粮饷未到相复。经县访闻，将张宝镜等人拿获。后经袁世凯查明，何鋆虽在安卫练军被遣散后与张宝镜有过来往，但对张宝镜的不轨举动实不知情，所谓何鋆“亦奉豫抚密委，招集马步十三营”，亦令张宝镜帮同号召之说，纯属张宝镜诬扳。袁世凯认为“已革千总张宝镜，投营遣散后，辄敢听从逸匪单少卿潜谋招兵，杀掠洋教。所散戒箍，上錾天乙字样，诡言能避枪炮，到处煽诱，虽无悖逆重情，而邪术惑众，震惊数邑，实为土匪之尤，照章即应就地正法。业已在监病故，仍照例戮尸，传首犯事地方，悬杆示众，以昭炯戒。张朝仪、陈子荣、张三虽被张宝镜煽诱，尚未招兵，且已在县呈首，应免置议。”④

---

① 转引自《袁世凯奏议》上，第470页。

② 《袁世凯奏议》上，第471–472页。

③ 《直隶防军迭次剿平拳土各匪汇案择尤请吏折》（光绪二十八年九月二十二日），《袁世凯奏议》上，第659–660页。

④ 《清丰县访获匪徒张宝镜潜谋招兵滋事一案审明定拟折》（光绪二十八年正月二十二日 1902年3月1日），《袁世凯奏议》上，第448页。

1903年1月22日袁世凯上奏，“溯查庚子拳匪之变，蔓延遍于全省，而溃团、逃勇、盐枭、土匪、马贼、海盗，勾结为乱，纷起迭乘，不下百数十股，忽分忽合，或攻扑城池，戕杀官长多或占据险要，抗拒大军，或窜扰东西，势成流寇，直境几无完土，实非寻常零星小寇滋事一隅者可比。维时联军在境，藉口平乱，势将越俎代谋，幸各该军同心戮力，相机剿办，力战频年，卒能次第廓清，使畿甸义安，外人息喙。谓非军营战功而何。且其划平塞垒，扫荡巢穴，亦与克复城池无异。况梅东益等军，前与甘肃提督姜桂题、浙江提督吕本元两军，同在直境，苦战立功，无分轩轾。姜桂题等两军已于上年八月间，经李鸿章开单奏保，均照军营异常劳绩请奖，钦奉朱批，著照所请。……仰见圣主论功行赏，一秉大公，凡在臣僚同深钦感。今梅东益等军，……与姜桂题等军功同赏异，未免向隅。现在国家多事，伏莽未靖，屡奉明诏，破格用人，未便拘泥成例，用敢不辞烦渎，再为申请。合无吁恳特恩，俯准将臣前保此案文武各员，一律仍照原拟按军营异常劳绩给奖，以免歧异而策将来”①。1906年1月13日袁世凯再次上奏，请求朝廷“将已故记名提督著勇巴图鲁梅东益，敕部照军营立功后积劳病故例，从优议恤，并俯准在沧州建立专祠，由地方官春秋致祭，暨附祀前大学士臣李鸿章天津专祠，以彰忠荩，而慰舆情，出自鸿施逾格。”②

1905年11月间，又有通州人朱占鳌假冒职官，以招兵为名，在元氏县所属之封龙山，啸聚数十人，烧香盟誓，习九功道教，名为龙天会。朱占鳌并有妖言符咒，声称可闭枪炮，置有黄旗，上书古冲中中皇天独圣会九字。凡入教会者，或给腰牌，或给龙票。所需饮食，逼令附近村民供给，乡愚畏其凶焰，不敢不从。该匪探知该县下乡巡查，即焚表祭旗，下山绕道掳掠民财，或借查禁军器为词，民间藏有快枪、火枪无不搜劫而去。地方文武，跟踪追拿，该匪负隅拒敌，曲阳县捕役董继山被其开枪拒毙。旋将伙匪刘举英、刘春得、王升起三犯拿获，余匪窜逸。先后拿获要匪孟玉峰、渠广平，王三、王振海、刘子云五名，并起出伪造龙票、盟书、票板、票布，刀枪等件，惟首犯在逃未获。旋将朱占鳌义子朱应魁捕获，并探得河南涉县东北明四沟宝泉寺，有一自称王爷、踪迹诡秘者，即系朱占鳌其人，煽惑愚民，已至二千余众。该处山路陡险，势难猛进。保定工巡局候补道吴蕺孙遂饬弁兵伪为乞丐，索食前进。又派人携带前次起获龙票，托为孟渠二犯亲友。求其收留，遂乘间将朱占鳌拿获，夺门而出，余党逃散。起获长剑一口，上系黄绫，验有血迹多处。将朱占鳌等解审，据供逆谋不讳。除刘殿英已监毙外，其余各

① 《袁世凯奏议》中，第708页。

② 《袁世凯奏议》下，第1235-1237页。

犯，立予正法，以遏乱萌。①

1906年4月间，高邑县人陈洛杰，勾串赞皇县僧人妙担，学习信香道教，供有黄纸神牌，每日焚香练习，诡言可避刀枪，其行为与拳匪无异，愚民信从日众。经赞皇县访闻往拿，即将妙担并其徒永亮拘获。讵陈洛杰与妙担之徒永堂，在高邑县西林寺聚众一百余人，头巾手械，意在抗官夺犯。高邑县巡长吴凤楼，亦与该匪通气，势甚猖獗，其时讹言四起，人心惶惶。经臣饬派道员吴笛孙，密派弁兵，隐伏临近地方，夜间乘其不备，将陈洛杰、永堂、吴凤楼先后擒获。并由高邑县拿获伙匪赵二旦一名，审明陈洛杰系大师兄，信香道即义和拳之改名。访有山东旧拳从中勾结，包藏祸心，隐忧未已。陈洛杰等六犯一律正法，其入教未久及未在场滋事者，概免辑究，予以自新。②

4月间直隶宪兵队与探访队先后拿获会匪李玉成等到案。李玉成系哥老会精忠山报国堂总办，陈自修系哥老会精忠山报国掌会办，涂万顺系哥老会洪燕山正山主，龙云飞系哥老会中老五，刘红君、刘滕盛、许化吉、魏海扬、罗德彪、黄兴才、杨鸿魁均入哥老会洪门。罗德彪系精忠山报国堂名下，黄兴才系白阳山福来堂名下，杨鸿魁系春宝山忠义堂名下。入会弟兄，并非序齿，职分大者为哥，一切均归节制。如有非常之人，即可号召起事。该犯等或系食粮当差，或为书识、伙夫，或充官局机近，辄敢树立会党，潜谋不轨，罪岂容诛。即将该犯等十一名就地惩办，以昭炯戒各在案。1906年10月17日袁世凯上奏说："该匪等或祭旗起事，或开堂立会，或聚众抗官，若不及早歼除，星火燎原，后患何堪设想。幸在事员弁，不避艰险，密侦严拿，甚至远涉邻疆，设谋拿捕，卒使首要各犯，次第就擒，消患未萌，成劳卓著。定章拿获会匪，准其保奖，自应汇案酌保以策将来。"③

三

晚清年间长城口外马贼游匪猖獗，其大股多在热河一带蜂屯蚁聚，党羽甚多。自1900年自庚子变乱以来，热河的散卒溃勇、无业游民益附其中，到处滋蔓。"而直境与之接壤永平各属，地势辽阔，口隘林立，该匪游弋窥伺，时所不免。且其踪迹靡定，异常飘忽，往往兵至则匪去，兵甫去而匪又至。"④

1901年热河土匪萨尼多尔吉等并匪首王洛虎各股在图胡莫旗等处竖旗倡

① 参见《袁世凯奏议》下，第1382-1383页。

② 参见《袁世凯奏议》下，第1383-1384页。

③ 《拿获元氏等县会匪出力人员请奖折》（光绪三十二年八月三十日），《袁世凯奏议》下，第1384页。

④ 《热河游匪窜扰迭派营队剿办折》（光绪二十八年七月十一日1902年8月14日），《袁世凯奏议》中，第618-619页。

乱，昼夜抢掠，该旗西南各屯均被扰害。12 月 23 日上谕：“图胡莫等旗与吉林隔境，兵力有所不及。著袁世凯、色愣额选派劲旅，速往该旗剿办，以免滋蔓。”袁世凯受命后“咨商热河都统臣色楞额，檄饬统领驻扎热河练军总兵杨玉书密派妥员侦探确情”。后“探得图胡莫地方，向隶札萨克图郡王旗，距热河千数百里多，北与黑龙江相近，东与吉林长春一带相近。贼首萨尼多尔吉及王洛虎等纠合伙党，时在奉、吉两省边界滋扰，倏聚倏散，踪迹飘忽。贼党约二千余人，经俄人派兵攻击，一律窜散。现在奉天俄兵，尚未撤退，外省之兵，势难入境。”12 月间萨尼多尔吉纠合数百人窜到宾图王旗，被蒙古兵会合团练击败，向北沙陀子逃逸。1902 年 2 月 20 日袁世凯上奏朝廷：“查东三省俄兵未撤，外省之兵，势难越境征剿，该镇所禀，自系实情。且该股匪既经俄兵、蒙古兵先后击散，不至蔓延为患，可无庸派队前往，以免猜疑。”①

1902 年 8 月 5 日突有口外马贼多人结伙持械，冒充官军，从河流口闯入迁安县境，进至三屯营，分股闯入各衙署及当铺绅商各家肆抢，并掴去游击宝昆及守备、巡检、绅商人等，住兴城镇勒赎。他们盘踞破城镇、太平寨、罗屯等处，四出骚扰，6 日又抢掠卢龙县属之刘家营。8 月 8 日袁世凯先后接到到永平府知府管廷献、署迁安县知县汝作枚等股匪内窜的电报后，檄饬永平府知府管廷献就近调集直隶提督马玉昆所部之武卫左军一营督同营员迅往剿捕，“并以三屯营地方，距遵化仅五十余里，密迩陵寝，关系至重，飞饬遵化州知州陈以培督率练勇一体严防，以杜窜扰而资捍卫。一面飞咨马玉昆加派队伍，驰往援应。又虑该提督远在热河，调遣师徒或难骤至，复电饬该军留防营务处广东南韶连镇总兵冯义和，由通州先后抽拨两营，星夜前往会剿。并饬通永镇总兵李安堂迅带所部各营，驰赴遵化扼要防堵，相机进剿，勿任流窜。嗣又添派署通永道王仁宝，会同李安堂督饬各营认真剿办，以期迅赴事机。”袁世凯认为：对于口外马贼游匪“若不先清其渊薮，仅恃口内随时堵剿，纵一时能使之受创以去，而异时难保不伺隙复来。是终有防不胜防之虑。拟请敕下热河都统臣色楞额、直隶提督臣马玉昆，严饬防营，广设方略，赶将口外大股贼匪实力兜捕，一律廓清，务期划绝根株，庶足以靖边萌面除后患。”② 这与他担任山东巡抚时越境主动清剿直隶土匪的思路是完全相同的。

8 月 10 日，马贼游匪在迁安县之破城镇、三屯营等处，沿途勒索，得银数千两。次日复由滦河大店子至罗家屯滋扰，经署迁安县知县汝作枚会督营

---

① 《查复图胡莫等处贼匪击散情形折》（光绪二十八年正月十三日），《袁世凯奏议》上，第 440 页。

② 《热河游匪窜扰选派营队剿办折》（光绪二十八年七月十一日 1902 年 8 月 14 日），《袁世凯奏议》中，第 618-619 页。

汛勇役捕击格毙马贼五名，生擒贼匪于葆一名，并夺获马匹枪械等件，余匪悉由罗家屯东北建昌营、偏崖子一带东窜。被掳之游击宝昆、守备鲁道华、巡检周德溥等亦陆续脱回。“罗家屯之匪分股先遁，一股退攻西北太平寨，因该寨防守甚严，复窜往龙新庄，经马玉昆所部各营尾追，直出大岭寨口至花尖子地方。匪踞村庄抗拒，官军奋勇攻捕，击毙悍匪五名，生擒一名，官军亦阵亡勇丁一名，救出被掳难民五十余口，匪遂越山奔溃。其窜挠卢龙一股，亦经马玉昆派拨步队三哨，在侍各庄、府君山一带接仗，夺获马匹，伤毙贼匪二三十人，官军阵亡兵勇二名，受伤三名。复经分道进追，贼由西北渡青龙河而逸，卢境肃清。”

8 月 12 日旗绿各营驰至干沟镇进剿，前此占踞临榆县木头橙地方的建昌大股马贼闻风全股西逸。袁世凯认为虽然此股游匪现已溃走出口，永属一带，已无匪踪，“惟该匪大股，多在口外，零星散布，出没靡常，此次剿办多系闻风走逃，难保不再回窜。”因此他已咨商提臣马玉昆严饬留防各营扼要驻守，一面侦贼所向，实力剿捕，务绝根株。①

窜扰口内的口外马贼当不止萨尼多尔吉、王洛虎等股。袁世凯奏报说：“口北十三属，地处居庸关外，荒郊沙漠，久为马贼出没之区。匪首萧三，在口外为匪三十余年，初尚未敢遽窥腹地，自庚子拳匪肇乱，直求全境糜烂，不能顾及边塞，该匪等蹈瑕抵隙，窜扰口内各处，与溃兵逃勇勾结为害，枪械精利，势乃大张。嗣又招合各股匪首如黑旗达马三，阎王王连贵，白把刘洛八，快枪王四、张四、钱二、王有礼、宁洛八、李六、刘九、屈三麻子、安洛九、于殿四、刘有、范广禄等，其余头目党羽不计其数，大小各股不下数千余人，共推萧三为总渠首。据老棚子为巢穴，盖庙演剧，结会拜盟，并散布党羽于鸡鸣驿、雕鹗堡、九连洞沟，红沙梁、白草安、梁大盘，梁大阁等处，分段占据，虎视鸱张，俨同叛逆。计东自热河，西抵张家口外，南至延庆，北及多伦，纵横数百里间，行旅居民，毒被蹂躏，抢掠奸杀之案，无日不闻。”1903 年夏该伙在闪电河打死打伤官兵多名，夺去战马数十匹。1904 年夏他们又在东庄子之战中击毙清军哨官。“从此匪不畏兵，跳梁更甚，遂至行劫衙署，截拦洋人，肆无忌惮，若不调兵剿捕，歼绝根株罗必致匪势燎原，贻为将来大患。”②

1903 年 7 月 16 日袁世凯上奏：“直境自经兵燹，伏莽殆遍，经臣督饬各防营分投搜捕，强悍者大半殄除，而漏网者每多匿迹口外，前调任都统臣锡良剿办热河积匪，其逃往口外者又复不少。近据沿边将吏先后飞报，有大股

① 《迁安一带游匪击散情形折》（光绪二十八年七月二十日），《袁世凯奏议》中，第 623 页。

② 《派队剿办口北马匪肃清恳准奖励折》（光绪二十九年十二月二十日），《袁世凯奏议》中，第 904 页。

马匪纷纷窜扰，势渐猖獗，若不穷搜净尽，恐日久滋蔓，实足为患边陲。惟口外一带，地面苦寒，人烟稀少，必须遴派年富力强之将领前往督缉，方可依次廓清。”现拟调宿卫营统带四川建昌镇总兵张勋赴口外，办理搜捕事宜。此人“年富耐劳，素长捕务，……实于地方有裨。”①自张勋受命统领淮军先锋等营出关剿办后，一方面扼驻要隘，激励各营，誓各杀贼自效，一方面重购眼线，广发侦骑，详察匪情。9月下旬张勋侦知土匪麇集老栅子，即自率精队疾驰而进，土匪惊窜四散。官军于附近搜获匿匪多名，枪械多件。左营弁勇在千层沟山下与大股匪徒发生遭遇战，格伤土匪甚重，并生擒谢二等数名。在张勋的督令下，各营将弁分头剿捕，“或缒幽凿险，远道穷搜，或冒雨披星，跟踪驰击。每遇悍匪，当场格拒，屡濒于危，卒能奋不顾身，力摧凶焰，陆续擒斩各帮大头目黑旗达、刘洛八，快枪王四、张四、屜三麻子、安洛九等及各小头目数百十人。”11月上旬，张勋又设计将总匪首萧三擒获正法。接着又擒杀大头目李六、刘九、刘有、范广禄、于殿四并小头目数十人。余匪力穷势蹙，均各远遁。②

1904年2月5日袁世凯上奏说：自张勋“出关剿匪以来，为时甫及五月，擒斩首要匪犯二百数十名，余匪星散，地方一律肃清，该镇固调度有方，将士亦踊跃用命，未便没其成劳，合无仰恳天恩，俯念此次口北剿匪在事员弁异常出力，准由臣分别异常、寻常，择优保奖以示鼓励，出自鸿施逾格。”③

5月30日袁世凯再奏：“口北地方，自匪首萧三入塞倡乱，勾结溃兵，纠合股党，据老栅子为巢穴，盖庙演剧，结会拜盟，远近附和，号召至数千人之众。党羽四出劫掠横行，行旅居民惨遭荼毒，甚至拦截洋人，拒捕劫署。”袁世凯“因派总兵张勋带队出关援剿。幸赖各将士踊跃用命，艰险不辞。阅时仅五月，竟将匪首拿获，并擒斩首要匪犯二百数十名，余党削平，地方悉臻安靖。该将士等洵属异常出力，未便没其微劳。况现值边防吃紧，尤须迅赏有功，以为奋勉者劝。谨择在事尤为出力文武各员，按照定章，分别异常、寻常，酌拟奖叙。”④

在同日的奏折中，袁世凯报告说：“总兵张勋统带马队驰赴宣化口外一带剿匪，……先后在多伦、广昌、矾山、大青山等处与贼相遇，拿获首要，擒

① 《派总兵张勋赴口外缉匪赵国贤接统宿卫营片》（光绪二十九年闰五月二十二日），《袁世凯奏议》中，第813页。

② 参见《袁世凯奏议》中，第904-905页。

③ 《派队剿办口北马匪肃清恳准奖励折》（光绪二十九年十二月二十日），《袁世凯奏议》中，第904-905页。

④ 《酌保剿办口北马匪出力人员恳恩给奖折》（光绪三十年四月十六日），《袁世凯奏议》中，第937-938页。6月5日奉朱批：“张勋著照所请。余著该部覆议。”同日准军机处知会：“总兵张勋请赏换清字勇号折，奉朱笔圈出巴图隆阿。”

斩股匪多名，并在山西境内追获贼首王连溃，即时授首”。查张勋所部剿匪出力员弁，既经臣遵旨保奖，袁世凯提出请朝廷批准“降补都司前补用副将王金成，请开复降补处分仍以副将留直补用。候补守备王大有，请以都司留直补用。候补知州周文藻，请俟补缺后以直隶州知州用。县丞职衔王振铎，请以县丞归部选用”，以资鼓励。[①]

不料，袁世凯是上述奏折遭到了兵部否定性的议复。兵部认为“应照奏定东三省拿获马贼保奖新章，马贼仅止劫掠村庄，官兵杀获数十人至百人，其尤为出力者，照寻常从优，所保多系免补，不符定章，应照章给予补缺后升阶尽先班次，等因。”[②] 1904 年 10 月 7 日袁世凯上奏，认为“此次口北一役，匪首肖三勾结溃兵游勇，啸聚至数千人之多，据老栅子为巢穴，结会拜盟，散布党羽于鸡鸣驿等处，分段占踞，纵横数百里间，好杀焚掠，蹂躏殆遍，洗马林守备衙署亦被抢劫一空，武汛衙署所在即同军寨，非仅劫掠乡村可比。且该匪屡次负隅抗拒，伤亡兵勇多名，阵亡哨官一员，是其罪恶昭彰，俨同叛逆，若不及时扑灭，窃恐凶焰日张，星火燎原，后患何堪设想。各员弁奉调剿办，迎头截击，继则冒险穷搜，解胁歼渠，口北地面始无盗迹，其劳绩实与军功无异”。“查定章，拿获会匪一名准保一二员，杀获土匪一名，准保一员。此次擒斩马贼二百余名，臣仅奏保员弁二十七人，实已恪遵批旨，多所删减，尚虑赏不酬劳，若再拘执他省获贼新章，从严核奖，深恐防军缺望，无以策励将来。查上年十二月热河都统会奏，援剿股匪六十三案内，出力各员分别异常、寻常请奖，钦奉朱批允准在案。此次剿办口北马匪功同赏异，未免向隅。”他坚持要求兵部再议。[③]

1905 年 7 月，热河建昌县东南乡贼首许振邦、沈九、陈海山、许忠等纠合奉天马贼朱柏清各率匪党数十人分股窜扰黑山科、红草沟、云山洞、和尚房子、吕杖子，排鹿沟各处，占踞山卡，焚掠村庄，诱胁居民，意图大举起事。武卫左军步队分统参将陈希义、建昌县知县洪子祁等闻报，立即带勇营驰往剿捕。一面商调统领直隶练军驻扎热河马步各营云南鹤丽镇总兵杨玉书所部练军，分路进剿。其地万山环绕，沟径纷歧，又正值禾黍芄兴，青纱帐起，土匪到处皆可潜藏。他们派遣伙党四出侦探，甫闻兵出即从间道远飚，复于无兵之处逞其毒焰。陈希义等多设疑兵，广购眼线，无分日夜，竭力穷搜，在白马窝铺、石灰窑子、陈仙沟等处与匪交战十余次，阵毙贼首许忠、沈九、高洛疙疸等数十名，夺获枪械多件，并于各要路设卡，盘获许振邦、

① 《酌保协同剿匪出力员绅恳准照拟给奖片》（光绪三十年四月十六日），《袁世凯奏议》中，第 938–939 页。

② 转引自《袁世凯奏议》下，第 1017 页。

③ 《口北剿匪出力文武员弁实系军营异常出力恳恩照拟给奖折》（光绪三十年八月二十八日），《袁世凯奏议》下，第 1017 页。

陈海山、朱柏清等十五名，讯明正法。计自7月中旬起至8月底止，先后五十余日，将首要各犯剿办无余，地面复臻靖谧。①

8月底（八月初间），奉天贼首齐国泗、金生、双木子、孙老疙疸等三十余人，聚集悍党三百余名，由奉天龙王庙地方窜入朝阳八楼子山，直扑新邱。武卫左军马队分统游击赵倜、练军左翼马队副营管带参将汪正纲，各率所部，并飞商练军左翼马队前左营管带守备陈春廷、练军左翼马队前营管带马灿林带队会剿。9月9日追至新邱时土匪已窜往大山一带。10日陈春廷、马灿林、赵倜、汪正纲各营先后抵达，商定于11日分三路进山搜剿，陈春廷部由大坝沟截匪后路，马灿林部由波尔榛沟直捣中路，赵倜、汪正纲部由七家子、朝阳沟正面进攻。土匪方面则在长达五十余里馒头沟节节设卡抗拒，上中下三段，首尾相应，倚山据险，进行顽抗。11日午后，赵倜等督率弁勇先夺据头道贼卡。陈春廷、马灿林同时分路猛进。中卡各贼瞥见头卡已失，突出悍贼百余名，各执快枪，齐向官军反扑，但遭到坚决抵抗。官军乘已胜之势，突入贼群，杀伤甚多。匪众经此大创，翻山蓦涧，四散奔逃。官军追击至下馒头沟，将数十里贼卡一律踏平，共计毙贼三十余名，阵擒贼首齐国泗、孙洛疙疸、耿得才及伙贼十余名，击毙贼马三十余匹，夺获贼马十余匹和大批枪械。12、13两日仍复跟踪追击。匪首金生、双木子在败逃途中均因受伤过重，先后路毙。余部过鹰鹞河深入奉境。朝阳界内已无奉匪余孽，各营振旅回防。后讯据贼俘所供，该匪目等“在奉天、吉林等省股众之多，不下数万。此次窜入朝建各匪，均系贼中精锐，故敢挺身越境，先为尝试。设官军剿办稍不得手，则奉、吉股匪，势必乘隙腐至，星火燎原，酿成巨患。”②

1906年6月20日袁世凯奏：“上年夏秋间，建昌、朝阳股匪滋扰，经防军奋勇剿灭，奏请将在事出力人员，择尤按照军营异常劳绩请奖。钦奉朱批：准其酌保，无许冒滥。钦此。……在事员弁甚多，臣严加稽核，力杜冒滥，凡出力稍次，剔归外奖。谨将尤为出力武职三十四员，文职十九员，蒙员五员，按照军营异常劳绩，酌拟奖叙。”③

四

十九、二十世纪之交义和团运动烽烟四起，不可遏止，八国联军武装入侵，气势汹汹，华北大地鼎沸。由于清军主力忙于对外作战，前方战事紧张，

① 参见《袁世凯奏议》下，第1240-1241页。

② 《剿灭建昌朝阳股匪出力各员恳恩奖励折》（光绪三十一年十二月二十日），《袁世凯奏议》下，第1241-1242页。

③ 《遵旨酌保建昌朝阳剿匪出力人员折》（光绪三十二年闰四月二十九日），《袁世凯奏议》下，第1315-1316页。

后方空虚，兵力不足，土匪纷纷乘机出动，烧杀抢掠，地方秩序几近失控。在八国联军占据天津、北京，俄军又单独占据东北三省的情况下，能否及时、有力地镇压土匪，恢复社会秩序，对国家、朝廷关系甚大。从当时情况看，一些匪案中仍夹杂着义和团盲目排外的余绪，有的截拦洋人，或拿教民做人质，与官方讨价还价；有的扬言要杀掠洋教；有的本身就是义和拳之改名。如果听之任之，不果断处置，非但难以赔偿教会方面的损失，而且很可能被列强作为进一步扩大侵略的借口，留下更大的后患。

袁世凯在这一历史紧要关头，受命于危难之际，先后出任山东巡抚、直隶总督。在他的运筹帷幄之下，各级文武官员通力合作，最后基本平息了由义和团运动、八国联军入侵而引发的土匪骚乱，使得清政府的心脏地带得以转危为安。在统治阶级看来，袁世凯已经成了一个铁腕人物，由此获得了中外权势人物的普遍认可。袁世凯的剿匪成功，使反动统治阶级解决恢复和重建了地方统治秩序，使山东、直隶、热河等地成了日后的辛亥革命中成为抵拒革命的重要区域。

在这五六年的剿匪作战中，袁世凯对军队的控制有了进一步的加强，一些军官成了日后北洋军阀政府的重要台柱。如管带巡警队候补直隶州知州赵秉钧、统带练军马队补辟参将孟恩远、统带四川建昌镇总兵张勋、武卫左军马队分统游击赵倜等已经在剿匪作战中崭露头角，成为日后在辛亥革命中对抗南方革命军的骨干力量。

就剿匪本身而论，袁世凯有些做法也是值得肯定的。首先有全局观念，决不以邻为壑，相反能够主动出击，越境追剿，在山东他兼顾直隶，在直隶他又兼顾口外，力争连根拔除，不留后患。其次是争取上方宝剑，通过两次奏请，他把原先仅在鲁西南曹州、济宁两府便宜行使的司法最终审核权扩大到了山东全省所有的府与直隶州，在制度内就地处决的生杀大权，对土匪有一定的威慑力。第三是审时度势，在自己能做的范围内尽全力，但是对列强实际控制区域（如天津、东北），还是不去，以免因为剿匪引起外交纠纷，节外生枝，给朝廷带来更多更大的麻烦。第四实行有功必奖。每次战役结束后，袁世凯总会根据有关条例上奏呈请朝廷褒奖。不但褒奖武将，也褒奖文官；也不分汉族、蒙古族。即使遭到驳议，也决不放弃，而总是据理力争，强调有关条文解释的灵活性与变通性，又适时地举出一些与直隶总督李鸿章相似或大体相似的保案进行比照，从而大大增加了奏折的说服力与可信度，为剿匪有功的下属争取到了应有的表彰与晋升，提高了他们的剿匪积极性。第五袁世凯面对的土匪名目繁多，除了他认定的“拳匪”之外，有溃团、逃勇、盐枭、马贼、海盗、游民、教匪、会匪、回匪等，党羽众多，情况复杂。袁世凯一般都能严惩首要，从轻发落胁从，并能实事求是地为一些遭诬陷的官员洗清罪责，对不知情的无关民众也是采取无罪解脱的方式。这也是袁世凯能在山东、直隶、热河等地成功剿匪的重要原因之一。

就历史的长时段而言，十九、二十世纪之交清朝统治已经江河日下，进入晚期。在国内群众运动以及列强侵略的猛烈冲击下，其统治已经出现乱象，危机四伏。因此袁世凯在山东、直隶、热河等地的剿匪只不过延长了清政府苟延残喘的一些时间，不可能从根本上解决产生土匪的深层次原因。但是对于他个人而言，借剿匪加强了对北洋军队的控制，增加了相关地区官僚、士绅以至民众对他的信任，同时也增加了他自己治理地方的能力与见识（必须指出袁世凯管辖的地方是京畿之地，特别重要），对于他日后作为清朝内阁总理大臣、民国大总统进而治理全国均有重要的影响。

四　辛亥革命时期的土匪

1901—1911 年间的东北绿林[1]

绿林是中国近代的一个牵涉面很广的社会问题和历史现象。绿林情况驳杂，各地称呼不一，如山东称响马，陕西山西称刀客，东北则称为马贼、胡子、山林队等。中国东三省“风俗强悍好斗，客民居多，人情更属浮动”[2]，且“子弟以剽掠椎埋为武，非无营业，而到处以绑捐说票为能。积习相沿，浸成风气，遂至无地不有匪踪，无时不有匪患”[3]；东北地区为满族发祥之地，

东北马贼

龙脉所在，清政府一直非常重视对其的治理；由于地处战略要地和具有丰富的资源，遂成为近代列强的争夺目标，俄国蓄谋已久，日本也虎视眈眈。因此笔者认为，近代东北地区的绿林非常具有研究的意义。由于绿林是边缘性社群，属于失语一族，自己极少留下可靠的文字资料，因此研究极为困难，迄今为止，史学界研究成果并不丰硕。东北师大田志和、高乐才的《关东马贼》（吉林文史出版社 1992 年版）堪称力作，全书按历史发展的顺序记述了

① 本文作者为邱志仁。
② 《辛亥革命前十年间民变档案史料》上册，第 78 页。
③ 《辛亥革命前十年间民变档案史料》上册，第 97 页。

清代、民国、九一八事变后、解放战争时期等四个历史阶段东北地区胡匪兴衰的百年历史，史学价值很高。邵雍专著《中国近代绿林史》（福建人民出版社 2004 年版）也对东北绿林作了较系统和翔实的论述。另外，东北作家曹保明的《东北土匪习俗》（长春市政协文史资料 1987 年）、《响马驼龙》（时代文艺出版社 1987 年版）、《土匪》（辽宁春风文艺出版社 1988 年版）、《东北马贼史》（台湾祺龄出版社 1994 年版）、《东北土匪考察手记》（时代文艺出版社 1999 年版）、《东北土匪》（西苑出版社 2004 年版），日本作家渡边龙策的《马贼——日本侵华战争侧面史》都是作者根据大量第一手文献资料及口碑记录而成，情节生动曲折，鲜为人知的逸闻轶事颇多，可读性较强，可补正史研究之不足，有一定的参考价值。笔者将时间界限定为 1901—1911 年，这是 20 世纪最初的十年，半殖民地半封建社会的中国正处于前所未有之大变动的前夜，并拟对绿林、清政府以及俄国侵略者三方面的关系进行初步的探讨。

一

近代绿林之所以繁盛不衰、匪患惨烈，主要原因是反动统治阶级残酷的剥削与压榨，连年战乱造成的社会动荡与黑暗，自然灾害的流行和社会经济的萧条致使农村破产，民不聊生等。“一大批城乡劳动者流离失所，无法继续从事原有正当的职业。其中有些人在忍无可忍，走投无路的情况下铤而走险，开始了他们的绿林生涯。”① 除了以上共同的原因，笔者认为，1901—1911 年间东北绿林之所以活跃还有其他特殊的因素。

1900 年 7 月上旬俄国沙皇政府决定武装占领中国东三省，至 9 月末已基本占领东北全境。之后，俄军强迫盛京将军增祺签订了《奉天交地暂且章程》，其中规定将所有军队一律撤散、收缴军械。不久，《俄国政府监理满洲原则》得以实施，主要内容有中国军队必须从该地区撤出；为保障地方安宁，一部分俄国军队得留驻满洲。后经过交涉，中国得以保留部分军队，但被收缴军械情况仍未改善，遂使东三省酿成新一轮的匪患浪潮。1901 年吉林将军长顺奏：“因俄人收我枪械，以致遣撤各营半多中途逃散，土匪乘机勾结，盘踞山中，聚成大股。”② 由于俄国人收缴枪械，导致土匪、散兵勾结，问题严重，“自关以东直抵吉、江两省，数千里几成盗薮，悍贼巨股，随在皆是。良懦者尽不聊生，强梁者畏逼入伙，竟有一人一马一杆枪，好吃懒做入大帮之谣”③，“其故由官府既无练兵，良民复无军械，而贼内有溃兵逃勇拐带快枪

① 邵雍：《中国近代绿林史》，第 1 页，福建人民出版社 2004 年版。
② 《辛亥革命前十年间民变档案史料》上册，第 68 页。
③ 《辛亥革命前十年间民变档案史料》上册，第 77 页。

者，有向溃逃兵勇购得快枪者，悍很亡命之徒，济以精利击远之器，所以官惮于捕，民莫与敌，蔓延滋聚，迹类养痈”①。

清政府因“抚之无饷，剿之无兵”②，“自俄兵入境，各营军械大半为其收去……饷械两绌，以之搜捕零贼尚嫌地阔兵单，一遇大股贼匪，其势必不能敌”③，只得借助和倚仗俄军之力来剿灭各股绿林力量。然增祺对此忧心忡忡，他清楚地看到“目下省城及各外城虽有俄兵驻扎，然只可借以震慑，若假手捕盗，言语既不相通，而风土人情全未体会，彼兵所至，每不能分别良莠。在贼踪飘忽无定，一经接仗，败固远扬，胜亦窜匿。而彼则以何处接仗，即欲剿洗何处百姓。其中通事又排解者少，煽惑者多，鱼网鸿罹，比比皆是。”“况和事大定以后，俄兵亦当撤回，尔时地面空虚，土匪必乘间窃发。近日谣传均谓俄国不日撤兵，各处土匪群思蠢动，且有毁铁路以泄忿之意。”④可见，俄军相助并不能解决问题，由于语言不通、风土人情差异等原因反而激化了矛盾。东北绿林本身所具备的特征之一便是具有显著的地域性，他们熟悉当地的风土人情、地理地貌，靠山吃山，靠水吃水，有着很强的乡土情结。每当俄军和清政府纠集众多军队妄图一举剿灭之际，他们往往“多匿深山密林中，且山势险峻，向为人迹所罕到”⑤，“俄人虽恃有利器，不识路径，亦无可奈何”⑥，待“兵去则复出滋扰”⑦，伺机报复。就是有投诚之匪股，俄督“必欲勒缴降匪枪械……以致已降之匪又复散逃……待抚各匪闻风裹足，未抚各匪人人自危，愈坚其为贼之心”⑧。

综上所述，这些特殊的因素皆是由于俄国的侵略，把东北变成势力范围所带来的。从中可看出，俄国侵略势力的渗透和扩张是20世纪最初十年东北绿林活跃的一个不可忽视的原因。

二

就其分布来讲，东北绿林活动遍布三省各地，其中尤以奉天省（即今辽宁省）居多，吉林省次之，黑龙江省“地广多荒，匪类稍少”⑨。奉天省的绿林队伍主要集中在辽河两岸、柳条沟内外、东北山区。有影响的头目有张作

---

① 《辛亥革命前十年间民变档案史料》上册，第77-78页。
② 《辛亥革命前十年间民变档案史料》上册，第68页。
③ 《辛亥革命前十年间民变档案史料》上册，第70页。
④ 《辛亥革命前十年间民变档案史料》上册，第70页。
⑤ 《辛亥革命前十年间民变档案史料》上册，第74页。
⑥ 《辛亥革命前十年间民变档案史料》上册，第69页。
⑦ 《辛亥革命前十年间民变档案史料》上册，第83页。
⑧ 《辛亥革命前十年间民变档案史料》上册，第79页。
⑨ 《辛亥革命前十年间民变档案史料》上册，第70页。

清代的关东胡子

霖、金寿山、冯德麟、韩殿甲、冯麟阁、季傻子（季逢春）、尹大麻子、鲍化南、马占山、戴洛疙瘩、林七（绰号卷毛兽铁子林七）、王和达、马杰、杨二虎（杨国栋）、杜立山、田玉本等。吉林境内绿林主要分布在三个区域：宁古塔地区主要有孙楼、王福兴、冷云一、吴起等；东北部地区有张海臣、李华山、蔡得胜等；孤家子北大沟地区有刘兰亭、马荣宝、王玉香等。另外还有几支影响颇大的如伊通州的战中华，吉林夹皮沟桦树林子一带的韩登举，珲春一带的刘永和（刘弹子），吉奉边界的杨玉麟、陈得胜，梨树、呼兰一带的满堂红。黑龙江境内的绿林主要集中在呼兰、巴彦和绥化地区。主要有占北、天边洋、尹大个子、金山、占一等。① 择要介绍如下：

杨毓林（玉麟），为吉东巨匪唐殿荣之同党，1900 年随唐向清政府投诚，1901 年春唐因伤身死后遂萌叛志，“在磨盘山地方就食”。清政府“深虑现有兵力难制，不得不与俄员联络，以期保全大局”，杨“闻俄兵将至，突然生

① 参见邹桂芹：《东北会党与清末民初反清反袁革命》，《辽宁师范大学学报》2004 年第 6 期。

变，围住洋枪营，劫去枪械衣帜饷银。幸俄兵到，悉行击散，窜往奉天朝阳镇而去”①，与珲春刘弹子合股。同年夏，杨毓林股来吉林省城投诚，“俄提督必欲自行收抚遣散……杨毓林倔强不为所屈，诱执之，解往伯力，以致所遣降勇仍归贼伙。”②

刘永和（泳和），“山东人，猎户出身，在吉林珲春一带投身绿林，因枪法超群，外号刘弹子或刘单子”③。1900 年夏，吉林省为御俄军入侵，“无论马贼土匪，一律拊循编为镇东军”，刘弹子所部是其中一支重要力量，后“其军称忠义军”④，刘称统领。1901 年春珲春帮办英联兵败时，他“协同堵御，遂随英联退至南山”，“为唐殿荣等所不容”，因而往奉天朝阳，“占踞通化县城，号称万人”⑤。同年，刘与杨毓林、王和达、李贵春等部联合，刘称总统统率全军，张桂林、林七、郑兰亭、冷振东、李正中、董洛道、王洛道、李金等皆为其部下。1901 年夏，刘股为俄军重创，各部遂分路藏匿，继续抵抗，而后相继向清政府或俄军投诚。

林七即林成岱。盛京将军增祺 1903 年的一份奏折中对其记载甚详：“本刘单子同党，在诸贼中最为凶恶”。1901 年夏间“两次扑犯兴京，陷东边各城，迨被剿穷蹙，乃遁通化就俄抚”。1902 年冬“忽由旅顺逃往围场，纠集匪徒，在奉、吉交界地面往来窜掠”，受到增祺及其清军围剿，“仅以身免，复依俄统领马大力多夫为护符”。1903 年林为俄经营木植，因谋劫俄商银两而为俄所不容，遂回辽阳。后由辽阳州密“驰赴烟台踩缉……立将林七擒获……验明该犯正身，讯系取确供，立予正法”⑥。

杜立山即杜天义，与田玉本“各率党羽盘踞辽西”。田玉本名为就抚，“而屡抚屡叛，出没无常”，杜立山则“筑建炮台，阴结死党，到处设卡，以为负固之计”。清政府派右路统领张作霖带领队兵，“乘其不备，将田玉本在贼中击毙”；旋用计将杜立山生擒，就地正法。⑦

总之，大大小小绿林头目都令清政府非常头疼，“东三省经变之余，疮痍待补……目前切要之务，莫急于缉捕盗贼一事。该省盗贼素多，近日愈形炽盛，少则三五结伙，多至千百成群”⑧，更为严重的是，“至光绪甲辰日俄战役以后，东三省乃始成为胡匪世界”⑨。

---

① 《辛亥革命前十年间民变档案史料》上册，第 69 页。
② 《辛亥革命前十年间民变档案史料》上册，第 79 页。
③ 《沙俄侵华史》第四卷上，第 329 页，人民出版社 1990 年版。
④ 《沙俄侵华史》第四卷上，第 329 页，人民出版社 1990 年版。
⑤ 《辛亥革命前十年间民变档案史料》上册，第 69 页。
⑥ 《辛亥革命前十年间民变档案史料》上册，第 87 页。
⑦ 《辛亥革命前十年间民变档案史料》上册，第 105 页。
⑧ 《辛亥革命前十年间民变档案史料》上册，第 77 页。
⑨ 《清类钞》盗贼类，第 1882 页，中华书局 1986 年版。

三

1901—1911年东北绿林频繁活跃在清政府以及帝国主义侵略者之间，扮演着重要角色，在历史上留下了独具特色的一页。

清政府对危及自身统治的绿林自然是万分敌视，必欲除之而后快，因此，其基本对策就是竭尽全力剿灭绿林。然东北已于俄势力控制之下，清官员控诉俄军“收取枪炮，轰毁籽药，限我兵力，散我兵团，以致土匪蜂起，剿不胜剿，不得以而出于收抚之一法”①。但清政府“抚之无饷”，“不抚之无以散其胁从”，颇感棘手，“故虽无饷无兵，而抚与剿仍难两废，此不易办法也”，即剿抚兼施为妥善办法。② 基于此，清政府在对绿林极力镇压的同时，也不遗余力地进行招抚。绿林匪首出于自身利益考虑，在兵败潦倒之时向清政府投诚以做缓兵之计，肆图再起。如匪首杨毓林，1900年随唐殿荣投诚，清“陆续接济唐等银二万余两，故唐终以不叛为词，而杨则称未沾实惠，犹以求抚为词”③。唐死后，杨遂复归绿林重操旧业，海龙厅一战受重创后，又向清投诚。再如奉天匪首田风林即大洛疙瘩，盛京将军赵尔巽称其“屡降屡叛，党羽最多……出没无常，势同流寇”④。然而亦有投诚之匪目如张作霖、李正中、张桂林、冷振东、定振东等不复叛清，以此作为升官发财之契机。张作霖出身贫苦，年纪轻轻就投身于绿林生涯，在绿林中的绰号叫“白马张”，以其善于奸诈智谋而扩张其权势，不久便使驰骋于整个满洲旷野的大批马贼团伙，纷纷投奔于他属下。日俄战争前就已归顺清廷，为赵尔巽效力剿灭绿林，驱逐了盘踞在奉天北大营的匪首蓝天蔚，1907年击毙田玉本，诱捕杜立山，从此青云直上，逐步成为中国近现代史上著名的大军阀。

1900年沙俄入侵东北后，东北人民掀起了英勇的抗俄斗争，绿林亦加入其中。1901年1月下旬，刘永和即刘弹子在奉天海龙（今属吉林省）正式组成抗俄义军——忠义军，中外反对势力往往把他们叫做“红胡子”。忠义军在刘永和、王和达等指挥下，善于利用海龙、通化一带深山密林、地势险峻的有利地形，采取灵活战术，迂回作战。“在历次战斗中，往往于白昼埋伏，只于云阴月黑之夜劫营。俄军地形既不熟，刘又不与力战，惟用善枪者近敌营，伏暗中狙击，别以他卒鸣枪诱之。及俄军知其伏处，整列相向，自料力不敌，则蛇行引退。”⑤ 这样，不仅多次冲破俄军围剿，而且使俄军受到重创，十分

① 《辛亥革命前十年间民变档案史料》上册，第78页。
② 《辛亥革命前十年间民变档案史料》上册，第68页。
③ 《辛亥革命前十年间民变档案史料》上册，第68页。
④ 《辛亥革命前十年间民变档案史料》上册，第101页。
⑤ 佟冬主编：《沙俄与东北》，第456页，吉林文史出版社1985年版。

恼火，“俄军不畏中国之官兵，而畏中国之贼匪”[①]。由于忠义军本身组织严重不纯，各军联合不紧密，步调不统一，虽然在抗俄目标上基本一致，但在对待清政府的态度上则有很大分歧。以刘永和为代表的一部分将领不愿和清政府彻底决裂，幻想有机会接受清廷招抚；以王和达为代表的一部分将领则与清政府势不两立。在俄军集中兵力，分兵三路向兴京、海龙、通化全力围剿的强烈攻势下，忠义军节节失利。刘永和受抚心切，不料“被诱往伯力，听候俄都办理”[②]，关于其最终结局，是生是死，是否变节，资料纷纭，似难定论。王和达、董老道（董洛道）为把抗俄反清斗争坚持到底，率部与活动在帽儿山的六合拳首领杨老太太联合。从1901年夏到1902年春，王、董率六合拳转战海龙、通化各地，屡次和俄军交战，杀伤很多敌人。1902年夏，王和达兵败被俘，于吉林就义，六合拳转入秘密斗争。无论是忠义军还是六合拳，他们的斗争毫无疑问是义和团反帝爱国运动的组成部分及延续，直接打击了沙俄侵略者，其历史功绩是不可磨灭的。

1904—1905年的日俄战争中，日俄双方为了早日制服对方，无不处心积虑地拉拢和利用拥有武装力量的东北绿林。而部分绿林头目，由于民族意识的淡薄自甘堕落成为侵略者的工具。日俄开战后，鉴于日军大肆收买东北胡子，利用土匪袭击、骚扰俄军后方，使俄军疲于奔命屡遭失利，俄军决定如法炮制，组织华人武装力量来抵抗日军。于是张宗昌成为合适人选。张宗昌，生于1882年，山东掖县人，年轻时期在海参崴当过装卸工人，投身绿林团伙后深得张作霖赏识。其人不学无术，还不如张作霖，拥有妻妾26个，可谓妻妾成群，但头脑灵活，善于抓住一切时机以谋更大发展。在俄军支持下，他招兵买马，队伍发展到号称两万人，经过一番整顿、扩充和训练，在扰乱日军后方、配合俄军前方作战中，起了一定的作用，赢得了俄方的信任和好评。“据1905年宋教仁的调查，助俄攻日的绿林有刘永清、冷振东、孙竹轩、李四大人、张兆元等部，其中张兆元为俄国统领，有花榜队千余……出没于通化以南怀仁各处。”[③] 日本毫不示弱。1904年春，辽西绿林头目冯麟阁在日本间谍的引邀下，出任“东亚义勇军”统领。“从1904年8月至1905年4月在新民、辽阳、镇安、彰武、法库、康平、昌图等地与俄军交战32次，毙伤俄军官兵1030余人，缴获枪支69杆。”[④] 当时与冯接近的绿林还有金寿山、张海鹏、杜立山等部。

值得注意的是，日俄战争中，在东北各地人民反侵略斗争如火如荼进行的同时，部分绿林队伍也非常活跃。东省铁路转运军队和粮饷，是俄军的命

① 佟冬主编：《沙俄与东北》，第424页，吉林文史出版社1985年版

② 佟冬主编：《沙俄与东北》，第430页，吉林文史出版社1985年版。

③ 邵雍：《中国近代绿林史》，第76页，福建人民出版社2004年版。

④ 邵雍：《中国近代绿林史》，第76页，福建人民出版社2004年版。

脉所在，因此，毁铁路、夺粮饷成为马贼的“制俄二策”。根据敌我形势，马贼有时直接袭击俄军，“仅1904年6月后的3个月内，与俄军交战不下二十余次”①。当时影响较大的抗俄绿林有黑龙江的张显珍、哈尔滨附近的天边洋、呼兰附近的“打五省”、吉林蜂蜜山一带的李兰旗等。

1901—1911年间的历史大背景赋予了东北绿林新的活动内容，他们比以往任何时候都活跃。总的来说，绿林由于思想认识的局限，没有坚定的阶级立场和民族意识，没有明确的政治目标，更提不出明确的政治纲领，表面打着反抗清政府的旗号，却屡次投诚，又屡次背叛，反复无常；对帝国主义的侵略面目缺乏正确的认识，其中有些人受利禄的诱惑，敌我不分，因此出现了被日俄争相收买，为敌所用的复杂情况。尽管如此，部分绿林英勇抗清、抗俄的历史功绩是不应被抹杀的。

① 《沙俄侵华史》第四卷上，第507页，人民出版社1990年版。

日俄战争中的东亚义勇军

1904年至1905年日本和俄国在中国东北境内展开了一场空前激烈的厮杀，这是两个帝国主义国家为争夺在华的侵略权益而进行的一场非正义战争。日俄双方为了早日制服对方，无不处心积虑地拉拢中国东北的绿林。

日俄战开战后，日军的骑兵兵力颇为薄弱，处于俄军密西钦科骑兵集团的压制之下，一筹莫展。因此作为一种辅助手段，决定招募东北土匪组成东亚义勇军。日军大肆收买东北胡子，利用土匪熟悉当地情况的有利条件，袭击俄军兵站，骚扰俄军后方，使俄军疲于奔命，屡遭失利。因此，俄军也决定效法日本，组织华人武装力量，袭击日本兵站和补给线，扰乱日军后方，以支持前方作战。当时正在俄国军队中充当翻译的张宗昌接受任务后，立即进行筹划。几经考虑，他也认为只有招募胡子队伍担负此项任务最为相宜。因为他们有人有枪，无需花费很大力量去组织，无需花费很多时间去训练，便可立即投入作战，能收立竿见影之效。当时，有人为之介绍一个胡子头王某。为了说服他率部参加对日作战，张宗昌曾孤身一人，冒着生命危险，匹马单枪，深入虎穴，与王某会面。王某见其胆识过人，为人真诚坦率，衷心服膺，于是以这一支胡子队伍为骨干力量的游击队伍迅速组成。不过投入战斗后，最初几个回合均告失利，大部被歼灭。张宗昌扫兴已极，而俄国军部则对他倍加鼓励，多方给予支持，令其重整旗鼓，再次招兵买马，并发给枪支弹药，由残存的数百人，逐步扩大到数千人，最后竟发展到号称有两万多人的队伍。俄军还选派军官多人参与队伍训练和营以上单位作战指挥事宜。张宗昌则成了这支队伍的首领，当时的“官衔”称“统领”。张宗昌所领导的这支队伍经过一番整顿、扩充和训练后，在扰乱日军后方、配合俄军前方作战中，也起到一定作用，赢得了俄国军方的信任和好评。[①]

1904年春，俄军官马大力多夫“同中国已革游击齐玉春等，带俄兵及所招的胡匪各队七百余名，于日军围击”[②]。据1905年宋教仁的调查，助俄攻日的绿林有刘永清、冷振东、孙竹轩、李四大人、张兆元等部，其中“张兆元

① 参见李藻麟：《我的北洋军旅生涯》，第84页，九州图书出版社1998年版。

② 清外务部致俄使富萨尔照会稿，转引自《历史档案》1984年第2期，第104页。

为俄国统领，有花榜队千余……出没于通化以南怀仁等处”[①]。日本自然不甘示弱，在参谋本部参谋次长儿玉源太郎等人的直接指挥下，日军派到交战地区的“特别任务班”利用各种手段，收编绿林，充当助日攻俄的炮灰。

日使乔铁木收买华人王洛文在朝阳、建昌等地募兵，组建“大清东三省义民团”。其招募告白宣称“咸丰末年国运败，俄国势力硬来侵，黑吉两省去一半……庚子年间俄兵到，一直强占到如今……不久日兵要登岸，救我中国三省人……我们百姓良心在，好歹自然分得清，房子不让俄人住，不卖粮草不贪银，坏它铁路砍电线，毁它营房根株清，随机应变挤它去……”[②] 这份告白的作者是谁，目前还不清楚，不过这告白的口径出自日本侵略者是毋庸置疑的。

1904 年春，辽西绿林头目冯麟阁在日本间谍林宾宜的引邀下，出任“大日本帝国讨露军满洲义勇兵”（亦称东亚义勇军）统领。冯麟阁，辽宁海城人，1866 年生，为人贫残狠毒，利欲熏心。1900 年沙俄趁东北义和团兴起大举入侵，时任海城县衙役的冯麟阁趁机打劫，以杀富济贫为名，纠合了地方上的流氓赌棍、散兵游勇在盘山县的田庄台、辽中、台安、彰武一带横行，抢劫淫掠，为害一方。“他的徒众经常有百八十人出没各地，最多时能啸聚到几千人。”[③] 冯麟阁在时局相对平静后曾组织大团对大团所驻的小北河、庙儿岭、韩家峪一带约 240 余村及海城、牛庄周围的 100 余村实施“保险”。同年冯麟阁被清政府招抚，任招抚局辽河两岸十六局总巡长，饬令保卫闾阎。年底“与西城各团会，因派捐起衅互哄”，败逃至辽阳小北河团练会所匿藏，“党与众多，难于驾驭”。辽阳州知州杨昌瀚恳请盛京将军增祺将冯麟阁调省编入巡勇队，以示其羁縻，增祺未允。1901 年 2 月数百俄军突袭冯麟阁小北河住地，打死打伤数十人，“冯麟阁乘隙潜逃。”[④] 同年在奉调辽阳大高岭剿匪时率队破坏俄国东清铁路工程。旋为俄人设计诱捕，辗转关押在萨哈连岛，1902 年夏冯越狱逃回辽宁，一度担任河防营统带，不久因上司李统巡因案撤职连带离营，重新纠集旧部，占山为王。

1904 年日俄战争爆发后冯麟阁出任“大日本帝国讨露军满洲义勇兵”（亦称东亚义勇军）统领，从 1904 年 8 月至 1905 年 4 月在新民、辽阳、镇安、彰武、法库、康平、昌图等地与俄军交战 32 次，毙伤俄军官兵一千零三十余人，缴获枪支 69 杆。1904 年 10 月冯麟阁部、金寿山部在日军屡攻辽阳南首山不克的紧急关头，奉命包抄首山右翼，偷袭成功。日军事后奏请天皇

---

① 《宋教仁集》，第 12 页，中华书局 1981 年版。

② 转引自《历史档案》1984 年第 2 期，第 107 页。

③ 《文史资料选辑》第六辑，第 135 页。

④ 《忠义军抗俄斗争档案史料》，第 27–28 页，辽沈书社 1984 年版。

奖给冯、金二人宝星勋章。”①

“东亚义勇军”似不止一支，在日本元帅大山的直接指挥下，以赵得涵、金万福为首的胡匪亦称东亚义勇军，金万福宣称：“俄军以胡匪待我，我即以胡匪报之，日军以义士待我，我即以义士报之。”② 当时日本陆军营务总督还专门为该部发了执照，要求“凡清国臣民，无论为官为民均因帮助，计期利便。决不可稍有妨碍阻拦等事”。否则“日本大军到此之日，必定杀戮不贷”③。

在日俄战争中，辽中县人杜立三带领部分马匪北上洮南，配合日军阻击、牵制沙俄骑兵，使之疲于奔命，延迟了进军的速度。杜立三拥众千余，枪马具全，自立一帮。甲午战争后到日俄战争前他在辽中三界沟霸占上等良田800余亩，规定周围几十里居民都由他负责“保护”，由辖区居民按月摊派一切费用，就可同意界内不再发生绑票抢劫案件。杜立三还在柳条窝子渡口公然设立临时关卡，派人对过往的船只收捐，下行船每只2元，上行船每只5元。

在日俄战争中，日军原来还打算以貔子窝地区为中心，利用绿林和团练会组织忠义军，以联合日军第二军机动作战。为此曾于1904年3月派人在辽东半岛各村落中张贴忠义军檄文。忠义军的任务是“首先炸毁瓦房店车站附近的铁桥，再在切断瓦房店及熊岳城间的电线”，后“因召集响马的形势到底不利，因又改变方针，以各地团练为编成主力”④。

日俄战争结束前夕，日本侵略者为了笼络为其致力的东北绿林，由满洲军总司令参谋福岛安正少将亲自出马，向盛京将军赵尔施加压力，要求中国官方收复冯麟阁部。赵尔巽因事关重大，一面拖延婉拒，一面与中央要员商量对策。良弼等人提出，“专抚之说，古所不道……专重用剿，然瓦玉同碎，兰莸并锄”，“专抚失之宽，使巨魁漏网，专剿失之克，令豪俊灰心”，因此最佳方案是“剿抚兼施”，即“留其佳者以劝来许，芟其莠者以警将来”。北洋大臣袁世凯则表示同意收抚冯麟阁后归北洋约束，但“以愈少愈妙”⑤。其实对东北地方当局而言，招抚绿林并非难事，且有先例可循。从1900年冬至1901年底，吉林将军长顺等人“除将始终抗拒，甘心从贼各匪次第剿灭外，计陆续收抚不下万余名，或酌留入伍，或资遣回籍”⑥。不过这一工作已经遭到当时占领东三省的俄国侵略者的干预，为此中俄双方曾反复辩论交涉，关系十分紧张。现在若将助日攻俄的绿林加以收抚，赵尔巽最大的担心是怕开

---

① 参见《民国绿林史》，第13页，福建人民出版社2001年版。

② 《清代档案史料丛编》第八辑，第21页，中华书局1982年版。

③ 《清代档案史料丛编》第八辑，第23页，中华书局1882年版。

④ 东亚同文会编：《对华回忆录》，第286页，商务印书馆1959年版。

⑤ 中国第一历史档案馆馆藏赵尔巽档案第140卷，转引自《历史档案》1984年第2期。

⑥ 《辛亥革命前十年间民变档案史料》上册，第78-79页。

罪俄国，但在日本方面的再三逼迫下，他还是被迫收编了冯麟阁的队伍。冯部被收编时共有员弁1538人，设有中、前、左、右、后五营，管带分虽是张海鹏、苑名声、李魁武、胡广义、汲金纯，在五营中只有右营是步队，其余皆为马队。他们驻扎在铁岭、开原一带，在当地敲诈撞骗，设赌抽头，绑票勒赎，由土匪变成了官匪。清政府后将冯部改编为奉天巡防营，冯麟阁本人由此步步攀升，先后任后路巡防队帮统、左路帮统、统领等职。

1905年日俄战争以俄国战败而告终。日俄战争使一部分东北绿林在提高战斗力的同时丧失民族意识，日本侵略者却初步积累起从思想上、组织上、军事上利用和控制绿林的经验。

杜立三在日俄战争结束后势力越来越大，除继续在辽西掠夺民财、霸占民女外，还派人到辽阳、营口、盘山等地硬捐，甚至公然到辽中县军营抢夺快枪300支、子弹万余粒。1907年东三省总督兼练兵大臣徐世昌下令已经招安的张作霖解决杜立三，杜立三毙命后，余众大部分被张作霖收编。

《图画日报》视野下的清末土匪[①]

土匪问题由来已久，古今中外皆有。中国古代文献中，几乎历朝历代，均有关于“匪”的记载。尤其是近代以来，中国更是被称为“土匪的王国”、“盗匪的世界”。学术界对于中国近代土匪的研究日渐增多，目前除有大量学术论文公开发表外，也有几部专著。其中影响较大的专著有：贝思飞著、徐有威等译《民国时期的土匪》（上海人民出版社 1992 年版）；邵雍著《民国绿林史》（福建人民出版社 2001 年版）等等。综合来看，以往的研究多侧重于土匪自身，包括其定义、分类、结构、产生原因、心理状况、政治性以及相关问题。关于画报中的土匪问题，却很少涉及（仅见《〈点石斋画报〉里的江南盗匪》），可见的多是用到几张图片，给人以直观的印象。有鉴于此，笔者试图解读晚清上海非常重要的画报之一——《图画日报》里有关土匪的史料，希冀能够对于中国近代土匪史的研究，尽一点个人的绵薄之力。需要说明的是本文所指“土匪”，乃广义上之土匪，不仅包括盗匪（陆上、水上）、枭匪（盐枭），而且会匪、拳匪也列入其中。

所谓画报，即是一种以图为主、文为辅、且定期或不定期出版的刊物。画报的真正独特之处恰在于，它使用图像为主要的叙述方式，图像在报纸中处于主导地位，文字反而只起到解释说明的作用。这与中国传统的以文为主、以图为辅的刊物形式有着本质的区别。

晚清上海的画报中，比较重要的有两种，一是《点石斋画报》，二是《图画日报》，这类画报采用的多是画家的手绘图画。而且《图画日报》正好处于以手绘图画报的繁荣期。作为中国近代出版史上最早出现的画报类日刊，《图画日报》由环球社编辑发行，于 1909 年 8 月 16 日（清宣统元年七月一日）创刊，1910 年 8 月停刊，共发行 404 期。《图画日报》虽然只存在了一年多，但作为日刊类画报，较之稍早的《点石斋画报》，新闻性更强、信息量更大、涉及面更广。《图画日报》出版以后，每期印数近万册，“凡公卿士大夫及绅商学界，无不手览一编，即妇人孺子识字不多者，每喜指画求解，诚于社会颇有裨益”，[②] 其受欢迎程度可见一斑。与同时期的其他画报相比，其影响也

① 本文作者为程艳。

② 《本社特告》，《图画日报》第 173 号。

更大，蕴含了更多的晚清史料（且并不仅仅局限于上海一地），包括时事新闻、民间习俗、营业写真、社会恶习、官场黑暗、新旧建筑、名人介绍、知识普及、列强侵略等等。另外，编辑发行《图画日报》的环球社还特设调查部，负责辨别稿件的真伪，所以其刊登的内容可信度还是较高的。

一

图文并茂、形象直观的《图画日报》中有不少作品生动形象地反映了晚清各种土匪的活动，简列如下：

1. 盗匪

盗匪是清末各类土匪中比较常见的，多指陆上土匪，其行为大致分路劫和入室抢劫两种。路劫一般是抢劫过路行人，尤其是商旅。“妇人王陈氏于元旦日午后，行至本埠（上海）租界山西路，被流氓王得发抢去珍珠花一朵，即投诉总巡捕房。”① “杭州西湖桃源岭，系往来留下镇之孔道，行旅如云，岭上小庙有僧主持”，“有韩姓及丝客二人，赴留下镇收货，路经该处，遇雨暂憩，方坐定，突见盗党三人，各执洋枪刀棍，由庙内奔走，将二客身带银洋衣物，搜劫一空。”② 入室抢劫多是针对店家、富户，“华亭颛桥镇，连劫王福盛米店等三家一案，前日获到伙盗朱阿根。”③ 也有部分官宦和贫民之家亦被抢，“苏垣阊门外白莲浜三乡庙桥南，二标部队某统领家，于初四夜十时，被盗破扉而入，劫掠一空。”④ “浙江平湖大南门外半里许，大星桥下农民陈阿二家，前夜二鼓后，忽来盗匪六人，撞门而入”，“惟阿二家贫如洗，别无长物，只有糙米六袋，悉被劫去。”⑤ 以上盗匪的各种抢劫行为，多是小范围的，并不会给当时的社会秩序带来十分严重的破坏。

① 《匪徒路劫》，《图画日报》第177号。
② 《劫丝商大盗发财》，《图画日报》第327号。
③ 《续获盗犯》，《图画日报》第108号。
④ 《苏乡盗劫何多》，《图画日报》第103号。
⑤ 《贫农被劫之可怜》，《图画日报》第168号。

2. 会匪、拳匪

会匪、拳匪的行为与一般盗匪截然不同，这类土匪多聚众闹事，严重的还会危及到清地方政府的统治。“鄂属保康县，山林严杂，与四川交界，其地素多伏莽，近有白帽党会匪彭寿山等，在彼散放飘布，勾结乡民入会者，不下数千人，均以头扎白布，或戴白帽为记，预备器械，约日起事。”[①] “川省保宁府之通、南、巴各州县，及川东之綦江、秀山等处，近来，闻有一股匪党，社坛练习神拳，又有自号青莲圣母、现世菩萨、铁花仙子等等名目，聚集男女，于深夜拜灯演卦，并为人以符水治病，踪迹极为诡秘。”[②] 对于善于蛊惑人心、威胁统治秩序的会匪、拳匪，清朝各级政府总是极力剿捕，以期根绝。“湖南湘潭县，拿获匪犯罗敬亭、程月池、程飞田三名，捆解到营，当由营讯据该犯等供称，实系采习神拳，吞食符水等情，旋即转解湘潭县。由周铭山大令复讯无异，已于前日将罗敬亭一犯，绑赴十六总仓门前，枭首示众。”[③]

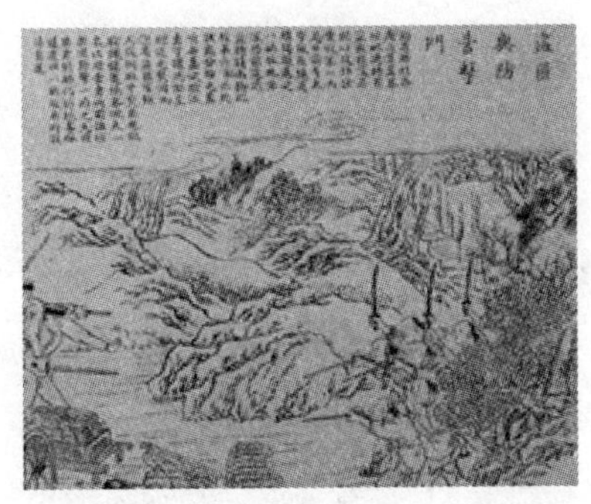

3. 枭匪

枭匪即是武装贩私盐者，亦称盐枭，近代以来，多集中于江淮地区，他们大多拥有独立的武装，能够抗拒政府的追捕。“日前有大帮枭匪，满载私盐，由浦东高桥等处，用船泊往内地胡家庄一带，当为驻淞内海缉私左营哨弁周某查悉，密率弁勇，乘艇驶往四港口阻截，巨匪竟敢拒捕。”[④] 为了更有利于缉捕枭匪，维护水域的安全，清政府时常出动巡逻军。“苏省统领飞划全军冯孟馀观察，因年关在即，恐有枭盗乘间窃发，特于本月初五日，率带师船用靖湖兵轮拖带，前往太湖松沪一带巡缉，以资防范。”[⑤] “江督前饬江防营沿江各防，查拿巨枭王正国。日前由两淮新胜水陆缉私营，旗牌官施得林，

① 《拿获放飘匪首》，《图画日报》第93号。

② 《妖匪惑众》，《图画日报》第169号。

③ 《斩符咒神拳之匪徒》，《图画日报》第311号。

④ 《匪敢辱弁》，《图画日报》第366号。

⑤ 《统领出巡》，《图画日报》第158号。

在镇江吉升公栈擒获。”①

4. 海盗

此海盗专指在水上抢劫其他船只的土匪，但也并不绝对，有时海盗也会到陆地上进行抢劫。海盗的历史久远，大约自从有船只航行以来，海盗就开始出现，特别是在商业发达的沿海地区。“厦门抢案迭出，商民岌岌可危。近来海面亦因之不靖，上月二十八日厦门和春行，报称有豆米船开往泉州，行经祥芝澳口，突被海盗抢劫而去。”②“嘉兴航船之开往苏属芦坻镇，十六日装载各货及搭客，行至离镇七八里之遥时，未日没，突来盗船两只，盗匪十余人，各执快枪，拦住抢劫。”③ 除简单的抢劫之外，海盗也偶有勒赎的行为，“浙江象山日前有宁波人尤尔珍等，备船九只，开驶爵溪捕鱼，船至大目洋面，突来海盗多名，连人及货一并掳去，胆敢枪毙船主宏钊一名，弹伤宏寿一名，勒令以英洋一千余元赎回。”④

二

这一时期土匪活动的特点，除公然的持械抢劫、聚众滋事外，也有个别极富策略性的行为方式。

1. 持械抢劫

一般的持械抢劫多以刀、枪为武器采用威胁、恐吓的方式，逼人交出钱财、衣物等，并不会伤及性命。“粤人谭裕勤，前晚行经本埠公共租界北江西路七浦路相近，忽遇匪徒多人，拦住去路，拔刀恐吓，当被剥去狐衣袍褂一套，呼啸而逸。”⑤“镇郡东南之魏家庄魏姓家，于昨晚二更时，突来盗匪数

① 《吉升栈拿获巨枭》，《图画日报》第351号。

② 《海盗之横行》，《图画日报》第357号。

③ 《白日抢劫》，《图画日报》第172号。

④ 《海盗拔人勒赎骇闻》，《图画日报》第19号。

⑤ 《匪徒持刀剥衣》，《图画日报》第160号。

绿林奇迹

十人，明火执仗，冲门而入，除劫去衣饰外，并将食米及炒米一掳而空，失主受刀伤两处，耕牛一头被剥出肚肠。”①

2. 聚众滋事

更有甚者，匪徒纠众滋事，对抗官府。“川省北境广安州有巨匪余敬臣者，忽于日前纠合二百余人，扑入县衙，将监打坏，纵犯逃匿，并枪毙幕僚教员，抢去巡警营快炮四十尊。”② “飞划营第二营某号枪船，于初十左右，在太湖边巡缉，忽来光蛋多人，开枪轰击，营勇以寡不敌众，弃船逃逸，当被匪党将枪船劫去。”③

3. 策略行为

随着时代的进步，社会的渐变，土匪也一改传统的公然持械抢劫，而是施以计谋，更快更好的达到目的。

乔装改扮。这种方式相对容易得逞，让人防不胜防。“潮阳梅化乡郑绅，家资饶裕，久为贼匪所垂涎，……除夕，忽有多人扛送礼盒，手携荣禄等灯笼，郑家知系姻戚送礼，毫不怀疑，及抵门后，各人即以礼盒散开，将中藏器械取出，直入搜刮，势不可挡。”④ “泰州西南乡塘头，于太史家”，“某夜忽来绿呢轿数乘，蓝顶花翎者，端坐其中，旗帜鲜明，随勇数十名，各执刀枪，排队而入，众以于绅素有官吏往来，不足为异，于中人既入室，即传令

① 《庄户被盗》，《图画日报》第158号。
② 《赏拿巨匪》，《图画日报》第145号。
③ 《飞华营枪船被劫》，《图画日报》第82号。
④ 《贼匪行劫之巧计》，《图画日报》第184号。

闭门，于及家人咸惊异，旋被来者一一捆缚，并以刀恐吓，不令呼号，于是从容搜刮而去。”①

设计诓骗。这种方式是仅次于持械抢劫而较常见的一种，多为小伙匪徒。“苏垣近来，时有一种匪徒，或穿华服，或冒商贩，三五成群，走在各街市游行，见有诚实可欺之人，身带银洋衣物者，即多方诱骗抢夺。”② “昨有衣履翩翩之台州人林济清，与同党王某，掩入海潮寺楼上僧房内，窃取银表银洋。”③ “有客民李明章，河南杞县人，由通州来津，行至姚家湾子雇船，有素不认识之陈三，称是船户，邀伊到家吃饭，将带去衣包一个，寄放澡堂，李走出门外，等候一时，未见陈三出来，进内查看，衣包以被陈三骗去，从澡堂后门逃走。”④

用药劫财。这种方式相对较可怕，用药如果过量，也会给人带来身体上的伤害。“上月下旬某日，粤垣白云寺路旁，卧一西装少年”，后被人救起，言“某日早有友人邀游白云，遂被用迷药蒙醉，夺取广纸四百元，散银二十余元，并巾遮帽甲币袋各物”，“说着谓少年挟资出游，致被匪人所算。”⑤

勾结官府。“桃园县署旁某钱庄，于前夜突来匪徒多人，手持快枪，涌而入，抢劫一空，计失数有五六千金之多，时该店伙见随同抢劫者，有县差多人。”⑥ 类似报道在《申报》中多有体现，“苏垣阊门外南濠地方辰泽航船户庄进财，日前在苏收齐信件及银洋布锭等物，并载男女搭客三人，开行至尹山镇停泊过夜，次早由尹山驻篷开至三里以外之官塘河，忽被盗船数艘拦住，各盗均持洋枪刀械，纷纷上船将风帆绳索砍断，搜劫银洋货物”。报道进一步评论说，“该处近侧素有飞划营驻扎，失事时毫无觉察，事后亦不顾问，此中

① 《耀武扬威　强盗坐轿》，《图画日报》第 251 号。

② 《匪党抢洋被获》，《图画日报》第 115 号。

③ 《窃贼亦翩翩乎》，《图画日报》第 16 号。

④ 《设计诓骗》，《图画日报》第 23 号。

⑤ 《用药劫财之可怕》，《图画日报》第 37 号。

⑥ 《县差竟敢为盗》，《图画日报》第 101 号。

情节，非局外人所可知矣。”①

总的来看，清末的土匪不但延续了以往土匪的活动特点——多为抢劫、盗窃之类，而且更进一步与社会接轨，使用新式武器，并呈现出一些新的特征——公然与政府作对、多种策略的出现。《图画日报》作为20世纪初的画报类日刊，在短短的一年时间里，共出版了四百多期，其涵盖的史料丰富，图画易懂，只是直到目前却还没有引起学术界足够的重视。

① 《盗匪截劫航船》，《申报》1910年1月4日。

革命党人的绿林工作

1905年6月，华兴会副会长宋教仁在《二十世纪之支那》第一期上发表《二十世纪之梁山泊》一文，指出“满洲之马贼”就是“二十世纪之梁山泊”。马贼初起是因为东北人民不堪沙俄入侵，“相与团结屯聚……以为卫身家保妻子之计。其后聚众日多，良莠不一，习为掠财杀人之举者，往往有之，于是满洲官吏……目之为盗贼，且以其骑马也，遂以马贼称之”。文章认为马贼“皆我黄帝之子孙，四万万民族之分子”，“有十倍于杜兰斯树独立旗时之土地，有五倍于玛志尼建共和国时之徒众”，然而“不知自由独立为何物”，惟献媚于日俄帝国主义强盗与招盗之人清政府，“不亦大可羞也乎”![①] 宋教仁此文既对马贼表示了同情和关注，又对他们丧失民族意识的行径进行了严正的批判，是资产阶级革命派中正确论述绿林的一篇佳作。

1906年8月24日光复会重要领导人徐锡麟“由北京动身往山海关、营口、奉天等处一走，以观风土人情。”[②] 9月3日徐锡麟由新民府乘车返回北京，在给友人信中他说自己“于奉天彰武[③]一带，已游历一过，该处有一人，名麟角（原注：‘角’应为‘阁’，绍兴话中此二字同音），姓冯，前与俄国打仗，常常获胜，系该处统帅，前即马贼之大头目。人颇节俭，身穿布衣，单娶一妻，其人极有威名，麟宜与时时信札往来。……麟仆仆风尘，较苦于南方，然身体尚健，堪慰锦注耳。总之，我辈作事，如水银入地，有路必钻，必达到目的而后已。然麟近日之阅历所得，有数语为吾弟告：宗旨要守定不移，办事必须有阶级可寻，切弗出做不到之无因大话。古人云：言之匪艰，行之维艰。此二语必当切记。麟日后拟在安徽经营，吾弟于七月廿五（1906年9月13日）后来信，可交绍兴□□□□转交，然言语要谨慎，防有人拆看。”[④]

1907年徐锡麟在安庆枪击安徽巡抚恩铭案发后，两江总督端方于7月11日致东三省总督徐世昌电：“接皖抚电，搜得逆匪徐锡麟信箱内有沈钧业致徐

① 《宋教仁集》，第11-13页，中华书局1981年版。

② 《辛亥革命浙江史料选辑》，第422-423页，浙江人民出版社1981年版。

③ 《浙江辛亥革命回忆录》续辑，第8页徐锡麟侄儿女写的《伯父徐锡麟轶事》称徐冯两人在结识，其中“吉林彰武”误。

④ 《辛亥革命浙江史料选辑》，第423-424页，浙江人民出版社1981年版。

匪书，并有运动奉天巨匪冯麟阁之语。”① 同日端方致安徽巡抚冯煦电称：“奉天巨匪冯麟阁，亦电请徐菊帅饬拿矣。”② 8 月 19 日端方致冯煦电称：根据徐锡麟胞兄徐伟供称：“徐锡麟自日本回国，曾到东三省一次，商谋何事，该犯无从得知。惟曾遇沈钧业云，接徐锡麟信，在东三省亲见满汉不平，可以运动马贼援应，等语。该犯旋郎函致徐锡麟，劝令亲密，闻信尤须留意。”③上述涉案人员中，沈钧业远在日本，清政府一下子没有办法抓到他。曹醴泉（即曹钦熙）经清朝官方查下来仅“信中带叙，均无实迹”④。冯麟阁当时在奉天巡防队任职，如果真与徐锡麟有过接触，后果是可想而知的。

事实上徐锡麟在奉天彰武只是打听了一下冯麟阁的基本情况（很不完整，连确切的姓名都没有搞清楚），在给友人信中也只是表示了愿意经常联系冯麟阁的意向。即使他到安徽武备学校（后改名陆军小学堂）任职后也没有做过冯麟阁的任何工作。也正因为冯麟阁只是徐锡麟拟联系的工作对象，两人并未见过面谈过话，因此徐世昌接到端方的电报后也没有对时任奉天后路巡防队统领的冯麟阁采取什么措施，冯麟阁照旧安然无恙。

1907 年春已是同盟会重要骨干的宋教仁经该会庶务科总干事黄兴批准，由东京启程取道朝鲜赴东北开展革命工作。4 月 1 日抵安东，3 日宋教仁致函辽海绿林李逢春、朱二角、金寿山、王飞卿、杨国栋、孟福亭、蓝黑牙等人。宋教仁在信中首先称赞李逢春等人“扶弱抑强，抗官济民”，接着表示，“仆等向在南方经营大业，号召徒党，已不下数十万众，欲扶义兴师久矣，而山川隔绝，去京绝远，欲为割据之事则易，欲制清廷之死命则难。视公等所处之地，形势不及远矣，欲与公等通好，南北交攻，共图大举。……若不嫌微末，而以提倡大义之事互相联合，则不独仆等之幸，亦中国四万万同胞之幸也”⑤。宋教仁是把联络马贼看做实施自己提出的战略上策即在北方或首都发动革命的一个重要环节。身居大孤山的李逢春接信后，立即复信称现因事不能来安东，请宋教仁等人上山商议。不久宋教仁、白逾桓等“集合李逢春、金寿山诸马侠，设同盟会支部于辽东”⑥。稍后，宋教仁又至北满联络著名的马侠首领刘单子，也取得了一定的成效。接着他又与徐镜心一道前往吉林延吉地区策动已受招安出任当地团练总领的韩登举反正。

从组织上来看，徐锡麟、宋教仁分属于资产阶级的革命小团体光复会和华兴会，级别大致相当；在策略思想上，心有灵犀一点通，在联络东北马贼

① 中国近代史资料丛刊《辛亥革命》（三），第 140–141 页，上海人民出版社 1957 年版。
② 中国近代史资料丛刊《辛亥革命》（三），第 142 页，上海人民出版社 1957 年版。
③ 中国近代史资料丛刊《辛亥革命》（三），第 175 页，上海人民出版社 1957 年版。
④ 中国近代史资料丛刊《辛亥革命》（三），第 163 页，上海人民出版社 1957 年版。
⑤《宋教仁集》，第 727–728 页，中华书局 1981 年版。
⑥ 邹鲁：《中国国民党史稿》，第 1654 页。

方面都有着可贵的先见之明。在行动上，徐锡麟是资产阶级革命派中最早去东北进行革命活动的人，但由于他过分看重自己的能力，过分看重尽快掌握清军的兵权，因此舍不得花时间实际开展对冯麟阁的联络工作，也没有将此工作与发展光复会的工作有机结合起来。而宋教仁正是沿着徐锡麟走过的路，跨越了从计划到实施的门槛，真正走进了东北马贼的大门，并且取得了一定程度的成功。

与此同时，同盟会还派林伯渠到东北调查边疆事务，联络绿林。林伯渠到吉林不久，被官方委任为“劝学总所兼宣讲所会办”，于是以查学为名义，去各处与绿林武装频繁交往。他也去过延吉与桦甸间的南山沟子拜访过韩登举：被韩介绍前往哈尔滨、长春等地与当地著名马贼头领接洽。

1907 年 6 月宋教仁因在东北策应惠州起义事泄，被迫终止联络马贼的工作，回到日本。接替宋教仁负责东三省同盟会革命活动的是吴禄贞。吴禄贞时任帮办延吉边务，他在考察延吉边务途中亦顺路拜访过韩登举，对其晓以民族大义。10 月间吴禄贞以韩登举的团练武装为后盾，与侵入延吉的日军交涉，迫使日军后撤。吴禄贞的部下、革命党人柏文蔚“在延吉阅三寒暑，为进行革命布置，与绿林豪杰往返更多”①。廖仲恺、高宜权、孙师培等革命党人此时亦在吴的辖区中四处活动，联络马贼，发展革命组织。

同盟会机关报《民报》第二十号全文刊出的《中华革命军辽东军政府檄告》把马贼问题列为清政府十三大罪状之一。《檄告》谴责清政府“惟以诛戮为事，兵力所至，良莠不辨，淫威所加，玉石俱焚。甚至阳假团练，饵致贼目，滥行残杀，张大勋功。好恶因于兵弁，生杀由于缇骑。致令民怨益盛，贼党益多，满地荆棘，民不聊生”②。《檄告》宣布“各地山泽之间，为清廷所迫害，避乱落草者，忠义豪杰当自不少，其有率其部落，惠然肯来，以助义声者，尤当竭诚欢迎，待以殊典”③。

1910 年 2 月吴禄贞遭官方怀疑被迫离开延边返回北京后，革命党人柏文蔚又在奉天督练公所参谋处出任二等参谋。同年冬他在哈尔滨、伯力等地走访了“天边羊”（赵姓）、老刘单子（刘永和）等绿林豪杰 20 余人，“皆待机揭竿者也”④。

革命党人对张作霖也做过策反工作。张作霖原为宋庆毅军骑兵队的勤务兵，后升任哨长，跟着兽医官学了些兽医知识。1895 年 9 月毅军回防河北时，张作霖退伍在海城县高坎庄开设兽医店，常为各路匪帮医马疾，后自立匪伙。

---

① 《近代史资料》总 40 号，第 12 页。
② 《近代史资料》总 54 号，第 45 页。
③ 《近代史资料》总 54 号，第 47 页。
④ 《近代史资料》总 40 号，第 14 页。

日俄战争结束后，张作霖匪部经奉天将军增祺批准收编招安，在新民一带负责维持地方治安。1907 年 6 月张作霖奉东三省总督兼练兵大臣徐世昌之命，利用杜立三叔叔的亲笔信诱骗杜立三到新民府共商进止，杜立三欣然前往，中计毙命。杜立三部余众大部分被张作霖收编，张因此升为奉天巡防营前路统领。1911 年 12 月 5 日共进会负责人张百祥致函张作霖，指出："鄂军起义，各省闻风响应，未满两月，光复十六省。……足见民心之思汉，天与人归。……尔张作霖即属汉人，本应护卫汉族，岂可婢膝奴颜，俯事清虏，杀戮同胞，自相残害而为万世之羞？……今奉天兵权在尔之手，一跃则为大都督，时乎时乎不再来……尔如有意，可商奉军参谋魏允恭等，约时举事可也。"[①] 革命党在东北策反张作霖与他们在全国策反袁世凯的思路是一致的，即在革命力量不够强大的情况下，依靠手握重兵的强人反正，从而廉价地取得革命的胜利。

由于清政府的严密防范，虽然同盟会对东北绿林做了不少联络策动工作，但在武昌起义之前，绿林在东北并没有发动过旨在推翻清王朝统治的起事。张作霖绿林胡匪印记很深，从以后他大肆镇压革命军的表现来看，根本没有听从革命党人的好言规劝。

河南地处中原要冲，战略地位十分重要。1910 年同盟会河南支部成立后，代理支部长刘纯仁即积极地联络绿林武装。次年春天，河南支部议定，根据不同的策动对象分甲乙丙丁四部着手武装起义，其中丁部负责组织绿林武装，由王天纵、刘镇华负责。王天纵，原名天从，河南嵩县人，原为当地绿林首领，因杀人越狱，逃往上海，加入同盟会。[②] 返回嵩县后，与李永魁、柴云升、关老九、张治公、憨玉琨等，在羊山结盟，成为"羊山十大兄弟"，王虽在结拜时排行第六，但仍被推为首领。王天纵等十兄弟聚众万人，清军屡次进剿，均未得手。刘镇华，河南巩县人，1883 年生，1908 年入同盟会。他加入同盟会后与石又骞、蒋峨山、吴沧州等人仿效他省革命党做会党工作的办法，去羊山发动"十大兄弟"进行反清武装斗争。

华南是同盟会进行反清武装斗争的基本地区。但由于同盟会本身没有一支革命的军队，因此绿林、会党便成了同盟会的雇佣军。总体上讲同盟会对绿林并没作过多少政治教育、思想发动的工作，只是届时将海外华侨千辛万苦筹募来的经费发给绿林头目完事。

1895 年同盟会在前身兴中会发动广州起事时绿林即是一支主要的依靠力量，尽管这次起事最后并没有付诸实施，但孙中山还是把"领来的钱，发给

① 《清代档案史料丛编》第八辑，第 85–86 页，中华书局 1982 年版。

② 参见《中华民国史》第一编（下），第 402 页，中华书局 1982 年版。

绿林中人"[①]，可能是请神容易送神难吧。1906年同盟会为在次年发动惠州起义，命会党首领黄耀庭、绿林豪客余绍卿及华侨邓子瑜为负责人。其中余为阳江阳春"大盗，亡命窜南洋"，孙中山以其可用，遣之回国，命其担任两阳及惠属一方面军事。不料余1907年3月至香港领走了公费1500元后，"旋入内地，去后杳无消息，不知所终。"[②] 同盟会方面白白花去1500元，未收寸效。

1907年9月同盟会发动防城起义时，担任中华国民军南军都督的王和顺是出身绿林的原南宁地区著名的三点会首领，担任副都督的梁少廷、梁瑞阳原先是在钦廉杀人越货的绿林游勇。防城起义失败，孙中山原定以王和顺为镇南关都督，办理进攻镇南关事宜，但"桂省绿林游勇原分两派"[③]，镇南关附近的游勇黄明堂、李祐卿等部提出以"王和顺不来加入为一条件"[④] 才参加起义。孙中山至此只能"改派黄明堂、关仁甫经营镇南关军事"[⑤]。关仁甫亦"向系游勇首领"[⑥]。梁少廷、梁瑞阳、关仁甫等人虽为同盟会的西南边境起义起过积极作用，但同时又给革命运动带来了极大的副作用。例如在1908年3月的钦州马笃山起义中"二梁不睦，始终不懈"，且"不受约束"。梁瑞阳"曾于其乡掳人之牛，数及十头，此次乡人绝不欢迎，瑞亦无能久恋其家"，"所到前极欢迎者，今则多不许停宿，盖瑞记少记皆曾杀人越货……故极好之乡，亦止能一宿而已"[⑦]。革命军行动如此不便，岂有不败之理。关仁甫在1908年4月河口起义失败后，撤至越南，后辗转流亡至新加坡、香港等地。据孙中山揭露，关仁甫同伙五六人在新加坡"日以行劫为事，致累及他之无辜同志二十一人，现尚系狱待审……自彼到坡以后，则劫案频闻；关回香港之后，港地亦复如是"。孙中山分析说："此等广西败类素在穷乡僻壤，一出外埠，见市上之繁华富庶，故欲念顿炽，爱财忘命，无所不至。此等之徒与广府捞家大有分别：广府捞家平日靠收行水，而出外有人为之待收付出，故在外常多安分；而广西捞家既无此可靠，又不务正业，故贼性到处不改也。"孙中山的结论是"自彼等到星，吾党前程几为之累"[⑧]。其实推而广之，自两广绿林参加同盟会的反清武装起义时开始，革命党的名誉声望何尝又不为此而大打折扣呢？

在广西，早在1903年革命党人李德三就开始联络柳州绿林。次年"龙岸绅商，议办民团，公推德三管带。土匪以素有联络，相戒不敢侵犯。是年冬，

---

① 《辛亥革命》（一），第31页。

② 冯自由：《革命逸史》第五集，第100页，中华书局1981年版。

③ 冯自由：《革命逸史》第五集，第120页，中华书局1981年版。

④ ［日］池亨吉：《中国革命实地见闻录》，第31页。

⑤ 冯自由：《革命逸史》第五集，第120页，中华书局1981年版。

⑥ 冯自由：《革命逸史》第五集，第121页，中华书局1981年版。

⑦ 冯自由：《革命逸史》第五集，第136页，中华书局1981年版。

⑧ 《孙中山全集》第一卷，第409页，中华书局1987年版。

清忠字营统领黄忠浩，患土匪猖獗，命德三招抚。德三应命往，阴说以大义，令入革命党，而表面阳为官军，免为民害。于是匪首谢源安、欧正光、欧华周等皆愿就抚”①。同盟会柳州盟支部成立后，继续做好绿林工作，将当时在雒容、修仁、荔浦一带落草的最大一股绿林沈鸿英部掌握在自己手中。

同盟会发动镇南关起义之前曾派人秘密策反出身绿林的广西边防军“荣字营”统领陆荣廷。尽管陆荣廷在镇南关起义时表现不佳，但同盟会仍未放弃对他的争取。而陆荣廷为留下后路，在钦廉战役中持壁上观态度。

① 《辛亥革命》（七），第219页。

张謇论绿林土匪

张謇是中国民族资本家的杰出代表，也是江苏地方知名人士。他在辛亥革命和北洋军阀时期均对会党及会党人物发表了自己的看法。这些看法实际上也是张謇本人对当时时政的判读，反映了他的基本政治倾向。

绿林是社会失去控制的产物，至晚清已经发展到全国各地，江苏自然也不例外。当时全省以扬州七濠口为据点的青红帮组织“春宝山”山主徐宝山（外号徐老虎，又名徐怀礼）最为闻名。

1900 年 6 月 18 日张謇获悉八国联军已于昨日攻陷大沽口，津京危急，于是面见两江总督刘坤一，“陈招抚徐老虎策。”① 刘坤一在第二天便采纳了张謇的建议，“招抚徐老虎。”6 月 20 日张謇上书刘坤一说：

> 抚徐之说，荷赐施行，内患苟弭，可专意外应矣。此辈如乱柴，徐则约柴之绳也。引绳太紧，绳将不堪，太松且枝梧。宜得有大度而小心之统将处之。俾不猜而生嫌，不轻而生玩。若予编伍，饷额宜檄统将发原封，令徐自给，但给衔不可逾守备以上，不可使单扎，且令一善言语、有计略之道员前往宣示诚信，以开谕之。令专镇缉沿江诸匪。……此人闻颇以胆决重于其党。控驭得宜，安知不有异日之效?②

张謇此议，一箭双雕，招抚徐宝山，对官方来讲，少了一个祸害，另外以徐宝山这个大盐枭、大会匪去镇缉沿江诸匪，以毒攻毒，何乐不为。

1904 年张謇以苏、鲁、豫、皖毗连部分，地处中原，位置重要而幅员辽阔，自德国侵占青岛后，有觊觎海州之势，英国势力又侵入长江，因倡建徐州省。提出《徐州应建行省议》，其中防范绿林土匪是其一大理由。张謇称“控淮海之襟喉，兼战守之形便，殖原陆之物产，富士马之资材，其地为古今主客所必争者，莫如徐州。……南北之际，徐为中权。平原荡荡，广袤千里。俗俭而塞，民强而无教。犯法、杀人、盗劫、亡命、枭桀之徒，前骈死而后踵起者，大都以徐为称首。近数十年，复有会匪之勾结，教士之浸权。设不早计，祸发一隅，牵动全局。将欲因时制宜，变散地为要害，莫如建徐州为

① 《张謇全集》第六卷“日记”，第 436 页，江苏古籍出版社 2000 年版。

② 《张謇全集》第一卷“政治”，第 46 页，江苏古籍出版社 2000 年版。

行省。……吾惧徐州不日龙争而虎斗，迭进迭退，芒砀大泽，我之伏莽枭徒又乘机窃发，或不免举足左右，以为敌用，为东三省之续也。故为此议。”①这里他说到了近数十年，复有会匪与土匪勾结的情况，也是历史的事实。但腐朽的清朝政府当时无意采纳张謇的意见，结果徐州在清末民初成了中国土匪的重要集结地，残害百姓，肆无忌惮。

1907他为李定明之事复函河南巡抚林绍年，对李在家乡水陆治理盗的事迹大大称颂了一番，并乘机为李被陆军部尚书铁良撤职而鸣不平。

承询李镇，此君名定明，长沙人，故霆军部将，廉公有威，能得士心，尤长缉捕。方李未至狼山，通州城乡枭盗纵恣。李至，禽治一空。其时兼统皖军，往来江上，江轮窃贼顿戢，行旅之人，至今能言之。以不娴新操，为铁尚书所劾，謇曾昌言讼之而不直。比以淮北大灾，端帅②属以缉私营驻海州，官尚未复也。其才宜治盗，不宜治枭。枭与贩同异一于严则穷民必连及而无以为生。……公若调之，须商端帅。行否不可必，眼中宿将求如李者良难。若用以治新军，则非其选。

信末还特意附呈惜李镇诗一首，以加深收信人林绍年的印象：

四十年来数总兵，烟销云过不知名。能令士饱民安卧，独有长沙李定明。③

总之，张謇认为李定明治盗有方，人才难得，大可不必为了不娴新操而弃之不用。其次张謇认为盗与枭异，枭与贩同。对盗要严厉打击，对枭则要留有余地，“一于严则穷民必连及而无以为生。”这一意见是很有道理的，可惜直到清朝灭亡，官方对于盗与枭，并没有在政策上加以区分，以致最后官逼民反，闹得不可收拾。

1908年如皋民众群起击毁盐栈，张謇在事发后致函江督，一方面力主严惩为首启事者，另一方面也提出适当调整食盐的供销政策，以平民愤。信中说：

今愚民为盐栈而哄，至于毁栈，至于逞凶，至于揭帖有悖词。近日江干并有真匪船至，与乡民联合，声称不设盐栈则已，设则必举事。……昌言揭帖至有伪号，滋事之大者也；此而不惩，民将焉儆？故愚欲以混合救平之。拟请暂不设栈，先饬李镇或徐怀礼带兵驻扎该处，务访缉主张揭贴为首之人，予以严惩；一面饬盐栈由场运盐供销，减价敌私，招各镇铺商，给予凭照，设盆分销。价减则私自无所容，各铺分销，则无缉私之扰。……惟（如皋）

① 《张謇全集》第一卷“政治”，第80–83页，江苏古籍出版社2000年版。

② 指两江总督端方。

③ 《张謇全集》第一卷“政治”，第105–106页，江苏古籍出版社2000年版。

石庄一带滨江，素为枭踪出没之地，事即敉平，仍须有兵驻守数月耳。愚见如此，乞公鉴夺施行。①

在这封信中张謇透露了辛亥革命前夜苏北地区民变的一些真实情况：即滨江地区枭、民、匪互相混杂，有舆论宣传，有绿林呼应。要从根本上解决砸毁盐栈之类年民变，张謇的对策是除严厉镇压为首分子之外，暂不设栈，以缓和民众的激愤情绪；减价售盐，各铺分销，分利于百姓和小商贩。如果真的实行，倒也不失治本的一个良策。但分利于百姓和小商贩对长期垄断食盐销售的官府及其他指定的大盐商不利，张謇的建议也只好束之高阁了。

1909年张謇写了一篇题为《书邱大刀》的短文，文笔生动，刻画人物栩栩如生，也反映了张本人对绿林问题的高度关注。根据张謇的介绍，邱大刀，名尊谦，字益亭，徐州丰县人，惯用重八十余斤的大刀。他名扬燕、齐、晋、豫、皖、苏六省之交，故人呼之为邱大刀，遇而呼辄应，不必名字也。此人十四岁时，即骑马杀人为盗。十六岁时，其伯父以争田恶死于山东菏泽某姓之斗，大刀假冒前往山东打仗的蒙古亲王僧格林沁乘新蓝舆，从数百骑，飙忽驰至，手刃在道左迎接的圩董仇人，接着"率众疾驱破圩，屠其人殆尽，旋逸四散。比僧王前锋至，大刀已不可踪迹矣。怨家戚讼之官。大刀知所犯重捕急，益远飏。狎盗，盗奉为魁。"② 是时捻军纵横六省之交，小阎王任柱尤悍剽不易制。僧王且剿且抚，收降群盗，阴求能制柱者，大刀领众投效。某岁之役，大刀生擒柱妾，俘戮王军前。如此大小百战，大刀靡不与，功积叙保，任守备都司职。

值得注意的是张謇与此人有过多次交往：

庐江吴武壮公统所部驻防宿迁时，招致大刀为先锋官，轸其漤落，时厚恤之。大刀亦倾心相依。謇客武壮见大刀于浦口军次，是时大刀年已四十许，酒酣气作，犹能舞刀。强之舞，广场大庭，解衣卓刀立，左右上下撇掠刺斫，起落盘旋，声霍霍有风。……己卯，謇贡成均，明年，须入都应朝试，与友商道所从。大刀适在坐，曰若陆行，设遇响马，可为语风筝儿上朋友，我从浦口邱大刀处来；从此二语，行尽中原六省少无恐也。风筝儿上朋友，盖盗伙隐语。今盗术与世移变，此语恐亦如广陵散，不传于人间矣。③

从张謇一生的经历来看，大刀极可能是他的唯一的一个绿林朋友，从某种意义上来讲，张謇北上应试，一路是在邱大刀的保护伞之下，故能有惊无险，平安进京。通过邱大刀，张謇对绿林土匪的成因、习性、作风有了感性

---

① 《张謇全集》第二卷"经济"，第67页，江苏古籍出版社2000年版。

② 《张謇全集》第五卷"艺文"（上），第155页，江苏古籍出版社2000年版。

③ 《张謇全集》第五卷"艺文"（上），第155-156页，江苏古籍出版社2000年版。

的认识，这对他以后处理绿林土匪问题有极重要的参照价值。

民国成立之后，随着整个社会的动荡不安，绿林土匪又有了新的发展。前清时代终身吃皇粮的旗人只好自食其力了，但有些人懒散惯了，于是与同样不事生产的土匪一道投入营伍，危害百姓。1913 年 9 月 12 日张謇致江苏苏民政长韩国钧函中就敏锐地指出了这一严重的社会问题。张謇指出：张勋“招旗丁匪人为兵，其意虽不可测，亦实可测，不独祸我江苏，必致祸我民国，非乘此时去之，后必追悔无及。”① 同年 9 月 14 日他致电最高当局袁世凯，指出“张军残虐宁垣，公积闻必多。……目前横揽军民一切之权，又招旗丁、土匪为增兵之计，势颇急进，”② 要求袁加以制止。但由于张勋在二次革命中是站在袁世凯一边的，袁世凯当时对张勋论功行赏都来不及，自然不可能采取对张不利的措施了。因此张謇再三呼吁，还是于事无补。张勋的辫子军也就更加横行霸道，残害民众，为所欲为了。

1914 年 1 月 23 日张謇致电袁世凯，认为“若内患则近日宁沪乱谣之多，京津车栈之暗杀，白狼之糜烂光州数县，朱迩典至云，此关政府名誉。不知乱人所持何说，其必有借口以煽惑可知。窃谓白狼一寇，猖獗逾年；未受大创，则都督职司何事？似宜即易一威重知兵之将，兼调鄂皖之兵，以合击之，务期扑灭。若更滋蔓，非独殃民，国威亦损。抑恐久而不定，将有乘之者也。至于东南之乱谣，根据全在海外，而其徒党散遍江湖。是宜一面镇慑，一面消散，勿使其势急而益合，庶几助寡而易图。此亦深愿我公注意者也。”③ 众所周知，白朗起义是反对袁世凯的，而且与孙中山的革命党也有联系。但张謇对两者均持完全否定的态度，指责相关河南都督镇压不力，要求袁世凯换马，集重兵而围剿之。不过有一点，张謇还是看得十分清楚，即流亡海外孙中山革命党的“徒党散遍江湖”，与白朗合作起事的可能性是很大的，因此他向袁世凯献计，认为当务之急是“勿使其势急而益合”。

1918 年 11 月张謇致函白宝山镇守使，提出：“徐、淮、海、泰为匪薮，而有土著、流入二种。流入者必剿治以法，土著者可徐化以农。贤者威慑三郡，久耳大名。……惟流入之匪，虽畏威而不敢复来，而土著者若常此无业，仍非安善之计。鄙人在阜宁、涟水等处所营新通、新南、阜通各公司，经营盐垦，盖欲徐徐导以正轨，俾各得业而弭患无形也。该各公司方经创始，维持保护，倚仗正多。其办事人束君勖僊、许君泽初等，倘有事奉谒，幸赐照拂。”④ 在这封信中张謇再次提出了对绿林土匪要区别对待的策略，对流入者

① 《张謇全集》第一卷“政治”，第 268 页，江苏古籍出版社 2000 年版。

② 《张謇全集》第一卷“政治”，第 268-269 页，江苏古籍出版社 2000 年版。

③ 《张謇全集》第一卷“政治”，第 290 页，江苏古籍出版社 2000 年版。

④ 《张謇全集》第一卷“政治”，第 376 页，江苏古籍出版社 2000 年版。

必依法剿治，对土著者则可徐化以农、以工。对于后者当时虽也有人提出，但真正有能力实行的看来只有张謇一人了。实际上只有釜底抽薪，才能从源头上制止匪源的再生和扩大，当然要全面根治匪患，还有待社会制度的更新和周边地区的同步行动。

1920 年 10 月 15 日他致电海州镇守使白宝山，指控“蔺本芹、蔺本诚勾结盐匪，盘踞套子口，扰害新通公司，涉及地方，请饬队缉拿。”①

同年 7 月，张謇致函李纯，对由旧时内洋水师所改之江苏水警表示不满，认为他们效用极差，“虽三五里极近之港，设遇匪警，非待风水，不能移动一步，已成废物。”他建议“拟由通、如、崇、海公共筹款垫修”策电巡舰，然后“即作为四县防御盗匪之用。所有原驻四县水警即可改编，以岁支之费，归策电支用”。

信中还说“沪上匪类专事南通，崇海匪徒意图扰乱崇海。著名匪首三，陆文彩其一也。现已就获，应请尽法处分，不可稽诛，致有他虑。其二，闻一可投诚，一可由投诚之人弋之。以后须张使清乡。”②

1923 年 5 月 5 日，山东临城抱犊崮匪首孙美瑶率匪众劫掠津浦路蓝钢皮列车，绑架中外旅客百余人，即震惊中外之临城劫车案。张謇在案发后第五天致电北京政府：“津浦为吾国腹地干路，及沙沟临城间，亦发现匪劫之奇案。时虽黑夜，事实骇闻；祸及外旅，已成交涉。报纸宣传，谓系所遣散之新安武军所为，是否不可知。追原祸始，咎实在兵。政府日日言统一，日日言裁兵，乃于举国愤激国耻之时，而现内地统治无方之证。美兵赴东，法舰赴宁，授人口实，其谓之何？裁兵事大；非仓卒可定，治标之策，应请速予救护被难之人，一面痛剿窜匪，以杜外人之借口，而安行旅之戒心。幸甚，幸甚！”③ 此电向民众揭示了孙美瑶匪伙与北洋军阀之间的关系，切中要害。事实上，北洋军阀时期兵匪勾结、兵匪一家的现象非常严重。孙美瑶只是由兵变匪的一股而已。5 月 15 日，周历巡视垦牧区回家的张謇在日记中写道：“麦岁皆丰象，惟山东河南土匪纠合屯聚临城独山湖为巢穴，邀截中外乘车人数百，勒赎将起交涉，国之大忧耳。”④ 同月，张謇又作《临城票》诗一首：

山东连年苦盗贼，白昼正尔横缚人。临城铁道坦如水，要遮亦有网截津。盗惟爱钱好，人尽可为票。青岛曾探赤黑丸，洛阳下江新招安，龙蛇山泽风云宽。岂无护路队，戎服荷枪壮仪卫。岂无镇使兵，金弹酬赠如弟兄。由来亦有治盗法，政事堂空虚令甲。横行自合满中原，行旅何因命如发。命不足

---

① 《张謇全集》第一卷“政治”，第 436 页，江苏古籍出版社 2000 年版。

② 《张謇全集》第一卷“政治”，第 426 页，江苏古籍出版社 2000 年版。

③ 《张謇全集》第一卷“政治”，第 547 页，江苏古籍出版社 2000 年版。

④ 《张謇全集》第六卷“日记”，第 790 页，江苏古籍出版社 2000 年版。

惜奈国何，中有殊族非一科。咄咄抱犊山之阿，政府盗渠方议和。[①]

诗中揭露了北洋军阀的无能，铁路沿线盗案频发，护路官兵形同虚设，而且还与绿林土匪称兄道弟，进行钱弹交易。中央政府缺乏权威，法令不行，纲纪不张，案发后只能与盗渠议和。

1926 年他在一封致孙传芳司令的信中表示：在缉查私盐方面，“惟有改行就场征税，编场警察，于增加国税，宽舒民食，销弭兵匪，三善可相因而致。惟国家政治未纳正轨，真知此事关系绝大，能有决心毅力者，不易其人，大效未可猝睹。”[②] 由此可见，张謇对于北洋军阀的统治是十分不满的，同时在他看来，兵匪问题与缉查私盐中的弊病有很大的关联。但问题是当时统治江苏的孙传芳也不是一个“有决心毅力者”，因此实行缉私改革这件“关系绝大”的事也只能打水漂了。

综上所述，张謇作为中国民族资本家的杰出代表，对绿林土匪这一社会问题事十分关注的。他反对一切脱序现象，否定包括捻军在内某些绿林（即西方学者所说的社会土匪）反抗现存统治秩序行为的正义性。这是他的阶级偏见所在。他对于剿匪问题的主张有很强的实用性，不管什么人，也不管他有怎样的污点和不足，只要对剿匪有利，只要能保护他的产业，就要用。招抚徐宝山、力捧李定明的思路概出于此，这些都是由他的阶级立场所决定的，不足为奇。

同时我们也要看到，他对绿林土匪的见解也有一些可取之处。首先，指出了绿林土匪的生成机制，以及它与普通百姓、盐枭、会党、官兵之间千丝万缕的联系，并在此基础上提出了治匪策略性：对盗要严厉打击，对枭则要留有余地，也就是要缩小打击面，尽量少扰民，在政策上有很强的可操作性。其次，多次提出要从源头上消弭匪患，1908 年他提出适当调整食盐的供销政策，以平息民变的建议；1926 年他又提出了改革缉私的主张，可惜的是无论晚清政府和北洋军阀都出于自己的私利，不予采纳。第三，主张标本兼治。既要严厉打击绿林土匪的现行破坏活动，又要给失去生计穷困潦倒的人们一个自食其力的机会，因此他在南通等地大力发展他的产业，努力做大做强，以此来吸纳社会上的闲散劳动力。这在今天，仍有着重要的借鉴意义。只是在旧中国，张謇的这些正确主张和良好愿望受到各种阻挠，得不到应有的重视，鲜有实践的机会，这是黎民的不幸、历史的悲剧。

---

① 《张謇全集》第五卷“艺文”（下），第 323 页，江苏古籍出版社 2000 年版。

② 《张謇全集》第二卷“经济”，第 645 页，江苏古籍出版社 2000 年版。

武昌起义后的各地土匪

1911 年 10 月 10 日武昌起义后，各省纷纷响应。同年 11 月湖北军政府都督向东三省父老兄弟发出檄文，号召他们“勿畏友邦，已定中立之条约，莫害胡匪，总是今日之豪杰。辽阳之义旗林立，兵马一万；复州之健儿云集，甲卒三千；江省西北，几个勇敢之士；吉林东南，必多忠义之人。……时乎来矣！事已迫矣！嗟我同胞，盍相勉励！”① 上述檄文提及的辽阳、复州两地是绿林跟随革命党在东北最早响应武昌起义的地方。

1911 年 11 月 20 日革命党人顾人宜等人在庄河发动起义，27 日成立中华民国庄河军政分府，顾出任中华民国军征清满洲第一司令官。12 月初著名绿林头目“阎乃官带匪多人助扰”②，后“在海面抢去豆船六七只，在大连附近售洋数千元”③。顾人宜本人为增强实力“遣其党萧姓到安东招募胡匪，每名月饷三十元，已募得二十余人，绕道赴庄”④。庄河起义得到了前复州警务长、奉天联合急进会总务股长杨大实的积极支持，杨本人亦率警察 500 余人起义，与庄河民军互为声援。

11 月 25 日革命党在辽阳起义，占据了城西四十里的刘二堡等地，与此同时商震等人又在该县东高丽门起义，辽阳两支义军未及会合即遭失败。据清方奏报，“辽阳之事，党匪裹成一气，屯聚于刘二堡”⑤，“探闻有胡匪尹德山即尹大麻子，勾结叛兵定日袭城”⑥ 之说。起义被平定后清军还“搜获商震等邀约胡匪私寄信件多纸”⑦。

商震等人撤往山东后继续组织民军，至 1912 年 2 月所部“目兵共有三千余名，系奉天人。……其中实有胡匪”⑧。

据清方间谍报称：奉天“革党明目张胆，乘机勾结胡匪，各处暴动。屡

① 《清代档案史料丛编》第八辑，第 89 页，中华书局 1982 年版。
② 《清代档案史料丛编》第八辑，第 65 页，中华书局 1982 年版。
③ 《清代档案史料丛编》第八辑，第 176 页，中华书局 1982 年版。
④ 《清代档案史料丛编》第八辑，第 170 页，中华书局 1982 年版。
⑤ 《清代档案史料丛编》第八辑，第 90 页，中华书局 1982 年版。
⑥ 《清代档案史料丛编》第八辑，第 95 页，中华书局 1982 年版。
⑦ 《清代档案史料丛编》第八辑，第 90 页，中华书局 1982 年版。
⑧ 《清代档案史料丛编》第八辑，第 215 页，中华书局 1982 年版。

阅各城，最甚者庄河、辽中、辽阳、凤凰等处耳”①。除去污蔑之词外，所言大体可信。

武昌起义后，黑龙江的绿林首领刘献芹也在革命党的领导下起义，一度攻占了拜泉县。在中俄边境北距海参崴一两百里一带大山中指挥各股共有一两万人的绿林头目刘弹子（玉双）也响应黄兴、陈其美的召唤，欣然率部南下充任革命军骑兵团团长。刘弹子的部下张宗昌在南下途中拜招兵使者、上海青帮大字辈李征五为师，攫取了团长一职，刘弹子只能屈就营长。②

武昌起义后，湖北军政府都督黎元洪曾派人赴河南嵩山联络王天纵部，此时王天纵即在羊山宣布起义，自称丁部大将军。不久王天纵率部南下，连克南召、镇平，在南阳与湖北北伐军先锋队会师。湖北北伐军先锋队是同盟会员马云卿与樊钟秀等人招募在武汉的河南人组建的。会师后王天纵任河南临时都督兼北伐左路军总司令，进占宛西各县，屯兵老河口。后经卢氏、泰峪进抵潼关，加入张钫率领的陕西东征军。

与此同时，永宁县（今洛宁）的丁老八即丁同升、宜阳县的赵长荣、王修己等各股绿林共万余人，也响应同盟会员刘纯仁等人的号召与陕西东征军会合，攻克潼关后统一组建秦陇豫复汉军，简称秦豫联军。1911 年 12 月 29 日复汉军自潼关出发东征，发布通告称，“敝军起义，以复汉为宗旨，以联合各省组织中华民国新政府为目的。……各地豪侠一律招收，为复汉军臂助。敝军再克潼关，除原有实力外，复招集陕豫各地大侠，如白林子（即严纪鹏）、阎飞龙、丁同升、王天纵、张治公、柴云升、憨玉琨、赵长荣、王修己、张屏、武世清等，均率数千人与敝军会合，编成东征大军，开始东征，首谋河南独立”③。王天纵、丁老八在复汉军中分任第一标标统兼先锋官、骑兵第二标标统兼童子军营长，他们随军苦战函谷关，力克灵宝，一度打到洛阳城下。后在豫陕边境与清军相持一个月，直到南北议和告成。

陕西是北方各省中最早起来响应武昌起义的省份。该省的绿林主要有哥老会和刀客两大部分。哥老会（特别是新军中的哥老会）在省城光复之役中立过汗马功劳，但在攻打满城时，绿林土匪“乘机抢掠，银号、票庄、典肆、绸缎洋货铺，多被劫掠，市肆震动”④。西安光复后，凤翔、同官、宝鸡、兴安等地的哥老会、刀客也纷起响应，推翻了清政府在当地的统治。然而一些哥老会开始抢劫混闹，以至于百姓担惊受怕，“有生意也不敢做，有粮食也不敢粜，闹得路断人稀”⑤。例如南山哥老会各码头“抄家破寨，强奸勒派之

① 《清代档案史料丛编》第八辑，第 59-60 页，中华书局 1982 年版。

② 《辛亥革命》（七），第 409、417 页。

③ 《河南文史资料》第 6 辑，第 62 页。

④ 《辛亥革命》（六），第 41 页。

⑤ 《近代史资料》总 45 号，第 86 页。

事，层见叠出，不可言状"①。1911年10月底"秦陇复汉军"副大统领、陕西同盟会主要负责人钱鼎率队东征，行至渭南，遭受恶绅唆使的刀客严纪鹏部的连夜围攻，钱在突围时被捕获遇难。11月1日同盟会联合哥老会光复潼关，旋因参与此役的哥老会和刀客纪律太坏，同盟会不得不将其调往华阴。4月潼关失守后，奉命前往抵抗的东路都督张钫为了尽快扭转不利局面，沿途收编刀客武装，对严纪鹏也只得既往不咎。在严纪鹏等部刀客的配合下，张钫部与清军展开拉锯战，终于夺回了潼关，稳定了陕西东路的局势。严纪鹏部后随东路节度使陈树藩的第十标渡河支援山西的辛亥革命，光复运城，后在进攻醴泉城时阵亡。11月20日清军自西路入陕，正当西路吃紧咸阳告急之时，陕西境内的绿林蜂起作乱，将电线杆全行毁坏，致使陕西民军只得在与外界消息隔离的情况下孤军奋战。在南北议和中袁世凯抓住一点，不及其余，致电南方代表伍廷芳认定"陕晋皆系土匪……倘有挟军械火器，暨刊伪示伪印，以及散放票布，利用匪徒，意图暴动者，即照土匪一律严拿，就地惩办"②，以此为借口否认陕晋革命军的存在。

武昌起义后，在广西绿林民军的支持下，梧州临时军政分府和柳州右江军政分府在11月间先后成立。梧州的绿林武装还响应同盟会的号召，进入征集所进行编练，准备出师北伐。11月9日经与革命党谈判，陆荣廷在南宁组建南宁副都督府。在此之后他又排斥异己，扩张势力，于1912年2月率部进驻桂林，出任都督。对于这样一种结果，孙中山还曾予以肯定，他说："陆荣廷是绿林出身，有义气，现在正在广西执着军权，我很重视他。"③

在四川，辛亥年间大名鼎鼎的同志军实际上是以哥老会为主体的，自川督赵尔丰制造成都血案后，哥老同志军应时崛起。"附省数百里内，平日所谓光棍者，无良莠皆纠伙持械，奔走相属，而不可止。"④ 同志军对四川各地的光复有贡献，但也有副作用。1911年11月26日，四川革命党人佘英的把兄弟罗鲜清自称都督，率部千余人开进筠连县城，"劫武器，毁监狱"，清朝知县张友枢被迫出逃。但《筠连县志》认为观"鲜清之所为，则实绿林人物之一贯作风，在筠连，过庆时，其部属即多不法，抢劫杀掠，时有所闻，非可许以革命者也"⑤。犍为县的情况与此相似。据县志记载，11月27日以绿林为中坚的同志军进城伊始，"即毁监狱，抄毁县署各房案卷（首毁刑卷，以该军多系匪类，凑成有案矣），寻仇报复，杀人越货，靡所不至"⑥。12月8日

① 《陕西辛亥革命回忆录》，第54页。

② 《论防土匪》，《顺天时报》1911年12月20日。

③ 陆君田、苏尹选：《陆荣廷传》，第114页，广西民族出版社1987年版。

④ 《四川辛亥革命史料》下册，第109页，四川人民出版社1982年版。

⑤ 《四川辛亥革命史料》下册，第95页，四川人民出版社1982年版。

⑥ 《四川辛亥革命史料》下册，第117页，四川人民出版社1982年版。

绿林土匪伙同旧巡防军官兵闹事，疯狂洗劫省城成都的银行票号街铺私宅，公私财产损失高达一千万。立宪派组织的大汉四川独立军政府也随之解体。事变被平息下去后，成都附近的同志军吴庆熙、孙泽沛、侯国治等部相继入城维持治安。“以军政府之尊严，成都省会之重大，亦赖同志军为之守备，风声所播，几有举途人而尽光棍之势。而各地之莠民暴客（俗说暴音如棒）遂乘势蜂起，自冒为同志军矣。”① 彭山“县属土地匪蜂起”即在省城兵变的次日。②

总之，绿林在武昌起义后在革命党的引导下，为推翻清政府的反动统治作过一些积极的贡献。然而他们积习难改，再加上缺乏明确的革命思想和严格的组织纪律，即使在革命的过程中也对民众带来了一定的危害。

① 《四川辛亥革命史料》下册，第110页，四川人民出版社1982年版。

② 《四川辛亥革命史料》下册，第109页，四川人民出版社1982年版。

五　北洋军阀时期的土匪

北洋军阀统治时期的土匪活动与社会变迁[①]

北洋军阀统治时期是中国近代史上一个短暂而过渡的时期，但它在历史的长河中却起着承前启后的重要作用。这是一个新旧交替、动荡不安、社会处于急剧转型与变动的时代。研究这一时段的社会变迁与社会群体的关系，对于我们正确地解析和理解当时的社会变迁具有重要的意义。社会变迁是指社会整体结构及其各要素之间相互作用和相互制约的关系，随着历史的发展而变化的现象、过程和结果。[②] 社会变迁可以分为进步的社会变迁和倒退的社会变迁，进步的社会变迁是指促进社会良性运行和协调发展的社会变迁，反之，则是倒退的社会变迁。二者的划分是在一定抽象意义上做出的，在现实的社会变迁中，它们往往是同时存在同时进行的。[③] 社会变迁是在一种合力的作用下缓慢地进行的，上层社会群体的活动在社会变迁的进程中固然起着关键而重要的作用，但是，下层社会群体的活动同样对社会变迁起着不可忽视的重要作用。作为下层社会势力及群体典型代表的土匪及其活动在北洋军阀统治时期的社会变迁中无疑起到了独特的历史作用。

一、北洋军阀统治时期社会变迁的总体趋势与当时的社会现实

辛亥革命加速了中国社会从传统走向现代的历史进程，此后的民国时期是中国社会处于急剧转型的时期。在这一时期内，无论是社会结构还是运行机制都在急剧地发生着变化。而作为民国前期的北洋军阀统治时期，又有许多后期民国史所不具备的特征，这些特征推动着当时的社会变迁。

1. 形式上保持着资产阶级的民主共和制度

辛亥革命结束了统治中国几千年的君主专制制度，树起了民主共和的旗帜，这毕竟是社会的一个巨大进步。它使社会生活诸领域，从经济到政治，

---

① 本文作者为曹关群。

② 袁方主编：《社会学百科辞典》，第 19 页，中国广播电视出版社 1990 年版。

③ 郑杭生著：《社会学概论新修》，第 376 页，中国人民大学出版社 1994 年版。

从思想文化到人们的心态、生活方式，都发生了很大的变化，与君主专制时代有很大不同。但是，中华民国的建立并没有给中国的老百姓带来真正的幸福，因为真正的权力并不归他们所有。在北洋军阀统治时期，从表面上看，它继承了辛亥革命与南京临时政府的民主共和制度。可从实质上看，它所继承的只是民主共和的外壳。纵观整个北洋军阀统治时期的历史，虽然形式上保持着民主共和的特征，但实质上毫无任何民主政治可言。从袁世凯的洪宪帝制到张勋复辟再到曹锟的贿选总统，无一不是对民主政治的破坏与践踏。作为传统理念与现代民主政治矛盾与冲突的产物，北洋政权的主政者们缺乏维护国家民族利益的政治理念和建设国家改造社会的目标、纲领和措施。他们因而无法取得广大民众的信任和支持，而只有连绵不断的军阀混战和无休止的争权夺利。

2. 军阀混战、武人争雄，中央政权更迭频繁软弱无力

如果说袁世凯统治时期的北洋政权在形式上还维系着国家的统一与中央政权的权威，那么袁世凯死后的北洋政权便迅速陷入了分崩离析的状态。从大的派系上看有以清末北洋新军为主体的北洋系和以西南军阀为代表的非北洋系，而北洋系又可分为直皖奉三个派系。奉系是依靠北洋军阀起家的，其兵源也有一部分来自北洋新军，所以一般把它列入北洋系官僚体系中。至于独霸一方的小军阀更是不胜枚举，由于中央政权统治权威的丧失，各派军阀为了争权夺利而展开了激烈的混战。据统计，1912—1928 年间，先后活跃于中国政治舞台的大小军阀有 1300 多个。[①] 而在这相同的时间段内中央政权的内阁则更换了 47 次之多，正所谓“乱哄哄，你方唱罢我登场”[②]。这种政治的不稳定与混乱状态为各种非主流社会群体的生存与发展创造了极其有利的空间。

3. 民主文明的思想观念日趋多元化

政治结构的变化必然导致社会意识形态的变化。辛亥革命后的五四新文化运动像一股巨大的洪流极大地开启了人们的心智，它推动着先进的中国人探索与改造中国社会的实践。中国社会出现了各种新思潮汹涌澎湃的趋势，它们都在努力探寻改造中国社会的道路。在这各种新社会思潮中，既有无政府主义的学说、又有西方资产阶级的政治学说还有马克思主义的学说。这种多元的社会思潮给古老而封闭的中国社会带来了一缕生机与活力，它促使先进的中国人更加理智地思考、判断、选择改造中国社会的最佳道路。马克思列宁主义的广泛传播及其影响力的扩大就是这种思考的集中体现。

---

① 张静如等主编：《北洋军阀统治时期中国社会之变迁》，第 191 页，中国人民大学出版社 1992 年版。

② 陈旭麓：《近代中国社会的新陈代谢》，第 363 页，上海人民出版社 1992 年版。

4. 社会经济凋敝、国民经济发展迟滞、社会矛盾日益丛生

北洋军阀统治时期虽然经历了第一次世界大战后中国资本主义发展的黄金时期，中国民族工业的个别部门和企业在第一次世界大战期间和战后有所发展，但就民族工业的整体来说却迅速由繁荣转向萧条。此时，中国的社会经济仍然是受到帝国主义、封建主义双重压迫的半殖民地半封建的经济制度，国民经济的发展严重滞后于社会发展的需要，广大人民群众仍然生活在水深火热之中，由贫苦而产生的一系列社会问题非但没有得到解决反而日益恶化。

二、北洋军阀统治时期土匪活动的特点

北洋军阀统治时期的土匪及其活动除了具有传统土匪的特点以外，同时还具有自己鲜明的特点。

1. 军队与土匪之间的天然联系日益增多，开始形成民国时期特有的兵匪现象

军队是一个国家抵抗外侵，维持国内安定的重要武装力量。而土匪作为一种对现存的社会秩序具有破坏作用的社会群体本应受到军队的打击与镇压。然而，在北洋军阀统治时期由于军阀的混战与割据，使得土匪势力大增，军队非但没有尽全力去镇压土匪，反而与土匪互相勾结形成民国时期特有的兵匪现象，兵匪现象的出现是适应当时的社会环境的。从广义上讲它包含两个环节，即土匪的军队化和军队的土匪化，具体讲可以分为以下几种形式：

（1）各路军阀的招匪为兵

北洋军阀统治时期一个显著的特点就是军阀混战、武人争雄，军队可以说是各路军阀的生命线、命根子，谁拥有的军队数量多谁就在军阀混战中占有优势地位，因此各路军阀都拼命招兵买马扩充军队。而现存的土匪势力既拥有一定的武器又有丰富的作战经验，所以军阀们在剿匪时多采用剿抚并用的方针把大量的土匪武装招安到自己的旗下。而对于土匪本身来讲，他们绝大多数也乐于被招安，很多土匪就是以政府为目标，快速运动极度破坏，其最终目的就是要被政府收编，这一模式是兵匪活动的典型模式。

北洋军阀统治时期几乎每一支正规军队中都有土匪出身的士兵。河南省防军宏威军于1916年由河南督军主持建立，该军在组建过程中就是由收编大量土匪而成军的，“豫宏威巡缉各营原系招收土匪编制而成……故通匪抢掠为其职志，民之畏兵更甚于匪”①。1918年11月29日北洋政府陆军少将京师警察勤务督察长钱锡霖在一份关于山东匪情的报告中承认“今夏锡霖奉湘督令

① 中国第二历史档案馆编：《中华民国史档案资料汇编》（第三辑）军事（三），第743页，江苏古籍出版社1991年版。

往鲁督兵，当时原定招足数千有枪之匪，即继之以清乡，匪投诚者带枪补入兵籍，二十余日，收枪械大小共千支，马三百余匹，将匪送湘，所过秋毫无犯”①。

（2）各路军阀的纵兵为匪

各路军阀出于自己的考虑，有时故意放纵自己的部下烧杀抢掠残害百姓。在军阀混战中，军阀们总是纵兵数日，让士兵们尽情烧杀抢掠，以此作为对自己卖命打仗的士兵的一种奖赏。即使在没有战争相对和平的时期军阀们也总是对自己部下的匪行充耳不闻，因为通过抢掠可以补充自己军队的给养从而减少军饷的开支。据1920年8月18日湖南省新化等县公民在一份控诉军阀匪行的通电中称：张敬尧所部“于前六月间由新化退经安化、宁乡等县，沿途淫抢烧杀，惨无人道”，“该军于将退之初勒令县置商会，掳夫二千四百余名，四城内外，纵兵抢劫”，“惟于夫之老弱不胜任者，概予枪毙”，“入安化境，记抢四房头、梁家湾等处，并烧五十余家，杀二十余人，伤百余人，最惨者尤为蓝田……该军以大炮架山，以步兵守市口，分队抢劫之后，复四处放火，逢人便杀，尽两昼一夜始行”。该通电认为此种匪行“实为三县有史以来未有之惨剧”②。

2. 土匪袭击外国人的事件日益增多

民国以前的土匪行为绝大多数属于经济土匪的范畴，土匪们的破坏行为大多数是出于获得巨大经济利益的考虑（当然也不排除少数有政治目的性的土匪行为）。进入民国以后，随着时代的前进，土匪的社会意识和政治觉悟有了显著的变化。许多土匪已经不满足于通过极端的行为去获得经济利益，他们的政治参与意识日趋明显，而要实现由匪变官的唯一有效途径就是采取极端手段制造政治事端，给政府制造不好解决的麻烦，以此为筹码同政府讨价还价，从而换取自己所需的政治参与权。从这个意义上讲，袭击与绑架外国人无疑是实现这种政治参与目的的最佳选择。因为中国自近代以来已经形成了这样的政治传统，即百姓怕官府，官府怕洋人，洋人怕百姓，对于三者之间的微妙关系土匪们是心领神会的。基于这样的考虑，民国以来，特别是北洋军阀统治时期由土匪们参与制造的涉外政治争端急剧上升。据1923年中国外交部的一份记录，当年“涉及外国人的暴行有92起之多。同时，这种绑架活动已经波及南方，特别是长江流域，这一年，有41个美国人，23个英国人和14个日本人被绑架。”③ 在这一系列涉外政治争端中，1923年5月6日发生

---

① 中国近代史资料丛刊《北洋军阀》（一），第639页，武汉出版社1990年版。

② 中国第二历史档案馆编：《中华民国史档案资料汇编》（第三辑）军事（三），第442页，江苏古籍出版社1991年版。

③ ［英］贝斯飞著，徐有威等译：《民国时期的土匪》，第223页，上海人民出版社1992年版。

于山东临城的孙美瑶劫车案则非常具有典型性。在这起土匪绑架洋人案件中，被土匪孙美瑶“劫持上山的中外乘客中有外国人 26 人”①。正是利用手中这奇

土匪邮票

货可居的 26 个洋票，土匪孙美瑶开始了同政府的谈判。由于此案涉及众多的洋票的生命安危，劫案发生后，英法美意比等国公使向北京政府提出了严重抗议，并限令中国政府破案。在剿与抚的两难中，北京政府最终在内外交困的压力下屈辱地接受了孙匪提出的政治条件，同意改编土匪为正规军，和平解决此次危机，劫案至此宣告结束。

从驻北京外交使团与外交部关于此案的往来照会来看，在处理这一案件的过程中，外交使团已经严重地干涉了中国的内政，而北洋政府由于其自身力量的不强大与国力的衰微只能屈辱地以“和平”的方式解决解决此次劫案。在 1923 年 8 月 10 日外交使团致中国外交部的照会中提出了赔偿损失、将来之保障、惩罚等有损中国主权的条款，其中在各铁路之保护办法的条款中该照会规定“外交使团所拟改良护路之办法即主改组特别中国警察以保护中国各铁路，此项特别路警由外国武官监督之”②。在关于惩罚的条款中，外交使团为中国政府开列了要求惩罚的中国政府官员名单，此种做法极其类似义和团运动后八国联军要求清政府惩凶而开列必需惩办官员之名单的做法，由是此照会遭到国人的普遍反对。山东省各界代表在关于此案致政府的请愿书中称外交使团照会中所提三项要求“实属于我内政，侵我主权，于国家之存亡、

① 邵雍：《民国绿林史》，第 116 页，福建人民出版社 2001 年版。

② 中国第二历史档案馆编：《中华民国史档案资料汇编》（第三辑）外交，第 225 页，江苏古籍出版社 1991 年版。

东省之治乱俱生莫大之影响……万恳部钧严词拒驳，以保主权而重民意”①。

三、北洋军阀统治时期的土匪活动在社会变迁中的作用

社会的变迁包括人口变迁与思想文化的变迁，而思想文化的变迁在社会的发展变化中起着至关重要的作用。主流思想文化的发展变化固然是社会变迁的主导因素，但非主流的亚文化在社会变迁的过程中同样起着不可忽视的重要作用。如果我们从社会学的角度把土匪及其活动作为一种社会亚文化加以考虑，我们就会发现这种非主流的亚文化在北洋军阀统治时期的社会变迁中曾经起到过相当重要而不可替代的作用。

1. 土匪的活动加剧了当时中国社会的动荡与不稳定

我们当然不能把北洋军阀统治时期社会的动荡与不稳定完全归因于土匪的破坏活动，但土匪作为一种下层社会的病态群体，他们的活动对于社会的冲击与破坏无疑是巨大的。一个国家社会的稳定与否，上层社会政治精英的活动固然起着关键的作用，如战争与和平的大政方针的制定等都是由政治精英们一手操办的。但是，社会历史是一个整体发展过程，历史的发展变化是由各种力量造成的。社会上层与社会下层，统治者与被统治者，进步力量与发动力量，积极因素与消极因素，都在历史进程中表现了各自的作用，各种力量形成一种合力，历史按照合力的方面发展变化。在这历史的诸种力量中，不可忽视的是社会下层的活动，历史的前进、停滞或倒退，都体现了他们的作用。② 因为上层社会精英毕竟是少数，下层社会的各个群体才是社会的主体。因而，土匪作为下层社会的一个特殊病态群体，他们的匪行与暴行必然会加剧中国社会的动荡与不安。

2. 土匪的活动对当时社会心理的走向产生了诸多的负面影响

如果我们把土匪的活动称作一种亚文化的群体活动，那么这种亚文化的群体活动一旦形成便以一种极强的附着力与影响力去影响和改变着现存的社会心理。所谓社会心理是指人们在社会生活中自发产生，并互有影响的主体反应。③ 北洋军阀统治时期，由于国力的衰微、经济的落后，使人们对财富与幸福生活充满了无限的渴望。土匪们通过自己的匪行可以很轻易地获得巨大的物质利益甚至政治利益，这种巨大利益的取得在行外人看来似乎并没有冒

---

① 中国第二历史档案馆编：《中华民国史档案资料汇编》（第三辑）外交，第 233 页，江苏古籍出版社 1991 年版。

② ［英］贝斯飞著，徐有威等译：《民国时期的土匪》代序，第 3 页，上海人民出版社 1992 年版。

③ 沙莲香著：《社会心理学》，第 34 页，中国人民大学出版社 1987 年 11 月版。

很大的风险（其实不然，土匪们在从事抢劫的时候，其内心也必然存在着巨大的心理压力与恐惧感。但是在巨大的利益诱惑面前，这种心理压力与恐惧感已经显得微不足道了），这样便会在下层社会中形成这样的一种社会心理：与其饿死不如为匪。“饥饿难当，王法难犯”的理念在巨大的利益诱惑面前最终被突破。正是在这样的社会心理的影响与驱动下，使得北洋军阀统治时期的中国土匪现象越来越多，导致当时的中国被称之为“土匪的王国”。土匪问题也因此成为北洋军阀统治时期一个无法摆脱的严重社会问题。

四、结束语

土匪问题作为一种社会病态现象并非北洋军阀统治时期所独有。但是，在这一时期中国的土匪势力得到了前所未有的恶性膨胀与发展。近代中国几乎可以说成了一个盗匪的世界。遍全国无一省没有盗匪的，一省之中，又无一县没有盗匪的，一县之中，又无一乡镇没有盗匪的。[①] 面对如此严重的匪患，北洋政府的剿与抚政策非但不能解决问题反而使之日益恶化。北洋军阀统治时期的土匪势力就是在这种恶性循环中不断膨胀发展直至其倒台，从而把这一严重的社会问题留给了其继承者国民党南京政府。社会学的理论告诉我们：社会出现病态现象只是问题的表象，而病态的社会本身才是问题的根源之所在。只有不断地改进社会制度，才能从根本上消除由不合理的社会制度和体制本身所带来和表现出来的种种社会问题，从而使社会取得良性循环和协调发展。这一理论对于我们分析北洋军阀统治时期的土匪活动与社会变迁的关系有着巨大的启示作用。

① 周谷城：《中国社会史论》，第 295 页，齐鲁书社 1988 年版。

近代土匪的变态行为分析[①]

土匪就是那些“占地为王、不受任何法律约束、采用暴力手段烧杀抢掠，对现存社会秩序有很大破坏性的武装个人或集团”[②]。其行为不受法律约束以及暴力性质说明土匪行为首先是一种犯罪行为。土匪的犯罪行为包括大量的变态行为。

犯罪心理学认为：“犯罪的内驱力来自犯罪人的需要。这种需要决定了犯罪人的行动目的，成为激励、推动犯罪人进行犯罪的主观原因。”[③] 如果犯罪人的犯罪行为所表现出的犯罪内驱力符合正常人的需要，那么他的犯罪行为即属于正常犯罪行为。反之，如果这种内驱力超出了正常人的需要，则犯罪人的犯罪行为属于变态行为。

近代中国匪患猖獗有其深刻的社会根源，“反动统治阶级残酷的剥削与压迫、连年战乱造成的社会动荡与黑暗、外国侵略势力的渗透与扩张，自然灾害的流行和社会经济的萧条致使农村破产，民不聊生，一大批城乡劳动者流离失所，无法继续从事原有正当的职业。其中有些人在忍无可忍、走投无路的情况下铤而走险，开始了他们的绿林生涯。”[④] 可见大多数土匪走上犯罪道路的犯罪内驱力来自生存的压力，为了自己的生存，他们到处绑架勒赎。虽然这些行为极大地破坏了正常的社会秩序，但是总体上还是出于满足正常人思维能够理解的生存需要。匪队中大量存在的绑架勒赎行为尚属于这一群体特有的正常犯罪行为，也有相当多的土匪没有忘记自己走上土匪道路前的种种不易，他们从匪后采取了许多措施约束匪队的行为，这种土匪往往被社会史学者称为“社会土匪”。他们的行为甚至带有部分反抗社会的正义性，因此他们的行为不属于本文研究的范畴。可是一些匪队在抢劫逼勒他人钱财之外，还以杀人为乐，故意淫人妻女、烧人房屋。匪队内部也存在着种种道德沦丧的行为，这些都非正常的生存需要所能解释，应当归于变态行为之列。变态行为相当多地存在于土匪的犯罪行为之中。

---

① 本文作者为高尹生。

② 邵雍：《中国近代绿林史》绪论第2页，福建人民出版社2004年版。

③ 罗大华等：《犯罪心理学》，第94页，群众出版社1985年版。

④ 邵雍：《中国近代绿林史》绪论第2页，福建人民出版社2004年版。

一、土匪变态行为的特点及原因分析

犯罪心理学通常将变态行为归结于变态心理者名下，这一学科认为“变态的心理主要是指病态人格，智慧低下的精神病患者所表现的异常心理活动和行为表现。”① 与犯罪心理学界定的变态行为不同，土匪的变态行为有其自身的特点：（1）土匪的变态行为大多是匪队集体行为；（2）土匪变态行为的制造者，就个体而言绝大多数心智都属正常，不是心理变态者。这一点从梁绍文1932年对浙江省第二监狱的50个强盗的调查中可以得到佐证，这些强盗绝大多数都对自己的行为有着清醒的认识，而且在事后对被害人也有同情的表现。②

表1　犯罪人认为自己行为是否正当比较表

类　别	人　数	百分率
是		
否	50	100.00%
总　计	50	100.00%

表2　犯罪人对于被害人或其家属有无同情比较表

类　别	人　数	百分率
有	42	84.00%
无	8	16.00%
总　计	50	100.00%

对于土匪以集体为单位的行动，我们应该不难理解。土匪抢劫的对象通常是豪富地主（一般都是人口较多的大家庭）、村落甚至是一座城市（河南巨匪老洋人即曾于1922年攻下皖北重镇阜阳县），犯罪对象决定了土匪行为不可能是个体行为，何况土匪时常还要应对官府和军队的围剿。邵雍先生就认为“小股绿林，通常有一二个杆首……大股绿林由几股或十几股、几十股绿林组成。”③ 由绝大多数心智正常者组成的匪队却犯下了种种变态行为，其原

① 严和骎：《精神病与犯罪》，《犯罪心理学讲座》，第127页，上海市犯罪心理学讲习班1981年印行。

② 梁绍文：《50个强盗——浙江省第二监狱罪犯调查之分析》1932年，李文海主编《民国时期社会调查丛编》底边社会卷（上），福建教育出版社2005年版。

③ 邵雍：《中国近代绿林史》绪论第3页，福建人民出版社2004年版。

因十分复杂。

首先，是由匪队这种集体的特殊性所决定的。弗洛伊德认为“人心的所有罪恶都作为一种倾向而包含在无意识之中”，这种无意识亦即他所说的本能。“作为集体成员的个人，仅仅从数量的因素中就获得了一种力量不可战胜的感觉，这种感觉使他敢于听从某些本能的要求，要是在孤身独处的时候，他本来是必定会抑制这些本能的。在集体中，他不再那样多地检点自己的行为。因为他认为，一个集体是无名的，所以不必负什么责任。结果，那种一贯控制个人的责任感不复存在了。”弗氏还认为“在一个集体中，每一种情感，每一个行为都有极大的感染力。”受此影响，集体中“有意识的人格之消失，无意识的人格之占优势，情感和观念通过暗示和感染作用朝同一方向之转变，被暗示的观念之直接转化为行动的倾向……（集体中的人）他已经不再是他自己了，而是成为一个不由自己的意志来指导的机器人。”① 这样我们就不难理解为什么一些温良谦恭的人一入匪队便蜕变成穷凶极恶的恶魔。因为一入匪队后他们便以集体的名义行动，从而失去了社会对个人的道德监督作用，他们内心的许多消极阴暗因素便彻底表露出来。而且匪队只要有少数人表露出一些邪恶的念头，那种集体中存在的感染力便很快将它传递给整个匪队。于是，匪队的行为也就超出了社会正常许可的范围成为种种变态行为的缘起。

其次，匪队中存在着一些原本就心理变态的家伙。这些人或由于社会环境因素或由于遗传因素和脑发育因素，行为古怪、生性残暴。如湘西恶匪张平，其祖父是湖南古丈县李家洞大财主，家有水田160亩，对张平“娇生惯养，宠爱纵容，使张平从小野蛮成性。9岁在李家洞读书时，用砚池把老师向正学砸得头破血流，因品行恶劣，先后被李家洞、桐木溪、芭蕉冲等学堂开除。此后，张平在家不务正业，玩枪弄棍，寻事挑衅，成为李家洞地方的小恶霸。”他当土匪后行为也十分残暴，以至于湘西民谣说：“天见张平，日月不明；地见张平，草木不生；人见张平，九死一生。”② 这些人在匪队中数量可能不多，但其残暴的性格可能使他们在以暴力为活动特征的匪队中占据重要位置，张平就一直在其匪队中牢牢占据匪首的位置。由于这种人有股好斗的邪劲，甚至在一些较为注重纪律的匪队也不得不重用这种人，如比较注重纪律的瞿伯阶匪队就“不乏心狠手辣之徒，而为了攻城略地、对抗强敌的需要，这样的恶棍还往往成了骨干。”③ 弗洛伊德认为“生物一旦以一定的数量

① ［奥］西格蒙德．弗洛伊德：《集体心理学和自我的分析》，《弗洛伊德后期著作选》，第78－80页，上海译文出版社1986年版。

② 胡家模：《恶魔张平》，《湖南文史资料》第27辑，第154页、第147页。

③ 瞿波平：《我在瞿伯阶部十余年的一些经历》，《湖南文史资料》第27辑，第110页。

聚集起来，无论是一群动物还是一群人，他们都会出于本能将自己置于某个头领的权威之下。一个集体是一群驯良的动物，没有统治者就无法生存。它对忠顺的渴求是那样强烈，竟会出于本能地甘愿受任何一个自封为集体之王的人的统治。"① 这样心理变态者虽然在匪队中人数不多，但是他们地位重要，他们的权威和恶劣行为通过集体的暗示性感染力影响着整个匪队的行动。

张平的据点

再次，土匪的生活处境也是造成他们变态行为的重要原因。匪队的生活往往动荡不安、险象环生，孤独和良心的谴责常常伴随着他们。"当人处于严重不安状态时，心灵上渴望得到他人的安抚，需要有人能够帮助自己减轻不安的程度，以摆脱不可名状的痛楚。"② 土匪活动的特点决定了他们很难得到这种安抚，孤独和痛苦的无法解脱和日积月累造成了许多原本心理正常者心态的扭曲。他们需要别人的关注，于是就不顾羞耻、牺牲尊严以种种低级下流行动引起同样道德不高尚的一群人之喝彩，在其中品味受人关注的快感。

二、匪队中较为典型的几种变态行为

著名犯罪心理学专家罗大华将变态人格及其表现形式分为八种③，其中有五种在匪队中较为常见。

① ［奥］西格蒙德．弗洛伊德：《集体心理学和自我的分析》，《弗洛伊德后期著作选》，第85-86页，上海译文出版社1986年版。

② ［日］诧摩武俊：《好恶心理学》，第32页，河北人民出版社1996年版。

③ 即（一）偏执型；（二）情绪不稳定型；（三）意志薄弱型；（四）冲动型；（五）轻浮轻佻型；（六）反社会型；（七）怪癖型；（八）性变态型。见罗大华等著《犯罪心理学》，群众出版社1985年版第199页。下文引号中未特别标明出处者皆引自该书第197-199页。

1. 冲动型变态行为。这种变态行为表现为“微不足道的精神刺激即陷于暴怒和冲动之中，完全不能控制自己，往往实施暴力和破坏行为。”这些暴力行为在匪队中通常表现为杀人和拷打人质，如河南洛宁土匪冯老七绑架董世武之父之后，“索价过高，且急，董备办迟缓，说票人名杨永培缺乏经验，与匪首言语冲撞，匪将其父处死，尸体没有下落。”① 冯老七仅仅因为说票人的言语顶撞就夺人性命，其行为应该属于冲动型变态行为，他害怕董世武报仇甚至要对董斩草除根，迫使董也拉杆为匪。湘西土匪张平则更为残暴，他“特别喜欢吃猪舌头，沅溪县桐木溪有个向二老，因忘记给他留猪舌头，张平拿着刺刀说：‘没有猪舌头，你的舌头也一样。’就一刺刀戳进向二老的嘴里。”② 东北土匪“北霸天”甚至杀死了自己的大老婆，原因竟是“匪首逼着她随队东奔西走，可她的一双小脚根本就无法跟上这些男人的脚步，北霸天看着她晃晃悠悠的样子，火气一来就开枪把她崩了。”③

2. 轻浮轻佻型变态行为。这种土匪“举止轻浮、爱好嬉笑，缺乏羞耻、名誉、怜悯同情等高尚情操，爱编造谎言，以使人上当为乐趣，虚荣心极强，为讨人喜爱，常不顾羞耻，不惜夸张，什么低级下流的事都做得出来。”前文已经分析过这种变态行为的产生与匪队动荡不安的生活有关，而且这种变态行为不仅仅表现在匪队的犯罪活动中，在土匪的日常生活中也有所体现。1923 年的临城劫车案中“有几个土匪戴上了从赃物里挑出的女士帽，而另外一些人正试图穿上各种劫来的女装。有个无赖引起了我们（指被绑架的一些洋票）特别的兴趣，他徒劳地尝试着在自己的身上为一只胸罩找到一处系挂的好地方，最后他把它系在了腰间，将它当作了一放香烟盒、照相机、肥皂和牙刷的盛器。”④ “北霸天”的一个部下叫“沙喉咙”（洋票廷可·波利给该匪取的绰号）“有他自己的一套，擅长于怪招迭出，逗人发笑，有着强烈的感染力……经常脱光上衣，戴着一个绣着花和鱼的菱形小孩肚兜，坐在我的身旁，挺出胸说：‘小姐，刺绣美吗？这样打扮多俊啊！’”⑤ 编造谎言在匪队中更为常见，廷可·波利写道：“匪徒们还有一个捉弄我和查尔斯（北霸天绑架的另一个洋票）的惯用手法，就是经常见他们突然闯进房间高声大叫：‘快，快打点东西，日本人（当时东北处于日本控制的伪满统治之下）来接你们回家了！’于是，我和查尔斯立即眉头舒展，脸上乌云散尽，开始把自己的物品

① 苗培萌遗稿：《清末民初洛宁的几名绿林人物》，《河南文史资料》第十四辑，第 58 页。

② 胡家模：《恶魔张平》，《湖南文史资料》第 27 辑，第 154 页。

③ ［英］廷可·波利：《我的土匪主人》，徐有威、［英］贝思飞主编：《洋票与绑匪——外国人眼中的民国社会》，第 127 页，上海古籍出版社。

④ ［美］J. B. 鲍威尔：《中国土匪的“贵客”》，《洋票与绑匪——外国人眼中的民国社会》，第 175 页。

⑤ ［英］廷可·波利：《我的土匪主人》，第 86 页。

塞进袋子里，此时周围的人便哄笑起来说，回家的时候还没到呢。”①

3. 反社会型变态行为。这种行为“表现为思想、信念和行为常与社会发生冲突，且固执己见。他们对人冷酷无情，刻薄残忍，对集体和社会极不负责。”这种土匪一般对社会或政府抱有深刻的仇恨，残害社会的手段也极为残忍。河北土匪窦同义于七七事变后组织了一支救国军，“救国军不打日本，却四出绑票劫财……还将缉捕过他的新海县（现黄骅市）保安大队长刘文彬由新海城内劫至歧口，用竹签刺十指，铁丝穿鼻目，钢刀刮两腿肉，然后枪杀。”② 解放战争后期及全国解放初期，一些土匪或接受了国民党的伪职或出于对人民政权的不信任和仇恨，在许多新解放区大肆丧心病狂地残害新生政权的党证人员。1949 年“马成彪纠合 1200 余众在门源县作乱……捣毁党政机关，残杀我军地人员，甚至砍头跺脚，剖腹挖心，割舌剜眼，陈尸旷野，其暴行令人惨不忍睹。”③ 热河土匪赵珍“自 1946 年至 1948 年夏就杀害干部和群众 127 名，一次，他们在张三营铡死 3 名农会干部，把人头悬挂示众，并扬言：‘谁参加土改就跟他们一样下场。’……穆林、李文化、田文丰 3 人（均热西土改工作团成员）被捕，灭绝人性的土匪用铅丝穿上穆林等 3 人的锁骨，又用钉子、子弹钉透双脚，将他们活活折磨致死。之后，又把李文化、田文丰开膛挖心。”④ 这样的例子在当时简直不胜枚举，还有所谓放血花等，土匪上述的行为已经不是出于简单的仇恨，而是丧心病狂的变态。

4. 怪僻型变态行为。这类人“有异常顽固的嗜好”，如“纵火狂”和“偷窃狂”。在匪队较为常见的则为“纵火狂”和杀人取乐。翻阅民国时期的报纸杂志和书籍，每提到土匪的暴行时总要以“烧杀抢掠”冠之，“烧”被放在首位足见放火是匪队中非常常见的暴行之一。正常情况下土匪纵火出于两种考虑：（一）抢劫之前通过放火把局势弄乱，乘人们忙于救火逃生之际，下手抢劫。（二）抢劫之后纵火可以为自己撤离现场赢取时间。但是有的土匪放火则是出于自己独特的嗜好，如皖北阜阳“王子义、张贵之、活老虎等于去年（1928 年）10 月 9 日，窜入西乡地里城、公立桥、吕大寨、土碑集、会龙集、新村集、龙王庙、欧家庙等处，烧杀抢掠……村舍为墟，尽成焦土……尤最惨无人道者，血刃之外，或以铁丝贯穿儿童手心，箍之草堆而烧杀之，或裸妇女以棉絮贴体沾煤油焚死，以取笑乐，浩劫之惨前所未有。”⑤ 1923 年豫匪“宗万林与匪徒马老王、老昏王、安育姜各匪合杆……初攻泌阳县城，烧东西两关，又围桐柏县，破东关烧毁村庄二百六七十处，县正北及

① ［英］廷可·波利：《我的土匪主人》，《洋票与绑匪——外国人眼中的民国社会》，第 146 页。

② 王新华《渤海土匪与海盗》，《近代中国土匪实录》中卷，第 66 页，群众出版社 1992 年版。

③ 《廖汉生回忆录》，第 473 页，八一出版社 1993 年版。

④ 王振兴、邓一民：《热河匪祸》，《近代中国土匪实录》中卷，第 23-24 页。

⑤ 《皖北阜阳之匪祸天灾》，《大公报》1929 年 1 月 12 日。

西南乡零星所烧村庄尚不在其例。"[①] 1929年豫匪李老末及樊钟秀余部"占霍邱全境大半，见人必杀，遇屋即焚，妇女恣意奸污，盖藏尽成灰烬，白昼烟焰蔽日，昏夜火光烛天。"[②] 这些土匪在当时当地已经取得了绝对的控制局面的能力，人民身家财产也听之夺取，其仍然纵火显非为打劫行便利所能解释。

杀人为乐则是土匪的另一种危害性极大的怪癖型变态行为，有这种怪癖的土匪杀人动机并不明确，他们享受的是杀人的过程，他们不仅嗜好杀人而且杀人的手段千奇百怪。河北丰宁土匪"韩广仁，马后驮一小铡刀。他手下有一绰号'干尖子'的刽子手，每铡一人，韩广仁就赏他一两大烟土。"[③] 豫匪李老末部不仅有纵火的嗜好，其杀人的手段也千奇百怪，"该匪众……（将人民）或驱诸一室而从外纵火、或以斧劈胸、或以刀剖腹、或以沸汤灌其口、或以巨石碎其脑，十岁以下幼孩则提而掷诸空，睹其坠地，头裂或胫断，以为笑乐。"[④]

5. 性变态型变态行为。"性变态也可算怪僻的一种。它与一般变态人格既有联系又区别。这类人的身心素质大多有改变，表现为寻求性欲的对象和满足性欲的方法与一般人不同。常常用一些奇特的方式、方法求得性欲的满足。人格有明显的缺陷。""性变态主要有同性恋、异装癖、恋物癖、施虐（色情狂）、受虐（色情狂）、露阴癖、窥阴癖和窥淫癖、奸尸、恋童（色情）癖、口淫等等。"如恩格斯所言："善恶观念从一个民族到另一个民族，从一个时代变更得这样厉害，以致它们常常是互相直接矛盾的"[⑤]。罗大华先生所认为的性变态行为也因不同的时代和民族而有差异，如同性恋和口淫在有些国家就不被认为是变态行为，但是在近代中国无疑都被认定为变态举措。由于性变态的种类繁多，囿于史料和篇幅，本文仅简单提供一两个别实例以作佐证。据曹保明对东北土匪的考察发现"由于缺乏性生活，有的人沾染了性的怪癖，也有'鸡奸'和与牲畜发生性行为的。据传蛟河'对山好'绺子的一个'崽子'和老母猪发生性行为"[⑥]。异装癖和恋物癖在匪队更为常见，在徐有威和贝思飞主编的《洋票与绑匪》一书中好几位洋票都不约而同地注意到一个奇怪的现象，那就是土匪们似乎对女性的服装特别是颜色鲜艳的女装情有独钟。廷可·波利的家人通过中间人给她送来了一包衣服，糟糕的是两个土匪爱上了其中两件最有女性味的衣服。"'哭丧脸'一眼看中了那件鲜艳的橙色羊毛外衣。他慢慢地踱过来，劈手从我怀里抢去穿在身上。……'痰

① 《豫匪蹂躏唐河之惨剧》，《申报》1923年6月3日。

② 《皖北匪灾惨状》，《大公报》1929年1月19日。

③ 李亚平：《丰宁匪患述录》，《近代中国土匪实录》中卷，第91页，群众出版社1992年版。

④ 《皖北匪灾惨状》，《大公报》1929年1月19日。

⑤ 恩格斯：《反杜林论》，第90页，人民出版社1970年版。

⑥ 曹保明：《东北土匪考察手记》，第304页，时代文艺出版社1999年版。

盂’觊觎我的粉红色短裤，死乞白赖地要我分一条给他当内裤，又是威吓又是恳求，可我就是不给。可怜的他……只有眼热的份。”可是这个叫“痰盂”的土匪后来竟然趁廷可不注意将之偷走，“我打开口袋一看，不见了那件粉红色的短裤。唉，‘痰盂’实在挡不住它的诱惑。”①露茜·奥尔德里奇写道：“我晨衣上有条花边……土匪们都很喜爱，他们很羡慕地用手指着我的花边……马蒂尔德事后告诉我，她曾看见一个年轻的土匪戴着我的一只花边制成的奶罩。”②恶魔张平还有恋童的恶好，“1949 年，在古阳镇强夺一个不满 13 岁的少女李祖玉为妾，不到三个月，这个少女就被张平残害致死。”③

三、简短的结论

通过对上面几种土匪变态行为类型的分析我们可以得出以下结论：

1. 匪队的变态行为在行为方式上与犯罪心理学认定的心理变态者的行为有一致之处，但也有其自身的特点，即行为主体一般是由大多数心理正常者组成的土匪集体。

2. 匪队的变态行为比犯罪心理学认定的心理变态者的行为更为复杂，往往同一支匪队可能犯下好几种带有变态行为性质的罪行。

3. 正是由于土匪中大多数人在平时都是心理正常者，其变态行为较之心理变态者的行为更难以预见，再加上他们以群体的方式活动，所以匪队的变态行为对社会的危害性也更为剧烈。

---

① ［英］廷可·波利：《我的土匪主人》，《洋票与绑匪——外国人眼中的民国社会》，第 60 页、第 70 页。

② ［美］露茜·奥尔德里奇《周末，我当了抱犊崮土匪的“洋票”》，《洋票与绑匪——外国人眼中的民国社会》，第 218 页。

③ 胡家模《恶魔张平》，《湖南文史资料》第 27 辑，第 157 页。

由着装看近代土匪的心理[①]

俗语有云“人不可貌相”、“不可以貌取人”，但对着装的选择的确反映了人的审美情趣，这种审美情趣在一定程度上也是着装者的内心世界的表现。所以本文一反常理，试图通过土匪的着装分析他们的心理。近代中国的一些文人和土匪肉票（人质）中的幸存者在他们的笔记小说或回忆录中留下了为量不多的关于土匪着装的记载，这些记载为笔者撰写本文提供了宝贵的资料。他们的记载中的土匪着装，或奇装异服如妖魔，或威严端正如官兵，或奢侈华丽如豪富。凡此三种类型，每一种类型又折射出土匪不同的心理状态。

一、奇装异服型

穿着的毫无章法是土匪给外界留下的深刻印象之一，这种着装类型反映了土匪的以下三种心理。

1. 对新鲜事物的急切追求。近代中国土匪的主要来源是乡村中的农民，从匪前他们的目光被局限在孤村僻壤。当土匪后，由于不可能长期在同一地方劫掠，他们的流动性大为增强。如同饥饿者对食物的嗅觉更为灵敏一样，这些冲破了孤村僻壤的乡村的局限的土匪们更容易受到他们所打劫地区的新鲜事物的吸引，尽管这些事物中的相当部分在当地人看来可能是熟视无睹的。土匪行为的特征就是以暴力占据他人之物为己所有，对新鲜事物的追求又是人的一种天性。于是在土匪的打劫过程中，新奇物品和贵重的东西一样受到土匪的欢迎。

这些新奇物品当然包括那些被洗劫对象的服饰。然而正是由于这些对土匪来说是新鲜的东西，土匪们甚至不知道一些服饰的正确穿法，所以一些在被洗劫对象身上很正常得体的服饰，一旦被土匪东施效颦地套在自己身上时便显得不伦不类。这是造成土匪着装经常稀奇古怪的一个典型原因，其正是由于土匪对新鲜事物急切追求的心理和无知造成的。J. B. 鲍威尔和露茜·奥尔德里奇都是在1923年臭名昭著的临城劫车案中被孙美瑶匪帮所劫持的洋票，他们亲眼目睹了孙美瑶匪帮中一些土匪的丑态。前者看到“有几个土匪

① 本文作者为高尹生。

戴上了从赃物里挑出的女士帽，而另外一些人正试图穿上各种劫来的女装。有个无赖引起了我们特别的兴趣，他徒劳地尝试着在自己的身上为一只胸罩找到一处系挂的好地方，最后他把它系在了腰间，将它当作了一放香烟盒、照相机、肥皂和牙刷的盛器。”① 后者则目睹了另外一场滑稽剧，“我看到一个恶棍似的中国人戴着麦克法登小姐的蓝色乔其沙帽子，帽子上的羽毛在微风中舞动得像纳瓦拉（西班牙北部省份）头盔上的羽毛一般。……如果那羽毛是最时髦的东西，那末（么）在这个坏蛋头上又有多滑稽啊！”②

抱犊崮上的土匪们

2. 哗众取宠。土匪的生活单调、漂泊而又险象环生缺乏安全感，精神上的空虚和失落迫使一些土匪不惜身穿奇装异服博取众人一笑，从而满足自己被别人注意的虚荣心理。这在匪窟中不仅仅是一个着装的问题，还是一个娱乐的节目，相当受土匪们的欢迎。英国女青年廷可·波利在1933年也就是她19岁那年被东北土匪“北霸天”绑架一个多月，这一个多月她一直和土匪生活在一起。“北霸天”一个部下叫“沙喉咙”（廷可·波利给土匪取的绰号，下文的“哭丧脸”、“痰盂”亦然），“有他自己的一套，擅长于怪招迭出，逗人发笑，有着强烈的感染力……经常脱光上衣，戴着一个绣着花和鱼的菱形小孩肚兜，坐在我的身旁，挺出胸说：‘小姐，刺绣美吗？这样打扮多俊

① ［美］J. B. 鲍威尔《中国土匪的“贵客”》，徐有威、［英］贝思飞主编：《洋票与绑匪》，第175页，上海古籍出版社1998年版。

② ［美］露茜·奥尔德里奇《周末，我当了抱犊崮土匪的“洋票”》，《洋票与绑匪》，第206页。

啊！'"① 面对如此场景，连凶狠的"北霸天"也时常被他逗得发笑。

3. 性压抑。在徐有威和贝思飞主编的《洋票与绑匪》一书中好几位洋票都不约而同地注意到一个奇怪的现象，那就是土匪们似乎对女性的服装特别是颜色鲜艳的女装情有独钟。廷可·波利的家人通过中间人给她送来了一包衣服，糟糕的是两个土匪爱上了其中两件最有女性味的衣服。"'哭丧脸'一眼看中了那件鲜艳的橙色羊毛外衣。他慢慢地踱过来，劈手从我怀里抢去穿在身上。……'痰盂'觊觎我的粉红色短裤，死乞白赖地要我分一条给他当内裤，又是威吓又是恳求，可我就是不给。可怜的他……只有眼热的份。"可是这个叫"痰盂"的土匪后来竟然趁廷可不注意将之偷走，"我打开口袋一看，不见了那件粉红色的短裤。唉，'痰盂'实在挡不住它的诱惑。"② 露茜·奥尔德里奇写道："我晨衣上有条花边……土匪们都很喜爱，他们很羡慕地用手指着我的花边……马蒂尔德事后告诉我，她曾看见一个年轻的土匪戴着我的一只花边制成的奶罩。"③ 土匪为什么对女性服饰如此的偏好呢？仅仅是喜欢鲜艳的颜色和花边那么简单么？按照弗洛伊德的精神分析方法，他将"人的本能分为两种，一种是性本能"④，考虑到匪队中几乎都是清一色的青壮年男子，他们对女装的偏爱应该正是这种潜在的性本能所导致的一种压抑表现。

二、威武端正型

这种着装类型的土匪很在意自己的外表，通常喜欢身着军装。然而在冠冕堂皇的军装之下掩盖着他们独特的心理和目的。

1. 伪装军队。这种土匪并非真的喜欢军装，他们身着军装往往出于种种特殊考虑。河南巡抚吴重熹于1908年上奏清廷称，张黑子"前于光绪三十一年（1905年）冬间，纠约刀匪数百，身穿长寿军号衣，突入卢氏县绅石大鹏家寻仇焚掠。"⑤ 很显然张黑子匪股身着长寿军号衣并非因其穿起来显得威武，而是为了转移官府的追查视线，嫁祸于长寿军，自己则逍遥法外。

还有一些土匪身着军装是为了迷惑被抢劫对象，趁其不备，下手抢劫。如"王老虎（本名王振铎）一股，年内（1910年）在随州属地方假扮官军，

① ［英］廷可·波利：《我的土匪主人》，《洋票与绑匪》，第86页。

② 《洋票与绑匪》，第86页、第60页、第61页、第70页。

③ ［美］露茜·奥尔德里奇《周末，我当了抱犊崮土匪的"洋票"》，《洋票与绑匪》，第218页。

④ ［奥］西格蒙德. 弗洛伊德：《自我与本我》，《弗洛伊德后期著作选》，第189页，上海译文出版社1986年版。

⑤ 《辛亥革命前十年间民变档案史料》上册，第234页，中华书局1985年版。

头戴顶帽，率领多人，乘势抢劫商号。”① “黔西州之新场地方为一最大市镇，于昨日突来悍匪四百余人，手持快枪，身着军衣，鸣鼓吹号，忽然拥入该场，人民不及防备，所有该场商号居民全被抢劫一空，并伤毙人民多命。”② 如果这些被劫者知道对面走来的是一队土匪，可能早已避开，土匪抢劫的难度将大大增加。

另外，有些土匪身着军装兼有躲避官府检查和迷惑被劫对象两种目的。1910 年在任的河南巡抚宝棻于当年上奏清廷称，河南的一些土匪“以盗为业，非饥寒驱迫可比，有时恐人盘查，即往往冒作办案兵役，身穿无字号褂，手执洋枪。即如上年十月十四日（1909 年 11 月 26 日）嵩县车村地方劫财伤主一案，系王添从为悍首，行抢之时即扮作兵队。内乡县过客陈觐光、马祥被抢，曾丙寅、享贵被架，系郝圪塔为首，闻亦兵式装饰。盖其意在假充兵役，乘人不备。”③

2. 对权力的向往和模仿。在阶级社会中，服装不仅仅是用来御寒、遮羞和点缀容貌的工具，它还是一种身份的象征。军队是维护国家政权存在的暴力工具，军装作为其专利很显然是与强权划等号的。中国的农民长期处于封建强权的压制之下，一旦他们走上土匪的道路，手中便相应地握有了暴力工具，很自然地对权力产生了向往。更何况有的土匪从匪的目的就是为了走“杀人放火受招安”的道路，当土匪是他们获取权力的一个捷径。这种对权力的向往导致他们在许多方面都模仿军队，在建制上自称“军”、“师”、“旅”等，匪首也自称为“××司令”、“××长”。如山东孙美瑶匪部对外即号称“山东建国自治军”，孙自封总司令兼第一路军司令。土匪的这种对权力的模仿同样表现在服饰上，崔右任在他还不满 15 岁时为吉林土匪“为民”（本名徐为民）所绑

山头飘扬孙字旗

① 《辛亥革命前十年间民变档案史料》上册，第 239 页，中华书局 1985 年版。
② 《黔西之匪》，《申报》1914 年 1 月 7 日。
③ 《辛亥革命前十年间民变档案史料》上册，第 243 页，中华书局 1985 年版。

架，他描述了他所见到的为民的模样："为民笑嘻嘻的来了，他身穿一身将校呢的军服，长得很魁梧，很像个大官儿。"[①] "为上海的中国木材进出口公司作一系列巡视"的美国人A. C. 麦凯所佩戴的治安官的徽章也为绑架他的福建土匪"抢到了手，他把我的治安官徽章系挂在他夹克衫上"。这名匪首还自称为"福建自治军第一师一团三营营长"[②]。仿佛穿上军装或戴上一些徽章，他们就可以像军队一样以正当的名义行使权力。

三、奢侈华丽型

很难说这个词能够确切地用在中国近代的土匪身上，他们中的确有人出身于豪绅地主家庭，穿上名贵的服装倒也显得雍容富态。而更多的土匪则出身寒微，形容猥琐，穿上这样的衣服，非但不显得华丽，反而有些不伦不类，但这一类型的土匪对奢华服饰的嗜好是一样的。这反映了他们对上层社会珠光宝气的生活的追求和模仿以及短时间内掠得大量财富而急于展示的暴发户心态。

1. 对上层社会的追求和模仿。这在土匪对洋服和皮鞋、眼镜等近代中国底层群众很少穿戴的服饰的过度热衷中得到了极好的证明，因为这些在他们眼中都是上层社会的标志。卫牧师来自于英国，他在河南西南部的家于1929年不幸遭到土匪的洗劫，他"看到这些年轻人（指土匪）发挥他们的想象，奋力穿上洋服"，"他们对皮靴的特别渴求，已到了贪得无厌的地步。最后我们吸取经验，拆散每双靴子，把它们藏在不同地方。这样一来，他们便无法找到他们所需的另一只了！"[③] 前文提到的廷可·波利和她的同伴的马靴也在他们被绑架后成为土匪你抢我夺的宝贝。匪首"北霸天"还要求她写信告诉她的父亲"给我送几副太阳眼镜和40只成色最好的金戒指"。她认为"太阳眼镜是土匪们盼望已久的，……为了眼镜，借、偷、求，他们都愿干。"在得知廷可·波利即将被赎走的消息后，"匪徒们热烈地讨论起钱到手后如何化（花）的问题，大多数人的消费目标是带皮领子的缎子棉衣、缎子裤子、西洋新靴子、皮帽子，珠宝和眼镜"[④]。而在一些等级森严的匪队，穿这些"上流社会"的衣服已经成为匪首们的专利。土匪"小白龙"回忆道：普通匪众"和老百姓一样，农民和种地的穿啥他穿啥；但有时把在大户人家抢来的古怪服装、洋式的服装、帽子也穿上，但

---

① 崔右任：《土匪生活目睹记》，《近代中国土匪实录》上卷，第229页，群众出版社1992年版。

② A. C. 麦凯：《伐木者成了洋票》，《洋票与绑匪》，第256页。

③ ［英］卫牧师：《城市中的冒险》，《洋票与绑匪》，第605页、第607页。

④ ［英］廷可·波利：《我的土匪主人》，《洋票与绑匪》，第50页、第80页、第157页。

这是少数。这得是大掌柜或四梁八柱什么的，别人不行。”① 这进一步说明土匪把服饰当做了一种身份的象征。

2. 急于露富的暴发户心态。土匪的钱财来得极快，短时间内迅速聚集的财富极易使这些原本极为贫苦的人心理迅速膨胀，急于展示自己的财富。如庚子年的北京，“八月初一日（1900 年 8 月 25 日），各街巷匪徒抢去财物，任意吃穿。时在暑热，竟有身披绸缎皮棉衣服，而手执凉扇，沿街游行，骤然富翁自居，不以抢夺为耻。”② 吉林土匪赵全胜、孙傻子、老头好等甫一降日，便“耀武扬威，骑着高头大马，披红挂绿。就连赵全胜的小老婆都披着红绸子，挎着双匣子，俨然像位官娘子。”③ 赵匪的做法当也是由于这种丑陋的心态所致。老占东的匪队“穿戴在进城之后，来了一次普遍的更新，个个穿得里三层外三层，有的把女人的花衣服穿在里面，外面再套别的颜色的衣服；有穿皮大氅的，有穿皮大袄的，有穿长袍马褂的；头上的帽子有貂壳的，有狐狸皮的，有毡冒头，还有缎子面帽头顶上带个红色疙瘩的……五颜六色，千奇百怪，乍看起来真像正月间大秧歌队。”④ 廷可·波利的记载中那个叫“哭丧脸”的土匪有一天穿了件“新的蓝色外衣镶有黄色的浣熊皮，柔软温暖，一条棉裤也是蓝色的，前门襟相折迭，高高地向外鼓出，一双新鞋，一顶锥顶皮帽外加一根可以挂两枝左轮枪和一枝毛瑟枪的皮腰带”。“所有这一切使他得意忘形，令人侧目。……神气活现地踱来踱去。”⑤ 土匪们这种种丑态，都是猛然拥有以前没有的东西后止不住的内心狂喜的外在表现。

四、结论

通过上面几种土匪对服饰的选择类型的分析，我们可以得出以下结论：

1. 服饰之于土匪而言，在一定程度上突破了其原有的御寒、遮羞等基本功能，成为一种土匪表达其潜在的心理诉求的工具或为其掠财夺富提供伪装的工具，他们杂乱无章的服饰也是他们久遭压抑的灵魂和心态的反映。此外，在特定场合，服饰的选择还成为土匪的一项娱乐活动。

2. 土匪对服饰选择的心理动机受他们的出身条件的制约，带有浓厚的乡

① 曹保明：《东北土匪》，第 23 页，西苑出版社 2004 年版。

② 仲芳氏：《庚子记事》，中国社会科学院近代史研究所编：《庚子记事》，第 37 页，中华书局 1978 年版

③ 刘庆洋等：《群匪两祸伊通城》，《近代中国土匪实录》上卷，第 268 页，群众出版社 1992 年版。

④ 李春科口述、胡光、于仝整理：《张学良怒铡老占东》，《近代中国土匪实录》上卷，第 279 页，群众出版社 1992 年版。

⑤ ［英］廷可·波利：《我的土匪主人》，《洋票与绑匪》，第 121 页。

土色彩。土匪大部分出身农民，因此他们选择服饰的心理是从农民的立场出发的，其对上层社会的追求、对权力的模仿都是农民长期深受压迫并试图摆脱压迫的急切心理的表现。但是正是由于土匪的落后，他们对服饰的选择常常闹出诸如将女子的胸罩穿在身上并加以炫耀的笑话，这体现了一个落后的阶层既不甘于现状，但又无法突破现状的尴尬局面。

孙中山与民国绿林

孙中山是中国近代伟大的资产阶级革命家，他在漫长的革命生涯中同形形色色的人物打过交道。就绿林而论，辛亥革命时期在一定程度上与孙中山的革命党有过合作。中华民国建立后，随着孙中山身份、地位以及战斗任务、斗争对象的不断改变，他对绿林的关系及其评价亦随之发生了较大的变化。下面旨在考察这一重要社会现象。

一

民国初建不久，中原大地即爆发了白朗起事，而且越闹越大，矛头直指袁世凯的独裁统治。白朗起事发生后孙中山曾致函白朗，并派凌钺赴白朗军中联络，但无实力帮助。国民党曾委白朗为“湘鄂豫联军总司令”。然而白朗在聚众武装反抗袁世凯的同时又军纪失控，引起非议。孙中山作为一个资产阶级政治家敏锐地注意到了这一点，在一定场合予以谴责。1914 年 7 月他在中华革命党成立大会上指出，“土匪、流寇、白狼等草贼之辈各地蜂起，专事掠夺，民无宁日……目不忍睹”[①]。但孙中山的上述意见没有在党内得到普遍认同。二次革命后严峻的形势迫使革命党恢复并加强对绿林的联络。白朗等二十余人的姓名作为“白朗部分重要人物”录入中华革命党《委派人员别号、住址及委派回国者姓名登记簿》中，与该党各省支部并列。然而从白朗军频繁攻击外国教堂、传教士来看，孙中山为首的中华革命党对其影响是相当有限的。1914 年负责粤西南反袁斗争的朱执信发动佛山起事时也得到了部分前民军军官和海盗的支持。[②] 次年孙中山委任朱执信为中华革命军广东省司令长官，朱很快与由黎萼负责运动的广东绿林取得了联系，增强了反袁的实力。孙中山本人和他的同志还派人赴东北等地“组织土匪参加他们的叛乱活动，并煽动骚乱。”[③] 在孙中山领导护法运动时期，蒙古绿林首领卢占魁、豫西绿

① 《孙中山集外集》，第 85 页，上海人民出版社 1990 年版。

② 广东省档案馆编译：《孙中山与广东——广东省档案馆库藏海关档案选译》，第 61 页，广东人民出版社 1996 年版。

③ 《孙中山与广东》，第 104 页。

林首领樊钟秀等部先后加入了1918年底组建的陕西靖国军，增强了护法的武装力量。1919年1月中旬于右任派卢占魁、樊钟秀等部会攻武功。[①] 顾德邻等直接受广东军政府委任，以护法军为名，同时又受靖国军的笼络。[②] 12月26日北洋政府总理钱能训致电孙中山等人，指明卢占魁、樊钟秀（樊老二）是土匪。[③]

二

1917年9月中华民国军政府创立后，广东的治安情况不容乐观。孙中山以陆海军大元帅的身份命令邓耀为广东招抚局局长，将招抚绿林和招兵结合起来，“意重弥盗，法取安辑”。到11月12日前孙中山已派出30名代表“至各边远地区招募土匪和被遣散之士兵，带枪士兵每人发给15元军饷，如无带枪者每人每月只付10元军饷”，大约招了5000人。[④] 不料孙中山此举遭到军政府内桂系军阀的忌恨，这些唯枪是命争权夺利的军阀以小人之心度君子之腹，对此表示强烈反对。孙中山在陆荣廷的强大压力下，不便强行，不得不于11月23日颁布停招民军令。命令指出，广东多盗，“军府初建，设局招抚，本意招其桀骜归于轨范，使就工商之业，或从干城之选，……而地方官吏士绅……遇事扞格，奸人乘机假冒，以遂其私，……军府深知治盗决非可以操切从事，……未喻招抚之良法美意，未便强行。招抚局事宜，著即行停止。所有已经派出人员，均即由该局长分令撤回。以后治盗事宜，即由地方长官完全负责。”[⑤] 势单力薄、未掌实权是孙中山设局招抚的动因，而撤局停招的根本原因又在于实力不足。其实，用一切可以利用的力量为自己的政治目的服务是孙的一贯思想。1911年12月他公开主张招募土匪为民军，[⑥] 1922年陈炯明叛变后孙又派人招募土匪和海盗为其警卫军，具体由吴铁城、周之贞和邓三等人负责。[⑦] 在孙中山看来，革命破坏时需要利用土匪，自己执政时必须剿灭土匪，两者并无矛盾。当然作为一个负责任的执政者，孙中山对广东地方治安还是非常重视的。1917年9月27日他任命邓耀为北江、东江、西江三江安抚使，确保珠江三角洲地带不受海盗骚扰。[⑧] 1918年4月孙又决定

① 《一九一九年南北议和资料》，第301页，并参见第508、526页，中华书局1962年版。
② 《一九一九年南北议和资料》，第67页，中华书局1962年版。
③ 《一九一九年南北议和资料》，第78页，中华书局1962年版。
④ 《孙中山与广东》，第113页。
⑤ 《孙中山全集》第四卷，第258页，中华书局1985年版。
⑥ 《孙中山集外集补编》，第59页，上海人民出版社1994年版。
⑦ 《孙中山与广东》，第427页。
⑧ 《孙中山与广东》，第103页。

派出警卫部队护卫三江上的航船，同时收取必要的税金。[①] 为了确保后方的安全，1922 年 5 月他命令李福林部从韶关返回广州，清剿当地土匪。[②] 同月 27 日又命陆军总长陈炯明办理两广军务，负责镇压两广的土匪。[③] 1922 年夏陈炯明叛变后，首先接受孙中山委任率部进攻广州的是沈鸿英，沈出身盗匪，辛亥革命柳州独立时接受招安，后扶摇直上，成为莫荣新的心腹大将。1923 年 1 月陈炯明下野。[④] 1924 年 5 月孙命顺德县长周之贞剿匪，命令说："查近来马宁一带劫案迭出，……非限期严办，不足迅扫贼氛。为此，令饬该县长于文到后一星期内，将顺属海陆盗匪剿办肃清，并将经过情形随时呈核，毋得延误。"[⑤] 上述一系列的措施，有力地维护了广东革命根据地的秩序和安宁，为日后广东成为北伐战争的策源地创造了必要的条件。

1924 年底，孙中山北上后，陈炯明收罗东江一带的土匪，积蓄起近十万的兵力，自称"援粤军总司令"，企图夺回广州。于是有 1925 年的东征。

三

孙中山作为一个声名卓著的资产阶级政治家，十分珍惜其政治声誉。长期以来他同一切别有用心的污蔑诽谤作了坚决的不懈的斗争。1918 年 1 月 2 日代理广东督军莫荣新为了给孙中山施加压力，以大元帅府卫队中的连、排长多人为匪为由，悍然逮捕枪杀。孙中山对此十分气愤，次日就断然炮击广东督军署，惩罚莫荣新。愤怒之余他还揭了这些军阀的老底，说："如果曾做过土匪的便要枪毙，那就怎样的处置现在的督军省长？"[⑥] 原来莫荣新和省长李耀汉均系土匪出身。莫荣新是前清绿林头子陆荣廷的部下，莫荣新民国初年从陆荣廷坐镇梧州，任广西第一师第二旅旅长，1917 年任广东督军。李耀汉是被清朝当局收编的土匪，辛亥革命时反正任帮统，1917 年任广东省长。1919、1920 年之交李耀汉被陆荣廷、莫荣新赶下了台，在香港于 1 月上旬"派人四出收买土匪，策动地方团队，密谋举事，扰乱粤局"[⑦]，以泄私愤。1920 年 2—3 月在阳江、阳兴、新兴（李之家乡）各县发动叛乱，抢劫烧杀。[⑧] 孙中山以其人之道还其人之身，应当说是相当机智的。在 1918、1919 年之交南北双方和谈时，孙中山在关于陕西、福建的兵匪之争问题上坚持原

① 《孙中山与广东》，第 165 页。

② 《孙中山与广东》，第 266 页。

③ 《孙中山全集》第六卷，第 132 页，中华书局 1985 年版。

④ 《李宗仁回忆录》，第 187-188 页。

⑤ 《孙中山集外集》，第 848 页。

⑥ 《革命文献》第 49 辑，第 135-136 页。

⑦ 《李宗仁回忆录》，第 117 页。

⑧ 《李宗仁回忆录》，第 122 页。

则，据理力争。当时段祺瑞政府为了实现武力统一，以剿匪为名，向陕西、福建调兵遣将，把陕西、福建划出停战区域之外。孙中山等人认为“因内争之影响，土匪乘机窃发，……然不能牵连混合，藉为一网打尽之计。”“夫淫杀掳掠之匪，试问陈树藩、李厚基部下，军其名而匪其实者，何限外人指责、舆论抨击，事实俱在”。因此南北双方宜各任治安“各剿其匪，各卫其民，毋相侵犯。”① 孙中山的上述提议实事求是，合情合理，赢得了社会公正人士的同情和支持。1921 年初孙中山因收回关余问题与英国帝国主义发生了冲突，英国领事凶相毕露调集军舰，声言“若果实行，定作为土匪劫掠看待，立时开炮。”② 为此孙中山一面对外奋力抗争，一面要求非常国会的议员立即选出总统，组织正式政府，“使西南各省能取得同外国进行谈判的合法地位”，否则“我们的地位就形同‘土匪’了。”③ 在他看来，有无明确的政治目的、有无正式宣告成立的政府是区别正经人士和土匪的重要标志之一。孙中山以欧战时爱尔兰对英宣布独立为例，说他们在起事时即占领一邮局，在那里宣布组织一完全政府，两小时后失败即获美国军舰的收留，“盖即因其曾有正式组织，为政治上的行动之故。否则即为土匪，为暴动”，为法律所不容。④ 就资产阶级政治学原理而言，孙中山的上述应急措施是很有道理的。

四

土匪是民国时期重要的社会现象之一，探究土匪产生原因是孙中山从政治国的题中应有之义。民国以来军阀混战，经济凋敝，民不聊生，铤而走险落草为寇者比比皆是，有时甚至闹到劫持洋票引起国际纠纷的地步。1923 年春临城劫车案发生后，在国内外引起了轩然大波。5 月 24 日孙中山在中国国民党致公使团电报中认为：“此次临城劫车案，固完全由于北京政府及其所任命之巡阅使、督军之溺职所致，而根本原因，则在不能裁兵与统一。……因不裁兵不统一之故，以至兵愈多、匪愈炽，国家分类，地方糜烂，吾人民被其害者不知凡几，今更波及中外人士矣。”⑤ 其实早在 1918 年 7 月孙中山领导的军政府对友邦宣言书已经指出，“北方诸省隶属武力主义之下者，不死于兵戈则死于厉疫，不死于厉疫则死于饥荒，……于以土匪蜂起，群盗满山，劫掳谋杀之事，且及于外国人矣。”⑥ 1923 年孙中山又在国民党改造宣言中指

---

① 《孙中山集外集》，第 470 页。
② 参见《集外集》，第 95 页。
③ 《集外集》，第 97 页。
④ 《孙中山全集》第九卷，第 103 页，中华书局 1986 年版。
⑤ 《孙中山集外集》，第 486-487 页。
⑥ 《孙中山集外集》，第 510 页。

出，在北洋军阀统治下“实业不兴，游民日众，归纳之途，非兵则匪，全国破产在眉睫间”。[①] 1924 年 1 月中国国民党第一次全国代表大会发表宣言强调，辛亥革命失败以来“小企业家渐趋破产，小手工业者渐致失业，沦为游氓，流为兵匪。”[②] 同年 6 月广东革命政府以孙中山名义发表的对于农民运动宣言进一步指出：“十数年来，兵灾遍于全国，一切军费负担无非直接、间接取之于农民，于是农民益陷于水深火热。而乡绅之把持乡政，为富不仁者之重利盘剥，贪官污吏横征暴敛，”……“使自耕农、佃农相继沦落而为兵匪、流氓，……中国国家根本遂以摇动。”[③] 上述分析、评论大体上是正确的，是符合中国近代特殊国情的。但孙中山在探究产生土匪的原因时也有错误的论断。1924 年他与美国布瑞汉女士谈话时称：“中国是一个农业大国，人口众多，以致造成盗贼土匪重生的问题。”[④] 其实农业人口众多和土匪重生并没有必然的联系，1949 年新中国成立后人民政府全力涤荡旧社会的污泥浊水仅用了三年时间就彻底根除匪患即是明证。

五

土匪问题是中国近代的困难问题。民国时期孙中山为了实现他的三民主义理想，在防范、治理土匪方面采取了多项措施：

1. 严肃军纪，严防革命队伍匪化。1916 年 7 月孙中山给侄子孙昌写信，信中说“闻汝举兵于乡，多有扰及闾里，致父老责有怨言，”今袁世凯已死，“汝当洗戟归田，勿久为乡里之累，……见信之日，务要既将所部遣散，并将所征发于各乡之枪械器物交还原主，……汝宜思之慎之，毋违叔命”。[⑤] 1922 年 8 月他对白逾恒说：“今汝乡人，控告汝鱼肉乡里于我者，已十余起，汝携匪人抢掠，汝自任之，何故假我名义？现在中国人，有呼革命党人为匪类者，皆汝辈为之也。”[⑥] 可见对亲友部下严加训诫，进行纪律约束，防止匪化是孙中山的日常工作之一。

2. 提倡正气，做积极的转化工作。匪和非匪不是一成不变的，而是在一定条件下可以互相转化的。孙中山亲眼看到唐继尧从军人到与土匪同流合污，樊钟秀从绿林土匪到军人模范，常以此为例教育部下。唐继尧系晚清云南新军的中级军官，在云南辛亥起义中不无贡献，不久借援黔为名大肆扩充地盘。

---

① 《孙中山集外集》，第 514 页。
② 《孙中山全集》第九卷，第 115 页。
③ 《孙中山集外集》，第 515–516 页。
④ 《孙中山集外集补编》，第 421 页。
⑤ 《孙中山集外集》，第 376 页。
⑥ 《孙中山集外集补编》302 页。

二次革命时为袁世凯攻打四川的熊克武，旋受命出任云南都督。孙中山发动护法运动时又投机参加。1921年11月孙中山任命的云南北伐军总司令、代理云南省长顾品珍被唐继尧指使的土匪吴学显部包围走投无路，被迫自杀。1924年3月孙中山对驻广州滇军演说中指出，唐继尧"专为升官发财……在广州没有住几日，遂回香港，运动云南的土匪去拥戴他……弄到云南成一个土匪世界"①。相反，著名绿林首领樊钟秀在护法运动失败后回豫西当了一段山大王，后在孙中山的感召下又于1923年率部南下投奔，被委任为建国豫军总司令。之后他一直忠心耿耿地奔走效力，屡建战功，得到了孙中山的高度信任。1924年1月30日孙中山在中国国民党第一届中央监察委员的名单上亲自写下了樊钟秀的名字（为候补委员）。② 很明显孙中山的良苦用心在于调动一切积极因素，鼓舞士气，为达到自己的政治目标而奋斗。

3. 严禁擅自招匪为兵。孙中山大权在握时同样不准各军私招民军，不加甄别，将绿林合法化，遗患将来。1922年他发出训令，称"查各县近有擅设司令迳以募集绿林者，使地方官真伪莫分，人民更演成恐慌之象。若不严行禁止，将何以一军制而安民生？着各军长官及各县县长，嗣后如有未奉本大元帅明令而私自招兵者，准由各所在地驻军长官及各县县长立予拿获，解至大本营军法处依法严惩。"③ 1924年6月23日他再次下令各军，"不准私自招编民军"。④ 上述政令实行后切断了兵匪任意转化的通道，无论对军队的正规化还是对匪患的彻底解决均有益处。

4. 综合治理。孙中山认为前清的滥杀并不能解决问题，"没有真正抑制犯罪。例如在广东省，据最低估计，每年就有数千人被斩首……但是仍有成股成股的强盗与海盗，每股数达几千人，出没于全境。"⑤ 孙中山提出要谨慎剿匪，"有匪在当可进剿，否则当要审慎，切勿贻累良民。"⑥ 另外要严格控制枪支的流失，1924年10月他给广东省长发出指令，规定"嗣后凡遇民团及私人领枪自卫，均应先由兵工厂会同民团统帅处核明取具，并无接济匪徒寻仇械斗，及转售、借用、移赠等弊切结，再由省长……核示，以昭慎重。"⑦ 当然最根本的办法还是要发动民众，要解决生计问题。1922年孙中山接见桂林学生联合会三日刊记者时称："土匪溃兵，都不足畏，只要人民联络起来，

① 《孙中山全集》第九卷，第641页。
② 《孙中山集外集》，第821页。
③ 《孙中山全集》第6卷，123-124页。
④ 《孙中山集外集补编》410页。
⑤ 《孙中山集外集》，第15页。
⑥ 《孙中山集外集》，第815页。
⑦ 《孙中山集外集》，第887-888页。

成一个有力的团体，就是拿起刀枪也可以抵御。”① 他进一步指出“若是你们能够把地方自治弄好，他们是没有路子容身的。”② 事实表明要根治土匪，光靠政府、军队的力量是远远不够的，发动民众是完全必要的。孙中山能较早地看到这一点是难能可贵的。孙中山在领导南方革命政府时对收容游民，安排他们就业有过一些设想，可惜限于时间、经济、军事等方面的原因未内能很好地实施，否则广东地区的匪患将会解决得更好一些。

① 《孙中山集外集》，第261页。

② 《孙中山集外集》，第263页。

廖仲恺与广东土匪

廖仲恺是著名的民主革命家、孙中山的得力助手与国民党的资深高干，1921年起历任广东财政厅厅长、国民党中央工人部部长、农民部部长、黄埔军校党代表、广东省省长等要职。廖仲恺从政广东时期就全国范围而言正是北洋军阀统治时期，军阀混战，经济凋敝，民不聊生，铤而走险落草为寇者比比皆是，有时甚至闹到劫持洋票引起国际纠纷的地步。据中国机器总会估计，1915年广东的盗匪多达30万。① 自1916年以来，广东农村严重匪化，“粤匪遍地”②。他们“无不以焚劫农村、掳掠农民及牛只、勒收行水为生活，亦农民最大痛苦之一”。“潮梅干净之地，刻已变为匪窟”③。因此探究土匪产生的原因是廖仲恺治省从政的题中应有之义。

1925年5月20日廖仲恺在上海《民国日报》发表文章，指出“我们随便拿起各省中一两件小事，便可以知道国中平民所处的苦况。就云南来讲，人民绝无生计可言，只营鸦片者可以谋生。后来因为驴马为军队所夺，无运输之具，不特百货不能转运，连鸦片亦无销路。云南之米，百斤值二十七八元，一包盐之价亦需十八九元之谱。最下层阶级，单米食一项每月至少要费八元，而最低之工值每月不过四五元，下层阶级无论用何种能力都不能谋所以自给。省中自发生食饭问题，所以婴儿生则握其颈而死之，免长而为饿殍！其中不足食而死者无算！失业犹其余事。至于流为土匪，不过生活有方而已。不特云南如是，四川、贵州亦同受唐继尧辈之摧残。就贵州来讲，女子虽年长至十七八岁竟无蔽羞之裳。其余各省亦兵匪遍途，惨不忍述。……实则我四万万人已陷入泥犁地狱。并且加以国外帝国主义者经济力之摧残与掠夺，民主更不堪问。”④ 唐继尧系晚清云南新军的中级军官，在云南辛亥起义中不无贡献，不久借援黔为名大肆扩充地盘。二次革命时为袁世凯攻打四川的熊克武，旋受命出任云南都督。孙中山发动护法运动时又投机参加。1924年3月孙中山对驻广州滇军演说中指出，唐继尧“专为升官发财……在广州没有

① 《广东之兴业弥盗问题》，香港《华字日报》1915年4月6日。

② 《粤匪蔓延原因与剿办方法》，《申报》1926年6月8日。

③ 《潮梅各属之匪讯》，《申报》1924年11月4日。

④ 廖仲恺：《革命派与反革命派》，《双清文集》上卷，第758页，人民出版社1985年版。

住几日，遂回香港，运动云南的土匪去拥戴他……弄到云南成一个土匪世界”①。

廖仲恺对于土匪问题的分析与评论是符合国民党一大宣言精神的。1924 年 1 月中国国民党第一次全国代表大会发表宣言强调，辛亥革命失败以来，“小企业家渐趋破产，小手工业者渐致失业，沦为游氓，流为兵匪。”② 同年 6 月，廖仲恺任职的广东革命政府发表对于农民运动宣言进一步指出：“十数年来，兵灾遍于全国，一切军费负担无非直接、间接取之于农民，于是农民益陷于水深火热。而乡绅之把持乡政，为富不仁者之重利盘剥，贪官污吏横征暴敛”，“使自耕农、佃农相继沦落而为兵匪、流氓，……中国国家根本遂以摇动。”③

值得注意的是，即便在广东革命政府的管辖区域也不是安定的绿洲。由于种种原因，各种土匪一直没有停止活动，有时还特别猖獗。1923 年春，广州市内盗匪滋炽，白昼抢劫情事甚至日有数起，惊扰闾阎，妨害治安。④ 6 月 1 日广东省长廖仲恺呈文孙中山，指出“现查省外各属地方清剿盗匪文告，及商民上控被劫呈词，其盗风之猖獗，实与广州市情形无异。为目前治标计，此后凡有关于各属强盗案犯，拟请准予通饬各绥靖处及各县一体援照前令办理，以清匪患。惟强盗案犯就获后，必须讯取供证，录案呈报职署核准，方得执行，期无错误，而重人命。一俟大局平定，匪风稍戢，再行呈候核示遵办。”⑤ 从这一呈文人们可以看到，广东地方的社会秩序实在是不容乐观的。

孙中山在广东三次建立革命政权时，由于自身的军事实力不足，只好与西南地方实力派军阀妥协。这种被迫的有限的合作，在一定程度上成就了广东革命政府，反过来也给广东革命政府带来了诸多的负面影响，最突出的便是土匪式的督军省长横行霸道。1923 年初杨希闵、刘震寰的滇、桂部队进入广州市区后军纪废弛，搜括民财，以致治安失控，“盗匪充斥，杀人越货时有所闻”⑥。1925 年 6 月 14 日，廖仲恺与蒋介石颁发的陆军军官学校讨逆布告称：“杨希闵、刘震寰二逆，依附本党，阳为服从政府，阴实包藏祸心。迩年来把持政局，鱼肉粤民，苛征暴敛，霸占财权，朋比为奸，贼民贼党，早为良知者所痛恨。……乃近乘我大元帅、本党总理孙公国丧未已之时，北结军阀段祺瑞，南连土酋唐继尧，调兵遣将，屯集省垣，想颠覆政府，破坏革命策源地，冀偿其军阀土匪式之督理省长迷梦，其罪恶实不亚于陈炯明。……

① 《孙中山全集》第九卷，第 641 页，中华书局 1986 年版。

② 《孙中山全集》第九卷，第 115 页，中华书局 1986 年版。

③ 《孙中山集外集》515-516 页，上海人民出版社 1990 年版。

④ 《第一次国内革命战争时期的农民运动资料》，第 10 页，人民出版社 1983 年版。

⑤ 廖仲恺：《呈孙中山拟以军法办理盗匪案文》，《双清文集》上卷，第 431 页，人民出版社 1985 年版。

⑥ 《包惠僧回忆录》，第 139 页，人民出版社 1983 年版。

对此反革命之暴徒叛贼，痛愤之余，恨难食其肉寝其皮。”① “军阀土匪式之督理省长”一语的最早出处是1918年1月初孙中山反击代理广东督军莫荣新的话。是年1月2日莫荣新以大元帅府卫队中的连、排长多人为匪为由，悍然逮捕枪杀。孙中山对此十分气愤，次日就断然炮击广东督军署，惩罚莫荣新，并指出：“如果曾做过土匪的便要枪毙，那就怎样的处置现在的督军省长？”② 原来莫荣新和省长李耀汉均系土匪出身。莫荣新是前清绿林头子陆荣廷的部下，民国初年从陆荣廷坐镇梧州，任广西第一师第二旅旅长，1917年任广东督军。李耀汉是被清朝当局收编的土匪，辛亥革命时反正任帮统，1917年任广东省长。1919、1920年之交李耀汉被陆荣廷、莫荣新赶下了台，在香港于1920年1月上旬“派人四出收买土匪，策动地方团队，密谋举事，扰乱粤局”③。2、3月在阳江、阳兴、新兴（李之家乡）各县发动叛乱，抢劫烧杀。④

上梁不正下梁歪。在广东外县乃至省城广州，一些军人军纪全无，为所欲为，无法无天，简直是一群穿军装的土匪。1923年6月15日夜9时许，4名军人借名搜烟，强行闯入广州仰忠街西便三十一号搜查，掠去藤镶金钩一对、金约指一只、毫银21元。警察接报后，分途查缉未获。时任广东省长的廖仲恺接广州市公安局长吴铁城报告后，于27日下令南海、番禺两县，分饬军警“一体协缉本案赃盗，务获究办”⑤。

1925年7月博罗民治促进会呈称：“东江自陈逆盘踞以来，苛细杂捐，无微不至，一般土匪式之军队，不俱水陆，俱勒索保护各费，始准放行，即谷米关系民食，抽及谷米，为税则所无”。杨希闵、刘震寰部收复东江后，尽管政府明令取消苛细什捐，而“东江沿河之勒收各费，仍复有加无已”，东江大宗出产的柴、谷若“因军队苛索而致调剂不均，其贻祸于国计民生者实大。”东江民治促进会在转呈上述报告时希“迅予取消一切苛捐，严办勒索之匪军”。时任广东财政厅长的廖仲恺接报后认为“防军勒抽捐款或放行保护费用……实属违法病民，有干法纪”，应“严令禁止”⑥。

与国民党、广东革命政府发生政治分歧而土匪化的不仅有政府的正规军队，也有商团与民团等民间武装。

---

① 廖仲恺：《与蒋介石颁发的陆军军官学校讨逆布告》，《双清文集》上卷，第761页，人民出版社1985年版。

② 《革命文献》第49辑，135-136页。

③ 广西文史资料专辑《李宗仁回忆录》上册，第117页，广西政协文史委1980年刊行。

④ 广西文史资料专辑《李宗仁回忆录》上册，第122页，广西政协文史委1980年刊行。

⑤ 廖仲恺：《命南海及番禺县县长查缉劫匪令》，《双清文集》上卷，第449页，人民出版社1985年版。

⑥ 廖仲恺：《命莯兰及白沙厘厂不得征收苛捐杂税令》，《双清文集》上卷，第794-795页，人民出版社1985年版。

商团产生于辛亥革命时期广东军政府成立后的几个月内，1912 年 8 月 1 日《民生日报》还刊载过《推广商团》的专论。但在以后的发展中，民团也有不受政府监控肆意妄为的情况发生。1917 年 6 月省政府曾因北江自卫商团“肆行劫掳”，将其聚歼，并将“名目取消”[①]，不准再编。1924 年 8 月因广东革命政府查处广东商团陈廉伯私运枪械，引起商团方面的强烈反弹。陈廉伯在英帝在支持下“预先招收了两三千无赖、土匪，假充商团”，届时一并发难。[②] 当时在省城以外的一些市镇谣言迭起，停业罢市，以致土匪乘机蠢动，奸人借端煽惑，甚至自称攻城司令，公然推翻政府。8 月 22 日广东省长廖仲恺发出布告，指出“纠集土匪，倡言攻城，关系蓄谋作乱，政府为保持治安计，定必从严惩办。……安危治乱，一发千钧，各宜父诏兄勉，静候处置，慎勿误信谣惑，致生乱阶。”[③] 次日廖仲恺再发布告，指出商团制造罢市，已经产生恶劣影响：“每店损失，奚止百十元。且穷苦小民，粮无隔宿，米业朝停，抢劫夕见。加以两陈所纠集，悉系土匪无赖，焚劫掳杀，是其故技，一入城市，祸伊胡底。政府责在保持治安，万无缄默坐视之理，大军所至，如风扫叶。土匪志在劫掠，星散瓦解，固可立俟，而城市墟城，玉石皆焚矣。”他劝告“凡尔商民，苟有疾苦，不患呼告无门，毋事纷扰，徒供两陈之牺牲。”[④] 同一天廖仲恺还发出通缉陈廉伯、陈恭受电，明确指出陈恭受在佛山石湾等处“纠集土匪，冒称商团民团，自为攻城总司令”，“厥罪尤著，应予一并通缉，以遏乱萌。”[⑤] 8 月 24 日廖仲恺在致广东各县商会商团电中再次揭露，“佛山一处，两陈四出煽动，聚匪谋乱，不恤糜烂乡间”[⑥]。

在广东，民团的资格要比商团老。1926 年国民党中央执行委员会农民部编印的一本小册子说：辛亥革命以后“广东变成了匪世界，人民在这匪世界中要求自卫是当然的，于是乡团，那时不叫作民团，纷纷组织起来。”[⑦] 至 1920 年代初，广东民团职业化倾向日益明显，有的招募、雇佣土匪，甚至民团长的职务也由一些土匪头目兼任。[⑧] 1924 年冬，国共合作以后广东农民运动有了新气象，地主阶级与农民阶级的矛盾也日益尖锐，在有些地方演化为

---

① 《谭代督之临去秋波——解散大小北江商团》，《七十二商报》1917 年 6 月 4 日。

② 《文史资料选辑》第 15 辑，第 98 页。

③ 廖仲恺：《劝告商民切勿罢市布告》，《双清文集》上卷，第 680 页，人民出版社 1985 年版。

④ 廖仲恺：《再次劝告商民切勿罢市布告》，《双清文集》上卷，第 684 页，人民出版社 1985 年版。

⑤ 廖仲恺：《通缉陈廉伯陈恭受电》，《双清文集》上卷，第 682 页，人民出版社 1985 年版。

⑥ 廖仲恺：《三致广东各县商会商团电》，《双清文集》上卷，第 686 页，人民出版社 1985 年版。

⑦ 《绅士、民团、县长与农民》，第 33 页，中国国民党中央执行委员会农民部 1926 年编印本。

⑧ 《清远饱受降匪害》，《七十二商报》1917 年 5 月 31 日。

武装斗争。反动派于是“利用民团土匪及军阀等种种武力，以达其摧残之目的”①，地主掌控的民团往往与土匪勾结，向农会方面进行猛烈的反扑。1924年12月13日下午5时，广州市郊第一区芳村农民协会执行委员长林宝宸行至招村，为崇文两堡联团局总稽查、积匪招铎等包围枪杀。招铎于案发后畏罪逃匿。次日廖仲恺致函广东省长兼代大元帅胡汉民，请政府先将民团首领彭础立、苏春荣两人扣留，“令其交出凶手，并将该两堡联团局封禁，以为白昼任意杀人、阻碍农民运动者戒。”② 12月16日时任国民党中央工人部长兼农民部长的廖仲恺为孙中山草拟致粤军第三师师长郑润琦等人的命令：“前派大本营铁甲车队开赴广宁，保护农会，剿办匪徒，续经第三师派兵一营，前往当地协同动作，谅匪徒不难平定。惟此次调兵，全为护卫农民，清除土恶，务使横霸乡曲、损人肥己者，绝迹销声，不为农害。凡属良民，毋许侵扰丝毫，用符政府捍卫人民之本意。”因此决定以广宁县县长蔡鹤朋、中央农民部特派员彭湃、大本营直属铁甲车队党代表廖乾五以及粤军第三师长派出的高级副官一人组织绥辑善后委员会，作为解决广宁事件的领导机构。③ 在这一代拟的命令中，人们可以看到廖仲恺既要治匪，又不愿扩大打击面，毋许丝毫侵扰良民，捍卫人民正当权益的良苦用心。1923年7月16日廖仲恺以广东省长的名义发布令广东各县注销通缉沈潭秋案，也是出于同样的考虑。据报告，增城张大村沈族并无沈潭秋其人，而涉案的沈肇熙等人类皆安分，决无受逆运动之事，应请转咨大本营军政部注销通缉沈潭秋一案。军政部后查此案前据东江缉匪司令徐树荣转该部霍营长，据该连长呈请前来，业经通电协缉在案。现为免冤抑同意注销。廖仲恺命令说：“查此案前准军政部寒日邮电，当经通饬协缉解办在案，兹准前由，除分行外，合就令仰该县即便知照。”④ 同年7月31日廖仲恺发布命令，要求广东各县从连山通缉案中剔除何先治等人。廖仲恺命令说，“查连山县在押人犯邝土才等十名，前据县报，业被逆军纵遣，当经通令协缉解办，并饬将逃犯清册，详注案由，另报察核。去后现据该代理连山县县长彭嗣志呈称：除邝土才、覃有桢、龙国就三名有犯罪嫌疑，分别列入刑事军事范围外，其何先治、何先福、何永元、何永泮、何永学、何先景、龙家治七名，均系匪亲，应请剔出等情。并缴更正清册一本前来。查何先治等七名，既据查明，确仅属匪亲，并无罪名，自应于通缉案内准将名字摘除，以免拖累，至邝土才

---

① 《第一次国内革命战争时期的农民运动资料》，第13页，人民出版社1983年版。

② 廖仲恺：《致胡汉民函》，《双清文集》上卷，第728页，人民出版社1985年版。

③ 廖仲恺：《为孙中山草拟的致郑润琦等令》，《双清文集》上卷，第729页，人民出版社1985年版。

④ 廖仲恺：《令广东各县注销通缉沈潭秋案文》，《双清文集》上卷，第745页，人民出版社1985年版。

等三名，仍应督饬所属，一体协缉解办。”① 这一命令体现了近代法治精神，与晚清时期的封建株连政策划清了界限，有助于分清有罪与无罪，增强民众对惩治土匪的理解与拥护。

廖仲恺打击土匪的决心是坚定的，措施是得当的。但有时从全局考虑，他也不得不做了某些让步。1923 年 6 月东路讨贼军第三军军长李福林呈大本营军政部，为前在香山县勒索饷械的军官曾高升求情。李福林以“此人义勇可嘉，数年以来效忠党务，不无微劳，又核其招募健儿，亲随刘总司令震寰，转战惠博之间，刘总司令爱其勇敢，曾助以子弹五千颗为明证。倘任彼远方待罪，恐该犯员所属之部队无人主理，散处惠州，不仅流为匪徒，且恐资为敌用，未免可惜”为由，请求取消通缉，“俾该犯员得悔过自新，并且翻然来归，统回旧部，实为恩便。”大本营军政部的意见是“查曾高升即曾高陞，前因在香山县有勒索饷械情事，经朱卓文电奉大元帅批令通缉，交部通行遵照在案，兹据该军长呈称各情，自系为时局起见，正核办间，适奉大元帅令着军政部将曾高升通缉令取销。此令。等因奉此，除分行外，希即查照，将通缉曾高阻一案取销，并转饬所属，一体遵照。”既然孙中山都已经发话同意，廖仲恺也就照办了。他在“为取消曾高升通缉令致广州市公安局及各县县长令”中说，“查该犯员曾高升，即曾高陞，前准军政部真日邮电奉大元帅批令通缉，业经本分署分别饬行在案，兹准前由，除将该犯员通缉原案取消外，合行令饬，仰一体遵照。”② 对于商团、民团廖仲恺也只能搞整顿而不能将其彻底取缔，而且为了首先解决商团问题，廖仲恺还要安抚民团。1924 年 10 月 26 日广东省长公署发布告示：“各县商团无附乱行为者，一律保护，至于各处乡团，更无关系，断无牵涉之理”。各处乡团“应受法律保护，各宜安心尽职，无须惊异，如造谣惑众者，定行究治不贷”③。

综上所述，实行法治，惩治土匪，保卫人民，稳定广东的革命秩序，推进孙中山的革命事业是廖仲恺的执政理念与奋斗目标。廖仲恺对土匪的成因有正确的认识，对土匪化的军队、商团、民团的不法行为进行了针锋相对的斗争。在治匪斗争中他既坚持原则，又讲究策略，善于区分有罪与无罪。他实事求是，及时为一些人注销通缉，恢复名誉。上述一系列的措施，有助于治匪斗争正常、有序、可控地展开，有力地维护了广东革命根据地的秩序和安宁，为日后广东成为北伐战争的策源地创造了必要的条件。孙中山逝世后，

① 廖仲恺：《命广东各县从连山通缉案中摘除何先治等人令》，《双清文集》上卷，第 431 页，人民出版社 1985 年版。

② 廖仲恺：《为取消曾高升通缉令致广州市公安局及各县县长令》，《双清文集》上卷，第 444–445 页，人民出版社 1985 年版。

③ 《保护各属商团之布告》，《广州民国日报》1924 年 10 月 27 日。

廖仲恺身负重任，日理万机，为国民党的党务、政务呕心沥血，全力以赴，但他无论如何没有想到本党内部居然也出现了匪化趋向，一些极右的匪徒竟敢在光天化日之下在中央党部门口实行暗杀。壮志未酬身先死，长使英雄泪满襟。1925 年 8 月廖仲恺的被害给我们留下了无限的惋惜与深深的思考，他给我们留下的课题是如何防止政治土匪化与土匪政治化。

冯玉祥与绿林土匪[①]

近代中国，社会动荡，土匪横行，中国成为名副其实的“土匪王国”，特别是北洋军阀时期政治腐败，军纪废弛，形成了兵匪不分、相互勾结的奇特现象。冯玉祥自幼投身行伍，精于治军并善于审时度势，顺应革命潮流，最终使其军队从北洋军阀的激烈征战中脱颖而出，成长为显赫一时的西北军。伴随着西北军的成长，冯玉祥曾转战各地，对所至地方的土匪进行了严厉的追剿和镇压，这一行动一定程度上安抚了地方，也为冯玉祥的仕途升迁增加了筹码。

冯玉祥祖籍安徽巢县，自幼随父在保定练军军营长大，其父是营中小吏，月薪微薄，家中常常入不敷出，幼年的冯玉祥备尝艰辛。为补贴家用冯玉祥12岁时（1893年）即入伍从军，在练军营内开始了军旅生涯。

1901年正月练军正式改编为淮军，队伍驻保定蠡县操练。在这里，当时还是小卒的冯玉祥首次遭遇土匪，并亲身参与了追剿土匪车轮标的行动。匪首车轮标是保定府南著名的痞棍，因犯案发作，遂啸聚流氓，结成股匪，四处劫掠。部队从正月底奉令追剿，一直到六月底，始终没有将车轮标剿伏。这次剿匪中官长视钱如命，不辨是非，哄抢庄院；士兵胆小如鼠，被土匪一排枪吓得钻进面缸保命。旧军队军纪无存、不堪一击的败落景象对年轻的冯玉祥产生了很大的震动。冯玉祥后来在《我的生活》一书中详细回忆了这段经历。[②]

冯玉祥照片

这次剿匪行动是冯玉祥早年经历中的重要一幕。目睹了淮军暮气日深，冯玉祥

① 本文作者为张爱华、欧七斤。

② 冯玉祥著：《我的生活》，黑龙江人民出版社1981年版，第53–55页。

感到前途渺茫，遂于次年（1902 年）转投袁世凯的武卫右军。

1905 年，武卫右军改为第六镇。1907 年，第六镇和第五镇各提一标，合编成第一混成协，随同徐世昌开赴东北驻防新民府。此时，冯玉祥担任第一混成协督队官，率队进驻奉天黑山县负责剿匪清乡。冯玉祥捕获张作霖之盟弟巨匪孙景山，不畏强权将之就地正法，赢得当地民众的广泛赞誉。①

民国伊始，因参加滦州起义一度遭囚禁的冯玉祥，被陆建章招入左路备补营内，重新进入军界。1913 年，白朗在河南起事，聚众数千人，声势浩大。1914 年在袁世凯的重兵剿杀下，白朗军辗转进入陕西境内，4 月冯玉祥随西路剿匪督办陆建章来到陕西境内参与围剿白朗军。在陕西，冯玉祥一路追踪匪迹，终在子午谷遭遇白朗军，“毙匪无算，白朗也负重伤而逃”②。不久，大势已去的白朗被部下击毙。陆建章以剿匪有功，升陕西督军。在陆建章的提携下，冯玉祥也因剿匪步步升迁，从左路备补军一团长升至第十六混成旅旅长。冯玉祥的陕西之行，无疑收获颇丰，这一职位的获得是冯玉祥军事生涯的重大契机，他所精心培植的第十六混成旅奠定了后来西北军的建军基础。

冯玉祥精于治军，不几年就将第十六混成旅训练成北洋军阀政权内少见的劲旅。冯玉祥虽表面受制于中央政府，但内心却始终尊奉着救国救民的真理，有着自己独立的行事原则，在反袁斗争、讨伐张勋、北京政变、五原誓师、参加北伐等重大政治活动中，总是不失时机地将形势向有利于革命的方向推动，冯玉祥及其军队也日渐醒目，步步走向历史舞台的前端。在二三十年代，西北军威震全国，冯玉祥也成为当时中国最具影响力的人物之一。

在这步入辉煌的十几年中，冯玉祥先后转战四川、湖南、河南、陕西、察绥等地，或行军打仗、驻防休整或督军省垣、治理地方，不可避免地与当时遍地皆是的土匪打起了频繁的交道。

川北湘西清乡。1915 年 2 月，袁世凯派心腹大将陈宧任四川督军，并令驻陕南的冯玉祥及其第十六混成旅开驻川北。当时，四川土匪蜂起，8 月中旬，陈宧下令全省清乡，冯玉祥负责川北第五区即嘉陵道属（保宁、顺庆、绥定三府）二十余县。冯玉祥“礼聘当地乡绅，咨访当地情形，又询至土人，用记忆测图法”③，熟知了川北的地理民情，以前来投诚的土匪何鼎臣为向导，倾力剿匪，后捕获匪首郑老大王、郑启和、陈兆祥、红毛童等多人，并枪决青帮首领著名土豪赖桂三。冯玉祥连剿数月，成绩居全省第一，得到陈宧五万元的奖励。④ 1915 年 12 月，护国运动爆发，次年 6 月袁世凯被迫取消帝制，

① 冯玉祥著：《我的生活》，黑龙江人民出版社 1981 年版，第 85-86 页。

② 冯玉祥著，余华心整理：《冯玉祥自传》，军事科学出版社 1988 年版，第 149 页。

③ 冯玉祥著，余华心整理：《冯玉祥自传》，第 149 页，军事科学出版社 1988 年版。

④ 简又文著：《冯玉祥传》（上），第 69 页，传记文学出版社 1982 年版。

不久病死，出任国务总理的段祺瑞掌握了实权。段祺瑞主张“武力统一”中国，命冯玉祥带兵前往湖南，冯军行至湖北武穴，即发出主和通电，主张对南停战，和平解决南北问题，“既呼吁无效，又奉进兵湘西之命，及抵鄂西之公安、石首，先剿平当地土匪，嗣以湘中土匪皆借护法军名义，骚扰地方，拟剿灭之，乃电澧州进军湘西，更驻常德”[①]。常德附近的桃源县有一民间秘密的会道门组织，号称“神兵”，旗帜为黑色，上书“扫北荡洋”字样，会员均着红裤黑褂，头缠红布，遇有口音似北方者即行杀害，有很大的盲目性。[②] 不久即被冯玉祥的军队剿灭。

豫东平匪。1922 年第一次直奉战争爆发，冯玉祥奉吴佩孚命令火速出潼关增援，到河南境内与附奉的豫督赵倜冲突。不久，奉军战败，赵倜也逃往上海，冯玉祥接任河南督军。河南自赵倜统治以来匪患成灾，赵倜纵匪殃民，且兵匪勾结“横行骚扰，市镇为墟，百万生灵，束手待毙”[③]。自赵倜败逃后，其余部又溃散为匪，骚扰河南各地。冯玉祥督军河南后，扩大了军费开支，“赵督时代，军饷年度不过三百余万……今则比赵督时饷额又增加三百多万”[④]，局势更加不稳。再加上匪首老洋人、麻老四、吴兴周、尤清海等盘踞豫东、豫南各处，致使“中人之家，多不敢乡居，迁移城中者络绎于途”，而“人民被害者，不知凡几，甚至陇海路火车曾被彼匪等劫掠一次，洛阳东关、密尔吴佩孚第三师驻扎之所也被抢掠一空，并绑去第八中学教员学生数十人，匪势之盛，诚所罕见”[⑤]。豫省惨遭土匪糜烂的状况，令冯玉祥十分焦急。1922 年 7 月，冯玉祥下令剿匪，命唐之道为剿匪总司令将全省划为四个区，各区剿匪司令由各镇守使担任，并令各地驻军协同剿办，派韩凤楼等 5 人为督察专员，各带武装警察一营，监视军队，协助办理。然而各镇守使大多敷衍从事，谋求自保尚且不足，“即接军省电令，孰敢分途打匪”[⑥]。只有豫东镇守使李鸣钟奉命后，即率部痛剿拓城、鹿邑等处土匪，其窜往苏、鲁、皖三省境内者，冯玉祥亲自赴归德指挥进剿，并分电鲁督田中玉、皖督张文生及徐州镇守使陈调元协同包剿，经过一个多月，将豫东匪患肃清。

察绥剿匪。1922 年 11 月，在河南督军任上的冯玉祥遭吴佩孚猜忌，被调至北京任有职无权的陆军检阅使。冯玉祥在京期间，不满直系军阀的腐朽统治。1924 年 10 月，趁第二次直奉战争时机，冯玉祥发动北京政变推翻直系曹锟的贿选政权，段祺瑞借机复出。

---

① 冯玉祥著，余华心整理：《冯玉祥自传》，第 150 页，军事科学出版社 1988 年版。

② 《冯玉祥选集》（中），第 83 页，人民出版社 1998 年版。

③ 《豫省代表来京请愿裁兵》，《晨报》1922 年 8 月 30 日。

④ 《豫省代表来京请愿裁兵》，《晨报》1922 年 8 月 30 日。

⑤ 冯玉祥著，余华心整理：《冯玉祥自传》，第 150 页，军事科学出版社 1988 年版。

⑥ 《豫局未可乐观》，《申报》1922 年 7 月 28 日。

随后，段祺瑞任命冯玉祥为西北边防督办，前往张家口驻防，负责管辖西北的察哈尔、绥远、甘肃、宁夏等地。察绥地区匪风素盛，最为严重的地区是察哈尔的多伦一带以及绥远的包头、五原、萨拉齐等地。1925 年春，巨匪宝振荣（荣三点）啸聚数万人，在察哈尔烧杀抢掠，多伦附近皆遭蹂躏。冯玉祥派蒋鸿遇、刘玉山等人前往剿匪。经过数月，才将匪势压下去。绥远哥老会势力兴盛，并与土匪勾结，形成一股很强的哥老会股匪。绥远百姓目睹哥老会“资财威势，或生歆动之心，遂致风靡一时，先则入会，后则为匪，竟误认为发财之途径焉”①，绥远局势极为混乱。1925 年 1 月西北国民军进入绥远，冯玉祥任命李鸣钟为绥远都统，李鸣钟命孙良诚、石友三、石敬亭分驻萨拉齐、包头、归绥等地清乡剿匪。2 月李鸣钟又拟订了清乡办法十条及剿匪条例，通令各地军政机关遵照实行，哥老会匪首杨万祯、张洪等人先后被石友三捕杀，哥老会匪始稍有收敛。为进一步稳定局势，冯玉祥对哥老会实行剿抚兼施的政策。他一面诱杀哥老会头目王肯堂，剿灭赵半吊子、陈秉义、金宝山等哥老会股匪；一面自己加入哥老会，拉拢哥老会的头目王英的父亲王同春。② 1925 年王同春病逝时，绥远都统李鸣钟还亲自出马召开追悼会，争取了王英的支持。察绥地区暂时平静下来。

北伐路上的剿匪。1925 年 11 月，郭松龄发动反奉战争，冯玉祥也参与其中。郭松龄战败被杀后，冯玉祥于 1926 年 5 月赴苏联考察，国民军在南口抵抗四个月后也被奉直联军击溃。1926 年 7 月 9 日国民革命军在广州誓师北伐。冯玉祥归国后收拾旧部，重振旗鼓，9 月 17 日在绥远五原就任国民军联军总司令，宣布全军加入国民党，参加北伐。国民军经甘肃向陕西进军，出潼关于 1927 年 6 月 1 日攻占郑州，与北伐军会师，随后又进行豫东豫北大战，稳定了河南全局。由于宁汉纷争，北伐行动暂时歇止。冯玉祥一面极力调停宁汉双方，一面腾手铲除陕甘豫境内的匪患，巩固后方。

在陕甘境内，麻振武（麻老九）据同州，党拐子据凤翔，田玉洁据三原、泾阳，平凉镇守使张兆甲余部韩有禄、黄得贵等散布陕甘边境。他们都是军阀残余，军事失败后，溃散为匪，盘踞地方，鱼肉百姓，劫掠商旅，地方不得安宁，也成为冯玉祥时时作痛的隐患。于是，冯玉祥趁前方军事静止时，1927 年 7 月命宋哲元、刘汝明等率部分别剿除。其中麻老九为刘汝明所解决，党拐子、韩有禄、黄得贵则被宋哲元、张维玺先后消灭。

在河南境内，此时不仅土匪众多，而且会道门组织大行其道，如红枪会、白枪会、黑枪会等诸色枪会以及天门会、妙道会等各种名目的会门，其中红

---

① 傅增湘著：《绥远通志稿》第 26 卷《民变》，转引自邵雍著：《民国绿林史》，第 90 页，福建人民出版社 2001 年版。

② 邵雍著：《民国绿林史》，第 91–92 页，福建人民出版社 2001 年版。

枪会的势力最为盛行。红枪会本是农民防匪保家的民间秘密自卫组织，在北伐期间，部分红枪会曾有功于革命，然而随其势力的壮大，成分日渐复杂，鱼龙混杂，泥沙俱下，不免出现匪化的红枪会。1927 年 8 月冯玉祥制定治豫大纲，下令剿匪，并令“红枪等会一律改为民团，实行自卫”①。冯玉祥将自己可以控制的红枪会改编为豫东、豫西、豫南、豫北四个民团军，对于不服从命令的红枪会、天门会等进行严厉的镇压。经过冯玉祥对红枪会的收编和镇压，活动近十年的红枪会势力消沉下去。

1928 年，蒋、冯、阎、桂联合举行“二次北伐”。4 月 17 日，蒋介石下总攻击令，各路战事同时发动。冯玉祥在直南首先攻占邯郸，后受安国军重军压迫，苦战于大名、彰德一带，正当前方战事紧张时，樊钟秀、李云龙等见后方空虚，发动事变，向长安、洛阳、潼关、巩县等地方分五路袭击。樊钟秀是河南宝丰人，民国初年流窜为匪，横行陕西、河南一带，樊钟秀周旋于各派军阀之间，左靠右投，不断倒戈旗帜，素无定性。冯玉祥急调济宁方向的石友三回防，协同宋哲元将樊部击退，同时马鸿宾部与宋哲元部将李云龙部肃清，平定了后方。1927 年 6 月，北伐军进占平津，“二次北伐”完成。

冯玉祥以及西北军在此次北伐中大发声威，战争结束时，冯所辖之军队已达 40 个师，17 个旅，驻防范围遍及山东、河南、陕西、甘肃、宁夏、青海等 6 省，一时声名显赫。然而，蒋冯矛盾很快激化，最终在 1930 年的中原大战中，西北军全部崩溃，大部投蒋，一部被东北军改编，冯玉祥则宣告下野。此后除短暂地领导抗日同盟军及抗战初期抵抗日军入侵外，冯玉祥基本上脱离了军事第一线，其剿匪生涯也就此结束。

冯玉祥一生以平民自居，他同情人民疾苦，对于民众深受其害的土匪问题极为关注。因此，除在行军所至地方尽心剿匪外，冯玉祥对严重的匪患问题也作了积极的思考，并以讲话、法令、通电等形式发表自己的看法，提出治匪的措施，力图对早日平息匪患、国富民安有所裨益。归纳起来，冯玉祥着重关注下面的几个问题。

一、严重的匪患

民国时期，连年战乱，经济萧条，社会动荡，土匪在这一时期分布之广、纠众之多，危害之烈在中国历史上达到了登峰造极的地步。到 1930 年，关于土匪的保守估计达 2000 万人。作为军事长官的冯玉祥不可避免地与土匪打起频繁的交道。尽管冯玉祥痛心“除土匪、水灾、旱灾、兵变、兵灾、外侮以

① 《河南行政月刊》，1927 年 9 月第 3 期。

外，报纸毫无材料”①。然而，在他自己的日记中，有关“匪情”的记录也达到100多条。冯玉祥作诗描绘了土匪横行，蹂躏乡里的惨景：“白昼多劫案，绑票更大观，乡间人民被匪杀，横尸大路无人管，衣食被抢房被烧，至此地步真万难。”② 中国土匪猖獗，积弊丛生，人民困苦的景象令冯玉祥颇为中国的前途命运忧虑。

二、匪患原因与兵匪现象

民国时期政治腐败、军阀混战致使农村破产，民不聊生，一大批城乡劳动者流离失所，无法继续从事原有正当的职业。其中有些人在忍无可忍、走投无路的情况下铤而走险，开始了他们的土匪生涯，这是民国土匪繁兴不衰、匪患惨烈的社会根源。冯玉祥同样认为“饥寒盗贼，乱端先犯”③，“人原无生而为匪者，大半为境遇所迫”④。不过他还指出一些土匪“亦因其个人意志薄弱，自私自利心太盛”⑤。冯玉祥经年活跃在军阀政权的政治、军事舞台上，对于军阀统治黑暗、军队腐败与土匪兴盛之间的关系有很深的洞察。他题赵望云画⑥云：“农村已破产，土匪到处抢，归根说起来，都因政治坏。人民筑起防匪台，免得土匪攻进来。不过只能防私匪，官匪来了人民还得去接差。土匪掠，官匪刮，人民哪得有安康!”认为“现在政府之设施完全是制造土匪，而中国之军队，亦可称为有制服之土匪，其扰民害国实甚于匪”⑦。所谓“贼如梳，官如篦，士兵如剃”，被冯时常挂在嘴边。由鉴于此，冯玉祥曾面呈曹锟，请求政府通饬带兵官长，严申军纪，约束部下；对于自己的军队更是绳之于严明的纪律，严禁诸如暂住民房、借用大车之类最易扰民之事。他认为新军人和旧军人的区别之一就是“旧军人出身绿林学校，新军人曾受崭新的教育”⑧，指出“土匪所过，则庐舍为墟，纪律之师，则欢声载道”⑨，勉励官兵加强政治学习和军事练习，努力作有别于旧军人、土匪队伍的新军人、纪律之师。

---

① 中国第二历史档案馆编：《冯玉祥日记》（三），第462页，江苏古籍出版社1992年版。

② 中国第二历史档案馆编：《冯玉祥日记》（三），第367页，江苏古籍出版社1992年版。

③ 中国第二历史档案馆编：《冯玉祥日记》（四），第234页，江苏古籍出版社1992年版。

④ 中国第二历史档案馆编：《冯玉祥日记》（二），第124页，江苏古籍出版社1992年版。

⑤ 中国第二历史档案馆编：《冯玉祥日记》（四），第132页，江苏古籍出版社1992年版。

⑥ 赵望云，著名国画家，用图画反映劳动人民的苦难生活。冯遂邀其做美术教师，并为其画配诗。

⑦ 弗伐、洪志编：《冯玉祥诗歌选》，第33页，黑龙江人民出版社1982年版。

⑧ 中国第二历史档案馆编：《冯玉祥日记》（二），第420页，江苏古籍出版社1992年版。

⑨ 袁清平、李剑萍编：《冯玉祥先生名著集》（下），《严禁收编土匪令》，军事新闻出版部1936年版。

三、治匪方略

洞察了中国盛行土匪是由于政治腐败，经济凋敝，人民困苦的缘故，冯玉祥虽无力从根本上改变现状，但仍就力所能及，去解决士兵退伍后的生计问题，以减少匪源。冯玉祥认为：“自从帝国主义者的大炮打开中国门户后，中国农村普遍破产，一般青年在乡村中无法谋生，方大量的投军入伍，以谋出路。他们家中既无可资温饱的恒产，本身又无足以自足的技能。一旦退伍，既无法生活，结果必迫得他们只有利用其在军中所学得的放枪瞄准的一套，而流为匪资”①。于是冯玉祥采用寓兵于工的办法，在军中成立小型工厂，由石友三、韩多锋、李忻先后主持，工中分织袜、缝纫、织毛巾、编藤器、纸工、印刷等科，要求士兵在退伍前能学到一门技艺，回乡后能成家立业，自谋生路。冯玉祥还注意动员自己的部队、地方绅商、民众及传教士加强防匪意识，“群策群力”一起来解除匪患的困扰。他鼓励官兵称“我们投身戎行，要以敌忾同仇，马革裹尸为志……尤当牺牲一切，为地方除害”②，要求部队全力以赴，尽心剿匪。动员地方绅商说：“军队开驻不定，行政人员调转靡常，地方事务全赖仆从办理”③，希望绅商切实支持军队的剿匪，勿勾结土匪，对于通匪者“重科罚款，以办公益之事”④。冯玉祥认为“孬人”去当了土匪，现在只有“好人”来当兵，才能“救地方不被土匪蹂躏”，“救自己不被土匪欺负”，鼓励民众踊跃参军，剿匪保家。冯玉祥还以张贴布告、粉刷墙书等形式扩大对民众的宣传。由于“洋票”是土匪向政府要挟的重量级筹码，所以在中国境内的外国人是土匪行劫的重要目标。冯玉祥奉行基督教，曾与一些来华的外籍传教士保持着密切的关系，因此冯玉祥常常告诫传教士注意防匪，保障自身的安全。

在长期剿匪过程中，冯玉祥了解了不少土匪的活动习性，积累了一些剿匪的战略战术方面的经验，在地方上发布了一些安民清乡的命令。

他分析了剿匪的易与不易：“土匪无电报、电话、火车、而吃食、衣服、枪械、子弹又无来源，所以不能持久，终至消灭，然土匪所恃者，惟在侦探消息实较军队灵通，故不易剿也。”⑤。据此，冯玉祥扬己之长，在其所驻防之地注意修路，疏理交通。如 1922 年 5 月督陕期间即命令各县设电话，修公路，遇某处有匪，听电话报告后，即乘汽车向往剿办。这样一营即能当十营

① 冯玉祥著：《我的生活》，第 310 页，黑龙江人民出版社 1981 年版。
② 中国第二历史档案馆编：《冯玉祥日记》（一），第 188 页，江苏古籍出版社 1992 年版。
③ 中国第二历史档案馆编：《冯玉祥日记》（二），第 181 页，江苏古籍出版社 1992 年版。
④ 中国第二历史档案馆编：《冯玉祥日记》（一），第 206 页，江苏古籍出版社 1992 年版。
⑤ 中国第二历史档案馆编：《冯玉祥日记》（二），第 29 页，江苏古籍出版社 1992 年版。

之用，也减少了地方人民的负担。① 在战略战术方面，冯玉祥主张利用“青纱帐倒”，土匪的活动容易暴露之机，加紧围剿；要求士兵注意在诸如“神榻之下屏后壁中或丘坟地”等地方搜查其枪支；对土匪作战宜采用口袋阵的战术围而歼之；在地方上冯玉祥选用精明强干的军事骨干，办理民团，清查户口，加强剿匪力度。

四、“防匪变兵”与“收匪为兵”

民国时期，土匪是游离于军队之外又与军队又千丝万缕联系的一大武力资源。不断有军队哗溃为匪，军队又源源不断地收抚土匪，组成半兵半匪的军队，干着兵匪勾结的勾当。“兵匪合一”成为十分令人注目的社会现象。

冯玉祥也深受这一问题困扰，他十分清楚土匪“素无定数”的习性，对“收匪为兵”深恶痛绝。1923 年 5 月 6 日凌晨，山东抱犊崮的孙美瑶匪部制造了震惊中外的临城劫车案，百余名中外乘客被掠为“人票”。北京政府迫于外交压力，将孙美瑶部收编为山东新建旅。冯玉祥对此事件反应激烈，他一方面发表通电，反对外人以此为借口，提出铁路共管的无理要求；另一方面强烈谴责政府无能与土匪开对等会议，将收编为正式军队。他说：“我冯第一恨的事，如张作霖之榜样，土匪都效仿也。又去年河南老洋人之乱，政府收复变成万恶之军队，所以有此种情形，使酿成此次津浦路路线劫案。”② 他指出收匪为兵的严重后果：“政府将山东土匪编成军队，土匪益加猖獗，奖人为匪又何怪？群视做匪为做官之终南捷径耶！”③

后来，冯玉祥一再要求，严禁部下“收匪为兵”，并发布了《严禁收编土匪令》，在训令中，冯玉祥指出：“土匪为吾人肘腋之患，劫枪夺械，在在须防，作战布防，亦在在受其牵，今日不忍痛剿捕，则异日必受其意外之滋扰，养痈遗患，智者不为，鸩毒晏安，终成自杀。”④

然而，迫于形势的紧急，冯玉祥不得不屡屡违背意愿，收编土匪，一则暂时减少军事压力，二则壮大声威。如在 1930 年中原大战期间，冯玉祥就与土匪樊钟秀、刘桂堂等合作，联合反蒋。不过，冯对被收编的土匪防范很严，当时冯玉祥要求收编的土匪在洛阳办公处，每处不得超过三人，收编部队必须开出洛阳二百里之外，以确保洛阳的安全。⑤ 1930 年 10 月，冯玉祥在中原

---

① 中国第二历史档案馆编：《冯玉祥日记》（一），第 132 页，江苏古籍出版社 1992 年版。

② 中国第二历史档案馆编：《冯玉祥日记》（一），第 357 页，江苏古籍出版社 1992 年版。

③ 中国第二历史档案馆编：《冯玉祥日记》（一），第 365 页，江苏古籍出版社 1992 年版。

④ 袁清平、李剑萍编：《冯玉祥先生名著集》（下），《严禁收编土匪令》，军事新闻出版部 1936 年版。

⑤ 中国第二历史档案馆编：《冯玉祥日记》（三），第 220 页，江苏古籍出版社 1992 年版。

大战中失败，通电下野，隐居泰山读书。

九一八事变后，日军逐渐将侵略魔爪伸向关内，华北面临危机。在全国抗日潮流的推动下，冯玉祥重新出山，联系方振武、吉鸿昌等，于1933年5月26日，在张家口发出通电，宣告组成察哈尔民众抗日同盟军，冯玉祥任同盟军总司令。抗日同盟军由东北义勇军、热河抗日民军、察哈尔自卫军、抗日救国军以及冯玉祥的教导团和29军留守部队五部分力量组成，号称30万，实则不过12万。其中有不少杂牌队伍也参与进去，诸如东北土匪流窜成股部队、内蒙古地区的哥老会队伍及地方的民团武装等，其中最为引人注目的是活动于热察绥和西北一带的哥老会股匪头目王英和臭名昭著的山东巨匪刘桂堂。王英担任了第二军（军长吉昌鸿）游击第一路司令。王英此前曾被拘压于张家口，后软禁于北平。1932年秋极力表示抗日，由宋哲元下令开释，随即召集旧部于1933年5月参加抗日同盟军。刘桂堂，山东费县人，1915年入山开始土匪生涯，祸害鲁南十余年，1932年进入热河，1933年初投日，率部驻沽源。抗日同盟军成立时，刘屡派该军副军长尚武代表至张家口，表示决心抗日到底，冯玉祥乃委其为第六路总指挥。7月1日，刘桂堂于沽源通电反正，率部克复沽源，并随吉鸿昌等收复多伦，在其个人历史上留下了难得的光荣一笔。然而，西北军时代毕竟已经过去，冯玉祥组建的这支参差不齐的杂牌队伍，缺乏牢固的凝聚力，在日、蒋的夹攻下，很快归于失败。尽管土匪的参与对于这次行动的失败没有什么直接的责任，但是土匪所掌握的武力资源并没有给冯玉祥予强有力的支持。冯玉祥感慨："试问古今中外，几见啸聚土匪，而可以成大事者?"① 不得已，冯玉祥再次归隐泰山。其有关治匪的思考和言论在各种文献中也不再多见。

由于冯玉祥有一支军纪严明，富有战斗力的军队，并有丰富的剿匪经验及良好的军民关系。冯玉祥在剿匪方面取得很大成绩，并借此屡获军功得以升迁。冯玉祥曾颇为自信，称："除我之官兵以外，其他并无有能如此剿匪之军队。"② 然而，遍地皆是的土匪不能靠一两支军队的剿杀来完成，造成土匪的社会积垢单靠个人力量也无力铲除。剿匪是冯玉祥的重要人生经历，留下了深深的历史印迹。透过冯玉祥的剿匪经历和治匪言论，我们可以看到民国时期的土匪已渗入军队、政府，渗入社会机体，剿不尽，治还乱。近代社会的运行机制在种种社会问题的困扰下似乎陷入不可自拔的泥淖，值得我们认真回顾反思。

① 袁清平、李剑萍编：《冯玉祥先生名著集》（下），《严禁收编土匪令》，军事新闻出版部1936年版。

② 中国第二历史档案馆编：《冯玉祥日记》（二），第42页，江苏古籍出版社1992年版。

从《申报》舆论看1922年河南匪患[1]

土匪是民国时期一个普遍的社会现象，特别是北洋政府统治时期，河南是重匪区之一，1922年河南匪患尤其严重。1911—1914年河南爆发了声势浩大的白朗起义，之后河南匪乱不断，在1922年老洋人起事后，河南匪乱达到一个高峰，“河南匪患之猖獗，可谓以达极点，小股数十人，大股数千人，攻城略地，所过一空，鲁山、鹿邑、扶沟等地相继失守，各县受蹂躏者，几乎无一村得免。”[2] 学界对河南土匪的研究颇丰，赵福如的《民国时期豫西土匪的发生与演变》较全面地分析了豫西的土匪。在相关的专著中，吴惠芳著《民初直鲁豫盗匪之研究》（台湾学生书局1990年12月版）、贝思飞（Phil Billingsley）著《民国时期的土匪》（徐有威、李俊杰等译，上海人民出版社1992版）、邵雍著《民国绿林史》（福建人民出版社1992年版）、蔡少卿主编的《民国时期的土匪》（中国人民大学出版社1993年版）、苏辽著《民国匪祸录》（江苏古籍出版社1996年版）等都提及了民国时期河南的土匪问题。本文主要是从《申报》舆论出发，以1922年河南匪患为研究视角，通过对这年河南匪患的个案分析，以实现对军阀时期之匪患问题的一点认识。

一、1922年河南匪患及其特点

北洋政府统治时期，中国处于一个社会的转型时期，政治制度由传统转向现代，伴随政治巨变而来的是政治腐败、内乱不断。土匪作为一种社会不安定因素，乘机兴风作浪。1922年河南匪患极其严重，不仅席卷河南省，连周边的安徽、湖北、陕西等也深受豫匪之害。土匪洗劫城市、焚烧村寨、奸淫掳掠、无恶不作，甚至破坏铁路、绑架外侨、引起国际纠纷，从而引起了各方的广泛关注，《申报》在1922年对河南匪乱的报道就达112条，相关文章中频频可见“匪世界”、“匪势猖獗”、“匪祸扩大”、“豫匪糜烂”、“匪氛复炽”等词句，以至当时人惊呼：“豫匪乃近日中国最大之患也。”[3]

---

① 本文作者为吴庆。

② 《河南匪势猖獗》，《申报》1922年8月26日。

③ 《豫匪》，《申报》1922年10月31日。

河南土匪以股为单位，小股数人，大股成百上千，如匪首老洋人[①]“部下有三十余股，每股近千”[②]。河南土匪虽多，但最大数目土匪却只有三股，“一曰老洋人，一曰魏老飘，一曰李老人，此三股各有数万人”。除此以外，还有“舒得和、韦凤岐、冯黑脸、陈青云、张得胜、吴大脚、张大麻等，则各有二三千人不等。”[③]

与传统社会的匪乱相比，1922 年的匪患具有了一些新的特征。

第一，土匪数量众多，武器精良，战斗力强。全省土匪数量惊人，“杆首与其从并计，决不下十六七万”[④]。土匪出动进行劫掠时，动辄成千上万，如 6 月 17 日，“有土匪三千人，侵犯鹿邑，大肆抢掠”[⑤]。又如“于 10 月 27 日夜，集众万余人，袭攻京汉路。”[⑥]

传统的土匪大都使用大刀、长矛、鸟枪等武器，而此次豫匪武器上发生了质的变化，土匪大都武器精良，富有战斗力，豫匪“均是溃匪为中坚，颇谙战术，其所携枪械，亦甚犀利”[⑦]，经常击败官军。如汴匪人数“约数万人，均枪械完备，故官军往剿，每每不利”[⑧]。土匪与官军在西平一带激战时，“匪众均携有大炮、快枪”[⑨]。土匪进攻鹿邑，冯玉祥的二十一旅“就近赴援，不意一战即败，鹿邑一役，竟伤亡冯军七百余人，冯玉祥无奈，主张收抚”[⑩]。

第二，匪祸波及区域广，匪势猖獗。从 3 月份老洋人部队哗变后，与土匪勾结，仅数月时间，席卷全豫，“豫匪猖獗极矣，破上蔡项城，围沈邱、固始、商城，屠岳县、正阳，陷新蔡，攻罗山，围确山、西平、遂平，据驻马店，扑汝南，窥南阳，出堰城，入许宛，绕河北，风声所播，全国震骇，声势浩大，直驾白狼而上之。此外，安阳、叶县、林县、鲁山、临内黄河南北岸，郑州西南隅，离城七八里，即有股匪，甚至巡抚署驻扎地之洛阳无不有土匪出没其间”，甚至“吴佩孚住宅，前日（11 月 30 日）亦被匪抢”[⑪]。即使在开封、郑州、洛阳等驻有重兵的所谓形势森严之地，“乃离城数十里或十数里，即有许多匪徒，敢于聚众抢劫”[⑫]。这年的河南“实不敢谓何地有匪，何

① 老洋人原名张庆（1886—1924），河南临汝人，参加过白朗起义，1922 年成为河南最大的土匪头目。

② 《开封通信》，《申报》1922 年 12 月 2 日。

③ 《河南大举剿业之情形》，《申报》1922 年 12 月 17 日。

④ 《河南大举剿业之情形》，《申报》1922 年 12 月 17 日。

⑤ 《河南鹿邑之匪劫》，《申报》1922 年 6 月 20 日。

⑥ 《豫匪袭攻京汉路情形》，《申报》1922 年 11 月 2 日。

⑦ 《河南大举剿匪之情形》，《申报》1922 年 12 月 17 日。

⑧ 《不可收拾之汴匪》，《申报》1922 年 9 月 9 日。

⑨ 《豫匪袭攻京汉路情形》，《申报》1922 年 11 月 2 日。

⑩ 《豫局未可乐观，冯玉祥其如匪何》，《申报》1922 年 7 月 28 日。

⑪ 《开封通信》，《申报》1922 年 12 月 2 日。

⑫ 《河南大举剿匪之情形》，《申报》1922 年 12 月 17 日。

时有匪，实言之遍地皆匪”①。

除了为祸河南之外，豫匪还对临近省份进行了劫掠。7月，老洋人率部直扑潼关，转战豫陕边界，豫匪流窜到陕边时，土匪“愈战愈多，闻有七八千，皆快枪、钢弹，势甚凶猛”②。11月1日，攻陷皖北重镇阜阳及周边地区，安徽督军马连甲来援，方始撤出安徽。

第三，匪祸破坏性巨大。这一年，匪事猖獗，焚烧杀掠，给当地人民带来深重的灾难。土匪每到一地，便将当地洗劫一空。《申报》认为：“此次匪祸之惨，为从来所未有，该匪所过之地，房屋尽付之一炬，妇女奸淫必遍，如有抵抗情形，即杀戮无遗……为祸之烈，殆十倍于白狼也。”③ 土匪占领鲁山后，“入城即分队执炬肆行抢掠，大街各商店，变成屠宰场，人民苟略作抗拒，即被杀戮，其间将金银即贵重物品藏匿者，备受种种酷刑，率将藏匿之处供出始已，且事后复多被杀，匪众凡遇不能携者，悉付一炬。”土匪洗劫后，“城内一片瓦砾，街中多有未殓之尸，家家哭声相闻。”④ 土匪洗劫上蔡县时，“凡男子在五岁以上尽行杀戮，女子在十二岁以上尽行掳去。”⑤ 阜阳遭匪劫之前，“地方素称繁盛，人烟稠密”，遭到土匪劫掠后，“城内瓦房仅剩四五家”⑥，损失达千万。土匪的破坏性极大，以至当时《申报》认为：“所谓嘉定屠城，扬州十日之惨，殆几类之。”⑦

河南土匪的并不和传统的土匪一样仅局限于掳掠财物，还通过破坏京汉铁路来向政府要挟。10月27日夜，土匪占领“遂平、西平、临颖等五个车站，并将遂平、长葛之八百四十七号铁轨，拆毁十数段，京汉交通，遂以中断。”⑧ 京汉铁路作为民国时期南北的大动脉，中断以后损失巨大。

第四，大肆绑架勒索，甚至绑架外侨，引起外交纠纷，损害中国的国际形象。河南土匪充斥，遍于全境，绑票华人已是司空见惯，为了获得更多利益，还毁坏教堂，绑架外人。土匪在劫掠鲁山后，“教会所有房屋，悉付一炬，册籍全毁，教民惨遭屠戮，亦有被掳勒赎者。”⑨ 老洋人的土匪部队在转战中，绑架了英、美、法、意、瑞典五国人，“先后有十四人之众”，在外国侨民中引起了恐慌，“豫中西人莫不人人自危，鸡公山美人及瑞典人所设立学

① 《河南大举剿匪之情形》，《申报》1922年12月17日。
② 《豫匪窜扰陕边》，《申报》1922年9月10日。
③ 《河南匪祸扩大》，《申报》1922年11月18日。
④ 《河南鲁山之匪劫》，《申报》1922年6月22日。
⑤ 《河南匪祸扩大》，《申报》1922年11月18日。
⑥ 《豫匪退出皖境续闻》，《申报》1922年11月15日。
⑦ 《河南匪祸扩大》，《申报》1922年11月18日。
⑧ 《豫匪袭攻京汉路情形》，《申报》1922年11月2日。
⑨ 《河南鲁山之匪劫》，《申报》1922年6月22日。

校校员、学生遁避一空，有悉至汉口者。”[①] 豫南外人多杂难民中逃回汉口”[②]。土匪向吴佩孚提出要求，“苟不立行停追媾和，即将蹂躏全豫，并杀戮所掳外人，引起国际交涉。”[③] 土匪绑架外人给帝国主义提供了侵略的口实，11月18日，英、美、法、意、瑞典五国向向中国政府提出了“哀的美敦书”，“要求将豫皖境内被掳之西人，限一星期内全数救出，”该书“措辞异常严厉，大足以损害中国国家之尊严。”[④] 当各国公使开会时，甚至有公使主张“由各国自行调动军队，前往豫省剿匪，而于各大商埠极其他凡有外人旅居之都会市镇，概行增添外国驻军以为外人生命财产保护”[⑤]。五国政府向中国政府提出交涉，“抗议中国政府之不能保护外国侨民，且指明此等情形对于中国政府之名誉，有非常之损害。”[⑥] 五国并派遣委员会赴豫调查河南匪案。当时有人哀叹：豫匪“使河南受辱，中国蒙羞，治外法权之废止，将延缓至不知几何年之后”[⑦]。

第五，土匪在政治上提出了口号，编制上出现了正规化倾向。张庆起事以后，打出了“建国军”的旗号，并提出了要“杀尽人间贱丈夫，拥兵卖国尽伏辜；从新建设真民国，共富均田护版图”[⑧]。这反映了张庆反对北洋统治，维护国家主权的政治要求。另一方面，土匪由于大部分是溃兵组成，队伍的组织上也模仿正规军的编制，如土匪任某、张德胜“自称巡阅大使、检阅大使”[⑨]，河南西部的土匪“动辄三万五万人一股，其中尚有师旅团长之编制”[⑩]。这说明民国土匪比传统土匪军事素质大大提高，这也使政府军的征剿更加困难。

第六，大部分土匪都把接受招抚作为最终目标。作为一般匪众而言，接受招抚可以获得种种好处：有了稳定的军饷、军服和生活环境，安全也有了保障，抢劫的财物也可以挥霍掉。对于匪酋来说，可以得到梦寐以求的官衔，并使权势合法化，因此土匪都不遗余力地追求被招抚。豫匪在迫近洛阳时，向政府书信一封，称“中国不幸，祸乱频仍，权利不均，迫兵为匪”，要求招抚，同时提出条件：“编成正式队伍，常驻汴西，官兵饷俸，概须仍旧”，并威胁道：“如不蒙纳，勿谓蜂蛰之无毒也。”[⑪] 土匪绑架外侨，也是为了藉此以求政府招抚，编为正式军队。[⑫]

---

① 《豫匪掳掠外人》，《申报》1922年11月15日。

② 《豫南匪祸与侨汉外人》，《申报》1922年11月19日。

③ 《豫匪西人被掳之近闻》，《申报》1922年11月5日。

④ 《五国公使提出严重警告》，《申报》1922年11月5日。

⑤ 《河南匪乱引起外交》，《申报》1922年11月20日。

⑥ 《外团将派员赴豫查匪案》，《申报》1922年12月6日。

⑦ 《英报痛论中国匪乱》，《申报》1922年12月16日。

⑧ 转引自邵雍：《民国绿林史》，第124页，福建人民出版社1992年版。

⑨ 《北京电》，《申报》1922年11月16日。

⑩ 《河南大举剿匪之情形》，《申报》1922年12月17日。

⑪ 《不可收拾之汴匪》，《申报》1922年9月9日。

⑫ 《豫西教士被掳之情形》，《申报》1922年11月9日。

二、河南匪患之猖獗的原因

1922 年河南成为“土匪王国”有着多方面的原因，首先是自然灾害不断，政府救济无力，部分灾民落草为寇。“1921 年到 1922 年的华北灾荒是数年来洪水和干旱交替出现的高潮，数百万人饿死，数千万人贫困不堪，这是农村经济脆弱的典型悲剧。”① 自然灾害产生了大量的流民，其中的年轻人多数“不是去当兵就是去当土匪”②。当时河南民风犷悍，民间并不以为匪感到羞耻，甚至“其不肯为匪者，妻室恨其懦，其肯为匪者，父老夸其能。”③

第二，军阀混战、溃兵为匪是河南匪患猖獗的重要原因，河南土匪大部分来源于军队。匪首老洋人“曾充灵宝县马兵，”其参谋丁宝成曾经担任“灵宝县副领官，后充任郏县武装警察队长”④。豫匪大部分由赵倜、宝德全的溃兵形成，赵倜的旧部被击散后，士兵人都“身无分文，又无可谋生，遂不得不流为土匪”⑤。冯玉祥枪毙河南军阀宝德全后，“宝部与赵部，更散而为匪，豫省之匪患乃日益猖獗。”⑥ 这些兵匪获得了军阀的大量武器，如“归德军署所存枪弹，一律为该溃兵掳去”，其匪众“大炮、机关枪俱全”⑦。因此这些兵匪难于剿灭，“河南土匪最多最悍者……多是宝、赵遣散旧部，与军队多通声气，故久久不能平息。”⑧

兵匪一家也是河南土匪猖獗的一个原因，土匪进攻项城时，“为时仅一小时，城内卫队即响应……匪去后，县衙卫队八十名全数携枪械随匪而去，无一留者。”⑨ 有时兵匪难分，亦兵亦匪，当时外国人认为：“中国军队之腐败，实不堪言状，非但不能制止匪患，且有时亦肆抢掠。”⑩

第三，军费浩大，官逼民反。冯玉祥在 1922 年 5 月任河南督军后，滥支军费，“赵督时代，军饷年度不过三百余万……今则比赵督时饷额每年又增加三百多万”⑪，河南人民不堪负担。张庆于是打起“建国军”的旗号，以打富济贫为号召，吸引了不少农民参加，队伍迅速发展到两万人。

---

① ［英］贝思飞著、徐有威等译：《民国时期的土匪》，第 57 页，上海人民出版社 1992 年版。
② ［英］贝思飞著、徐有威等译：《民国时期的土匪》，第 57 页，上海人民出版社 1992 年版。
③ ［英］贝思飞著、徐有威等译：《民国时期的土匪》，第 62 页，上海人民出版社 1992 年版。
④ 《外侨出险与老洋人投诚经过》，《申报》1922 年 12 月 26 日。
⑤ 《五国公使提出严重警告》，《申报》1922 年 11 月 5 日。
⑥ 《豫西教士被掳之情形》，《申报》1922 年 11 月 9 日。
⑦ 《豫局未可乐观，冯玉祥其如匪何》，《申报》1922 年 7 月 28 日。
⑧ 《河南之兵匪患》，《申报》1922 年 11 月 6 日。
⑨ 《河南匪祸扩大》，《申报》1922 年 11 月 18 日。
⑩ 《外人述豫西匪患》，《申报》1922 年 11 月 26 日。
⑪ 转引自邵雍：《民国绿林史》，第 123 页，福建人民出版社 1992 年版。

第四，军阀们多保存实力，坐等匪大。老洋人举事之初，破扶沟等县后，盘踞在鲁山、汝州一带，河南军阀如胡景翼、靳云鹗、刘振华、曹世英、田维勤等派系“挣谋扩充军旅，派员四出，一面收索枪械，一面与各匪接洽，磋商收抚条件”①。各派军阀都无心进剿，为扩充实力，反而极力拉拢土匪，“当时各处股匪中均住有招抚委员数人，甲许各头目以团练，乙许各头目以团长，条件互异，竞争激烈，各匪如入山阴道上，莫知所从。”② 军阀对土匪拉拢不及，何谈剿匪，只能坐等土匪羽翼丰满。另一方面，军阀之间互相排挤，玩匪为患，“当冯玉祥秉政时，各将领因不满冯氏，大家多又手不肯收拾剿灭，藉以困冯，冯既已去，匪羽毛已丰。”③ 可谓养虎遗患。政府军和土匪交战时，又多保存实力，不肯力战，畏吓如虎。靳云鹗的十四师在追剿骚扰京汉路的老洋人部队时，“亦徒形式上追剿，盖官兵皆知匪众勇捍善战，不敢实行攻击，所以此次匪得袭据铁路五十哩，交通为之阻断者两日，迨早期日靳军肃清铁路沿线，犹不敢深入追击。去铁路五六哩外，匪众仍得从容焚烧劫掠，奸掳妇女，搜取骡马车辆，毫无顾忌。”④ 可以说民国时期的军阀政治是河南土匪的孳生、壮大的温床。

此外，河南的地理环境也有利于大股土匪活动，豫匪在河南的西部特别猖獗，豫东、豫北都是大片平原，而豫西的“汝州、洛阳府一带，因与陕鄂毗连，万山重叠，林密箐深，最易藏匿。”⑤ 当政府军大举进剿时，“大股土匪均聚于庐氏、嵩县、鲁山、宝丰、郏县、临汝、伊阳、宜阳、洛宁、内乡、方城、南召之间”⑥ 的河南西部山区。在以上各种原因的综合作用下，河南省成了1922年以至整个民国时期的“匪省”。

三、1922年河南当局的剿匪作战及后果

河南省在北洋时期的地理位置极其重要，“豫省居南北中心之点，与中央唇齿相依，筹戒备、保治安，其重要有十倍于他省者”⑦。河南也是吴佩孚军阀统治的大本营，驻有重兵，而“豫匪纵横于北方最强军队之下而无所忌惮”⑧，豫匪的猖獗由此可见。河南匪患猖獗引起了社会的广泛批评，“一般

① 《再记豫匪老洋人受抚经过》，《申报》1922年12月27日。
② 《再记豫匪老洋人受抚经过》，《申报》1922年12月27日。
③ 《开封通信》，《申报》1922年12月2日。
④ 《外人所述豫省匪势》，《申报》1922年11月19日。
⑤ 《河南大举剿匪之情形》，《申报》1922年12月17日。
⑥ 《河南大举剿匪之情形》，《申报》1922年12月17日。
⑦ 《吕调元条陈》，《白朗起义》，第11页，中国社会科学出版社1980年版。
⑧ 《豫匪》，《申报》1922年10月31日。

舆论，自此事发生后，均哗然批评”[①]，甚至有报纸讽刺直系军阀：“该匪当驾段祺瑞、张作霖而上之，否则安敢傍虎捋鬃也。”[②] 另外，土匪绑架外侨，也给北洋政府在外交上极大的压力，从河南逃至武汉的外侨召开“旅汉侨商大会……最后又决定组织干事会”[③]，通过这个组织影响外国领事团，向中国政府施加压力，“领事团严重质问政府及保洛，大有出而干涉之势”[④]。在这种内外交困的压力下，吴佩孚极力主张剿匪，甚至出动了装备飞机、大炮在内的精锐部队进行征剿。

鲁山、鹿邑等地失守以后，吴佩孚和冯玉祥制定了剿匪措施，“分河南六区，每区派剿匪司令一名，以专责成。”[⑤] 吴佩孚自夸：“河南匪患，不须旬日，即日肃清。”[⑥] 但军阀们多保存实力，不愿力战。两个月的时间内，只有归德一带，经冯玉祥亲自指挥，土匪“人股始行溃散，稍有成效。”但其他五个区，“土匪之猖獗一如往昔。”[⑦] 这使得吴佩孚的剿匪计划破产。后经吴佩孚、胡景翼、靳云鹗、张福来等的协商，制定了“一种总攻、分击、外围、内捣之策”[⑧]。所谓的“总攻”就是调集一部分军队对土匪盘踞的汝州、洛阳、许州各处实行总攻击，“不使其稍有逃逸”。所谓“分击”就是实行分区防剿。所谓“外围”就是派重兵扼守豫西和外界的交通要道，将土匪包围起来，“如网之罩鱼，阱之待兽”。所谓“内捣”就是由剿匪总司令靳云鹗率一部分精锐部队直捣匪巢。尽管制定了完善的计划，但由于军阀部队的无能始终无法取得成效，当土匪在11月1日攻陷阜阳后，从倪嗣冲的宅内，“搜获机关枪十六架，过山炮三尊，子弹五千发，炮弹万余发”[⑨]，土匪势力反而更大。

政府军实行保守的防堵战术也不利于剿匪，当老洋人游弋于豫东南时，吴佩孚于11月调动鄂、皖两省军队会剿时，“官军投鼠忌器，不敢大举进剿，而分兵防堵，以阻其他窜。”[⑩] 到11月中旬，匪众以“满载而归”，要退回豫西老巢，“而官军亦不过遥为声援，徐行追蹑，不肯实行剿办。故沿京汉线一带及汝光等县，壁垒相望，而匪踪所至，如入无人之境”[⑪]。老洋人主力于12月摆脱官军围追堵截，撤离豫东南他去。政府军的无能使得土匪的队伍迅速

① 《不可收拾之汴匪》，《申报》1922年9月9日。
② 《不可收拾之汴匪》，《申报》1922年9月9日。
③ 《豫南匪祸与侨汉外人》，《申报》1922年11月19日。
④ 《再记豫匪老洋人受抚经过》，《申报》1922年12月27日。
⑤ 《河南匪势猖獗》，《申报》1922年8月26日。
⑥ 《河南匪势猖獗》，《申报》1922年8月26日。
⑦ 《河南匪势猖獗》，《申报》1922年8月26日。
⑧ 《河南大举剿匪之情形》，《申报》1922年12月17日。
⑨ 《豫南匪乱之鄂闻》，《申报》1922年11月17日。
⑩ 《信阳地区志》，第341页，三联书店1992年版。
⑪ 《豫南匪祸扩大》，《申报》1922年11月18日。

膨胀，老洋人的部队发展到“一杆计十二营，每营八百人，为数已近一万”[①]。可以说这次直系军阀的大规模剿匪军事行动以失败告终。

靳云鹗名义上是剿匪总司令，“虽虚张声势，大举出发，”但他力主招抚老洋人，“盖靳之部下，前此即有人与老洋人、李明盛、张得盛等接洽数次”[②]。因为一方面靳一心想保存实力，而“军力不能操必胜之券”，另一方面靳本来有一个师，如招抚老洋人，就会“如虎添翼，将占特殊之势力矣”[③]。吴佩孚在匪乱之初，主张严剿土匪，并“严令各师旅长一概不准收抚匪人，已收抚者则勒令解散”[④]，后由于军事围剿连连受挫，加上列强的压力，急于救出外人，而改使用“诱抚方法，竭力营救被掳外侨出险”[⑤]，改变了剿匪政策，“至必要时，招抚有械匪一旅，以匪清匪”[⑥]。

老洋人在放出洋票后，派其参谋丁宝成与靳云鹗联系，表示愿意安抚。在第二年 1 月，双方达成了招抚协议。北洋政府对土匪实行分而制之的策略，另一匪酋李明盛则由于“性格凶残，罪恶尤多”[⑦]，继续受到剿击。

北洋政府的招抚政策遭到河南人民的反对，因为“从前土匪随抚随乱，叛变无常，苟但以招抚为目标，伊谁不思聚啸而为乱”[⑧]。事情的发展也印证了这种担心，老洋人在 1923 年又一次反叛，再次造成了巨大的破坏，而河南的匪祸在整个民国时期始终不断。

在军阀割据的状态下，由于军阀的混战和政权的更替，兵和匪的互相转化成了一个不可避免的现象。由于军阀的混战，社会秩序遭到破坏，溃兵灾民成为土匪，匪患又成为困扰军阀政府的一个难题。解决这个难题往往又依靠收编土匪，成为新的士兵，随着士兵数量的增加，地方经济难以负担，从而出现更多的兵匪战乱。如此这般形成了一个由兵至匪，再由匪至兵的恶性循环，这也是伴随着军阀政治的一个顽疾。1922 年的河南匪患所反映的正是这一兵匪循环。

---

① 《再记豫匪老洋人受抚经过》，《申报》1922 年 12 月 27 日。

② 《再记豫匪老洋人受抚经过》，《申报》1922 年 12 月 27 日。

③ 《再记豫匪老洋人受抚经过》，《申报》1922 年 12 月 27 日。

④ 《再记豫匪老洋人受抚经过》，《申报》1922 年 12 月 27 日。

⑤ 《豫省匪患之吴佩孚复电》，《申报》1922 年 12 月 27 日。

⑥ 《北京电》，《申报》1922 年 11 月 2 日。

⑦ 《外侨出险与老洋人投诚经过》，《申报》1922 年 12 月 26 日。

⑧ 《河南大举剿匪之情形》，《申报》1922 年 12 月 17 日。

从洋票回忆看民国时期的土匪[①]

民国时期由于政局的动荡，军阀混战不断，出现各个地区间土匪横行的局面。其中不乏劫持洋票的大事件。洋票，外国人质也，本文试图通过对民国时期一些死里逃生的洋票的回忆进行分析，探索一下民国时期的土匪。

一、洋票的价值

既然要讨论洋票问题，我们首先要了解洋票的价值，以便更好的理解，为何土匪们会热衷于绑架洋票以及洋票问题，为何能得到高度关注。

20 世纪初的中国，可谓是一个匪患横行的地方，被称作土匪的王国，针对普通百姓的绑架勒索，天天都在发生。到 1930 年，土匪人数的保守估计为 2000 万人左右。[②] 普通的中国人质，在如此混乱的局面下通常无法得到政府过多地关注，而洋票则不然。由于劫持洋票事件发生后，洋票所属国家通过外交手段，给予中国政府巨大压力，为了保持国际声誉，中国政府必须妥善处理涉及洋票的绑架事件。

以临城劫车案为例，事件发生后，1923 年 5 月 6 日晚，美国公使舒尔曼（Schurman）即到达济南，现场处理此案。驻北京外国公使团领袖、葡萄牙驻华公使符礼德（Freitas）于 7 日晚和次日连续召集各国驻华使节会议，向中国政府发出抗议照会，要求：（1）限期将被掳外人安全救出；（2）死亡之外人应从优抚恤；（3）惩戒肇事地方文武官吏；（4）切实保障外人生命财产安全。8 日下午，符礼德向国务总理张绍曾及交通总长吴毓麟、外交次长沈瑞麟面交抗议照会并严辞责问。[③] 这些外交工作给予中国政府方面以巨大压力，迫使中国政府不得不加紧解救人质。

而作为回应，张绍曾等除深致歉意外，还保证“以保全外人生命为第一目的”，“勉日援救被掳各国人士出险，再派兵痛剿”。9 日，外交次长沈瑞麟

① 本文作者为张惟炅。

② 参见［美］菲尔·比林斯利著，王贤知等译：《民国时期的土匪》，第 1 页，中国青年出版社 1991 年版。

③ 《临城案之重大交涉》，《时报》1923 年 5 月 12 日。

会晤各国公使，说明对劫车案的处理方针，表示此案“实属意外事变，本国政府抱歉达于极点”；“已决定采用和平方法，务期先将外人营救安全出险，然后进剿，以免被掳人遭遇不测”。[①] 由此可见，对于洋票问题，中国政府方面不敢怠慢。

因此，在绑架到洋票之后，对土匪来说就等于得到了和政府谈判的机会。而谈判中，他们所要的无非两类，一类是求财，即通过谈判，让政府和当事人亲属等支付高额赎金。由于洋票身份的特殊性，他们的赎金也高出不少。以临城劫车案为例，J·B·鲍威尔记录到，“匪兵带我进入一个洞穴，在那里我所看到的一切令人终身难忘。令人窒息的洞中关押着许多中国儿童，他们被绑架来的时间从1年到3年不等，而开列的赎金从1000元到10000元不等。几天前，8个年幼的中国儿童被放了出去，所得的3800元赎金被用来购买武器。”[②] 而在临城劫车案中，土匪们给出的赎金价位是洋人每人5万元。当此事件通过谈判解决时，北京政府除了收编了孙美瑶部3000人，还拨给孙美瑶部85000元[③]。两相比较，从开列的赎金价格和最后的“成交”价格，我们都可以清楚地看到，洋票的价值比起中国人高了不少。另一类是谋得一个正规的身份，接受政府收编，以摇身一变成为正规军，从而洗清自己身份，并获得粮饷保证，不再过刀口舔血的日子。如哈维·霍华德记录的那样：“因为土匪们不给我任何自由，所以我无所事事。因为他们唯恐我会逃走，这样他们就会失去他们的票。他们称我为票，即通往自由的票。他们希望最后我会成为他们赢得安全的砝码。”[④]

无论是求财还是求身份，带来的好处都能令土匪们疯狂。因此，铤而走险绑架洋票以获得与政府对话的机会，对他们有着巨大的诱惑力。而作为其中管道的洋票的价值也就不言而喻了。

二、土匪对洋票的态度

基于上面所介绍的洋票的价值，我们可以看出洋票对于土匪来说是重要的资产。因此土匪对洋票的态度也就显得外强中干，无法那么强硬了。从洋票的回忆可以看到，他们的被俘生涯充斥着被逼与土匪们翻山越岭以躲避政府军队的故事。从土匪们对洋票态度的两面性可窥知：一方面，土匪尽量表

① 《中华民国史事纪要》（民国十二年一六月份），第607-608页，台北1979年版。

② ［美］J·B·鲍威尔：《中国土匪的“贵客”》，《我和土匪在一起的日子》，团结出版社2009年版。

③ 陈无我：《临城劫车案纪事》序言1-2页，中国青年版出版社1991年版。

④ ［美］哈维·霍华德：《与中国土匪同行的10周》，《我和土匪在一起的日子》，第148页，团结出版社2009年版。

现得穷凶极恶，以震慑洋票，防止他们逃跑并督促他们更快的行进。另一方面，匪徒又不得不保持克制，以免对洋票——他们的重要资产造成重大伤害。所以，当洋票们被逼得走投无路，豁出去反抗土匪的逼迫时，土匪通常显得投鼠忌器。如J·B·鲍威尔写道，“那天下午的晚些时候，当我们大多数人都要崩溃的时候，我们又开始了另一次跋涉。我决定罢走，看看土匪们如何反应。他们中的一个人用步枪顶着我的胸膛，示意我上路。我想自己到了忍受的极点，已经有点什么都不在乎的味道了，所以我索性敞开外衣，吆喝他顶上来开枪。这一举动有效地逼迫他摊牌，使他遭到了其他土匪的嘲笑，更让他大失面子。这是个小头目，但却坚持用傲慢的方法激怒我们。他走开去，而后招来六个土匪，接着我便遭到了好一顿棒打……尽管我遭了殃，但罢走还是达到了预期的效果，土匪最终为我们找来了驴子。”① 又如露茜·奥尔德里奇写道：“每当官军们为了安慰我们走得过近一些的时候，土匪们便要把我摇醒，重新拉我向上冲。偶尔，一个长相粗鲁、活像头黑豹的匪徒会从后面冲上来，猛地将我推出几码远，用他的枪顶住我的背部……尽管，每当我走得极慢而赶不上他时，他都会咆哮得活像头老虎，并用枪威胁我，可是他真是够仁慈的了。我知道这一切都不过是吓唬人的，所以他奈何不了我。”② 这一切都与洋票们记录下来的土匪对本票甚至是同伙的凶残大相径庭。哈维·霍华德在与土匪同行时，曾目睹了逃亡中的土匪对变为累赘的俘虏朱先生的残杀：“我恳求他不要杀死这个无助的人，我告诉他我很乐意帮助朱先生走完余下的路程。盛三用怀疑的目光看了我一会儿，接着命令我靠后站，他又举起了斧子。我扭过头去，不忍看到如此的惨状，但我的耳朵什么都听到了。斧子砍了朱先生的脑壳足有十多下。”③ 而F·Strauss先生则用以下数语记录下了土匪们内部的内讧：“就在这时，隔壁房间的2名土匪正在争吵，其中一人拔出剑劈开了对手的脑袋。那个愤怒的人并非毫无困难地被抓住绑了起来，并在第二天早上被枪毙了。”④

三、土匪对西方的印象和看法

在众多洋票的回忆中，记录下了许多与土匪们交流的内容。其中自然涉

① ［美］J·B·鲍威尔：《中国土匪的“贵客”》，《我和土匪在一起的日子》，第6页，团结出版社2009年版。

② ［美］露茜·奥尔德里奇：《周末，我当了抱犊崮土匪的“洋票”》，《我和土匪在一起的日子》，第20页，团结出版社2009年版。

③ ［美］哈维·霍华德：《与中国土匪同行的10周》，《我和土匪在一起的日子》，第138页，团结出版社2009年版。

④ ［德］F·Strauss：《被湘匪绑架的80天》，《我和土匪在一起的日子》，第186页，团结出版社2009年版。

及到了土匪对外面世界、对西方的看法。从中我们或许可以一窥土匪的内心世界。

例如哈维·霍华德所记载的："他们问我的第一个问题有关我的国籍，当我告诉他们我是美国人时，他们兴趣极大。其中一个人说他曾经见过美国人，他们二人都从曾替位于奥里米的满洲垦殖公司大农场工作过的朋友们那里听说过许多有关美国人的情况，他们认为美国人很和善，而且有钱。他们向我解释说，世界由5个国家组成：中国最大，接着最重要的依次为俄国、美国、英国和日本。过去曾还有一德国颇为著名，但数年前中国曾与之宣战，从那时起便不再听到了。此时，许多土匪也聚过来加入这场讨论，有人坚持说还有一个叫丹麦的国家。"① 这段话在今天看来颇显好笑，但是却真实地反映了当时土匪眼中的世界。由于贫穷落后，受教育有限，导致他们信息匮乏，对世界的了解显得非常无知，致使他们所知道的国家，只有近代以来给中国带来巨大苦难的侵略者：俄国，英国，日本等。同时连年的劫掠生涯，又让他们崇尚力量、实力。因此，他们会将俄国、美国、英国、日本等排序；而从许多土匪会聚过来讨论这一细节中又可以看出，对于外面的世界，他们也存在着相当的好奇。

哈维·霍华德的另一段记录则更有价值："因为我和土匪们相当熟悉了，他们问了我许多关于美国的问题……因为他们似乎认为他们的国家一无是处，而他们对我的国家的兴趣却越来越浓。有一天他们问及美国的土匪情况，如果他们设法去美国，他们会有机会干这一勾当吗？我告诉他们说在美国从来没有大股土匪漫游四方的现象，曾有极少数人从事这一勾当，现在越来越少了，只有个别或小股的土匪活动，他们发现危险性越来越大。我又补充说，对每个勤劳、诚实的人来说，他们有无穷无尽的机会去创造美好生活，建立他自己的家庭。他们听说后说如果他们一旦去美国，就再也不当土匪了。有些人说他们想当农民，少数人说愿意经商，其他人热切地想加入美国军队。但当我告诉他们说在美国，一个技术熟练的技工每天的工资有10元时，他们变得出奇地惊喜，他们称他们愿意做机械技工。"② 从中我们可以到的，首先是土匪们对自己国家的否定，他们认为自己的国家一无是处，在那个特定的时代，在接触外国文明的先进和自身国家的黑暗和无力后，土匪们显然对自己的国家信心不足；其次，是土匪们对外国的向往，虽然对美国的地理位置、风俗状况似乎一无所知，但是他们知道美国的先进和富裕。因而他们想去美

① ［美］哈维·霍华德：《与中国土匪同行的10周》，《我和土匪在一起的日子》，第89页，团结出版社2009年版。

② ［美］哈维·霍华德：《与中国土匪同行的10周》，《我和土匪在一起的日子》，第146页，团结出版社2009年版。

国做土匪，其中突显了他们对更好的生活的渴望；最后，我们可以通过回忆看到，土匪们愿意勤劳致富，愿意学习技术，以一技之长混口饭吃。他们也相信梦想。这展现了土匪们的另一面，如果生存在公平公正的环境中，他们或许会是守法良民。对此不免让人生出一股逼上梁山的无奈。或许正应了老子所言："法令滋彰，而盗贼多有。"

四、土匪眼中的西洋物品

除了洋票本身以外，被俘洋票随身携带的物品对于土匪具有很强的吸引力：土匪们对金银珠宝的贪婪，对生活物品的爱不释手，对新奇物品的探索，也反映出了那个时代土匪的一些特点。

从洋票们的回忆可以看出，当俘获洋票后，土匪们对他们的行李必然是一阵搜刮。露茜·奥尔德里奇小姐这样写道："这些匪徒将所有的东西里里外外翻了个底朝天之后，站着四处瞧瞧，试图从一派狼藉中发现是否还有什么东西值得一翻。"①

在所有战利品中，最受欢迎的自然是真金白银和珠宝首饰，它们的价值不言而喻，土匪们对此也表现出了极大的贪婪。J·B·鲍威尔写道："第一个闯进门来的土匪抓住我的左手，企图从我的手指上扯下金戒指。戒指戴得太紧了，在我还没能抽回手来将戒指卸下来交给他之前，他已经把我拉到了走廊里。"② 为了这些东西，土匪们甚至有些丧心病狂。如露茜·奥尔德里奇小姐在中写道："一会儿我们的包厢里就挤满了一伙野蛮人，他们挥刀乱砍一气，边威胁边抢东西。一个男人把自己的手砍伤了，他呆看着那手一会儿后，接着又继续用那只血淋淋的手去抓抢东西。"③

除了金银珠宝外，洋票们的衣物、鞋子等也深受土匪们的喜爱。相较于当时生产技术落后的农村手工制作的衣物、鞋袜，西方大机器生产的衣物、鞋袜的优越性不言而喻，它们既保暖又牢靠，并且穿戴上还能接受同伴们羡慕的眼光，自然深得土匪们的喜爱。如哈维·霍华德描述的，当他和他的朋友们在与土匪的枪战中失败被俘后，"土匪们一个个地走进来，在我面前展示他们的新装备，一个人穿上了廖姓男孩崭新的外国鞋子，另一个也已换上帕尔默少校的鞋子和皮绑腿。这些人带着极大的羡慕观赏着自己脚上的东西，

① ［美］露茜·奥尔德里奇：《周末，我当了抱犊崮土匪的"洋票"》，《我和土匪在一起的日子》，第15页，团结出版社2009年版。

② ［美］J·B·鲍威尔：《中国土匪的"贵客"》，《我和土匪在一起的日子》，第2页，团结出版社2009年版。

③ ［美］露茜·奥尔德里奇：《周末，我当了抱犊崮土匪的"洋票"》，《我和土匪在一起的日子》，第15页，团结出版社2009年版。

声称它们非常好”。[①]

土匪对于一些新奇的物品也具有很强的好奇心，并试图找出它们的用途。如J·B·鲍威尔中写道：“有个家伙在一片粗话声中用他的匕首割开了自来水笔的两头，他想将这支镀金笔做成一只烟嘴。”[②] 但是当土匪无法找到这些物品的合理的用途或者觉得它们没用时，会毫不犹豫地舍弃它们。此举显示了土匪们强烈的功利心。对于土匪来说，实用或可以食用的东西更能激起他们的兴趣。J·B·鲍威尔写道，“我想土匪们一定收集到了至少25架照相机。他们用多种方法试着打开这些照相机，最后他们还是用石头掏开了相机，在检查过里面的胶卷后，土匪们厌恶地将他们扔在了一旁。”[③]；“他们中的一人显然认为我的柯伦娜牌打字机机箱里藏有值钱的东西，所以把它带到了山顶。当箱子打开时，他为只发现一架打字机而感到极大的厌恶，于是他就用他的步枪把打字机敲成了一堆废铁。”[④] 奥尔德里奇写道，“一个土匪拿到一罐润肤膏，想知道是否可以吃下去。当我用手示意他这只是用来润肤的后，他马上把它扔了。”[⑤]

五、土匪们的信仰

在洋票的回忆中，也有涉及土匪的信仰的问题。看似凶残、麻木不仁的土匪却在信仰上显示出十分的“虔诚”，让洋票们深感意外。A·C·麦凯如此记录到：“第二天在棚屋的一头，土匪们把红布盖在枝条上，搭起了一座祭坛。在祭坛前他们点起了熏香和蜡烛，把它们插在祭坛前的泥地上，并在祭坛前的一块板上庄重地放好烤肉。”[⑥]；“我曾反复目睹绑架我的匪徒们的残忍无度，他们的良知，即使是对于自己的同伙也显得那样的异常的麻木不仁。但令人惊奇的是他们是那样的笃信宗教，他们时常从他们的行李中取出一尊神像来膜拜一番。他们面对着这尊细小的、涂抹着鲜艳色彩和金粉，但又很

---

① ［美］哈维·霍华德：《与中国土匪同行的10周》，《我和土匪在一起的日子》，第77页，团结出版社2009年版。

② ［美］J·B·鲍威尔：《中国土匪的“贵客”》，《我和土匪在一起的日子》，第4页，团结出版社2009年版。

③ ［美］J·B·鲍威尔：《中国土匪的“贵客”》，《我和土匪在一起的日子》，第4页，团结出版社2009年版。

④ ［美］J·B·鲍威尔：《中国土匪的“贵客”》，《我和土匪在一起的日子》，第4页，团结出版社2009年版。

⑤ ［美］露茜·奥尔德里奇：《周末，我当了抱犊崮土匪的“洋票”》，《我和土匪在一起的日子》，第18页，团结出版社2009年版。

⑥ ［美］A·C·麦凯：《伐木者成了洋票》，《我和土匪在一起的日子》，第210页，团结出版社2009年版。

肮脏的土制神像又是焚香，又是磕头。”①

虽然在洋票们的回忆中，时常会记录到土匪们通常自私自利：“红胡子都是极端的个人主义者，是很自私的……除非到了危难时期，他们几乎都是自顾自的主儿。”② 且内部并不是十分团结，经常会有争斗：“匪徒之间并不是步调一致的，他们中经常有争吵，有时会发展到群斗。”③ 但是在信仰问题上他们出奇地表现出互相包容：“我们注定滞留此地的3周中，土匪们几乎每天都要祈祷神像保佑。他们中间最虔诚的便是那个手受伤的土匪，他总是长跪不起，直到他那支燃着的香最终熄灭为止。有时这要持续1小时甚至更长的时间。我从来没有听到过一名土匪讥笑过另一名土匪的虔诚，每个人都按着自己的喜欢行事，旁人不会加以批评或评论。”④

但是通过洋票对土匪的信仰的回忆来看，总的来说土匪的信仰保留着很多封建迷信色彩，大多带有互利互惠的想法，带有很强的功利色彩。其主要表现为两类：

一类是寻求心灵的慰藉，消除罪恶感。F · Strauss 先生写道，“土匪们对他们杀害的人的鬼魂很是害怕，为此他们的生活总是忧心忡忡。晚上总是重复着警报，因为他们听到了鬼魂的声音。他们在神像前燃烧着纸与香，旨在抚慰自己的心灵。中国的各阶层都有他们自己的神像，因此土匪们也有他们自己的神像。每当更换营地后，他们的第一件事情就是祭奠一番，并把贡物放于神像之前。”⑤

另一类，则是临时抱佛脚，企图通过膜拜，使自己如有神助，摆脱困境或是大赚一票。如哈维 · 霍华德所描述的，当绑架他的土匪们被官军围追堵截，陷入绝境时，匪首廖三和手下的举动：“当他不在觅食时他总是在劈柴，当我看到他在我们临时营造的棚子前将一株中等规模的橡树砍下时，我并不感到奇怪。当我注意到他并没有将它完全砍下时，我的好奇心便勃发了。他将树面修平，再用斧子在树上做记号，当树面被修平弄光滑，达到约3英尺高、9英寸宽时，廖三拾起一块炭黑在剥光的树面上写了几个中文大字。这些中文内容涉及保佑他及其同伙们的健康和成功。接着他又向前拿出几根香点

---

① ［美］A · C · 麦凯：《伐木者成了洋票》，《我和土匪在一起的日子》，第211页，团结出版社2009年版。

② ［美］哈维 · 霍华德：《与中国土匪同行的10周》，《我和土匪在一起的日子》，第128页，团结出版社2009年版。

③ ［美］A · C · 麦凯：《伐木者成了洋票》，《我和土匪在一起的日子》，第211页，团结出版社2009年版。

④ ［美］哈维 · 霍华德：《与中国土匪同行的10周》，《我和土匪在一起的日子》，第148页，团结出版社2009年版。

⑤ ［德］F · Strauss：《被湘匪绑架的80天》，《我和土匪在一起的日子》，第191页，团结出版社2009年版。

燃，并插在树前的地上。廖三向后退了几步，朝他那手工品看了一会儿，他很满意，随后双膝跪了下来，朝地上磕了一个头。他又神态严肃地跪了两三分钟，接着站了起来，回到了棚中。其余 5 名土匪一言不发地照他的样子朝他的神像祈祷一番。据说因为这一祈祷，士兵们就不会来追赶我们了。”①

六、洋票与土匪在一起的生活

洋票从被俘到获释的一段时间里，一直是同吃同住的。通过洋票们的回忆也记录下了一些土匪生活的细节，我们能从中考察土匪们生活的方方面面。

土匪与鸦片：从洋票们的回忆可以看到，吸食鸦片在土匪之中十分常见。哈维·霍华德先生以下的记载可以让我们对此有直观的感受：“一晚上工夫，72 名土匪中就有 50 多人抽鸦片，有些人还不止一次地抽。”；“在吃饭前他们躺在炕上，抽了好长一段时间的鸦片。吃完后，他们便打着响亮的鼾声入睡了，而且彻底不醒。”“我发现几个土匪正在几乎不停地抽鸦片，几乎是在吃鸦片了！”“抽鸦片似乎满足了他们所有的需求，它常能取代吃饭、睡觉和娱乐。”②

土匪的卫生状况：因为职业是医生的缘故，哈维·霍华德在他的被俘生涯中细致的观察和记录下了土匪的卫生状况。由于物质贫穷，医疗卫生知识匮乏以及土匪所特有的不拘小节等等因素，使土匪们对个人卫生并不关心：“由于我们所处的炮台四周环水，所以我们谁都没有理由脏兮兮的。然而这些土匪们却不太洗澡，他们只用湿毛巾擦洗上身，每周也只有 2 至 3 次。”“土匪们中最大的规矩是几乎毫无例外地共同利用所有一切东西，只有那些不吉利的东西除外……有些人有肥皂和小毛巾，每个人都愿意共用这些梳洗东西，或许有十几个人一起共用。”③ 脏乱的生活环境，邋遢的个人卫生状况，刀口舔血的生活留下的伤疤等使土匪们或多或少都有些健康问题。霍华德在一次替土匪们检查后记录到：“土匪们有人患有典型的金钱癣，也有香港脚，有个人还患有严重的淋病。无疑有些人得了肠道寄生虫病，许多人因抽鸦片过度而得了胃炎，有个人是独眼，这是天花溃疡，在眼角膜处留下了一条深深疤

① ［美］哈维·霍华德：《与中国土匪同行的 10 周》，《我和土匪在一起的日子》，第 148 页，团结出版社 2009 年版。

② ［美］哈维·霍华德：《与中国土匪同行的 10 周》，《我和土匪在一起的日子》，第 90、101、104 页，团结出版社 2009 年版。

③ ［美］哈维·霍华德：《与中国土匪同行的 10 周》，《我和土匪在一起的日子》，第 124 页，团结出版社 2009 年版。

痕的结果。在30名土匪中，经检查有12人双眼都患有沙眼。”①

土匪的家庭：在洋票与土匪一起生活的时候，土匪们偶尔会提及自己的家庭。这些土匪的家庭，有的是通过封建传统的包办婚姻建立起来的，如霍华德记录到：“那位受伤的林城当土匪已有5年了，从那时起他就没回过家，即便他的家就在满洲也是如此。他有妻子和一个6岁的儿子，在谈及妻子时，他总带着轻视的口吻，他告诉我说他并不爱她。但他提及他的儿子时，他的态度却显得温柔起来了，他说他希望不久就能见到儿子。”② 也有通过野蛮打劫得来的“压寨夫人”，如F·Strauss先生记录到：“从那时起，我处在姓潘的匪首的监督之下，他告诉了我他的故事……属于他的太太不是他的合法妻子，但这些匪首一般都是这样。他是在一次夜间袭击中将她从一个家庭中抢来的。这位妇女后来告诉我说，她已嫁给一村庄中的一个药剂师，已是两个小男孩的母亲。那天晚上，她被土匪残酷地拖出了家门。当姓潘的匪首离开营地外出打劫时，我常听到这个可怜的妇女哭泣不止，思念着她的孩子们。”③

七、洋票对土匪潜移默化的影响

被俘的洋票们来自当时较为发达的地区，他们受过良好的教育，大都笃信基督教，在与土匪们的生活中，他们在知识上、信息占有上的优势，在待人接物上的善良热情使他们渐渐得到土匪们的认可和优待。在这种情况下，他们对土匪的影响力大大加深，对土匪起到了潜移默化的影响。

有一些变化让人看到了人性善的萌发和向文明的蜕变。例如霍华德所记述的：“过去我总认为土匪们只受到邪恶的影响，但在与我的土匪们的交往中我遇到了一件有趣的事情，我满意地发现这些家伙也很容易受到善的影响，就像任何人一样。不用说，从我被囚禁的第一天起，我对土匪们为我做的一切以及他们向我表示的礼貌总是表示感谢。在最初的日子里，当我表示这一感谢时他们都嘲笑我，捉弄我一番。我坚持不让他们的态度来影响我，但我也不试图以此来取悦他们。在我被俘的第一个周末，他们不再取笑我了，到第二个周末，当我为他们做一些小事后，他们对我表示了感谢；第一个月过去了，我听到了他们彼此之间经常表示感谢；到第二个月底时，土匪中除了

---

① ［美］哈维·霍华德：《与中国土匪同行的10周》，《我和土匪在一起的日子》，第98页，团结出版社2009年版。

② ［美］哈维·霍华德：《与中国土匪同行的10周》，《我和土匪在一起的日子》，第127页，团结出版社2009年版。

③ ［德］F·Strauss：《被湘匪绑架的80天》，《我和土匪在一起的日子》，第190页，团结出版社2009年版。

三四个特别粗暴的之外，其他的人都养成了真挚感谢别人的习惯。”①

有一些变化则让我们看到了在烧杀抢掠的背后土匪们也希望得到救赎，得到精神上的安慰与支持。比如，传教士戴存义感化匪首张少武的事情就很具代表性。戴存义先生是个善良的基督徒，在中国传教。即使是被土匪们俘虏后，他仍能保持乐观向善之心，为着和平而祈祷，在被俘后的日记里他写道：“唯一的安慰便是祈祷——我们全能的神将用某种方式，他自己的方式，给这块备受蹂躏的土地带来和平。是的，神同样也会拯救那些土匪，不管他们的罪孽是如何的深重。有许多土匪也想摆脱这种生活，但却无能为力，无路对他们敞开。上帝保佑他们，保佑我们，也保佑所有的百姓。”② 正是他这虔诚的博爱的心灵，在被俘的这段时间里，感化了匪首张少武。张是个可怜的人，戴存义对他的遭遇有如下记载：“张少武不久前曾在城中当探子被抓，后来他冒险逃出了监狱，捡回了一条命。为了报复，官兵闯进了他住的村子，杀了他的妻儿、兄弟、弟媳，并彻底毁了他的家。在这样的悲剧笼罩下，无怪这位年轻的匪徒会变得如此的不顾一切，仇恨不共戴天。”③ 在戴存义的感召下，张少武发生了极大的变化。戴记录到：“张将军就是一个发生转变的人。他已经完全不同于巴先生的描述——他仁慈善良，有礼可亲。他留意基督教教义，在我们祈祷时，他命令四周保持安静。……他们最近不断告诉我自从我们被抓后，再也没有进行过一次抢劫。”④

八、余论

通过上面的论述，一方面我们可以清晰地看到一个和我们印象中大体一致的土匪的轮廓：凶残暴戾，贪婪嗜杀，肮脏粗鲁，沉溺毒品等等。另一方面我们又可以看到一个不同的土匪：对外面的世界的憧憬和向往，表达出愿意通过劳动致富，可以慢慢学会礼貌，可以接受基督教并一心向善。很难想象，如此强烈的反差竟发生在同一群人之中。

土匪作为当时挣扎在社会底层的一个细胞，通过对他们的分析，我们可以看到当时社会的问题：生产力水平落后，生活物资匮乏，无法惠及普通大众；信息闭塞落后，大部分人对外界知之甚少；缺乏教育，能够接受近代教

---

① ［美］哈维·霍华德：《与中国土匪同行的10周》，《我和土匪在一起的日子》，第148页，团结出版社2009年版。

② ［英］戴存义夫人：《与匪徒们在一起》，《我和土匪在一起的日子》，第38页，团结出版社2009年版。

③ ［英］戴存义夫人：《与匪徒们在一起》，《我和土匪在一起的日子》，第46页，团结出版社2009年版。

④ ［英］戴存义夫人：《与匪徒们在一起》，《我和土匪在一起的日子》，第50页，团结出版社2009年版。

育的相对较少；医疗水平落后，个人卫生知识不够普及等等。众所周知，不断发展生产力，提高公民物质水平；普及教育，提高公民精神文化水平；发展社会公共事业，提高公民生活水准，这些都是一个合格的政府应该做到的。很可惜当时的中国，内则政局混乱，军阀割据，战乱不断。外则，各国虎视眈眈。既没有强健有力的政府，又没有和平稳定的外部环境，造成了积贫积弱的局面。正是这样的环境，造就了当时匪患横行的局面。这或许就解释了为什么同样的一群土匪，会有如此的反差。也许在一个公平公正，先进有力的社会里，这些土匪也会像他们的洋票那样，成为一个合格有为的公民吧。

二十世纪二十年代江浙沪地区的水上盗匪[①]

水上盗匪属于土匪一类，只是由于活动的地理环境的不同而显特殊，“沿海地区、内地水路、湖泊和港湾，任何河流汇聚或分叉的区域所形成的沼泽都为土匪提供了传统意义上的巢穴”，只是“统治当局”往往“将他们划入‘水寇’、‘海盗’之列。”[②] 所以他们成了特殊的一类，我把他们统称为“水上盗匪”。

对于民国时期的土匪的研究，近年来是比较多的，但关于水上盗匪的却甚少，更别说是上世纪20年代江浙沪地区的水上盗匪了。笔者拟从“匪”、“民”、“警”三个角度出发，从不同的侧面初步展现上世纪20年代江浙沪地区水上盗匪的基本情况。

一、猖獗的水上盗匪

在水域中，海盗行为自然成为掠夺的主要模式，海盗帮抢劫渡船，到渔村强征捐税，而且其中许多是由妇女领导的，如20世纪20年代南海著名的女海匪王——赖财山[③]。民国以来，海盗们趁国内连年军阀混战，政府对海岛的控制力薄弱之机，横行于沿海一带，抢劫中外货轮、客轮，杀人越货，无法无天。“对海盗来说，‘20世纪的模式’就是扮成乘客上船，等出了海以后再动手。向富裕的乘客勒索赎金而不是抢劫，这差不多成为一种准则。”[④] 但从20年代的报刊资料显示，江浙沪地区似乎并不是这一模式的典型，这一区域的水匪以较为原始的犯罪形式居多。

江浙洋面的浙江温台帮海盗，“概产生于浙属台州府之北岸各处，其行劫

① 本文作者为陈娟娟。

② ［英］贝思飞著，徐有威、李俊杰等译：《民国时期的土匪》，第24页，上海人民出版社1992年版。

③ 参见［美］阿列霍·利利乌斯：《我与中国海匪同航》，徐有威、［英］贝思飞主编：《洋票与绑匪——外国人眼中的民国社会》，上海古籍出版社1998年版。

④ ［英］贝思飞著，徐有威、李俊杰等译《民国时期的土匪》，第43页，上海人民出版社1992年版。

方法，系各驾小舟，先劫一商船，名曰踏底，以此踏底之船，再劫商船，其巢穴就浙洋中分南北中三点，北为鱼山、四公山、韭山；中为东矶、西矶、中矶、竹峽、吊棚等处；南为南麂山、北麂山等处，”① 此外，江浙沪洋面还有福建泉漳帮海盗、粤东海盗。② 先以吴淞口外铜（洞）沙洋面的海盗为例：

1921 年的 6 月 17 日下午，“自淞驶出之黄砂泥钓船，行经该处，突遇盗船数艘，四面围住，海盗约百余人，多数持有枪刀凶械，当被开枪击毙船老大一名，又有出口猪船一艘、冰鲜船两艘，均被盗匪掳去，并有夹板穿船两艘，”也被追赶，“至淞相离不远，”幸免于难。③

1925 年 10 月，又有大帮温台海盗，分乘盗船五六艘，潜伏在这一带洋面，遇到有货船经过，即上船劫掠，或被掳去作坐船（俗名借马），“日前有卤簟船两艘被掳，现已放回，后有长白船一艘，亦被掳去数日，迨后见有金顺发钓船装载黄砂，经过该处时，亦被掳去，”④ 这些海盗因为有金顺发钓船，所以放走了长白船。

可见掳劫商船是江浙一带海盗的一贯作案模式，除海盗外的其他水上盗匪基本上也是大同小异。

1922 年李春坤米船在苏装得上海元隆号购办的米运往上海。8 月 31 日，也就是阴历的七月初九，驶至淀山河迤南西五里地方，“因大风暴发，潮浪剧烈，李即停驶弊风，在该处停泊过夜，至晚间八时许，忽来盗船两艘，另有一船在港口把风，盗匪十余人均手执铁棍快刀，一拥上船，先将李用绳捆缚，船伙五人见之不敢声张，任其所为，该盗先至梢舱内搜抄，劫得洋十六元，并将李手上的金戒掠去，尚不满意，复用麻袋将头舱内白米半船，搬运至该盗船上，一哄而去，”而上个月也发生过类似的事，只是被劫的是北土尺生泰米行的俞振兴米船。⑤

太湖地处江浙沪三地交界，成为水上盗匪聚众犯罪的最佳场所。清末民初的数十年间，“大小各帮有数十上百起，帮众成千上万人，”“民初极其猖獗的”有“殷阿昭、管大肚子、徐老窝子匪帮”等。⑥ 1925 年 2 月 12 日晨，在东太湖沿岸距湖州四十余里的南浔二十里强的亭子桥，突然来了八艘匪船，其中有六艘大船，停泊在钱溇湖面。“由匪首管大肚子吴老班，带领匪伙二百余人，大炮一尊，山炮一尊，盒子砲七八杆，快枪百数十杆，拟在湖边一带骚扰。”驻苏阜水警分队长俞斌得悉后便电请南浔水警常荣清区长，派分队长

---

① 《吴淞海岸巡防处关于江浙洋面海盗之调查》，《申报》1925 年 4 月 8 日。

② 郭绪印编著：《旧上海黑社会》，第 272 页，上海人民出版社 1997 年版。

③ 《吴淞口外海盗之猖獗》，《申报》1921 年 6 月 18 日。

④ 《吴淞口外铜沙洋面海盗猖獗》，《申报》1925 年 10 月 5 日。

⑤ 《又有米船在淀山湖被抢》，《申报》1922 年 9 月 4 日。

⑥ 刘平：《清末民初的太湖匪民》，《近代史研究》1992 年第 1 期。

董履凤及巡船八艘进行会剿，激战二小时，“警察弹罄不敌，乃退败。”[①] 可见太湖水匪何其猖獗。他们还有一个特点有别于其他水上盗匪，那就是大量贩卖私盐。“私盐贩卖是太湖土匪日常的大宗活动”，“就太湖地区而言，土匪就是盐枭，盐枭就是土匪。”[②]

水上盗匪的来源是“由农民而难民，由难民而土匪”[③]，另外官兵沦为土匪也很常见，他们可能是原先所在军队在军阀混战中败北而成为失业者或干脆是逃兵。军阀部队的士兵多是被抓来的，如果军阀财大气粗，则相安无事，反之如果几个月领不到军饷，当兵的便会改换门庭，投奔其他有钱的军阀，或者投靠某匪帮成为新的土匪。因此，“今天的匪帮就是昨日的军队，也有可能再度成为明天的士兵”，“兵即匪，匪即兵”。[④] 在水上盗匪中也同样如此。

“距离淞口二百里崇明县所辖之泗礁山周围数十里，居民六七千，分居十三岛，以捕鱼为业，该处出产，除大宗海蜇外，以运销沪埠为建筑所用之黄砂石子为多，故山民尚称富厚，该山驻有官办保卫团二百名，崇明警察十余名，及水警炮艇一艘，夏历三月二十九日午后（1927 年），忽有宁波温台匪徒及溃兵等八十余名，在浙省象山洋面掠劫新宁波渡轮一艘，高扯青天白日党旗，先至岱山，探闻该山驻有正式军队及警卫团等，遂退而至泗礁山菜园岙[⑤]，先派十余人上山，至天后宫保卫团团部，自称党军，前来保护，一面立收该团枪械而去，继即分队至各岛岙，扬言全山须速酬军费洋四万元，并号召平日在山之宁台莠民百余名入党，大肆搜劫，居民无一获免，盘踞两昼夜，”后水警在接到逃出山民及保卫团员等报，前往围剿，该匪已“转往嵊山而去”。[⑥]

通过上面的案例，我们可以至少得出一个结论，那些水上盗匪从他们的旗帜或武器装备来看，与官军肯定或多或少的联系。

二、请缉之余，商船互保

匪患的受害者的反应和态度很值得研究。虽然“其中也不乏在匪帮大肆掠杀下被迫加入匪帮以求活命之例”[⑦]，但更多的受害者特别是一些商船，在

① 《水警兜击匪徒》，《申报》1925 年 2 月 12 日。

② 刘平：《清末民初的太湖匪民》，《近代史研究》1992 年第 1 期。

③ 刘平：《清末民初的太湖匪民》，《近代史研究》1992 年第 1 期。

④ 徐有威、［英］贝思飞主编：《洋票与绑匪——外国人眼中的民国社会》，第 6 页，上海古籍出版社 1998 年。

⑤ 浙江、福建等沿海一带把山间平地叫“岙”。

⑥ 《泗礁山被冒充军队之盗匪围劫》，《申报》1927 年 5 月 5 日。

⑦ 徐有威、［英］贝思飞主编：《洋票与绑匪——外国人眼中的民国社会》，第 3 页，上海古籍出版社 1998 年版。

恐慌之余，除了请求有关部门进行剿匪之外，也逐渐学会了自保，变被动为主动。当然这其中各个会馆、公所与同乡会起到了很大的作用，“维护同乡商帮的经济利益，促进本帮的商业利益”①，本来就是它们的主要职能。

南帮各米船，专门装内地苏同青角等五十七埠各行之米来上海，卸与沪上行家，其售卖之权由内地行家嘱咐米客销售，这种米船共有五百余号，其中也分帮口，并各有领帮。在前面曾提到的1922年的李春坤米船被劫事件发生后，“各米船以装米至申，颇多危险，恳请各帮领袖，向内地米业及沪上米业公所请筹妥善办法”，“否则停止装米”，故领帮在事发后第八天，召集在沪各米船商讨办法，经三次会议后决定，“以后内地装米来申，至少会同五船同开，至各处驻泊水警船，报请护送”，“须随报即送，不得延迟”，“如未满五船，在各处等候开申”，船户“对于延迟之开支”概不负责。② 意在维护运米各船户的利益。

同样浙江台州一带，春秋二季为鱼汛期，然而也是盗匪最为猖獗的时候，于是旅台同乡会便会电吴淞全国海岸巡防请求派军舰剿捕盗匪，同时，石塘渔会也电请“暂留风艇驻防就近巡弋”，最好能“专驻其地”。③ 而且幸运的是，请求有了成效。

商船同开，恳请水警保护这只是那些受害者自我保护的第一步。虽然在军阀混战的年代，可能起不到很大的作用，但却充分体现了深受水上盗匪之苦的商家的自我保护意识，他们并不会任人宰割。

1923年5月，因海盗横行于吴淞口外横沙洋面，“各船未敢前行”，“冰鲜鱼船出口，带有银洋，前因屡遭盗劫，”于是“由鱼商组织工会，设备海鹰轮船一艘，”专门保护渔船装运银洋出洋，并设立办事处，“上海设在小东门，吴淞设在蓬莱公所，以便船商接洽。”④

这种办事处的设立，比较有效地保障了来往商船的利益。它不仅能起到联络商船同开的中介作用，还是商船遇盗后暂时的避难之所。它是配合水警缉匪的有力帮手。

1926年5月间，吴淞三夹水口外铜沙洋面，又有大帮温台海盗出没，有一宁波钓船户侥幸逃回吴淞口，首先报告了蓬莱公所，于是公所便关照各船防备，并转报水警第四区署，“当经池耀宗区长派第十六队三号警艇”，便率同船户和线人等，开赴海盗出没的洋面追踪巡缉，“以期弋获而保航行”。⑤

虽然商船遇上海盗等水上盗匪，大多数不是逃跑就是被掳，但也不乏奋

---

① 罗素文、宋钻友：《上海通史·第9卷·民国社会》，第219页，上海人民出版社1999年版。

② 《米船被抢后之要求保护》，《申报》1922年11月9日。

③ 《浙洋海盗猖獗之请缉》，《申报》1925年5月8日。

④ 《淞口外海盗之猖獗》，《申报》1923年5月9日。

⑤ 《吴淞口外铜沙洋面又有大帮海盗》，《申报》1926年5月20日。

起反抗者。在军阀混战的年代，唯有强者才能生存。武装商船的出现也是情势所逼，迫不得已的产物。

定海岱山东沙角“上海茂兴商行的航船”① 金生利号帆船，在1923年的12月下旬，“由川沙县装客米七百石、黄豆二百石，驶至大戢洋面，”突然遇到三艘海盗船，共有盗匪八十余人，“盗首张大眼喝令开枪，一时弹如雨下，”帆船也还枪回击，“应战至四小时之久，并放大炮十一次，”② 盗匪十余人见情势不妙，便逃脱至台州峨冠山，要不是这艘帆船后来被盗匪的船撞破而最终沉没，造成二万左右的损失，此次商船的回击真可谓给了那些水上盗匪一次有力的打击。当时盗匪的武器装备都比较精良，能和他们应战4小时，可谓不易。

三、从“剿匪”到“剿共”

水上盗匪的对立面当是从事剿匪的水警。水警的行动在某种意义上就代表了当时的政府，在盗匪横行的上世纪20年代，他们扮演着重要的角色。1910年“上海城乡内外自治公所警务处设南市浦江水上巡警处理水上违警案件”，后“增设水巡队员和水上巡警，备巡船4只，由巡只、巡士按日分段巡查浦江船只。”③ 这是沪上水警的开始。

对于他们的评价，历来都以贬者为多。当时有人云“夫盗匪之胆日大，抢劫之案日多，必有由也，既不严密防范于平日，又不认真破案于事后”，“以如是之警察，欲盗匪之绝迹，地方治安，难矣哉。”④ 而郭绪印也在《旧上海黑社会》一书中提到“水警署、水警厅的水警虽配备炮舰、快艇，也只是装潢门面，摆摆样子，从来很少破案，有时遭遇海盗阻击，以退败告终。”⑤ 但笔者认为，这样的评价似乎有点草率了。

历届政府，对于土匪活动无不采取以剿为主、剿抚兼施的手段。但是在当时的历史条件下，消灭土匪有很大的难度。“土匪的武器多半为走私而来，或是从军队中偷来的”⑥，军队和匪帮使用同样的现代武器装备，可谓势均力敌，故而剿匪并非易事。

1924年1月间，吴淞口外崇明县辖保卫团长钟中明得知小羊山忽然来了

---

① 《旧上海黑社会》，第272页，上海人民出版社1997年版。

② 《帆船与盗船激战之惨剧》，《申报》1924年1月9日。

③ 上海市公安局公安史志编纂委员会编著：《上海公安志》，第60页，上海社会科学院出版社1997年版。

④ 《盗匪与治安》，《申报》1922年11月15日。

⑤ 《旧上海黑社会》，第272页。

⑥ 《洋票与绑匪——外国人眼中的民国社会》，第4页。

台州海盗，便同马山保卫团长丁家宏商量，派团丁刘某和水警队士沈某，雇船前往查探，不料“反为盗等查知”，将两人掳上盗船，一周后虽沈某被放，但“刘团丁须洋五十元往赎”，丁团长只得照办。①

从以上的例子人们可以看到，那些水警在剿匪尚称积极，只是“有勇无谋”，同时也进一步证明水上盗匪何其猖獗，连警察都敢勒赎。

1928 年 5 月，吴淞口外崇明岛启东县公司镇突然有大帮海盗前来劫掠，附近的水警龚队长，“闻警星夜赶往剿捕”，海盗仓皇逃走后，龚队长以该镇地处荒僻，“特抽调精壮警士三十名，前往该处常川防驻”。② 同年 11 月崇明县附近洋面又有海盗四五十人，分乘盗船三艘，企图掠劫来往船只，当吴淞水上公安队第四区巡船探悉后，报告区长吴呆明，吴亲率督察蒋镳、队长杨□清，及武装警士，前往痛剿，“双方激战至半小时之久”，虽被盗船逃脱，但“该处驻泊船只，均未被劫，可谓幸矣。”③

当时水警职处分为“寻常游弋、临时追缉、及报告盗警三种”④，除利用巡舰外，政府还有意利用水上飞机。⑤

但随着 1927 年 8 月南京国民政府的成立，政府剿匪的性质也发生了相应的转变，因为这时的“匪”已有了新的含义。

“军阀时期纷乱的环境造成了整个中国，而不是个别地区的日益贫穷和不安定感”。因此“在那些曾经找到地方权贵结盟以确保生存的地方”，土匪“与军阀和其他政治人物建立联系，最后同共产党人和日本人挂上钩。”⑥ “共产党与土匪之间的早期合作的背后，是革命军队自身所处的悲惨境地。由于政府军在数量上占优势，”对城市的徒劳进攻几乎耗尽了他们的力量，为了壮大自己的力量，共产党人“被迫寻求那些政府无法围剿的农村地区。”⑦ 而南京国民政府正好“一石二鸟”，以剿匪为名，实为剿共，在政府看来，剿共剿匪两者似乎处于同等的地位。⑧ 1927 年会剿崇明等处土匪案便是很明显的一例：

① 《海盗掳警勒赎》，《申报》1924 年 1 月 30 日。
② 《崇明外沙发现海盗》，《申报》1928 年 5 月 17 日。
③ 《吴淞口外发现大批海盗》，《申报》1928 年 11 月 17 日。
④ 《吴淞海岸巡防处关于江浙洋面海盗之调查》，《申报》1925 年 4 月 8 日。
⑤ 《海岸巡防处将用水上飞机》，《申报》1925 年 10 月 7 日。
⑥ 《民国时期的土匪》，第 8 页。
⑦ 《民国时期的土匪》，第 327-328 页。
⑧ 《何应钦返杭会议浙政》，《申报》1927 年 11 月 20 日。

据载1927年至1931的江苏沿海一直活跃着一股由潘氏兄弟[1]领导的海匪，掠劫烧杀，百姓深受其苦。[2] 1927年“匪首潘开道、顾同惠，劫夺沿海商船，购置枪械，其中有沿海州南下白宝山、马玉仁等旧部，啸聚日众，匪中有步枪二百余杆、匣子砲手提机关枪数十杆，及铜砲两尊，均极精利，先在海上劫掠来往商船，后自庙港登岸，盘踞在乐同乡公司镇等处，”“匪中用天佑安国军旗号，且系五色旗，含有政治意味”，[3] 当属北洋军阀余孽。11月，淞沪卫戍司令部即命第十三军第一师第一团步兵一营，会同江犀、拱辰、永安三军舰，前往会剿。匪首顾同惠被获后，“地方团体及士绅，环请立即枪决”[4]，故被枪决。事后，崇明县政府又“请淞沪卫戍司令部加派步兵”剿办余匪，司令部便又“抽调步兵一营”[5] 前往，并“再派二三连留驻外沙，以资防范。”[6]

单从这一案例的表面来看，似乎并没有什么特殊之处。然而崇明县政府的请兵呈文中有这样一句话值得注意：“前有著匪黄廷相，在西乡煽惑农愚，啸聚抗租，近复勾结共产帮匪，持有犀利枪械约期起事”[7] 云云。这里所说的“共产帮匪”十有八九是中国共产党，因为时值1927年的11月，而在同年的“八·七”会议上中共已经确立了土地革命和武装推翻国民党统治的总方针，“在党的领导下，自1927年至1930年，上海郊县的松江、嘉定、青浦、奉贤、崇明、南汇等县发生了多次农民暴动，他们以‘抗租、抗债、抗粮、抗捐、抗税’为口号，吸引广大农民参加暴动”[8]，而在国民政府的眼里，这种中共领导的土地革命便成了“匪乱”。

在南京国民政府那里剿匪和剿共的界限十分模糊。在1927年后对苏南各地共产党暴动的报道中有些人出于阶级利益或阵营的考虑，夸大或曲解了中共的某些行为，称共产党焚烧房屋、“掳掠财物枪毙人民”[9]。这些报道目的就是为了谴责和打击中共。

说中共“焚烧房屋”确实有可能，但他们“并不要抢物，志在焚烧绅富

---

① 潘氏兄弟中比较著名的有：潘开道、潘开邦、潘开渠、潘开务，其他还有：潘开发、潘开叶、潘开国、潘开吕、潘开夫、潘开昭、潘开万、潘开会、潘开世、潘开芸、潘开凤、潘开明、潘开党、潘开杰等，人数如此众多，估计为结拜兄弟。参见《潘匪残股窜扰江北沿海》，《申报》1929年9月16日。

② 详见邵雍：《民国绿林史》，第247-249页，福建人民出版社2001年版。

③ 《海陆军会剿崇明等处土匪》，《申报》1927年11月4日。

④ 《会剿崇明土匪余闻》，《申报》1927年11月11日。

⑤ 《加派步兵赴崇明剿办余匪》，《申报》1927年11月25日。

⑥ 《卫戍司令部派兵留驻崇明防匪》，《申报》1927年11月30日。

⑦ 《民国时期的土匪》，第327-328页。

⑧ 卞杏英：《上海革命简史》，第142页，学林出版社1990年版。

⑨ 《无锡共党煽惑农民暴动》，《申报》1927年11月11日。

住宅，扰乱地方治安而已”，而且是有组织、有计划的。[①] 中共对土豪劣绅的严厉惩办确也取得了一定的成效，南京国民政府不得不发布告示以阻止农民的抗租。告示“晓谕各乡农民，应照常纳租，将来革命成功，对于民生主义中之平均地权，国家自有明文规定，毋得妄听邪说，自招不利……田赋为国家税收大宗，租籽为业主生活命脉，要知吾辈革命，是欲使全体人民俱享幸福，绝不能偏重一方，置其他于不顾，假使农民抗不纳租，一般仅持租籽为生活者，其将何以生存，本主任痛共产分子鼓动煽惑，影响日计民生”[②]，此番布告的陈词下过一番工夫，但对农民而言，这些官方大道理远不如他们自己武装打倒地方土豪劣绅来得实际而有效。

但说中共“掳掠财物枪毙人民”似乎确有些冤枉了。当时就有乡人推测：“若辈恐非真共党，或系盗匪或系难民，故意头缠红布，冒充共党，以便其行劫也。”[③] 但这些妄加的罪名却使原本就处于艰难境地的革命变得更为艰难，“一时城乡风声鹤唳，大有草木皆兵之概”[④]。

总而言之，20 世纪 20 年代的水上盗匪的情况就和他们所处的时代一样，既复杂又富有一定的发展变化。无论水上盗匪的犯罪模式也好，还是深受其害的商船自卫也好都是特殊的时代和特殊的地理环境所造就的。1927 年南京国民政府成立后水上盗匪的性质没有也不可能有明显的改变。

---

① 《无锡共党煽惑农民暴动》，《申报》1927 年 11 月 11 日。

② 《无锡严禁农民抗租之布告》，《申报》1927 年 5 月 19 日。

③ 《苏省各属之共党潮》，《申报》1927 年 11 月 27 日。

④ 卞杏英：《上海革命简史》，第 142 页，学林出版社 1990 年版。

民国时期安徽土匪的成因[①]

土匪是指“那些占地为王、不受任何法律约束、采用暴力手段烧杀抢掠，对现存社会秩序有很大破坏性的武装个人或集团”[②]。民国时期安徽的土匪十分猖獗，1923 年 5 月临城劫车案的发生极大地刺激了安徽省内的匪伙。为什么安徽土匪特别滋盛？原因是多方面的。本文以战争、经济、灾害等为切入点，试图对这一时期土匪形成的原因作一分析。

一、战争造成大批的兵匪

军阀主义一个最明显的特征就是战争。据统计，1911 年到 1928 年之间，总数超过 1300 个敌对的军事集团进行了约 140 场战争，使中国大部分地区战乱不断。[③] 安徽成为军阀争夺的对象，尤以皖北为甚。皖北交通便利，铁路有津浦线，水路有淮、淝、涡、颍等河，且在战略位置上北控苏、鲁，西通豫、鄂，一旦有战事，为兵家所必争。1920 年直系和奉系联合打败了皖系，1922 年奉系又与皖系的残余及南方力量结盟，企图倒直，1924 年奉系重整旗鼓，再次与华北的皖系支持者及南方势力结盟，第二次与直系开战。战争造成了大量的兵匪。他们大多是被裁撤、击溃的军队，或是哗变逃跑的士兵和由失意或退役的军人组成。

“兵匪”的产生有三种途径：

1. “兵变为匪”：《申报》中多有记载，“十五日夜，安武军第八路一营五哨，有不法兵士三十余人，在西城外放枪焚劫商铺等情”[④]。1923 年 5 月 14 日载“皖省新安武军，甫经裁遣，而旧安武军又复哗变频传，去岁驻扎定远之殷恭先部，曾经叛变一次，地方大遭蹂躏”[⑤]。1927 年 1 月 8 日又载“四日下午芜湖快信，芜湖于三日夜间发生兵变，枪毙男女约八九人，伤者数人，并有一十九岁之女子被逐落水身死，银楼、钱庄、布店、杂货店、衣店、报

① 本文作者为肖凤彬。

② 邵雍：《中国近代绿林史》绪论第 1 页，福建人民出版社 2004 年版。

③ ［英］贝思飞：《民国时期的土匪》，第 30 页，上海人民出社 1991 年版。

④ 《皖城变兵焚劫之善后》，《申报》1919 年 4 月 20 日。

⑤ 《皖省兵变声中之匪患》，《申报》1923 年 5 月 14 日。

馆以及居户被劫者，不下三四百家”[①]。军队哗变之事时有发生，而士兵与土匪相勾结是兵变的一大特色。据笔者统计，《北洋军阀统治时期的兵变》一书所收集从1912—1924年的49次兵变，其中有兵匪勾结现象的就多达30多次。[②]

2. “裁兵为匪”：当时士兵被裁，就意味着失业，于是“裁兵无所得食，流而为匪”的现象时有发生。[③]

3. “溃兵为匪”：每次战争过后，必有大量的士兵、军官因被击溃而逃跑，而这些溃兵往往与土匪混杂在一起。在淮河流域，99%的土匪是由溃散的士兵转化而来。[④]

二、农村经济落后，流民大量产生

首先是军阀之间的混战影响了农村经济。“历年战乱，皖北无不殃及，无纪律之军队，每至一处，肆行征发，敲剥良善，无微不至，社会经济颇受挫折。”[⑤] 1913—1920年，皖系倪嗣冲入据安徽，对人民横征暴敛，巧取豪夺，兼并土地，掠夺地租，放高利贷，而且滥设苛捐杂税。其后是陈调元三次主皖，其当政期间安徽社会暗无天日，人们称“三次祸皖”。再后是桂系秉政时期，农民田赋征发额每亩提高了两倍多，且新辟税种，提高税率，此外还动用军队到处设卡征税等。军阀之间的内战，也对防灾救荒产生了极大的负面影响，“因国内政治混乱，内争迭起，对于天灾之预防救补，绝不注意，故水、旱、风灾，亦成农民之最大痛苦。”[⑥]

第二是财政入不敷出，军费开支庞大，而筹集军费的一个重要手段就是向农民强行征收。皖省财政枯竭，由来已久。加之去岁年终，被张文生至省坐索现款90余万元，携带赴蚌，省库更一空如洗，各项行政经费，皆积欠数月，莫名一文。[⑦] 1918年安徽的财政收入不明，支出6342638元；1927年收入10266097元，支出10263260元。[⑧] 从这里可以看出年支出呈增长趋势，且增长速度快，幅度大。在日益增长的开支中，军费开支非常突出，安徽省十年度债务累积500万元，十一年度行政费360万元，新旧军费380万元，资金

---

① 《芜湖兵变被劫情形》，《申报》1927年1月8日。

② 《北洋军阀统治时期的兵变》，第58页，江苏人民出版社1982年版。

③ 《北洋军阀统治时期的兵变》，第56页，江苏人民出版社1982年版。

④ 《淮河流域的农民状况》，《东方杂志》第24卷第16号。

⑤ 《中央日报》1933年1月27日。

⑥ 章有义：《中国近代农业史资料》第2辑，第167页，上海三联书店1957年版。

⑦ 《张马截留赋税中之皖财政》，《申报》1922年4月14日。

⑧ ［日］长野朗著，李占才译：《中国的财政》，《民国档案》1994年第4期，第128页。

不敷支付，借款拖延，还款无期。[①] 北洋时期安徽省借款金额是199601元。[②] 借债利息高，归还期限短，虽然能解决地方政府一时燃眉之急，却无疑使财政问题更加恶化。1924年，安徽军阀马联甲催缴各地20年的旧欠粮款，各县军阀政府同地主豪绅勾结，采取“促佃交东”的办法，逼佃户替地主缴纳旧欠粮款。[③] 由于各县知事不催地主而乱抓佃农，以致关在各县狱中的“欠粮犯”急剧增多，超过了犯人总数的一半以上。

第三是苛捐杂税繁多。时人有言，安徽“各县田赋附加税则不但未加严格限制，且近来，随着各县地方财政膨胀的结果，有逐渐增加的趋势”。[④]

安徽1912—1933年田赋与田价之百分比表（每年田价为100）

地　别	水田田赋	平原旱地田赋	山坡旱地田赋
1912年	1.46	1.21	1.22
1931年	1.23	1.16	1.82
1932年	1.83	1.74	1.96
1933年	1.96	1.84	2.28

资料来源：陈登原：《中国田赋史》，上海书店出版，1984年版，第236页表格改制而成。

从表中可见，除了1931年的水田、平原旱地田赋外，各田赋均呈增长趋势，增长的比率也较大。再有数量逐年大增的盐税，各地军阀当然不会放过。盐税的税率之加高及附税之加多，自1910年（清宣统二年）至1928年（民国十七年），有如下表。

1910—1928年盐税税率增加表（每百斤税以元为单位）

1910年		1928年		
省别	税额	正税	附税	合计
福建	—	2.00	4.00	6.00
安徽	1.50	3.00	5.68	8.68
广东	1.25	2.50	6.52	9.02
广西	1.25	2.50	1.90	4.40
浙江	0.82	7.80	2.00	9.80

① ［日］长野朗著，李占才译：《中国的财政》，《民国档案》1994年第4期，第128页。
② 张侃：《论北洋时期地方政府外债》，《中国经济史研究》2000年第1期，第72页。
③ 《霍山县志》，第640页，黄山书社1993年版。
④ 章有义：《中国近代农业史资料》第3辑，第26页，上海三联书店1957年版。

（续表）

1910 年		1928 年		
省别	税额	正税	附税	合计
江西	—	2.50	6.00	8.50
湖南	—	2.00	7.50	9.50
湖北	—	3.00	4.83	7.83
江苏	1.50	1.61	4.75	6.36
河南	1.37	2.50	5.00	7.50
河北	0.75	2.66	4.50	7.18
辽宁	0.50	2.00	4.75	6.75

从此表可以看出，1910 年安徽与江苏的税额在各省中是最高的。1928 年的正税中，浙江第一，安徽与湖北位居第二；附税位居第四。1928 年的税额合计安徽亦位居第四。除了广西、浙江以外，附税均高于正税，安徽的附税与正税比率为 1.89：1。

可见战争的破坏，军费的负担的沉重，苛捐杂税的繁多，使得农村经济每况愈下，由此产生了一个庞大的游民群体。这些游民在颠沛流离、走投无路的情况下，最后铤而走险，纷纷选择了土匪这个行当。游民成了土匪最为直接的“匪源”，是土匪的“后备军”。正如当时一位驻京外国记者说的：“土匪成帮，到处滋长，农民无法用正当手段谋生，迫不得已，只好当强盗。”① 一方面流民的大量产生，使得其中一些流民沦为土匪；另一方面土匪的产生，又加剧了流民的数量，二者是相互密切联系的。1927 年出版的《东方杂志》记载说：“淮北自改国以来，土匪蜂起。大者揭竿为旗，聚众千人，有钢枪盒子炮等犀利之军械，横行乡曲，集镇为墟。每破一圩，死伤者以百计，掳去者称是；其家筹资赎回，必罄其资产之所值，名曰财神。所至大小农户俱弃家而逃……十五年中，未遭匪难者，盖寥寥可数也。”② 不堪匪累，农民只好弃家而逃，淮北因此成为近代有名的流民输出地。

三、自然灾害频发，部分农民为匪

自然灾害与战争一样，会伤及国家元气，引发失业问题。“中国以农立

① ［澳］骆惠敏：《清末民初政情内幕》（下册），第 510 页，上海知识出版社 1986 年版。

② 池子华：《中国流民史》（近代卷）第 73 页，安徽人民出版社 2001 年版。

国，国家之隆替，系于农业之盛衰”。① 而农业发展离不开气候，所谓“靠天吃饭”。风调雨顺则五谷丰登，百姓安居乐业。反之，天灾时作，农民不是死亡，便是流离失所，田地一片荒芜，农业濒于破产。民国以来的安徽几乎年年有天灾，灾民人数相当多。

民国时期安徽历年受灾县数统计表（1912—1948 年）

灾别 / 受灾县数 / 年份	水灾	旱灾	虫灾	风灾	雹灾	冷害	地震	疫灾
1912	17							
1913	6							
1914			45					
1915	12		11					
1916	18							
1917							1	
1918							1	
1919	10							
1920								
1921	43	31						
1922	18							
1923	16			16				
1924	1				1			
1925		5						
1926	12	3		1				
1927	16	4						
1928	12	40	37	1	2			
1929		41	1					
1930	2	27	21					
1931	54				2			
1932	1	20						23
1933	18	8	20		11			

① 吴一信：《中国农民离村问题》，《东方杂志》1937 年第 34 卷第 15 号。

（续表）

灾别 / 受灾县数 / 年份	水灾	旱灾	虫灾	风灾	雹灾	冷害	地震	疫灾
1934		49						1
1935	13	24						
1936		8						4
1937	3	20						
1938	18							
1939	18							1
1940	15	23						
1941								
1942	21	11						
1943	18							
1944	4	36	13	3				
1945	3							
1946	24		20					
1947	3							
1948	34							
总　计								

资料来源：李文海等：《近代中国灾荒纪年》湖南教育出版社 1990 年版；夏明方：《民国时期自然灾害与乡村社会》（中华书局 2000 年版）第 371–383 页的附录。

这一时期自然灾害有四个特点：

一是以水、旱、虫三灾为主，但水灾危害最大，且间隔时间短。“民国时期，其间 38 年，今阜阳市辖境发生大小自然灾害可考者计 104 次，其中水灾 23 次，干旱 8 次，蝗灾 14 次，冰雹 7 次，风灾 7 次，瘟疫（疾病）28 次，地震 8 次，暴雪 3 次，其他星陨石 1 次，高温 2 次，严寒 1 次，鸟灾 1 次”①。

二是灾荒波及范围广，影响大，后果严重。例如，1921 年大水，豫、苏、皖、浙、鲁、鄂等六省受灾；1931 年大水，江淮两大流域全线受灾，波及安徽全境；国民政府公报称 16 省受灾，有学者称 23 省受灾。②

三是灾荒持续时间长。如 1931 年水灾，降雨从 5 月下旬持续到 9 月中旬。

① 安徽地方志编辑委员会：《安徽省志・水利志》，第 16 页，北京方志出版社 1999 年版。

② 李文海：《中国近代十大灾荒》，第 203 页，上海人民出版社 1994 年版。

这仅是就水灾本身而言，至于由水灾所引发的饥馑、瘟疫等灾害，往往持续时间更长，有的甚至数年不退。

四是多灾并发。一年之内连续发生多种自然灾害或连续数年发生一种或多种自然灾害。如民国三十一年（1942），河南、安徽大旱，继而蝗灾，时值抗日战争进入艰苦的阶段，天灾人祸，为近代中国灾害较重的一次。[①] 民国三十六年（1947），“全省24市县水灾、蝗灾，灾民数达315万人，蝗灾田亩达322万亩。皖北26县都普遍发生，尤以凤阳、宿县、明光、嘉山、定远、滁县为最”[②]。大面积的灾荒引发了许多社会问题，如农村经济的凋敝，农民生活没有着落，出现了许多灾民。如：1921年安徽受灾人数是3397933人，1928年人数是5461882人，1929年人数是5461882人，1930年人数是745749人，1932年人数是1035551人，1933年人数是8055599人，1934年为8700000人，1935年为304600人，1936年为7000000人，1938年为3000000人，1940年为6137218人，1943年为1853340人，1944年为1000000人，1946年为2980000人等。[③]

丁聪画作《逃亡》

如何安置如此庞大的灾民群是一个重要的社会问题，政府与民间力量虽采取救济措施，却无法惠及所有灾民。其中饱受灾患的大多数农民为生计所迫，丧失土地的或放弃田园的他们纷纷离村。1931年水灾时，离村农民中的

① 宁远、钱敏：《淮河流域水利手册》，第76页，科学出版社2003年版。

② 安徽地方志办公室：《安徽水灾备忘录》，第165页，黄山书社1991年版。

③ 夏明方：《民国时期自然灾害与乡村社会》，第384-393页，中华书局2000年版。

男子比例皖南占60%，皖北则占73%；到1933年全省青壮年男女（16～40岁）离村农户达219424户，占全部农户10.6%。[①] 许多农民逃入城市以谋生路，“未被城市接纳的失业农民为生计所迫，便为匪为盗贼为娼妓为乞丐甚至于自杀，都市中遂充满了悲惨沉闷的空气，潜伏着不易消除的社会危机。”[②]

四、小结

综上所述，民国时期安徽土匪的形成原因是多方面的。战争造成了大量的兵匪，他们对社会具有极大的破坏力。农村经济的破产和农民的贫困化为土匪提供了源源不断的预备人员。自然灾害的频发，加剧了部分流民沦为土匪，而各派军阀为了自身利益，忙于内战或内部纷争，对剿匪和救治灾荒也不够重视，灾荒导致匪乱，而匪乱又破坏农村经济，大量流民产生沦为匪祸，这在民国时期几乎是一种恶性循环。

① 章有义：《中国近代农业史资料》第2辑，第886页，上海三联书店1957年版。
② 池子华：《中国流民史》（近代卷），第2页，安徽人民出版社2001年版。

从民国报刊看北伐时期的湖南土匪[①]

迄今为止，笔者尚未见到有系统地研究北伐时期湖南土匪问题的专文刊载。相关的专文也不多见，仅见彭先国先生的专著《民国湖南土匪史探》、蒋桂英的论文《从长沙〈大公报〉（1924）看湖南匪患》（《船山学刊》2002年第一期）、孙静的硕士论文《民国湘西匪乱研究》以及赵平等人关于湘西土匪方面的为数极少的几篇文章。[②] 上述专著或论文虽然从总体上勾画了民国时期湖南土匪的分布、成因、行为、影响、政府对策等，但似乎都有过于概略之嫌，且对北伐时期湖南土匪状况的描写更仅有寥寥数语，这就为更深刻地理解上世纪20年代湖南土匪的全貌以及其在湖南社会大转型中的角色扮演造成了障碍。本文主要依靠上世纪20年代《大公报·长沙版》、《湖南民报》、《民国日报·汉口版》等报刊资料试图对该时段湖南土匪的分布情形、行为特点、北伐军各级军政部门对土匪的态度及湖南土匪剿而仍猖的原因作一尝试性梳理，以求教于方家。

一、北伐时期湖南土匪的分布区域及行为特点

北伐军攻占湘境后，湖南农民运动骤雨般迅起，从1926年9月到1927年一月，不到半年时间，农会会员由40万人剧增到200万人，中共能直接领导的群众达1000万人，差不多占了湖南农民全数的一半。[③] 强劲的农运之风使得湖南社会的一切正发生着翻天覆地的变化，湘境土匪自然也不例外。

毛泽东在《湖南农民运动考察报告》中有这么一段描述："从禹汤文武起吧，一直到清朝皇帝，民国总统，我想没有哪一个朝代的统治者有现在农民协会这样肃清土匪的威力。什么盗匪，在农会势盛的地方，连影子都不见了。……至于土匪，则我所走过的各县全然绝了迹。……农运一起，匪患告绝"[④]。

---

① 本文作者为刘永生。

② 彭先国：《湖南土匪史探》岳麓书社2002年版；关于湘西土匪研究的论文主要有孙静：《民国湘西匪乱研究》，华中师范大学2004年硕士论文；赵平：《湘西剿匪》，《湖南档案》2000年第3期；暨爱民：《民国时期湘西匪患成因浅析》，《怀化学院学报》2006年第6期。

③ 韶山、恒山、醴陵、长沙工农兵、湖南省哲学社会科学研究所现代史组党史学习班：《第一次国内革命战争时期的湖南农民运动》，第45-46页，湖南人民出版社1977年版。

④ 毛泽东：《湖南农民运动考察报告》，《毛泽东选集》第一卷，第38-39页，人民出版社1991年版。

这段话很容易使人认为湖南农民运动荡平了湘境内所有土匪至少是大部的土匪。其实不然，毛泽东的这段话仅仅是针对他所考察的五县以及他所考察的特定时段而言的，并不是针对湖南全境和整个北伐时期。笔者以为北伐时期湖南土匪情形仍尚存许多空白有待深入研究，根据上世纪 20 年代部分报刊的相关报道，兹将北伐时期湖南匪患情形展列如次：

表 1 《大公报》（长沙版）相关报道

序号	报道时间	匪情纪略	发生县
1	1926-09-24	大股匪徒在宏翘镇架人　初十日晚间，有股匪百余人（闻系叶部溃兵）均荷枪实弹，突至宏翘镇彭耀彩家行劫。此时彭子泽柳及其孙桐芬、其甥龙某架去……及团防局闻信追击，则土匪已扬去远矣	攸县 湘东
2	1926-09-28	匪势猖獗　近来各乡匪风甚炽。北河淮树坪李万祥家、梅冲向先宽之媳皆被抢劫。拿去母子三人，且受重伤。唐家坪亦捉绑三人，内一孕妇，情形极为可惨。查被扰乱之巨匪名彭树生、张二毛、向友三、田心甫，皆各有快枪，或数十支，或百余支，每日打家劫舍，摊派租谷。甚至白昼负枪，寻人吊羊云	沅陵 湘西
3	1926-09-30	西门外之重大劫案　警局昨据第四署报称，日昨（原文如此，疑为昨日）拂晓时突有土匪 10 余名。身着青布短衣，随带手枪数杆，马刀数把，将老王庙街 29 号傅万和油鉴店之门打破，劫去光洋 90 余元，并捉去十一岁之小儿一名。同时又至蔡码头第 25 号前在大西门外充当团勇之李万选家，将万选登时击毙……左局长海环据报后，即通令严密查缉，并呈报总指挥部派队协缉云	常德 湘西北
4	1926-10-01	东乡发现一股土匪　东乡峦山之利洞又发现土匪 20 余人，计有枪支 21 杆。现未架票吊羊。而日常给养，均归该地筹付。故附近一带居民……又纷纷向梅城（即攸县县城，因其又名“梅城”，笔者注）搬迁，以避祸于未然云	攸县 湘东
5	1926-10-04	辰属清浪滩土匪虏去西人三名索赎万余元　沅陵特约通讯员梧桐 9 月 27 日函云，辰河中间之清浪滩，为辰州沿河商埠极盛之点。而该处自民国九年以来，即为匪盗起伏之窟，行旅至该处被害者，不能以数计。此次有西洋人男女十名，一为本埠教堂教士，一为洪江教堂传教士，乘船来辰。道经该处，被土匪将西洋人概行捉去……现扣三名于匪窟。宣称须光洋万余元取赎方允释放……	沅陵 湘西

（续表）

序号	报道时间	匪情纪略	发生县
6	1926-10-04	四贤周士两镇之匪讯　古八月十四日，四贤镇第二保地方之萧平陔来常买货，行至渐安镇三十里铺，遇着手执袖枪之匪徒 11 人，将平陔……登时身死。又周士镇 11 保陈秋实家被抢，并杀伤伊女及孙女二人云	常德 湘西北
7	1926-10-05	又有土匪绑票　各乡镇土匪劫掠之事屡见迭出。记者已屡次报告。兹据斗老镇来人云，该镇所所属七保五甲地方，于某夜三更时，突来匪徒 20 余人身着短服，各执手枪，将刘春林家劫抢一空。并将其幼子绑去，侄儿甫初以及寄居罗文猷之幼子子亚三名，一并绑去……现团防局以呈报县署查缉矣	常德 湘西北
8	1926-10-06	西教士被掳之又一消息　自湘西军事发生，匪队充斥。上下河道久已阻塞。百货缺乏，绑票劫商日闻耳鼓。不谓前往庐山避暑之沅陵福音教会，朝阳学校西教士凯君及女校卫小姐，并洪江教会某女教士 3 人，请常德保商营两营军队，护送上驶。至茅梨驾，忽被大队土匪包围斩击。军队寡不能敌，失去枪支不少。三西人具被土匪掳去。所失带来现金，不下七八千金。西人何时出险，尚无消息，记得上年黔阳教堂医士被掳后，以 18000 元取赎云 乌宿沦为匪窟　自防军退后，各乡土匪分地，几同割据，行政官权力亦莫能及，乃有团防总局长尹尊五口被向匪劫掳后，团上器械损失殆尽……近闻向友山匪首率领匪众，竟将乌宿乡区占领。毫无人过问云	沅陵 湘西
9	1926-10-09	龙王桥团局被劫　日前攸衡毗连之龙王桥团防局。因守卫兵失慎，致被匪将局中情形，探悉无遗。次日值各团兵会餐，匪众乃蜂拥入局，连发数枪。团兵皆惊慌失措，弃枪而遁。唯一兵描（抄）其枪而灭匪，因孤独莫抵，死于匪手……按该龙王桥乃攸县门户。龙王桥被劫，唇亡齿寒。县西可危。故县西各士绅，正谋恢复该局，以利自卫云	攸县 湘东
10	1926-10-09	文甲镇匪祸　该镇一保董事石道哲家，于前二十夜被匪抢劫，并捉去其幼子孙浪秋，及胞姓子佩。又第一保蒋文卿家，同夜被匪抢劫并伤其弟。同居段春臣之子高林被其捉去，幸半途释归。又四甲石棣崇家，亦于是夜被抢捉去其侄云	常德 湘西北

（续表）

序号	报道时间	匪情纪略	发生县
11	1926-10-09	**宝庆隆中镇之匪祸**　本年隆镇土匪于各灾户被烧被掠被吊被奸之后，复勒索未被烧住屋之保险洋。少则数百元。多则数千元不等……故妇女羞愤自尽，或被奸而死，男子被逼殒命，或弃家以逃者，所在皆有。全镇损失财产，约以百万计	宝庆 湘西
12	1926-10-10	**鲍家庙有土匪架人**　临澧西路九龙桥一带地方，被匪蹂躏甚久。昨日晚复于距了角山十里许之鲍家庙地方鲍日宣家行劫，劫物卷掳殆尽，并架去其家长鲍日宣。现闻开往吴家厂去	临澧 湘西
13	1926-10-20	**团匪大格斗之骇闻**　日前由慈利□事之周某，携眷回益，行装丰富。行至斗姥镇第十保之乡水垱下首地方，突遇匪徒……适有九保十保挨户团丁，先以知悉，鸣锣集众，追赶匪徒。匪等以枪对中第十保团丁射击其要害，复将刀劈头砍下，比（彼）即毙命。各团丁仍奋勇直前，格毙匪徒2名。追至兴龙镇巴毛堤，有该处某甲长率团众堵截……是日发生匪警后。驻扎德山之教导师第二团罗团长，飞派步兵二营追缉。至十一保地方拿获匪徒8名，即予枪决……	常德 湘西北
14	1926-12-12	辰常河道自近年以来，土匪充斥，行旅裹足，交通因之阻塞，以致湘西上游各县货物缺乏，商场冷落。而防军只知要钱吃饭，不顾疏通河道。纵闻有匪，亦不派队往剿，以致支蔓难险，养成大患。昨据本埠下游来城乡人云，横石（距城20里）以下直至桃源，现已土匪四起，杀人越货。沿河较河内之乡村尤甚。总计各处之匪，约在3000上下云	沅陵 湘西
15	1926-12-19	**袁总指挥明令取消护商处**　左翼总指挥袁祖铭，近因鉴于辰常洪两河前因沿河不靖，匪盗四起，故有沅陵之互商常务处之设。现沿河土匪经派队围剿，已无设护商事务所之必要，并可免一苛政机关，稍减人民负担。现该处已遵命取消矣	沅陵 湘西

表2　其他刊物相关报道

序号	报道刊物	报道时间	匪情纪略	发生县
1	《湖南民报》	1926-11-04	**各县通讯**　四都一带被久居桃源之巨匪扬永祥，于中秋日率匪徒40余人，有快枪18支，来境骚扰。五都恶匪刘宽才，率匪徒60余人，有枪20余支，向西都镇董办公处，强捐洋800元，后经商家垫洋200元了事。不二日，又向该镇指名勒捐，稍有违抗，即行枪打吊殴，现已捐出现洋3000余元，并于马警市设禁烟检查所……至今月余，尚未他往……	安化 湘西北
1	《战士周报》	1926-11-21 第25期	**泸溪社会**　泸溪县分四乡八区，东区即县城，匪类出没无常。南区为浦市，即为匪薮。西区即狗爬岩潭溪，亦为匪巢，北区则匪已为酋长。由是可以说泸溪县为整个匪县。旅行者未有能逃脱一次的	泸溪 湘西
3	《民国日报》 （汉口版）	1927-01-08	**东坪股匪之大猖獗**　前次劫抢酉州黄河坪一带之悍匪，此次复纠合本地土匪600～700人，快枪180余杆，驳壳枪10余杆，占据东坪，奸淫掳掠，无所不为……	安化 湘西北
4	同上	1927-01-09	**临澧“土匪猖獗”**　县西北两乡山多，易于藏匪。故自军兴以来，匪风之猖獗更甚。近日白日捉人，日有数起。夜间放火抢劫，无所不为。乡民日夜不安。闻庐司令准备痛剿，以全生命云（12月31日稿）	临澧 湘西
5	《战士周报》	1927-01-11 第32期	**土豪劣绅铁蹄下之呻吟声**　试看今年魏子馨魏子良等只图保全他们自己的财产，不顾隆中镇20万人之生命，赠送许多枪械于土匪（即号为湘军先遣队者）为恶，又阻止团练反攻，且大开宴席，摇旗鸣炮，欢迎这些土匪老爷。以致土匪肆行无忌的蹂躏地方，烧毁学校民房无数……	宝庆 湘西
6	《民国日报》 （汉口版）	1927-01-21	**宁远股匪扑城之警告**　宁远县长江海宗，迭来两电，报告股匪联合攻上庄三元岭，速饬王团长派兵救援。又谓股匪窜城，该军节节失利，夺去枪支数千杆，死伤人亦多	宁远 湘南

（续表）

序号	报道刊物	报道时间	匪情纪略	发生县
7	同上	1927-01-22	石常间匪讯　石门常德之间时有身着短装携带手枪之匪徒，散伏各处。劫抢旅客之事，屡见不鲜……	石门 湘西北
8	同上	1927-01-28	王家坪巨匪捉新郎　距城 55 里……忽来匪徒数十，快枪数支，将新郎由床中捉去。乃翁文宏亦同时架去……	沅陵 湘西
9	同上	1927-02-13	匪祸猖獗　前日有土匪 100 余人，有枪 83 支。由江西窜入县属之秋裹。……于夜间四点钟将寨前墟围住掳掠一空，并将邓鸿钧又名大庆及怡和昌洋货号老板陈某吊去……	桂东 湘南 （股匪乃江西窜入）
10	《湖南民报》	1927-02-28	救济芷江匪祸……芷邑近十余日来，土匪充斥，民不堪命，离城一带，每晚常闻枪声……	芷江 湘西
11	同上	1927-03-17	汤泉乡土匪吊羊　该乡蟠桃源李瑞祥家，于本月 8 日夜半，被土匪三四十人……	宁乡 湘中
12	同上	1927-04-14	土匪在乡之骚扰　日昨第十一区农民协会所辖地域内、发现土匪十余名……该区农民皆告奋勇，以图歼灭匪队……旋至承平市、经该区农民围剿，以（已）捉获 5 名，其余虽携枪逃脱，然四处农民，已预为布置，竟被拿获……	安仁 湘南
13	同上	1927-04-16	匪风猖獗　本月 8 日，承坪寺地方，突来匪众百余名，身带驳壳枪，来寺劫抢……县农民协会周特派员继武，前来考察党务农运，即就地指挥各乡农民围剿，当场杀毙匪首 6 名、拿获 7 名……	安仁 湘南
14	同上	1927-04-20	土匪残杀农民　4 月 20 日，由石门窜入大股土匪，约有 80 余人，快枪 40 余杆……附近一带农民惧其劫抢，齐集五百余人，乘夜围剿，比至天明，弹药告竭乃败。有杨九生向才源杨顺梓被捉枪毙，该匪遂下山劫抢 30 余家……	慈利 湘西

从上表，我们不难看出北伐时期湖南土匪大致的分布区域及其行为特点。

分布区域。北伐时期湖南匪患最甚的区域当仍是历史上就匪患严重的湘西地区[①]（以今怀化市的沅陵、辰溪、靖州、芷江以及湘西土家族苗族自治州的泸溪、宝靖以及今常德市的石门、临澧等县最甚），上述笔者整理的29则报道就有21则发生在其境内，占72.4%。其次是湘南（以永州的宁远、郴州的安仁、桂东等县为甚）。另外，攸县是湘东地区匪势最旺的县份，其一个县的报道就达3次之多。益阳市的安化县和衡阳市的耒阳县（现已改为县级市）也时有土匪出没。上列的报道均出自当时各大报刊驻各县的特约通讯员之手，应该具有很大的可信度。故北伐时期湖南土匪既不可以说"遍布于城乡的每一个角落"[②]，也不可只认为湘西才有土匪，更不可说北伐、农民运动荡尽了湘境内所有土匪。

从地图上观察北伐时期湖南匪患严重的区域，它们大多位于县与县、县与省的临界处。这些地区大多是农民运动很不发达或还没有兴起的封闭落后地区，其中闹匪最甚的沅陵县根本就不曾有农会组织建立的记载。[③]《战士周报》对当时被视为匪县的泸溪的评论是："对于外界政治，素不过问，而且因为交通不便，亦无外界新潮的输入"；"男女衣着，女是宋明时代之装束，赤足布褐，男拖长辫。""不喜爱各种运动，有人发起时，则视为矜奇"。[④] 关于北伐时期湖南上述地区土匪患猖獗的原因，学界虽没有专文述及，但相关论述[⑤]颇多。除了通常认同的生计问题、民风、环境、历史传统等因素外，笔者以为南北交战后的溃兵对北伐时期湖南土匪有着很大的影响。北伐前后，南北要冲的湖南屡为南北势力争夺的重要战场。"历次北军在湖南和地方军队的冲突，翻来覆去，战区总在岳长潭一带。"[⑥] 战败下来的溃兵在农民运动发达的湘中地区很难找到藏身之所，只得往县界或省界处流窜，这就使得北伐时期湖南土匪的边缘化分布非常明显。1927年2月26日《湖南民报》报道了黔军股匪搜劫辰溪时的惨状："廖玉松，

---

① 就湘西而言，民国时候的湘西概念与现在的湘西是大不一样的，当时的湘西还包括现在的怀化市所属各县，以及常德、邵阳、益阳三市部分县市，约有三十个县属地区，面积约相当于湖南的1/3。笔者以为上述意义上"湘西"定义比较恰当，因上述区域都属于真正地理意义上的湖南的西部。文中的湘西亦系指此一区域。

② 彭先国：《湖南民国土匪史探》，第27页，岳麓书社2002年版。

③ 毛泽东：《湖南农民运动考察报告》（东北书店1948年版）第12-18页记载了湖南1926年11月农会发展情况：当时湖南75县中有57县有了农会组织，沅陵不在其内。

④ 《战士周报》第25期，1926年11月21日。

⑤ 冉光海：《中国土匪》（重庆出版社2005年版）中认为土匪产生的原因主要有三：一为世道不公；二为蛮性、民风；三为深山密林。彭先国：《民国湖南土匪史探》（岳麓书社2002年版）中也认同了蔡少卿先生强调的民风对湘西土匪形成的重大影响，他还认为环境、历史传统等与湘西土匪的形成也有很大关联。另外，前面提到的其他治社会史者也多有论述。

⑥ 陈仲民：《湘中农民状况调查》，《东方杂志》第24卷16号，第81页。

年已 70，逼令出洋 300 元……竟受酷刑而死，类此者，不下 20 余人。”3 月 17 日该报又报道：“慈利防军于阴历去年 12 月 26 日全数开拔……讵有匪队李际虞等及袁军余孽，先后来慈……吊羊劫抢，时有所闻，奸淫烧杀”。

行为特点。土匪作为一种以暴力抢劫他人钱物或绑票勒索为主要生存方式的寄生社会群体，其行为自然离不开拦路抢劫、吊羊绑票、勒收保护费或其他反政府反秩序举动。前文提到的彭著的第 3 章从劫财、捉人勒赎与政府对抗等方面对民国湖南土匪的日常行为进行了论述；冉著的第 4 节则从宏观角度对中国境内土匪的行为特点进行了总体概述，偏重的是各地土匪的嗜好或禁忌。笔者所关注的是北伐时期湖南土匪行动的人员数量、武器装备及其战斗力等。

北伐时期湖南土匪的活动多是以群体组织的方式进行，其规模从数人至数千人不等，但以数十人为一股的居多。土匪的装备较前也有了很大的改进，不少土匪组织达到了人手一枪，装备落后的土匪组织其人枪比大多也在 3∶1 以上，且快枪为数不少，其战斗力自然远非一般的农民武装或地方团防所能及。每剿灭一股土匪，剿方都必须得有数倍乃至数十倍以上的优势兵力加以充足的弹药方可。否则，剿与被剿的关系就会颠倒。1927 年 4 月 20 日《湖南民报》就报道了湘西慈利县 500 多名农民自发组织起来，乘夜围剿 80 余名土匪因弹药告竭乃败反被其捉去农民多人枪毙的情形（见表 2 第 24 则报道）。无独有偶，1926 年 10 月 9 日的《大公报》（长沙版）也有“湘东攸县土匪先行侦察位于该县县西门户的龙王桥团防局情形而后将其攻占劫掠一空”的报道（见表 1 第 9 则报道）。从这两则报道我们可以看出北伐时期湖南土匪的战斗力的确不可小视。该时期湖南土匪的战斗力何以较前有了大幅的提升？笔者以为南北势力交锋所产生的大批溃兵的匪化当为重要原因，这些溃兵一般都经过一定程度的正规训练，武器装备也较一般农民武装和地方团防要好得多。因此，一些地方出现剿与被剿，攻与被攻的错位也就不难理解了。也正基于此，北伐时期湖南土匪的活动才显得特别猖獗，乃至占据一方强行派征或扑城劫掠，屡屡与当局为敌（见表 2 第 1、3、6 则报道）。

二、湖南各级军政机关对土匪的态度

北伐时期，大量溃兵涌入了湖南土匪行列，给社会造成的危害比传统意义上的土匪更甚。有鉴于此，北伐军最高军政当局对土匪的态度基本上是“痛剿”。虽然，国民党“一大”通过的第十决议案对土匪游民的总策略是

"以惩服的方法之外，须设法加以感化及收容，使即能获得从事于社会有益之工作机会。"① 但是，由于土匪匪性难移，感化及收容的策略在实施过程中间或有之也很难奏效。1927 年 1 月 28 日《民国日报·长沙版》就曾有湘西沅陵县驻军陈渠珍某部收容该县股匪后又因其匪性不改被迫解散的报道。3 月 11 日，该报靖县通讯也载有该县县长吴松和当地绅士鉴于驻军开拔后无军队驻防，收编当地股匪杨德卿等终酿大祸的情形。与此类似的事例不在少数，举不胜举。此类"感化土匪和收编土匪"的严重后果还引起了北伐军最高军事实权机构总司令部的重视。1927 年 3 月 4 日《民国日报·汉口版》载有标题为"总司令部严禁收编土匪，土匪投诚事属投机，稍假宽容贻祸必大"的南昌快信。其文云："总司令部严禁各军收编股匪，重申前令……迭饬各军，从事痛剿，以清匪氛，但匪徒狡黠，野性难驯，当其势穷力蹙，则暂求来归，至有机可乘，又复顿忙变志，或勾结逆党，希图捣乱，或恣情劫啸杀一隅。至于土匪之投诚，事实投机，殊不可靠，稍假宽容，贻祸必大……本司令前经通电，禁止收编股匪在案，惟恐事过境移，仍有收编股匪之事发，现为此亟应重申前令，嗣后对于股匪，务宜于痛剿绝，毋得任何收编，以贻后患"。由此令可知，北伐最高军事当局对土匪的投机性是看得很透的，一贯主张不可稍假宽容的"痛剿"，为防止各军时过境迁藉各种名义收编土匪还屡屡颁布过禁令。

事实上，湖南省的高层军政部门在土匪问题上也是秉承了北伐军总司令部的"痛剿"意志。1926 年 10 月初，湖南省军事厅厅长唐生智针对各县匪势猖獗的情形，曾通令各县县长将本县客军、省军、团丁、警备队等兵力情形详细调查，以凭调遣，分途会剿。② 湖南省政府也于 1926 年 11 月初"令委戴斗垣为湘西河盂剿匪司令，一面令知湘西各驻军协同剿匪"③。此后，湖南各军政机关应各地民众严剿土匪的请求饬令派军的报道更是屡见报端。1927 年元月 19 日的《民国日报·汉口版》载有湘西澧县驻军独立旅庐旅长奉命会同该县团防切实痛剿土匪的报道。从 1927 年元月到 3 月的短短两个月间，湖南军政当局在地方党部和民众的要求下，曾两次派数团正规部队围剿湘南宁远县的土匪。④ 但是，以上事例也并不意味着湖南地方驻军及基层军政部门在具体实施"痛剿"政策时是铁板一块。一些地方（如前文所述的湘西的沅陵县及靖县）甚至还违反上级政策明目张胆地收编或变相收编土匪。就连时任国民革命军三十五军军长的何键在北伐军总司令部三令五申不准以任何形式

① 荣孟源：《中国国民党历次代表大会及中央全会资料》，第 41 页，光明日报出版社 1985 年版。

② 《湖南民报》1926 年 10 月 4 日。

③ 《湖南民报》1926 年 11 月 3 日。

④ 《民国日报·汉口版》1927 年 1 月 21 日、《湖南民报》1927 年 3 月 10 日。

收编土匪的情况下，还制订了允许土匪从军的所谓“清匪计划”。该计划被发往匪患严重的湘西20余县，令该县县长查照办理，规定土匪“若能弃匪从军准其具结悔过”①。

综上所述，我们可知北伐时期湖南省高层军政部门对北伐军中央政府的“痛剿”政策是比较认同并积极奉行的，而一些地方驻军、基层政权组织在具体实施这种政策时依旧还存在着“容匪”甚至“纵匪”现象。不过，总体而言，北伐时期，湖南各级军政机关“痛剿”的态度一直是居于主流地位。

三、北伐时期湖南土匪剿而仍猖的原因

北伐时期，各种“清匪”的历史合力在湖南得到了前所未有的良性配制，然最终仍没有实现彻底肃清境内土匪的夙愿，大量土匪依旧在一些边界地区或水陆交通要道猖狂劫掠，其情形甚至比以前有过之而无不及。土匪剿而仍猖的原因笔者以为除了前文曾提到的农民运动发展的不平衡性、学界谈论较多的生产凋敝、吏治腐化、军阀混战、自然灾害等造成的下层民众的生计问题以及地方民风、历史传承等方面外（笔者前文也有所论述，见注解第8条），至少还有两点应加以考虑：

其一，北伐仍在进行中，中国尚未一统，湖南驻防兵力严重不足。北伐军1926年7月攻占湖南后与北洋军阀的战事仍在紧张进行，湖南绝大部分驻军被抽调，湖南各地兵力空虚，连当时被称为“匪县”的泸溪县也仅有防军一连（共28人，其中官长5人），驻县城。② 1927年3月18日的《民国日报·汉口版》亦有“政府以正用兵，未能及时积极为民（为湘西人民）除匪”之说。驻防军兵力严重不足，使得湖南各地“清匪”的任务主要落到了当地农民、团防的身上，而各地农民和团防的装备、战斗力大多又不及土匪。待到正规防军从异地赶来增援时，土匪早已劫掠而去。

其二，驻军、劣绅与土匪相勾结。北伐军攻占湘境后，湖南的武装力量有客军（外省军）、省军、警备队、团防队及其他各色武装，可谓鱼龙混杂。一些地方驻军“只知要钱吃饭……纵闻有匪，亦不派队往剿，以至枝蔓难险。养成大患。③ 为了自身之私利，一些地方劣绅甚至还大大方方的宴请土匪并将枪械直接赠与土匪，并阻止团练剿匪。④

---

① 《民国日报·汉口版》1927年3月28日。
② 《战士·周报》第25期，1926年11月21日。
③ 《大公报·长沙版》1926年12月12日。
④ 《战士·周报》第32期（1927年1月11日）。

国民党要人陈树人曾在1927年1月所作的“粤政府目前四大政策”的报告中认为：“剿匪分治标和治本两法。治本办法，是解决人民生活。治标办法，是编练军队剿匪。”① 由此观之，北伐时期的湖南的治匪显然尚处在治标阶段，它离彻底荡清湘境土匪的治本阶段还有很长的一段路要走，这或许正是北伐时期湖南土匪剿而仍猖的根本原因。

① 《民国日报·汉口版》1927年1月14日。

六　南京国民政府时期的土匪

一首土匪歌谣的研究

土匪是社会边缘群体，它在很大程度上克服了单个游民的散漫性和弱势性。对主流社会和政府方面来说，他们是现存社会秩序、法规习俗的潜在威胁，有可能对国家、上层社会造成重大危害。从19世纪50年代到20世纪20年代在华南、华中与华北土匪中流传的歌谣充满了前景的憧憬与对富人深深的敌意，更多突显了土匪这一下层社会群体对抗现存社会秩序的一面。

太平天国金田起义前后，广西天地会首领张嘉祥和拜上帝会都提出过：

上等之人欠我钱，中等之人得觉眠，
下等之人跟我去，好过租牛耕瘦田。①

天地会和拜上帝会不约而同提出这一口号均体现了“下等人”反抗地主剥削压迫的强烈要求。以后这一歌谣及其变体广为流行，多见记载，在下层社会中有很高的认同度，在相当程度上消解了他们原先在行事过程中承担的道德压力和良心追问，有助于克服他们的自卑感，减少由羞耻心带来的沮丧情绪。原来设定的道德底线被打破，代之而起的是一种由天经地义的正义感带来的新的价值认定，有了它，大可心安理得理直气壮地为所欲为。

1917年湘西南会同县哥老会首领曾凡仁张贴布告称：

上等之人欠我钱，中等之人莫管闲，
下等之人随我去，酒里困来肉里眠。
家中若有儿和女，一天分你吊把钱。②

布告对入伙后美好生活的描述和承诺，充分释放了普通农民潜意识中蕴藏的在平日劳作中无法实现的欲望和需求，以此激发他们形成在特殊的反叛时期的巨大行动能量。布告发出后，入会者从最初的百余人很快增加到数千人。

在豫西镇平，号称“打富济贫治山河”的杆首王安娃在北洋军阀时期自编歌谣，广为传布：

① 广西省太平天国文史调查团：《太平天国起义调查报告》，第50页，三联书店1956年版。
② 《千万里转战》，第5页。

没有家产的跟我干，十亩八亩的安心种庄田，
三十亩五十亩的欠的钱，顷儿八十亩你还不免。[①]

1923年山东临城劫车案土匪中流传的歌谣：

上等人们该我钱，中等人们莫管闲，
下等人们快来吧，跟我上山来过年。[②]

1927年10月，太湖湖匪在浙江安吉在街头张贴招兵广告，内有“住瓦房的人是欠我的钱，住茅屋的人是种我的田，有人来投军，每日两块钱”等语，[③] 要求富人出钱，穷人出力。

上述系列歌谣对于生存资源不断丧失度日维艰的穷苦农民以及已经破产成为游民的人来说，不啻是颇具诱惑力的生存曙光，是他们敢于入伙进行反抗斗争的力量源泉和心理背景。土匪是一特殊的社会边缘群体，他们不甘心劣质的生活水准，对美好生活充满着期待，又无法通过正常的途径从社会底层挤进主流阶层。这种对前景的憧憬与对富人深深的敌意互相交织在一起。在社会分配严重不公、他们的要求得不到满足时往往会以他们自认为正确的极端方式去夺取。特别是在他们面临生存危机时，会产生出更为激烈的社会越轨现象。

① 转引自《近代史研究》1997年第5期，第144页。
② ［日］长野朗：《土匪·军队·红枪会》，第3-4页。
③ 《土匪游浸之浙属安吉》，《申报》1927年10月28日。

二十世纪二三十年代中国女性匪首的婚姻家庭概观

在中国近代土匪的行列里，女性匪首十分引人注目。早在1918年8月14日《大公报》就爆出妇女和小孩皆为匪的猛料。① 接着，8月20日的《大公报》又揭示“山东发现女匪，报纸已屡经记载，然所纪女匪不过大股匪徒中，偶有一二妇女而已，非纯粹的女匪也。今单县发现之女匪，竟拔戟自成一队，以与官军抗战，而官军且不能敌，此路女匪之雌威，亦可惊矣。”② 不过总体而言，女性匪首数量偏少，对她们进行研究的学术成果十分稀缺，有待史学工作者开发挖掘。

一

在中国传统社会中，妇女是没有社会地位的。个别女强人混迹于上层社会主要是通过婚姻的途径，以丈夫为护身符，在丈夫的生前或死后取得一部乃至全部权力的。武则天、慈禧就是例子。在下层社会，少数女性找个好丈夫通过婚姻取得权力，在丈夫死后接管其权力，也是她们出人头地的捷径。太平天国时期广西天地会首领苏三娘便是如此。女性成为匪伙首领有的也是通过这条途径。如东北女匪首驼龙，原名张素贞，奉天辽阳人，19岁时即被人骗到长春某妓院充妓女，后与嫖客、仁义军匪首大龙在妓院结识，俩人情投意合，订为终身。张素贞被大龙用三千元高价从妓院赎出并结为夫妻后，就跟随大龙参加了匪伙。她在以后的六年中“熟习枪马，强悍异常”。1924年春天大龙在长春毙命后，张素贞即自任匪伙大当家，报号“驼龙”。为了扩充实力，驼龙旋转嫁土匪九龙，“扬言替大龙复仇，谋攻省城”。后来九龙在与吉林县游巡队接仗时阵亡，再次受到重大打击后的驼龙又投奔双城县境女匪一枝花伙中，充二当家。当一枝花因与其意见不合主动让出双城地盘转入依兰县境后，驼龙即“自为大当家，领有匪众二

① 无妄：《妇稚亦为匪乎》，《大公报》1918年8月14日。

② 无妄：《大股女匪出现矣》，《大公报》1918年8月20日。

千人"[①]。又如太湖女匪首王八妹，浙江平阳人，从1929年起与土匪施连元姘识，"做贩私盐生意"。施连元抢劫浙江海盐澉浦镇案发后，王八妹见靠施作匪首无望，借口"外面风声紧张……就和他拆姘头"。不甘寂寞的王八妹在独宿松江新桥头期间，又与"营长何某姘识"，在兵匪不分、兵匪一家的社会条件下逐渐走上了通往匪首之路。[②]

有些女性原先的配偶是老实巴交的普通农民，只是在其前夫死后因生活所迫再嫁匪首。如山东女杆首赵妈妈，她的前夫是江苏沭阳县墩上庄的一个普通农民。前夫死时赵妈妈年仅21岁，为解决生活出路改嫁匪首赵登山，与赵生有一子三女。1922年赵登山及其儿子赵遁因匪伙分赃不均先后在火并中丧生。赵妈妈在此之后只得领着三个女儿易地居住，旋又决定将长女许配给匪首高强（即楼梯子）为妻，她本人和其他二个女儿随长女、女婿一道生活，"同在河疃庄，结伙盘踞，四外抢劫"。渐渐地烧杀抢掠成了赵妈妈一家人的生活方式。同年冬高强被官军打死后，已"善驰逐"的赵妈妈即以丈母娘的身份接管了"全杆匪伙四百余人"[③]。匪众拥护赵妈妈为首，是因为她能运筹帷幄，发号施令，且所作所为均有利可图。

女匪驼龙绑票图

当然，也有自己拉起队伍，打下地盘的女匪首。如吉林女匪一枝花王某，嫁给双城县某巨绅。其夫因涉嫌伪自治犯杨锡九案在长春被杀后，她"逃入山中为匪，一意与官吏作对"[④]。起初"手下原有匪众千余名，在五常双城界内，绑夺人畜，劫掠行旅"[⑤]，势力渐大。驼龙前来投奔入伙。不过当一枝花与驼龙因意见不合而分道扬镳后，在依兰新区行动困难，加上她对部下约束不够严，所以队伍逐渐减少至二三百人。一枝花在万般无奈的情况下姘识了匪首占北原，以继续其土匪生涯。她在政府当局派兵围剿之际，"同其姘夫带领70余人，

① 《吉林著名女匪驼龙伏法》，《申报》1925年2月9日。
② 《女匪首王八妹审讯记》，《申报》1933年8月3日。
③ 《临沂五旅长宣布女匪罪状》，《申报》1924年6月18日。
④ 《吉林著名女匪驼龙伏法》，《申报》1925年2月9日。
⑤ 《吉林女匪一枝花落网》，《申报》1926年8月25日。

窜入五常山中"[1]。吉林桦甸、磐石等县女匪首金平的经历与一枝花相似。金平原名许孔氏，为匪后她"曾带伙百女七十名"。1925年春金平被捕时年仅35岁，不过早已是"积年巨匪"了。当时她已怀胎五六个月，据她供称本夫是报号"东斗"的匪首许某。由此可以推断；她与东斗的结合不会太早，她在匪伙当中的首领地位不可能是东斗给予的。当然金平委身东斗有利于维护和加强前者在匪伙中的既定领导地位。[2]

真正自立门户，苦撑到底，不愿以委身男性土匪来维持首领地位的女匪首很少。这种女匪首可归入旧时从一而终的妇女中去，她们有着十分强烈的传统意识。如豫西匪首张寡妇，原名贺冰清，河南洛宁墙头人，14岁时即嫁给本县北村农民张树斗，与张共生有张明生、张振生、张光生三个儿子。张树斗盛年夭折后，厄运接踵向贺冰清扑来。公公被土匪打死，婆婆吸大烟身亡。贺冰清被迫与张家人分居，不料其子张明生又得暴病死去。这时游手好闲不务正业的小叔张树基为图嫂嫂的家产田户，竟然勾结土匪打死了振生和光生这两个亲侄子，并且卖掉了三个侄媳妇。贺冰清这时"因为全家死亡，一时气愤，遂将地亩卖去许多，买了几百支枪架杆为匪"。显然，张寡妇在土匪队伍中的权威来自于她的投资。据她自称"各杆的枪我出钱买的很多，各杆大半都听我的命令"[3]。在男性占绝对多数的土匪队伍中，张寡妇虽然没有在其中选择丈夫，但还是挑选了不少干儿子作为她的亲信和小头目，便于她指使和差遣。

二

如同在秘密会党和教门中一样，在土匪内部既有真实的亲属关系又有虚拟的亲缘关系。前者是与生俱来的，但数量有限。后者是人为的，从理论上讲数量是无限的。近墨者黑，女匪首的家庭成员不少是为匪的。如金平，其夫为匪首东斗，她的大伯报号东侠，原名许海山。又如赵妈妈嫁给土匪的长女，"在土匪中为先锋队，能使两杆盒子枪，齐装齐发"[4]。很明显这与其母亲赵妈妈的诱导和熏陶分不开。在长期动荡不安的土匪生活中，赵妈妈一家人早已对刀光剑影、血雨腥风习以为常，见怪不怪了。然而任何匪首他们的直系亲属、旁系亲属都是有限的，而且出于各种考虑也未必会全数投入匪伙。因此要加强匪伙的凝聚力，提高其战斗力，还需要血缘关系大收义子。匪首可通过各种义子的收养关系，或吸纳新成员或在原有

---

① 《吉林女匪一枝花落网》，《申报》1926年8月25日。

② 《吉林又获匪魁东侠金平四喜》，《申报》1925年4月22日。

③ 《豫西匪首张寡妇伏法》，《申报》1931年7月31日。

④ 《山东女杆首赵妈妈就获》，《申报》1924年6月9日。

成员中培植嫡系和死党。事实上早在18世纪山东清水教起义时，首领王伦就在其新弟子中收了约20名义子义女。19世纪在苏皖边界上活动的匪首吴玉文甚至宣称；他有100多名养子。王伦、吴玉文之所以能够左冲右突，横行一时是与这些义子义女养子的全力支持和拼死苦斗分不开的。了解了这些后，人们对张寡妇在豫西各匪队中均有干儿子这一社会现象就不会感到奇怪了。

三

女性匪首对于女性同胞的态度是一个十分敏感的问题。

在土匪队伍中性比例是严重失调的。一般来说，匪伙清一色全是男性，少数队伍中偶有若干女性也只是点缀而已。对于男性匪首而言，一旦攻城破寨得手，放任弟兄们奸淫妇女是他们的惯用招数。部下为所欲为伤天害理地发泄了性欲之后，自然会知恩图报，更加死心塌地为头领卖力卖命。至于广大妇女的尊严、人格、贞操，他们是根本不顾的。清末广西会党土匪造反时，沂城会党覃火生部攻陷邓闷村后，将该村全体妇女的乳房全部割掉。广南会党武装攻入畈朝后，"驱妇女三百余而去，有不肯行者，贼削木椿自小腹下钉死，道傍积尸垒垒"①。

至本世纪二三十年代，有些女性匪首对于同性姐妹采取了力所能及的保护态度。如一枝花"匪中规则极严，只准掳掠财物，不准奸淫妇女，有违犯者处以死刑"②。正因为她"盗规极严，……所以青年匪徒，不能守律者，多相率引去"，队伍由千余人衰减为二三百人。"③ 无独有偶，张寡妇当了豫西总架杆后，反复告诫她的干儿子们，"女票不能欺侮，快结婚、还没有出嫁的快票，谁也不准近身"④。所谓快票即必须当天赎回的未婚女子。对于因故当天来不及赎回的女票，张寡妇亲自放哨保护，且击毙过企图强奸女票的匪徒。一枝花、张寡妇等人对于女性同胞持一定的保护态度与她们为匪是要与官府作对的宗旨有关。采取了上述措施后，缓解或改善了这两支匪队与当地民众的关系，但不可避免地引起了匪伙内部的不满和怨愤。女性匪首无法解决这一棘手的两难问题。

对于多数女匪首来说，她们出于报复整个社会的心态，泯灭了良知，对广大无辜的妇女毫无怜悯之心。如1923年8月，赵妈妈匪股攻入八里巷

---

① 徐舸：《清末广西天地会风云录》，第151页、第43页，广西师范大学出版社1990年版。

② 《吉林著名女匪驼龙伏法》，《申报》1925年2月9日。

③ 《吉林女匪一枝花落网》，《申报》1926年8月25日。

④ 《近代中国土匪实录》下卷，第248页，群众出版社1992年版。

庄后，“随闭庄门，先将村中男子一一枪毙，继缚妇女 60 余人，手中多抱婴孩，匪党请命于赵，赵命悉数杀劫，……即鸡犬亦不留一命”。事后赵妈妈扬言，凡有敢于抵抗者“即以该村为例”①。其实只要有利可图，不管对方抵抗与否，女性同样是女匪首袭击肆虐的对象。1923 年春夏之交赵妈妈本人曾在郯城大官庄、郭疃庄频繁绑架女票多名，作为勒索财物的人质。吉林女匪首驼龙更是丧尽天良，自加入一枝花匪伙后置原有纪律于不顾，“入一村屯，先将年轻妇女圈一空室中，命部下各匪任意污辱”，以此作为吸引青年无赖入伙的条件。1922 年初她在临刑时称，“死我手下者不知几千人，一个娘儿们，能纵横数百里，屡抗官兵，总算露脸了。”② 然而她不知道有多少无辜的妇女死于她手中，她一个人的“露脸”是以多少妇女的失身以至丧命为代价的。

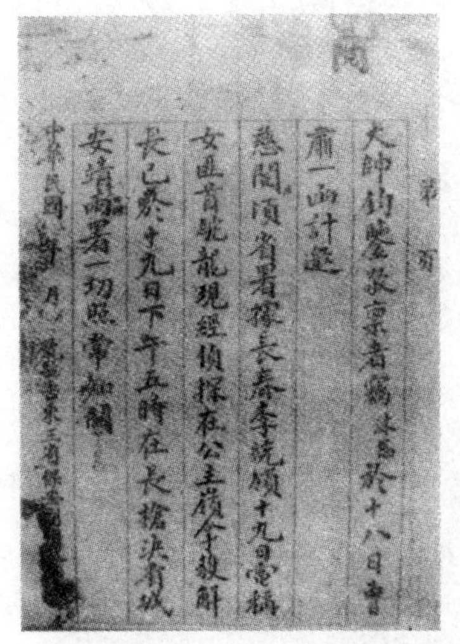
大帥鈞鑒敬稟者竊[illegible]於十八日奉
肅一函計達
[illegible]閱須省署據長春[illegible]十九日電稱
女匪首駝龍現經偵探在公主嶺拿獲解
長已於十九日下午五時在長槍決省城
安靖商[illegible]一切照常[illegible]
中華民國 年 月 日

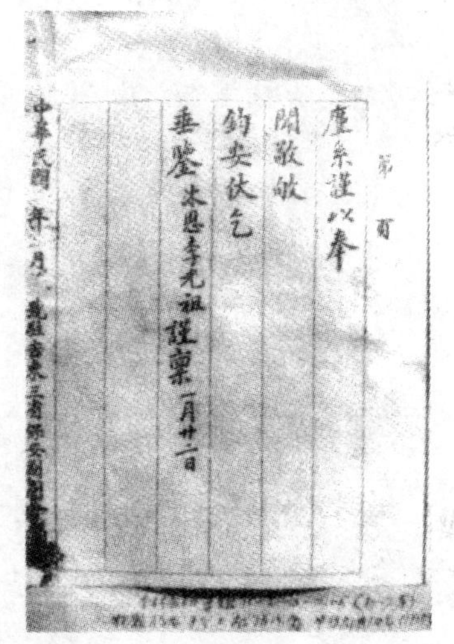
[illegible]謹以奉
聞敬叩
鈞安伏乞
垂鑒 [illegible]謹稟 一月廿一日
中華民國 年 月 日

东三省保安副司令就处决驼龙致张作霖函

四

女性匪首表面上看来是言出法随，威风凛凛，不可一世，但这并不意味着女权的提高或兴盛。相反，由于受传统伦理、文化观念的束缚和制约，她们在匪众中的日子并不是太好过的。较之男性匪首，她们的地位仍是不够稳定的。男性匪首可以把抢来的美女作为自己的压寨夫人，也可把掠夺来的女票赏给部下为妻，帮助他们建立家庭以巩固职业上的联系（如果为匪也可算

① 《山东女杆首赵妈妈就获》，《申报》1924 年 6 月 9 日。

② 《吉林著名女匪驼龙伏法》，《申报》1925 年 2 月 9 日。

种职业的话）。一般匪徒可以肆意强奸妇女（如果其首领没有特别约束的话）或在空闲时逛窑子嫖妓。所有这一切，在男性匪徒看来都是天经地义，无可指责的。但他们就是不能容忍自己的女首领改嫁或与其他男匪首姘居。如驼龙出身妓院，二任丈夫大龙、九龙又先后死于非命，匪徒们据此视她为克夫的“不祥物，谋去之”。驼龙亦自知“不可久留”①，只得采取投奔一枝花的下策。又如一枝花原本在匪队中名声颇佳，但当她与匪首占北原姘识后，声望大跌。“渐为部下所不齿”②，匪队的离心力因此更加严重了。其实，女性匪首也多为青年妇女，有自己正常的性欲。有时候她们与男匪首姘居还含有借助对方的实力来维持自己对匪伙的控制的考虑在内。因此她们的性生活尽管不够正规（从传统眼光看来）、不够严肃，还是可以理解的。

被押往刑场的驼龙

问题是有些女匪首在掌握一部分生杀予夺大权的特定条件下，往往纵欲无度，生活糜烂。如驼龙一方面纵容部下肆意污辱女性，满足他们的性欲，另一方面她自己“又遴选匪中年少而强有力者16人为卫队，实则面首也”。驼龙如此腐化，臭名远扬，自然引起了大当家一枝花的极大反感。一枝花为压制邪气，屡思火并，只是“惧其人众，不敢下手”，所以只得将双

① 《吉林著名女匪驼龙伏法》，《申报》1925年2月9日。
② 《吉林女匪一枝花落网》，《申报》1926年8月25日。

城一带地盘拱手相让，自己率部另闯天下。[1] 又如广东籍女匪首白太太，名金玉，“为匪数年，作案无数，杀人亦无算，每次作恶架票，有健美之男子即留充面首不放”[2]。对于驼龙（指后期驼龙）、白太太之流来说，男女之间良好真挚的情感是没有的，有的只是原始性欲的发泄与满足。她们的人格是低下的，精神是扭曲的，情欲是变态的，根本谈不上有什么美满幸福的婚姻与家庭。

1939 年 10 月号《麒麟》杂志中《女匪驼龙》二

总而言之，女性匪首这一丑恶社会现象实质上是整个旧社会的病态表现之一。只有彻底改造旧社会，才能铲除产生形形色色女性匪首的土壤。

① 《吉林著名女匪驼龙伏法》，《申报》1925 年 2 月 9 日。
② 《广东女匪首就捕》，《申报》1934 年 11 月 20 日。

刘桂堂与各派军阀[1]

土匪组织是一个为解决基本生存问题而从事非法抢劫绑架行为的武装暴力集团，他们“被迫到没有任何谋生的正当途径，不得不寻找不正当的职业过活”[2]。武器是一个匪帮得以存在与扩张的重要条件。他们通过抢劫来的非法钱财，除了生活开支外，主要用来购买枪支弹药，充实匪帮的武器装备，以增强战斗力，从而扩大活动能力，拓展生存空间。匪帮内部也以枪械的多少参与分赃，并决定一个匪徒在匪帮中的地位。于是整个匪帮上上下下都在不断追求最新式的武器。所以在一般像刘桂堂这样的大匪帮中，武器是相当先进的。再加上军队化组织与内部严密的纪律，俨然就是一支正式军队的模样。

军队的重要职责就是保境安民，剿除土匪是军队做到保境安民的最主要行为，毫无疑问军队是土匪的对立面。然而在北洋军阀乃至南京国民政府统治时期，政府军队与土匪并非是水火不相容的关系，土匪可以转变为国家的正式军队，军队也往往流变为土匪，成为匪兵；或者兵匪相互勾结，是所谓“兵匪一家”；或者土匪打着军队的招牌，却干着杀人放火的土匪勾当，是所谓“亦兵亦匪”。这一时期的特殊时代背景决定了土匪与军队的复杂关系。刘桂堂与各派军阀的关系就是一个典型的例证。

一、兵匪相通

刘桂堂匪帮在1925年张宗昌督鲁时有匪众千余人，但是到1928年张垮台之际，却已膨胀到万余人，短短3年中就扩充了10倍，这是刘匪帮势力急剧扩张的时期。究其原因，除了前述鲁南特殊背景之外，主要张宗昌的剿匪部队，非但不行剿匪事，反而与刘桂堂相互勾结，串通一气，致使土匪越剿越多。军队与刘匪部相通的表现有多种多样，主要有以下几种方式：

第一，进行“银元换子弹”的商业勾当。官兵借剿匪为名，以枪支卖与土匪，获取钱财，土匪得到枪弹，改善了装备，真可谓“两便”。1925年张宗昌

① 本文作者为欧七斤。

② 毛泽东：《中国革命与中国共产党》，《毛泽东选集》第二卷，第645-646页，人民出版社1991年版。

当上山东督军后，派素有“少管闲事”之称的旅长黄凤歧到鲁南山区剿匪。黄旅在蒙山与刘部遭遇，假装败退，丢下大批武器弹药，土匪得到武器，在战场上放下大宗银元，黄部再次攻上山，见状大喜，便对空中乱放一阵枪，土匪得到武器后暂时转移他处。黄旅长向上级说土匪已被赶走，就胜利而返。[①]

这种互通有无的勾结方式在刘桂堂与军队之间时有发生。1927 年冬，张宗昌派方永昌旅九十三团赴鲁南清剿刘匪。团长雷某先与刘关系密切的当地地主孙元甲密谋一番，然后才开始作演戏式的“战斗”。他率部从远处用迫击炮轰击刘匪占据的蒙山摩天岭，炮弹纷纷落在岭下，接着步兵冲到岭上，把土匪打跑了。官兵故意把帽子摘下休息，在每个帽子的底下都放上子弹。这时刘匪发动反攻，经过“战斗”，官兵佯作不支败退，匪徒一到就掀开帽子，收起子弹换上银元，官兵发起二次“冲锋”，刘匪又佯装败走，官兵攻到岭上将银元拿走，“战斗”即告结束。[②] 刘桂堂匪部从军队手中获得武器，补充改善了装备；剿匪部队以枪支卖与土匪，又没有人员伤亡就获取厚利，回去向上谎报土匪难剿，枪支弹药在战斗中消耗了，就算混过差事。正如时人指出：“匪与兵勾计得其子弹，兵与匪联络得其货财”[③]。

第二，花钱消灾，买路逸走。这种情况主要发生在刘遭到官军的大举进剿之时，或行将被剿灭之际。1925 年张宗昌曾组织其主力部队宁旅及县警备队、民团对刘匪进行围剿。县警备队和民团从蒙山前正面进攻，宁旅从后面包剿，最后将刘围困于龟蒙顶，插翅难逃。县警备队和民团攻到山顶时，却不见一个匪徒。后来才知道刘桂堂花钱买通宁旅，把匪徒全部放跑了。[④] 同年，刘率其匪部窜入莱芜，张宗昌又派旅长辛海岑带领九十四团尾随其后，辛旅有一定的作战经验，枪械也好。但他们是有名的“双枪军”，既有打仗的长短枪，又有吸大烟的烟枪，士气不高，纯属应付了事。刘桂堂意识到这一点，就通过各种渠道，秘密与辛旅勾结上，奉送大批银元和鸦片，并说：“咱们都无仇无怨的，我们混碗饭吃，老总们抬抬手就过去了。”有钱能使鬼推磨，官兵们得了金银和鸦片，并不去真心剿匪，敷衍一阵，就沿胶济铁路撤走了。[⑤]

第三，兵匪相安，各不相扰。这就是说两厢相遇，互相观望，保持一定的距离，形成“兵去匪来，匪去兵来”的局面。1927 年 4 月 26 日，刘桂堂率部在莱芜红山寨制造了杀害 369 人的大惨案。其实，这个惨案是能够避免的。

---

① 李以荣：《简述刘桂堂的发迹史》，《费县文史资料》第二辑《刘桂堂专辑》以下简称《专辑》，第 6 页，1987 年刊行。

② 参见孙笑声：《刘匪在蒙山一带的活动》，《专辑》，第 10 页。

③ 陆军部档（1011）6060，转引自蔡少卿主编：《民国时期的土匪》，第 17 页，中国人民大学出版社 1993 年版。

④ 参见孙笑声：《刘匪在蒙山一带的活动》，《专辑》，第 11 页。

⑤ 董维：《刘匪欠莱芜人民的血债罄竹难书》，《专辑》，第 89 页。

4月23日，张宗昌的九十六团就打着“剿匪”的旗号开到莱芜城，却与土匪暗中勾结，在城中按兵不动。莱芜距红山仅60里，急行军半天即可到达，红山之危可解，百姓可免遭浩劫。但九十六团一直拖到4月27日才到达，而红山寨已经于26日失守，土匪早撤走了，他们只是把土匪未能带走的东西抢劫一空。土匪没打着，人民反更遭殃。正如报刊所言：“官匪相安，各不相扰，所谓‘任匪杀人，无人杀匪’”①。

1934年初，刘桂堂在察哈尔省赤城一带率部众南窜，由察而冀，由冀入豫，又由豫抵鲁，历时二月余，一渡大河三越铁路，所经路途，不下3000里，扰害区域不下百余县。华北数省，“月输军费至四百万之巨，所养纠纠桓桓者，不下二三十万之众”②，剿除刘桂堂数千匪众还是绰绰有余的。然而，刘桂堂却能驰骋纵横，如入无人之境。之所以出现这种奇怪的现象，是因为剿匪地方军队为保存各自实力，无意剿匪，赶入他境了事。1934年1月刘桂堂在察哈尔初叛时，宋哲元令李九思率领一团兵力跟踪刘桂堂，距30华里尾随，只追不打。刘桂堂率部南逃到南口以东、山口西边的山峪里时，四周有宋哲元的部队，如果李九思一打，刘桂堂部就会全军覆没。因宋有言在先，只跟踪不攻打，刘桂堂得以逃出死谷，很快又发展成以骑兵为主力的土匪队伍，酿成1934年春刘桂堂骚扰数省的严重后果。③ 刘桂堂南窜到河北涉县时，驻扎县城数日，“军队相去亦近，而不能合围”。在河南渡黄河时，刘部“并无利器，闻为编制木筏，曾逗留河岸两日之久，当时追剿之部队，仅在数十里外，何以不能阻之于河上”④。

民国时期特别是北洋军阀统治时期，出现兵匪相通的奇怪现象，一是因为许多军队本来就是由招抚的土匪组成，造成土匪在军队中许多熟人，为兵匪相通提供了可能性。刘桂堂1934年初南窜区域，许多地方军队在中原大战时就与刘相熟相处。二是因为治军不严，军饷不足，军队借剿匪为名而行私饱中囊之实。三是保存势力，以邻为壑。上述宋哲元令李九思尾随刘其后，将刘赶出辖区就是佐证。

二、由匪而兵，亦兵亦匪

民国时期军队与土匪之间不仅相互勾结，而且当一支土匪队伍发展到一定规模时，出于各自不同的目的，军队收编土匪为正式军队，土匪也愿意加

① 《大公报》1929年10月10日。
② 《大公报》1934年1月26日。
③ 参见李致远：《刘桂堂部活动在察北》，《专辑》，第137页。
④ 《大公报》1934年3月25日。

入军队之中。土匪实现由匪而兵的转变，成为拿军饷穿军装的政府军或地方军队。刘桂堂自1927年底初次被张宗昌收编，至抗日战争时期被击毙时为止，一共反复被政府军或地方军队收编达十几次之多（参见下表）。然而名为正式军队，本质仍然是土匪队伍，成为典型的匪兵。

对于刘桂堂来说，接受招抚收编有以下几点好处：

第一，免于军队追剿。1930年底，刘桂堂自大名回窜鲁南，韩复榘派大军围剿。刘桂堂一面收罗鲁南旧部，迅速扩充至万余人，作拼命顽抗；一面多次请求收编。10月初刘桂堂“电请副张（即张学良）收编，愿做抗日前驱”[①]。又向韩复榘表示愿将老母妻子送到济南为人质，以示投诚决心。几经接洽，最后于1932年初刘部被收编为山东警备军，韩复榘为总指挥，刘桂堂任副总指挥，开赴高唐驻防。

第二，可以打着军队的招牌，进行公开合法的抢劫。1928年6月，刘桂堂匪部被编为北伐先遣军，驻莒县时“索需给养，培克无厌”[②]。1929年初在安邱，“自称军长的刘桂堂率万人窜入县城，向县内国民党党部勒索10万银元”[③]。更有甚者，1930年春刘部驻河南禹县时，“派民付其月饷五万余元，刘闭城门七天，按贫富派款，多者千元，少者数十元，拿不出者动用酷刑，有人被逼自杀。刘共勒索十四万元，在调驻新郑途中，掠牛车千余辆”[④]。如此行径，不一而足。由此可知刘部名为政府军，土匪本质始终没有改变，实属亦兵亦匪或称为匪兵。

刘桂堂接受收编情况统计表[⑤]

序次	时间	收编者	收编及驻扎地点	番号	人数
1	1927年底—1928年初	张宗昌	鲁南/（具体地点不详）	不详	约10000
2	1928.06—1929.02	何应钦	费县/（驻莒县）	北伐先遣军	15000~20000
3	1929.06—1930.05	蒋介石	临淄/（驻禹县、临汝）	新编陆军第四师	约6000
4	1930.05—1930.10	冯玉祥、阎锡山	河南/（具体地点不详）	第26军	12000

① 《申报》1931年10月4日。

② 《莒县志》卷19《军事土匪武装》，第727页，中华书局1999年版。

③ 《安邱县志》，第255页，山东人民出版社1992年版。

④ 《禹州市志》，第42页，中州古籍出版社1989年版。

⑤ 注：为了完整将刘桂堂接受收编情况表现出来，此表也包括被日本、日伪军收编次数。

5	1931.05—1931.08	张学良	不详/大名	东北军第二军混成第六旅	约3000
6	1932.01—1932.06	韩复榘	泰安大汶口/高唐	山东警备军	约6000
7	1932.09—1933.03	汤玉麟	热河开鲁、林西/同左	抗日义勇第二军	不详
8	1933.04—1933.06	伪满洲国	热河/多伦、沽源	第三路军	7000～8000
9	1933.06—1933.08	冯玉祥	察哈尔康保一带/同左	察哈尔抗日同盟军第十七军	约6000
10	1933.09—1933.12	宋哲元	察哈尔赤城一带/同左	察东剿匪部队	约10000
11	1937年夏	日军	不详/绥蒙边境	华北防共军	5000多
12	1937.12—1938年底	日军	鲁北/胶东	皇协军前进总司令	1000多
13	1939年初—1943.08	于学忠	费县/同左	新编36师	7000～8000
14	1943.08—1943.01	日军	费县/同左	和平救国军第十军第三师	2500

资料来源：《费县文史资料》第二辑：《刘桂堂专辑》（1987年）；《申报》。

第三，获取军饷和枪支弹药。这也是刘桂堂接受招抚的一个重要动机。1928年6月2日《申报》载："蒋遂任命刘为北伐先遣军军长。……近顷总部对刘呈报，已核准二万人拨给军装给养，俟点验时发放"。又如，1933年9月刘桂堂被宋哲元收编，驻扎在察哈尔赤城一带，刘桂堂派"代表时来省垣，不曰请饷，即请增械"①。中原大战时，冯阎为扩充兵力，分化蒋军，诱以厚饷，刘桂堂欣然反蒋投冯阎。刘部被编为第二十六军，获得了74门钢炮，12挺重机枪，140支冲锋枪，还有200万元军饷。稳定军饷是刘桂堂的经济来源，枪械是维持抢劫的重要手段。从中不难得出刘桂堂投靠各路军阀的动机。有时候谁开的价高就跟谁，以至于多次被收编，屡收屡叛，反映了土匪的反复性。

北洋军阀统治时期招匪为兵的现象比较普遍，许多军队中都有招抚收编的土匪。如四川北部的土匪，在反袁战争时加入"护国军"，在张勋复辟时称"保皇军"，南北之战时又称"靖国军"。闽西卢兴邦的军队、湘西周朝武的军队都是匪军。② 南京国民政府成立后，完成了国家形式上的统一。虽然地方军队仍然握有地方军政大权，甚至会爆发新军阀混战。但较前混战不堪的局

① 《申报》1933年12月23日。

② 参见蔡少卿主编：《民国时期的土匪》，第14页，中国人民大学出版社1993年版。

面来说，中央控制能力相对加强，政局稳定，经济建设也有所发展，产生土匪的土壤有所改良。加上这段时期对土匪主要以清剿为主，使土匪发展势头减弱下来，到抗战爆发前土匪发展呈现衰落趋势。专门从事秘密社会史研究的学者邵雍就将南京国民政府时期称为“绿林的衰落时期”。① 然而对于像刘桂堂这样一支产生、发展、壮大于北洋时期的强大匪帮来说，中央政府军或地方军队却在不同时期出于不同的原因，将其收编，使其残存下来，甚至在1933年底居然还当上了“察东剿匪司令”。综合起来讲，各方军队收编刘的原因有以下几个：

第一，剿不灭，只得抚。在耗时漫长、开支浩繁的清剿中，刘桂堂非但没有剪除，反而变得人强马壮，让地方军队束手无策，无可奈何地将其收编成军。这种情况发生过三次。第一次是在1927年底。自1925年张宗昌督鲁以来，就几乎年年派军队往剿，由于兵与匪通等原因，刘桂堂的队伍在不到3年内从千余人发展到万余人，越剿越多，加上张宗昌势力面临垮台，只得改剿为抚。第二次是1932年初。1931年9月刘桂堂第一次回窜鲁南，韩复榘派自己的第三路军左围右剿，转战大半个山东。到年底，刘桂堂循入鲁南山中，招集旧部和附近大小各股土匪，发展成万余人，令韩一时难以剿灭。韩复榘只得将其编为山东警备军，开到平原地带的高唐驻扎，才算将刘桂堂暂时安顿下来。第三次是刘桂堂在高唐叛变后，于1932年6月率部北上，8月到达热河省，汤玉麟的防军在刘的匪军面前居然不堪一击，被刘打得大败，汤被迫收容了刘部，编为“抗日义勇军第二军”，让其在热河鲁北、林西、天山一带驻扎就食。②

第二，扩军备战，加强自身实力的需求。收编土匪可以在短时间内，聚拢成军，能同时带来人和枪，又免于土匪被敌方利用，实在一举数得。1928年初，国民党政府发动二次北伐，徐州行营主任何成浚率部至鲁南，时值“北伐之初，战线蔓延，兵力有不敷分配之苦”③，见刘桂堂人多势众，就地收编，委为北伐先遣军军长。又如在中原大战时，冯阎一方以高职厚薪成功策动刘桂堂在前线反蒋。1933年冯玉祥组织察哈尔抗盟军时，不问出身来历，只要有意抗日都一概接纳，刘桂堂遂成为抗盟军中的重要一支。

第三，恐被日本利用。1929年春，刘桂堂被杨虎城击溃，沦为匪军，流窜胶东一带，有与张宗昌残部与日本方面勾结的迹象，于是国民政府仍将刘桂堂收编，委为新四师，调出胶东到河南了事。在1931年底，韩复榘收编刘

---

① 邵雍：《民国绿林史》，第6页，福建人民出版社2001版。

② 刘映元：《惯匪窜扰七行省》，《专辑》，第143页。

③ 《中华民国史档案资料汇编》第五辑，第一编《军事》（二），第531–535页，江苏古籍出版社1994年版。

时，一方面剿不胜剿；另一方面刘桂堂未收编时，“日人山本曾以50万运动刘匪，使扰胶东”①。时值九一八事变爆发不久，山东形势危急，韩复榘也恐其被日人利用，抢先收编刘匪。

第四，军事活动的善后。中原大战之后，刘因追随阎冯一方而大败，沦为匪兵，流窜河南北部的濮阳、青丰一带，被出关助蒋的张学良编为混六旅。1933年8月，冯玉祥组织的抗盟军失败后，宋哲元任察哈尔省主席，负责解决善后军事安排，刘又被宋编为察东剿匪司令。

从以上各路军阀收编刘桂堂匪部过程中可以看出：第一，不管出于主动收编还是被迫收编，军方采取的都是一种暂时利用的权宜之计。这从刘参加各方军队的时间也可得知。时间最短的是依附张学良，从1931年5月至1931年8月仅有三个月。最长也不到一年，从1929年7月到1930年5月只有10个月之久。一旦土匪没有了利用价值，军队就对土匪实行清剿，这是造成土匪屡招屡败的一个原因。冯玉祥就曾经说：“刘桂堂是大老粗，不懂事，他的兵来去不定，只是利用他罢了，不要和他一般见识”②。第二，招匪而不治匪。每次收编匪帮原班人马，直接加以利用，不加改造，以致匪帮的匪性如故，难以真正编练成军。第三，如上所述，刘桂堂接受收编，主要是为了逃避追剿，获取军饷枪械和利用军队名义公开合法地进行敲诈、勒索。当被剿灭的危险期渡过，军饷停供，枪械止领，复又转向土匪生涯，匪性复发，脱离管制，带着这样的目的是完全为自己匪帮带来更好的生存环境就干，让他执行军事任务可能受到伤亡时，他又叛变。通常的做法是起先非常买力，以获取更多的益处，以后更多的时间则是难以调动，不听命令。

三、由兵而匪

刘接受收编后，从不幻想为谁效忠，也不醉心于捞得一官半职。他深知各路军阀收编他只是利用他一阵而已，过后肯定遭到剿除。这一点他早从他的前辈孙美瑶身上得到深刻教训。1923年6月制造临案的抱犊崮匪首孙美瑶，收编不到半年，就被军阀借机杀害，当时刘桂堂在孙美瑶的队伍中亲身经历这些事，对他在处理收编的事情产生重要影响。1932年春被收编时，刘桂堂曾回忆自己追随他人吃过的招抚之苦：“第一次为张敬尧收抚，到湖南去被缴械。第二次在老窝被缴械，三千枪缴去一千。第三次为孙美瑶，被抚后由第五师吴子明缴械，仅剩一千支枪。”③ 表明他对军队的招抚动机洞若观火。

---

① 《申报》1931年12月21日。

② 李致远：《冯玉祥收编刘桂堂二三事》，《专辑》，第67页。

③ 《申报》1932年1月15日。

1933 年 8 月，当有人问刘桂堂得力助手夏兴德，刘桂堂为何如此“神通”，走南闯北几个省，夏说：“一是刘见机行事，赔本的买卖不做……三是不管对哪部分人都有警戒心”①。这两点就道出了刘对于军队收编的现实态度。

结合刘的多疑特性与实用性动机，加上各路军队对刘桂堂收编皆出于权宜之计，注定双方“合作”短暂性。因此刘桂堂就由兵而匪，成为兵匪，反复无常。1928 年初，张宗昌在山东的统治全面崩溃，张宗昌北逃，刘未随其北上，而是流为匪兵，盘踞蒙山。1929 年春，刘驻莒县，但仍骚扰不堪，民请杨虎城师往剿，刘桂堂又流而为匪。1933 年刘桂堂在察东叛变后，一路流窜河北河南，又回山东，穿梭三千余里，成为闻名一时的全国流匪。

综合刘与军队之间的兵匪相通、由匪而兵、由兵而匪的三种主要关系，可以得出以下结论：第一，民国时期军队和土匪并非不是对立的、水火不相容的关系，有时还可以互相转换角色。第二，军队对土匪采取暂时收编加以利用而不加训练改造的权宜之计，是似刘之类的匪帮终以难剿除的一个主要原因。第三，刘匪招而不安，编而不抚，听编不听遣，表明其性质仍为匪，只是融入军队组织形式而已。第四，从中折射出民国时期特别是南京国民政府统治时期，军事上面的种种弊端，如兵源复杂，战斗力不强；军队指挥权并没有集中于中央手中，而是分散在地方势力派手里，这表现在剿刘时地方军队之间指挥不统一，号令不一致，以邻为壑，地方化倾向等等方面。

① 李致远：《刘桂堂在察北的活动》，《专辑》，第 139 页。

三十年代河南省政府的剿匪及其失败[①]

民国初年，军阀混战，社会控制极度弱化，各地匪患严重，民不聊生。为了抗匪保家，北方各省农民纷纷自发组织了红枪会等武装团体进行自保，一时间枪会运动随着土匪的滋生而席卷了华北各地。南京国民政府成立后，为争取乡村，加强了社会控制，取缔了有着极度不安定因素的民间枪会组织，开始着手剿灭土匪。政府的做法虽然在某种程度上取得了一定的成效，但由于国民党派系的争斗，使得政府行政效率十分低下；吏治的腐败，官员对乡村的压榨，使得乡村社会无法进入良性的运转。所有这些，都无法根除民国社会匪患的根源。因此，南京国民政府也无法摆脱国家权力向乡村渗透与行政效率低下之间的矛盾，匪患因而也称为民国社会无法摆脱的恶瘤。本文试图通过20世纪30年代河南省政府的剿匪措施及围剿豫西著匪崔二旦的过程来看国家权力对乡村的扩张和其行政效能低下的矛盾，从而说明匪患在民国是始终无法得到根除的。

一、国民政府权力向乡村的扩张

1928年，南京国民政府成立后，通过二期北伐，统一了全国，国民党开始了自己的政治统治。为稳定社会，重塑政府威信，国民政府开始剿匪，制定了一系列的法律法规和剿匪计划（当然很大程度上是为了剿灭共产党）。同时，为控制乡村，国民政府明令取缔民间枪会，推行保甲制度。

1927年6月9日，国民政府下令各县一律实行县长制。1930年7月7日，又规定，县下设区，每区以10至50个乡镇组成。100户以上之村庄为乡，不满者得联合附近村庄组成乡；100户以上之集镇为镇，不满者编入乡。乡镇人口不得超过1000户。乡镇设乡镇长1人，超过500户之乡可增设副乡镇长1人。这样，就可使政府的权力直接达到乡一级，加强了国家对社会的控制。出于“剿共”需要，1932年8月，豫鄂皖三省剿匪总司令部颁布《剿匪区内编查保甲户口条例》，规定保甲之编组以户为单位，户设户长；10户为甲，甲设甲长；10甲为保，保设保长。各乡镇将所有居民顺序编定保甲，按号发

① 本文作者为张小波。

给门牌，每5户结具联保连坐声明。[1] 这样更加强了国家对乡村的控制，政府的行政大手基本可以触摸到了每家每户。

1930年10月7日，南京国民政府撇开了中原大战期间张钫在商丘建立的省政府，任命刘峙为河南省政府主席。刘峙下车伊始就宣布了四大“施政方针”，即救济灾民、消灭“匪共”、建设廉能政府、保障革命民权。[2] 刘峙为了彻底肃清河南的“匪共”和民间拉杆武装，成立了全省清乡总局，亲任局长，把全省划分为6个保安区，要求各县建立保安团，地方官吏绥靖不力者要予以严惩。从1931年到1932年间，在国民党正规军的帮助下，曾歼灭了多股拉杆土匪，一定程度上安定了百姓的生活，使得省府的权威在百姓心目中逐步高大起来。然而刘峙此举只不过是项庄舞剑的把戏，他清乡的主要目的是为了剿灭共产党，是为了讨好自己的上司蒋介石。同时，刘峙通过这一措施，来树立自己的形象，确立自己在河南的地位，建立起在河南的统治。

在顺利完成了自己上任后的“三把火”后，刘峙对自己的“施政方针”早不感兴趣了。在农村，农民在旱、兵、匪和高利贷的折磨下，已无力进行正常的农业生产，生活维艰。中原大战期间，各地田赋多进行了预征，有的已经收到了1936年。而刘峙省当局却宣布，敌军所收田赋概不承认，要求重新征收。当时田赋正银折征2.2元，附加民团、教育、地方行政、保安费1.8元。[3] 此举无疑是对濒临破产的农村经济雪上加霜，造成了大量农民破产，搞得民怨沸腾。

刘峙主豫后，为了剿匪，曾大力扩建地方武装。1932年11月，刘峙把省保安处正规直属武装增编为4个团，并配备了新式武器装备。同时，省当局还要求各县成立保卫队，到1934年4月，全省已建立了保安中队386支。保安武装的经费以区为单位统筹统支，由丁银附加提取。据统计，当时全省每年丁银283万两，每两附加1.5元，共计424.5万元；废两改元后，每元附加0.68元。1935年省保安处总部及直属部队开支1274020元，下属部队开支3092765.52元，共计436.8万元。[4] 所有这些经费由田亩摊派，最终都落到了农民头上。政府权力的扩张，使得省府可通过乡长和保甲长直接向农民催征索赋，而保甲长多由地主豪绅担任，他们与乡长勾结，横行乡里，为所欲为。广大农民被玩弄于股掌。由此可见，相对于民初军阀时期，南京国民政府确实加强了对乡村和民众的控制，然而，其结果只是使政府可以更加方便的征粮纳赋，广大农民的处境和地位与民初并无二致。

---

① 邱树森、陈振江：《新编中国通史》第四册，第209页，福建人民出版社1996年版。

② 徐有礼、陈传海：《河南现代史》，第143页，河南大学出版社1992年版。

③ 徐有礼、陈传海：《河南现代史》，第143页，河南大学出版社1992年版。

④ 徐有礼、陈传海：《河南现代史》，第153页，河南大学出版社1992年版。

二、横行豫西的著匪崔二旦

崔二旦[①]，原名崔振声，鲁山县瓦屋人，性情鲁莽，少时好打抱不平。1923年倚仗其表叔樊钟秀之势力，横行乡里，纠集千余乡间宵小，拉杆起事，开始了土匪生涯。

崔二旦为人粗放，实属草莽之代表。樊钟秀南下革命后，崔二旦带着自己的手下加入老洋人的队伍，流窜于川陕豫皖，大开了眼界。后来老洋人被吴佩孚收编，崔二旦重新开始单干，到1931年，已有五千匪众，加上合伙的卫国柱、牛疙瘩、李长有三杆人马，竟达万余人，是当时豫西刀客中最大一杆，声势浩大。崔自封总司令，不但当地民团不敢与之交锋，连剿匪的正规军也要三思而后行。1931年正月中旬，崔二旦从南召西窜，入犯车村，于20日包围了嵩南重镇——车村。崔匪驻扎车村后，疯狂地杀人放火，奸淫掳掠，残暴之行，罄竹难书。崔二旦把司令部设在车村附近的火神庙，正殿摆放两口血迹斑斑的铡刀，粉墙上写着碗口大的20个字："人恨天不恨，天恨不能混；刀杀短命鬼，火烧没福人。"落款："崔总司令"。[②] 匪徒的凶残可见一斑。匪徒在纸房抓到几名年轻妇女和十来个儿童，儿童被拴在磨坊，妇女则被拉到屋里进行轮奸，连十二三岁的女孩也不能幸免。其他儿童破口大骂，匪徒恼羞成怒，竟将十名儿童的双手平放在底磨上，将上磨扇压上去，号啕之声，惨不忍闻。最后一把火连人带房全烧了。匪徒盘踞车村两个月，车村东至没大岭，西之栗树街，长达70华里内的房屋除匪徒住用者外，大多付之一炬。车村东庄是个五十余户的大村，仅留两家住宅。车村西半街民房一间也没留。各村六畜，悉被宰杀食净。据考察，车村方圆数十里内全家安然无事者百不得一。[③]

虽然省府一再要求各地民团和驻军坚决围剿崔二旦股匪，各地民团和驻军也曾奋力围剿，无奈崔匪凶残狡猾，势力强大，省府行政效率低下，民团驻军协调不力，导致崔匪屡剿不止，长期横行于豫西。后来在豫鄂陕三省清乡督办刘镇华和南阳自治领袖别廷芳的联合打击下，崔匪在河南没处存身，才窜往了川陕边境，接受了川军的收编。

然而1936年西安事变后，崔二旦乘陕变各地防务空虚之际，在川陕边境啸聚匪徒两千余人，东山再起。1937年2月，窜回豫西，流窜卢氏、嵩县、

---

① 二旦乃河南方言，即缺心眼、神经病、愣头青、搭错线之类人的统称。1924年樊钟秀过生日，崔振声去祝寿，席间与豫西另一杆首齐怪老发生了冲突，樊钟秀为他圆场，对齐怪老说"此吾表侄，是个'二旦'。"樊钟秀称崔振声为二旦，马上传遍豫西，从此人称他"二旦"，久之，真名遂鲜为人知。

② 黄位中：《民国二十年豫西群匪覆灭见闻》，《洛阳文史资料》第九辑，第55页。

③ 黄位中：《民国二十年豫西群匪覆灭见闻》，《洛阳文史资料》第九辑，第56-57页。

洛宁、洛阳、陕县等地，给当地人民造成了无穷的灾难。崔匪一路上被正规军、保安队、民团围追堵截，伤亡甚重。豫皖绥署为根除崔匪，永绝后患，曾悬赏三千元生擒或击毙崔二旦。[①] 可惜由于各支围剿部队协同不力，崔二旦眼见大势已去的情况下，拼命逃窜，北渡过了黄河，投奔了孙殿英。至此，流窜豫西十数年的著匪崔二旦不复存在，政府的围剿暂时算是取得了成效。

三、豫西土匪横行的社会根源

土匪，俗称蹚将、刀客。其历史渊源，带有鲜明的社会烙印。民国时期，土匪势力日炽，有如社会肌体上的毒瘤，不断膨胀。下面我们就来看一下崔二旦的老家鲁山县的情况。

鲁山县是伏牛山与外方山东麓之要塞，西部与南、北两翼百余里崇山峻岭，峰峦叠嶂，森林茂盛，便于伏兵布防和开展游击战争；东部平原是农业生产的精华地带，可为军队提供给养，历代被兵家视为战略要地。鲁山县由于有百余里山区森林茂盛，便于藏匿；平原地区经济繁华，利于越货，所以邻县的土匪常常集结此地，故民国时期鲁山县有“土匪窝”之称。

清嘉庆《鲁山县志》载鲁山：“士多椎鲁之习，民余质朴之风。”[②] 为何在清代这样一个土地富饶、民风淳朴的县份在民国却成了有名的“土匪窝”了呢？其实答案很简单，就在于民国初年混乱的社会局面。进入民国之后，鲁山县的粮食产量较清代有减无增，饥荒却连年不断。官府的苛捐杂税和历时十多年的军阀混战（建国豫军、国民党军、河南人民抗日军等都以鲁山和临汝为根据地，也是主要的战场），农民被迫承担无休止的军事徭役，加剧了农民的贫困。再加上土匪的掠夺，没有出路的贫民，为了生存下去，不得以纷纷为匪，造成了鲁山县的恶性循环。

表1　鲁山县民国时期主要年份粮食产量表

年份	粮食产量平均亩产
民国一年（1912）	113.5 公斤
民国十七年（1928）	40 公斤
民国三十一年（1942）	21 公斤
民国三十二年（1943）	21 公斤
民国三十六年（1947）	99 公斤

资料来源：鲁山县地方志编撰委员会编《鲁山县志》，中州古籍出版社 1994 年版，第 321 页。

① 《大公报》1937 年 3 月 13 日。

② 鲁山县地方志编撰委员会编：《鲁山县志》，第 175 页，中州古籍出版社 1994 年版。

表2　鲁山县1920—1945年受灾情况表

年份	受灾状况
民国九年（1920）夏、秋	干旱，蝗虫成灾
民国十一年（1922）秋	先旱后涝，粮歉收
民国十四年（1925）	先旱后涝，粮歉收
民国十八年（1929）春、夏	大旱，麦绝收，秋作物未能播种
民国十九年（1930）	大旱
民国二十年（1931）夏	多大雨，山洪暴发成灾
民国二十三年（1934）7月	连降三次大雨，洪水泛滥成灾
民国二十四年（1935）	大旱
民国二十五年（1936）夏	大旱
民国二十七年（1938）夏	大雨成灾
民国三十年（1941）夏、秋	大旱，秋粮绝收；麦不能及时播种
民国三十一年（1942）春	大旱
民国三十二年（1943）7月29日	飞蝗从北向南遮天盖地而至，全县除去豆类、红薯外，秋庄稼全被啃尽
民国三十三年（1944）6月	跳蝻成灾，除去豆类、红薯外，其他庄稼全被啃尽

资料来源：鲁山县地方志编撰委员会编《鲁山县志》，中州古籍出版社1994年版，第137、135页。表中所列主要是对农民庄稼收成造成直接影响的自然灾害。

1928年11月，河南省赈务处调查报告："鲁山县连年兵匪、水旱频仍、元气凋敝，去岁秋麦减收，入夏冰雹成灾，秋旱至今，麦不能种，树皮草根，早被食尽，现在饥民用饲马之草焙焦碾末和菜叶充饥，且有连此不得者，则以山中滑石果腹，食此石数日辄肠断而死。"① 鉴于鲁山县匪患日益严重，1932年8月，河南省保甲会议决定，把鲁山县划为保甲特别区。如前所述，南京国民政府成立后，河南农民的负担并没有减轻，农村较之民初军阀时期无较大改观。

鲁山虽然只是豫西一个小县，但窥一斑而知全貌，当时豫西各县情况相差不大。连年的灾荒，沉重的苛捐杂税，加上无休止的军事徭役，使得普通民众纷纷破产，大量无出路的破产贫民成为土匪当然的来源。这也是崔二旦能在豫西纵横十数年、官府屡剿不止的重要原因。

① 鲁山县地方志编撰委员会编：《鲁山县志》，第59页，中州古籍出版社1994年版。

民国初年，国家控制一度极为弱化，社会极度混乱。在政府无暇顾及民众的安危之时，民众在失望之余自己组织起来保护自己的权利。这表面上虽然是一种无奈之下的消极选择，但民众却是积极的。在保家卫乡热情的激励下，红枪会会众敢于牺牲战斗，在抗及土匪、保卫乡村方面确实起到了积极的作用。南京国民政府推行保甲后，强制乡村民众参加保甲，建立民团。虽然这种制度对防范土匪，稳定治安确实有效，但由于政府在推行过程中的粗暴作法，缺乏必要的宣传，加上吏治的腐败，民众对此并不感冒。政府虽然有积极的姿态，民众的反应却是消极的。

国家权力一面竭尽全力地加紧对乡村的渗透，政府一面又损害着国家权力的威严，如此矛盾的做法在南京国民政府和河南省府得到了集中体现。这注定了河南省府剿灭土匪努力的失败。据《淇县志》载："1933 年，淇县土匪再次出现，最猖獗时，曾于县城南五里桥、城北三里桥及城西大路路口，光天化日之下打劫绑票。一个时期内，每逢下午三四点，城外大路上行人绝迹，群众种地也随身携带枪支合伙防匪。"① 由此可见，匪患始终是国民政府无法解决的难题，20 世纪 30 年代的河南农民依然生活在匪患的威胁之下。

① 《淇县志》，第 351 页，中州古籍出版社 1996 年版。

韩复榘与山东剿匪

韩复榘主鲁之前，山东匪祸十分猖獗。1928 年初，山东灾情严重，“西部 3 区农田均未种冬麦，牲畜缺乏，盗贼众多，小孩悉被遗弃于田间道上”①，胶东一带 20 余县因受济南惨案影响，“治安无人负责，致为直鲁残军杂牌兵匪所剿据”。小军阀及土匪首领著名者有刘珍年、刘志陆、顾震、黄凤岐、王子修、吴延年、张明九等数十人。“每一庄村、每一日夜，最少亦有土匪或杂牌等队光临数次……土匪破一庄村，架票者皆以千百计”。据统计自 5 月 3 日济南惨案发生后至 11 月底“鲁东各县被土匪及杂牌军队屠劫焚掠之村，已有三四百处，死伤民众不下数十万人。往往数十里内，但见一片焦木，不见人畜”。其中以盘踞章邱的张明九部骚扰更甚。1928 年 11 月底张下令催缴军事特捐，“限人民于三日内缴齐，违者以军法从事”②。据报道，“章邱县境自被土匪张明九、张秃利等占据以来，先后焚掠洗劫 60 余村，杀害人民数万以上，而章邱城内为状尤惨。妇女无论老少，多被奸淫，井河之内，积尸已满”③。

1928 年 12 月被国民革命军打败的奉系军阀张余昌在大连举行进军山东的秘密军事会议后派张敬尧、张鲁泉到济南招集旧部，收编土匪，成立以张敬尧为司令的所谓“民治军”。早在 5 月间日军强占济南时张鲁泉就乘机联合安福系余孽，拼凑自治政府，并招纳土匪为“自治军”。张明九等匪部攻陷章丘、齐东等县也是张鲁泉暗中指挥的。此外张鲁泉还在济南暗中勾结直鲁余孽，招纳土匪，骚扰胶济线一带，并曾亲率土匪驱逐平度、胶县、青州等十余县的国民党县党部及县政府。④ 1929 年初张明九部为第四十二旅旅长孙殿英所收编，旋在孙的唆使下哗变，将九军庄孟家金银财宝和细软抢劫一空，并烧了房舍百余间。孟家系绸缎业大资本家，于是向各方报告。山东省主席陈调元迫于形势明令孙殿英将张明九押赴济南正法。2 月 27 日驻章邱的孙部在火并张明九部时趁机四下烧杀抢掠。驻寿光的黄凤岐部在火并其他杂牌军

---

① 《直鲁灾情严重》，上海《民国日报》1928 年 2 月 10 日。

② 《暗无天日之胶东》，《申报》1928 年 12 月 6 日。

③ 《章邱人民之浩劫》，《申报》1928 年 10 月 30 日。

④ 参见孙良诚呈南京国民政府文（1928 年 12 月 17 日），转引自吕伟俊：《张宗昌》，第 287 页。

时一连屠杀了七八十村，杀死百姓上万人。凡被劫村庄均被“屠烧一空，鸡犬未留，烟障百里……尸堆如山……较之章丘县之变乱，何止数倍”①！2月28日张明九在章邱被枪杀枭首示众后，“其部下除被孙殿英包围缴械者外，余均四散窜逃。……沿途大肆抢掠，……抢架屠杀，乡民死亡者以数千计，财产损失，不可胜计，哭号之声，震动天地”②。

1929年7月底，羌城土匪王金发部二千余人攻陷聊城，奸淫掳掠，“富豪之家，皆被勒索巨款。妇女稍具姿色者多半为匪迫作妻妾，匪众给养完全取之地方。今日三千，明日五千，如有不遵缴者，即加以违抗军令罪名，下之狱中，人民常有因此寻死自尽者”。王金发匪伙还“强令人民派代表来济请愿，称其军纪优良，要求将其改编”。山东省主席陈调元有意将王部收编，初步商定王部于8月3日退至聊城，择地集中，听候改编。③ 不料王金发部于12日由冠县向西北窜去，省府决定电请商震派队堵剿。④

当时的土匪的特点是“大半为杂牌军所变成，放大炮机关枪等，无一不备，凶悍异常”。在利津、沾化一带有著名匪首八千岁，纠众千余人，“官兵至则匪乘船入海，官兵去则匪上陆杀掠”。1929年秋该匪部遭东北舰队堵剿时狡黠异常，“乘船至近海浅水处，陆军因不能入水，军舰亦以吃水太深，不能近前，莫可如何”。在兰角沟海口，匪军打死打伤前来会剿的十师官兵百余人，后又至埕子口附近掠去商船三十余只，并乘官军不备，上岸焚掠村庄数千，烧死村民无算”。在蓬莱黄县一带则有“无极道首曲长庆，以抗捐抗税为名，纠合千余人，抢架掳掠，无所不为，且强迫民众入会，不从者动辄杀戮全村”。1929年10月无极道乘刘珍年部第三师集中点驻之际潜入龙江图谋不轨。刘珍年在当地商民代表的强烈要求下，虽派出第二旅官兵前往剿拿会匪首领，“但会徒太多，既准尽数捕杀，而只办首领，必仍不能肃清”。至于万山丛中的蒙阴土匪“数十年来，曾未肃清一次，日前因本省各军集中点验，土匪更大肆焚杀，几无一村幸免”。直到沂州驻军往剿获胜后“击毙匪首李登明，毙匪200余人，救出肉票千二百余口，匪势大杀”，岱南民众始得安枕。⑤

韩复榘主政山东后为维护社会治安，巩固统治，把清乡剿匪列入重要的议事日程。他先后颁布了《全城剿匪办法》、《山东省办理清乡人员奖惩办法》、《山东省民团剿匪奖惩办法》等，督促剿匪，并将剿匪有无成绩作为考核公务员的一个重要内容，致使部下对此不敢有所懈怠。韩复榘亲自担任清乡督办和清乡总局局长。

---

① 《申报》1929年3月13日。
② 《张明九部惨烧济南附近七村》，上海《民国日报》1929年3月6日。
③ 《鲁匪王金发部蹂躏聊城》，《申报》1929年8月1日。
④ 《王金发由冠县窜西北》，《申报》1929年8月13日。
⑤ 《山东匪情益炽》，《申报》1929年10月4日。

1930 年 9 月 12 日夜半，胶东土匪王子明部（张宗昌余孽）千余人攻陷安邱城东南乡景芝镇，纵火焚杀，烧死民团百余人，奸污妇女 30 人。省府闻讯后即派驻胶县的展书堂旅往剿。[①] 王部被击溃后败走王台，10 月 11 日王匪部在王台被展书堂部和青岛海军陆战队包歼。[②]

在 1930 年的中原大战中刘桂堂从拥蒋反冯转而倒蒋投阎。战事结束后刘又弃阎北上，于 1931 年在河北大名被东北军张学良收编为第六混成旅。对于刘桂堂的朝秦暮楚，蒋介石十分恼火。早在 1930 年 7 月 2 日即致函何成浚、张钫，若"擒获刘桂堂准给赏洋二十万元"[③]。刘驻大名后蒋介石命刘峙迅速解决刘匪部。8 月 12 日第四师师长徐庭瑶率第四师、新三十五师、独三十三旅，警卫军重炮第一营等部包围大名城，勒令刘桂堂迅速交出部队。刘决意不从，反以重迫击炮不时对外轰击。21 日拂晓徐庭瑶率部发起攻击，"激战终日，至下午九时，新三十五师始由南门攀入，第四师由北门攀入。……在城内之逆部，概被我第四师及新三十五师完全俘获缴械"，"刘逆桂堂仅率手枪一连由小南门逃窜，经独三十三旅截击，死伤甚众"[④]。

刘桂堂率残部逃回鲁南山区后招降纳叛，很快又发展到万人，严重威胁山东省主席韩复榘的统治。对刘桂堂其人韩复榘并不生疏。1928 年初韩任河南省主席时为收买刘部，特意赠予银元 17000 元、面粉 2000 袋，但刘收受后还是不肯俯首听命。此次刘窜回山东，韩先是令谷良民、展书堂两师前往费县香山会剿[⑤]，但收效不大。韩复派其幕僚陈席以同乡、老相识的身份拉拢刘桂堂。1931 年 12 月至次年 1 月刘桂堂派代表夏子明等人赴省府接洽改编事宜。韩同意"如刘部有五千支枪，开到黄河北岸后，即发表彼为师长"，军饷"俟月底与第三路军同时发放"[⑥]。1 月 25 日滞留大汶口两星期的刘桂堂部全数开拔前往高唐。2 月 13 日山东省府常会决定，以刘部组成山东警备军，韩复榘亲任总指挥、刘桂堂任副总指挥。但刘在改编后并不听从调遣，不到半年就与韩闹起摩擦。韩复榘停止对刘的军饷供给，并密谋解除其武装。刘侦悉后，于 6 月间率部从高唐一带撤出，北上河北。1933 年夏一度参加过察哈尔民众抗日同盟军的抗日活动。抗日同盟军失败后刘率部逃出察哈尔，于 3 月 17 日再次回到山东。"刘匪在郓城、汶上焚烧十余庄，在巨野惨杀 80 余口"[⑦]。经省军围剿后刘部自汶上向北分窜平阴、肥城。24 日凌晨又在泰安以

---

① 《山东安邱土匪焚村惨剧》，《申报》1930 年 9 月 20 日。

② 吕伟俊：《韩复榘》，第 164 页，山东人民出版社 1985 年版。

③ 《中华民国史档案资料汇编》第五辑，第一编《军事》（二），第 579 页。

④ 《中华民国史档案资料汇编》第五辑，第一编《军事》（二），第 537 页。

⑤ 《刘桂堂部盘踞香山》，《申报》1931 年 11 月 29 日。

⑥ 《刘桂堂部决编一师》，《申报》1932 年 1 月 25 日。

⑦ 《韩复榘痛剿刘匪》，《申报》1934 年 3 月 24 日。

北之界首、万德分头强行穿越津浦铁路，被官军击毙甚多，骆驼、马匹等被截获无算。韩复榘命运其昌旅及马贯一旅紧紧追击。① 27 日韩发布告悬赏通缉刘桂堂，并称“查刘桂堂前据南山，烧杀抢掠，地方涂炭。本主席眷念民众，曾派大军痛剿，继权收抚，望其洗心向善，乃该匪野心难训，无故叛窜，扰害数省，毒过闯献。近复率领关外胡匪，重回普南，哀我父老兄弟，难免再受摧残。顾率我全省军民，一致奋起剿办，号令所至，军法森严。除通知各军恪守军纪爱护地方外，特暂订剿匪条例六条仰即一体凛遵，此布”。《剿匪条例六条》规定斩获或生擒刘匪者奖；剿匪成绩卓著者赏；通匪、窝匪及迟误报匪情者，该乡镇区县长等均受连坐处分。② 韩复榘并电告南京方面，称“刘桂堂残部已由莱芜窜抱犊岗，现为彻底扑灭计，特将所部编为六个纵队。除第一队由韩自兼外，余由谷良民、展书堂分任。”③ 同一天刘部窜至莱芜、蒙阴一带，次日进入沂水，旋又突入莒县境内。4 月初刘部在莒县山区被省军团团包围，遭重创后仅剩二三百人南下江苏。韩应江苏省主席陈果夫电请，令省军一部分越境追剿。刘匪在苏、晋两军合击下力不能支，于 6 日窜回山东莒县，8 日北窜诸城，企图东奔海口去青岛接济弹药。因遭省军积极防堵，被迫沿潍河北窜，经安丘逃至莒县、日照。19 日刘部被展书堂师击溃后再次闯入江苏。在鲁军的三路追击下，刘在江苏无法立足只得于 22 日折回山东。这时韩的各项兵马在临沂、莒县交界处摆好了口袋阵，刘部遭再三打击后所剩不足百人，终于在 24 日在望海楼被谷师全歼。刘桂堂本人则在 22 日从海上逃往天津。

韩复榘此次大举进剿刘桂堂部，兴师动众，但旷日持久，进展缓慢。他感到无法向南京交代，曾在 4 月 15 日致电林森、汪精卫、蒋介石等人请求辞职。在蒋介石等人再三挽留下方才打消辞意。韩复榘后来曾悬赏两万元收买干探潜入天津日租界行刺刘桂堂，刘遇刺后被送往日本医院，经全力抢救而脱险。④

韩复榘主政时期，被剿除或被驱走的大股土匪除王子明、刘黑七外还有好几股。曾参与临城劫车案的张黑脸即张家栋，辽东峄县人，1889 年生。1918 年起即为匪。自孙美瑶伏法后伙同刘黑七遁入蒙山，后与刘分手，独据大小珠山，纵横苏鲁边界，杀人数千，劫村五百余。1927 年张部攻占过莒县、沂水。1931 年刘黑七窜回山东时，张与刘合股拥众万人。刘的代表夏子明与韩复榘接洽改编时特意提出张黑脸等部的出山问题，宣称“张部急欲投城，

① 《刘桂堂残部窜回抱犊岗》，《申报》1934 年 3 月 27 日。

② 《申报》1934 年 3 月 30 日。

③ 《刘匪窜抵普庄》，《申报》1934 年 3 月 29 日。

④ 参见吕伟俊：《韩复榘》，第 160–161 页，山东人民出版社 1985 年版。

因沂水民团截击，不能出山”，请韩通令放行。韩则答称“此尽俟在大汶口者开拔后，其余有名者即令其投诚改编”[①]。刘桂堂部被改编后韩复榘即派夏子明到山中招抚张黑脸。1932年2月张匪表示愿意率部接受改编。然而当匪众于6月7日由滕县上车至两下店车站时突然哗变，全体向东南逃去。韩复榘急命展书宣师和鲁南民团军合力进剿，将张匪驱至江苏赣榆。9月间张匪北返窜扰山东沂水等县时，韩又令展师运其昌旅将张匪驱走。延至1934年秋张黑脸匪部终于在苏鲁交界被击溃。1935年5月3日张黑脸在蚌埠新马桥被刘耀庭抓获归案，6日在济南处决。

鲁南抱犊崮山区匪伙在韩复榘主鲁后活动更为猖獗。1931年3月21日韩复榘下定决心，调兵遣将，以第三路军为主力，协以友军，分路进剿抱犊崮匪剿，韩亲任总指挥于4月11日抵滕县前线督剿。当时匪首孙美松窜往峄境，密约蒙山、湖西两匪，拟在韩庄以北官桥以南仿临城劫车故智。韩复榘先命部队肃清蒙山股匪，4月12日又命各部于13日分进围剿抱犊岗土匪。[②]18日各军向抱犊崮发起急攻，斩获颇多。20日午韩又令各军作第二步追剿，由二十二师谷良民指挥一切，韩悬赏捕得匪首赏五千元。[③] 4月22日谷师在张家峪黑峪子攫获男女匪眷及肉票200余名，枪18支，“匪已枪决，肉票已遣送”[④]。4月27日二十六师已占抱犊崮。“凡属匪区房屋一律烧毁”，“残匪向东北一路溃窜者，已由韩军堵剿，其向西南溃窜者，亦由七师截击”[⑤] 至5月5日抱犊崮匪部始告完全肃清。抱犊崮剿匪之役前后用了一个多月的时间，大小战斗数十次，斩获土匪数千人，一部分就地斩决，一部分则加以收编。[⑥]

1934年6月沾化土匪傅瑞五、任富贵等在天津大沽口外将英国商船顺天轮劫持到沾化沿海，绑架船上中外旅客20余人，并将货物抢劫一空。事发之后英、日两国接连向南京国民政府提出抗议。不久国民政府即查出此事是沾化海匪所为。据韩复榘事后电告南京称，“顺天轮行劫盗匪，据探报系曾隶刘珍年之部属，均皆变为海盗，专劫来往旅客，现已派陆海空军进剿，已将海盗四面包围，无路可逃，当不难完全扑灭”[⑦]。傅瑞五、任富贵原系沾化匪首徐三（徐金奎）的部下，1930年7月该股土匪曾攻下沾化县城，杀死国民党县党部二名委员。同年冬新上任的山东省政府主席韩复榘派五十九旅前往沾化剿匪。旅长赵心德将徐三打垮后复将其招安，委任为沾棣渔业联合会会长。

---

① 《刘桂堂部决编一师》，《申报》1932年1月25日。

② 《抱犊崮匪图南窜未遂》，《申报》1931年4月16日。

③ 《抱犊盘匪图南窜未成》，《申报》1931年4月25日。

④ 《鲁剿匪军薄抱犊南下》，《申报》1931年4月26日。

⑤ 《抱犊崮已攻下》，《申报》1931年4月28日。

⑥ 参见吕伟俊：《韩复榘》，第156页。

⑦ 《韩复榘予匪悔悟机会》，《申报》1934年6月23日。

徐走私日货与赵分赃，事泄后赵杀徐灭口。傅瑞五、任富贵等逃往天津，因坐吃山空，于是铤而走险策动了这起顺天轮被劫案。6 月 20 日韩复榘命山东沿海各县驻守民团搜缉顺天轮劫匪，同一天劫匪在沾化县王家河窝将被掳外人尼柯尔及前内政部长孙丹林释出。韩复榘接驻利津的民团指挥赵明远电告后复电赵明远称："该匪深明大义，现国人被绑者未脱险，应先礼后兵，如该匪悔过，将被劫者全释，可准其缴枪免死，否则痛击。"[①] 22 日第三舰队自青岛派出江利舰开赴黄河口，协助封锁顺天轮劫匪。26 日利津民团派专人与劫匪接洽。29 日劫匪恳求省方收编，再行释放二名肉票以示诚意。韩复榘接赵明远报告后"令赵饬匪速将肉票完全放出再派人与赵接洽"[②] 后经协商，本案和平解决：省府将匪众收编为海防大队。傅瑞五、任富贵怕节外生枝不愿受编再次出走天津。手握兵权的接应者王加臣愿听候改编，被委任为海防大队队长。但王被改编后并未按原先商定，将所劫财物全部交出，并捉获逃亡天津之逸匪。赵明远恐日后生变，经报请韩复榘后于 8 月 22 日以"点验"为名，将匪部诱至无棣西山后庄，设伏围歼。[③]

为了有效地清剿土匪，韩复榘大胆起用了原微山湖区大土匪刘耀庭等人，任命他们为特别侦探队的头目，以匪治匪。1935 年韩复榘命刘耀庭为胶东游击司令，前往进剿盘跨大小珠山一带的徐荣章匪部。徐匪占败后乞求投诚，经韩同意收编为"特别侦探队"第三大队，以徐为队长。然徐荣章等 74 人开到济南"特别侦探队"队部后又萌生谋反暴动计划。韩复榘获悉后定计在 5 月 6 日上午以对新旧队员训话为名，将第三大队 74 人诱至第三路军总部逮捕，旋即押赴刑场处决。由于刘耀庭治匪成绩突出，后升任为山东省剿匪总司令、湖田总局局长。

到 1935 年为止，山东境内的大股土匪均被肃清。第三届山东省政府在这年的"第五周年工作报告"中宣称："现本省并无股匪。"[④]

---

① 《韩复榘予匪悔悟机会》，《申报》1934 年 6 月 23 日。

② 《顺天轮匪放出肉票二人　恳求投诚》，《申报》1934 年 6 月 30 日。

③ 参见吕伟俊：《韩复榘》，第 164 页。

④ 参见吕伟俊：《韩复榘》，第 165 页。

七　抗日战争时期的土匪

日本侵略者对土匪的利用

日本帝国主义蓄谋侵占我国东北由来已久。1919 年 4 月日本遭自建立关东厅，管辖辽东半岛普兰店至皮口一线以南地区。关东厅建立后即积极培植汉奸土匪，策划侵华阴谋，把关东地区变为侵略中国的基地。

1922 年 9 月打入吉林匪伙的日本人小樋弥作在奉军追剿败匪时被拘获。小樋供认，“受日本政府所派，援助中国匪党扰乱边境，以便日本有所借口，期攫得在华之新利权。并称匪党所有军伙均为日本政府及其同国所供给，有机关枪两架业已运至延吉头道沟，佯言为匪所劫，实只交付彼等。”小樋还承认曾与另一日本人远藤信作共同帮助吉林土匪“挖掘战壕，施放机关枪”，参与抢劫、共同分赃。①

1919 年 11 月 14 日日本军人在东北一面坡杀害“五省”弟兄

九一八事变后，日军以万元重金收买辽西匪首凌印青，于 10 月 19 日成立伪“东北民众自卫军”。凌印青，原名凌联成，辽宁海城人，前此已在沈阳为日本侵略者效力多年。10 月 20 日凌印青带 50 多人离沈阳西犯锦州。凌一路收买土匪，使队伍膨胀到 300 余。至盘山沙岭镇后，凌自任总司令，并设立司令部，命土匪汉奸在盘山、台安、辽中、海城等地驻扰抢劫，危害百姓。驻军锦州的辽宁省警务处长黄显声派人与诈降凌匪的绿林项青山等人联络。项青山等人于 11 月 3 日起义，活捉凌印青和他的日本顾问仓冈繁太郎大尉，押到台安后处决。

11 月初日军又委任张学成为“东北自卫军”司令。张学成是张作霖的亲

① 《中华民国史档案资料汇编》第 5 辑，第一编（外交）（一），第 805 页，江苏古籍出版社 1994 年版。

侄。此时他不顾杀叔之仇，认贼作父，依靠日本人的势力，在黑山县高山子设立司令部，收编辽西土匪编成18个旅，企图再犯锦州。张学成并扬言要清除东北旧政府，建立与日合作的伪政权。黄显声在张学良的坚决支持下，出动公安骑兵二个总队乘火车赶到高山子，一举歼灭了这股匪军，张学成和他的日本顾问被当场击毙。①

自11月27日起日方又在南满线招编匪众，假"救国军"名义扰乱我方。"此项匪众持红黄白各色旗号，以蓝三角为臂章，其首领为日人黄穆及华人张昌波，举事地点在法库、营口、抚顺等处"②。12月上旬日军指使匪首"好头好"股匪400余名在法库铁岭活动，图谋进攻法库县城。法库电报自8日起已阻碍不通。③

1931年11月锦州匪首李际春在日本特务头子土肥原的一手操纵下纠合著名匪首曹华阳、萧云峰、高鹏九等组织便衣队，两次在天津发动暴乱。④便衣队从日租界杀向华界，向中国军警开火，制造事端。清朝废帝溥仪在第一次暴乱中被日本人乘乱运往大连，第二次暴乱后关东军于11月27日诡称驻津日军被围，以此为借口公然出兵进犯锦州。李际春等人于1933年加入关东军别动队，继续为侵略者效劳。

黑龙江省沦陷后，秩序崩溃，"溃兵游勇，千百成群。横行乡里，奸淫掳掠，无所不为，以致老弱流离，壮者流为盗匪。"日本侵略者利用此类土匪，作为以华制华的手段。在日军的唆使下，胡匪"为致华军于死命起见，用坚壁清野办法，每攻破村屯，将马匹财物悉行掠去，并举火焚其厅舍及食粮柴草等物，并井泉亦为之填塞。……雅鲁、景星、泰来、大赉各县，乡镇居民，无衣无食，以致四散奔逃。其不及逃避之妇女及老幼之辈，则掘草根以果腹，间有食泥以充饥者，充食不得，以图自杀者，尤不可以数计"⑤。

1932年秋石友三从济南抵达天津，将与他有联系的山东临清匪首冯寿彭部调往冀东。冯到玉田后即组织河北战区"保安队"，为日军侵略开辟道路。据报载，"玉田境内盗匪向极充斥，石部在改编中竟将地方土匪招集数千人，势力膨胀。于学忠对滦东剿匪具体办法，已有详商，决乃派员继续与日方交涉，俾早日肃清"⑥。

1933年2月日军进攻热河时，"为避牺牲，决贿买汉奸土匪，编便衣队扰

---

① 参见《从九一八到七七事变》，第54页。

② 《中华民国史档案资料汇编》第5辑，第一编（外交）（一），第470页，江苏古籍出版社1994年版。

③ 《法库铁岭发现大股土匪》，《申报》1931年12月11日。

④ 《天津便衣队暴乱》，第4页，中国文史出版社1987年版。

⑤ 《人间地狱之龙江》，《大公报》1932年5月12日。

⑥ 《石友三部收编大批土匪》，《申报》1933年9月12日。

乱”。榆关、锦西、通辽及锦朝线、大通线均有专人负责。[①] 在土匪便衣队的配合下，日军自2月25日开始与热河守军汤玉麟部交战，3月4日即夺占热河省城承德。在热河抗战中，奉命弛援的四十一军孙殿英部表现出色。这支被人称为土匪队伍的部队在赤峰阻击日军长达七昼夜，后又在猴头沟门新阵地继续抗击日军十余日，最后才突围撤走。孙部的英勇抗战洗刷了该部的历史污点，开始得到百姓的谅解和支持。[②]

1933年5月当冯玉祥组织察哈尔民众抗日同盟军奋起抗日时，日伪军为了阻挡其凌厉攻势，收买李占元、“老儿子”、“老大王”、“杨老八”等股匪，四处烧杀骚扰，破坏农业生产，为抗日军制造进军障碍，使之得不到粮秣接济。抗日军不得不沿途清剿土匪，从而进军的速度受到了很大的影响。当时在察哈尔随日军对抗民众抗日的伪军不少与土匪有千丝万缕的联系，其中主要有张海鹏、李守信、刘桂堂等部。

张海鹏，辽宁黑山人，早年因生活无着，投奔冯麟阁匪帮，清末随冯降清，任巡防队管带。进入民国后他历任第十五旅旅长、辽洮镇守使等职。1931年九一八事变后张为了登上黑龙江省主席的宝座，决意充当日本帝国主义的走狗。早在马占山江桥抗战之前，张海鹏就收编蒙古族土匪7000余人以为己用。江桥兵败后张更是接受日本资助的十万日币军费，用来进一步招募蒙古族土匪。蒙边七县四镇内的土匪，闻张招降纳叛，纷纷前往投效。[③] 伪满洲国成立后张海鹏部编入伪军序列。1933年2月他率先协同日军在热河东境作战，充当侵犯热河的急先锋。7月初张海鹏部在宝昌附近被察哈尔民众抗日军击溃，放弃宝昌，北逃多伦。

据守多伦的李守信部是股多年惯匪。李守信，原名李义，内蒙古土默特旗人。1921年在热河北部纠集胡匪及马贼拉杆子，创立“信”字号杆伙，烧杀抢掠，为非作歹，后热河游击马队收编为骑兵连。1922年初李因在开鲁率部抗击巴布扎布余党来犯有功，晋升营长，旋改名李守信。1928年底东北易帜时李部改编为东北军骑兵第十七旅第三十四团，李任团长。任职期间李仍结交胡匪马贼，走私贩毒，独霸一方。

马占山

① 《东北日人收编流氓土匪》，《申报》1933年2月10日。

② 《民国高级将领列传》第二集，第109页。

③ 参见王鸿宾等：《马占山》，第42-43页，黑龙江人民出版社1985年版。

1933年初李与日本驻通辽特务机关长田中玖接上了关系，并根据田中的建议赴长春与关东军头目进行会谈，得到关东军机枪15挺、子弹22万发、现金3万元。3月上旬李守信开门揖盗，将日伪军迎入林西，被日军委任为热河游击师司令。该师下辖三个支队及一个炮兵大队，拥众万余人。[①] 不久"李乘关东军对热河作战有所进展之机，攻占多伦，击退优势的中国骑兵后即在该地创立了'察东特别自治区'"[②]。7月12日民众抗日同盟军经过五昼夜血战，终于收复多伦。李守信部与日军由城东门仓皇逃走。8月10日李守信部卷土重来，再占多伦。不久李部被日军改编为伪"察东警备军"，原来的两个支队升格为师，另再增设一个通讯队和一个宪兵队。1935年12月至1936年8月李守信部又在日军指使下进犯察东和绥东。日伪"蒙古军政府"成立后，李又出任副主席兼"蒙古军"副总司令、总司令，为日军卖命。

1932年6月刘桂堂率部窜入河北后，于7月中旬在元氏县西南郑家庄遭到门致中部骑步兵的围剿，"刘匪不支，向晋境逃窜"[③]。但刘在热河境内还是打垮了热河省主席汤玉麟的一部分部队。"汤玉麟，土匪起家，贪暴成性，原不知政治军事为何物，自民国十五年占据热河，即大肆搜刮，纵兵纵匪，民不堪命"。"汤氏所属各旅团，缺额太巨，历次剿匪尚属屡屡被土匪缴械"。刘桂堂匪部千余人骚扰热河围场时"汤氏兵弱胆怯，希图苟安目前，纵令在黄旆一带大掠一月，始护送鲁北安置，荣以军长崇衔，使贼坐大"[④]。8月中旬刘桂堂部在距围场九十里之新拨镇接受点验后，于21日起向鲁北开拔。9月8日刘桂堂就任义勇军第二军军长。[⑤] 12月底刘曾率部进攻李家窝铺和唐家窑之图王蒙兵，打死伪蒙军百余名，俘虏五十余名，并缴获了一批枪马。[⑥] 但刘并非对抗日确具决心，1933年初他派副军长夏子明为私人代表赴长春与关东军勾搭，企图借助日本人的势力来扩充自己的队伍，被日军封为伪满第三路军总指挥，下属三个军。5月冯玉祥在张家口举旗抗日之际，刘正好进据沽源，因慑于察哈尔民众抗日同盟军的声威，刘曾派人赴张家口再三表示愿意反正抗日。7月1日宝昌收复后刘在沽源发表抗日通电，宣称要"与我抗日友军立于同一战线，秣马厉兵，旌钺东指，宁作战场雄匪，勿为瓦全虎伥"[⑦]。他还接受了冯玉祥的委任就职抗日同盟军第六路总指挥。在同盟军对日伪军作战接连获胜的有利形势下，刘桂堂部在吉鸿昌将军统一指挥下参与过攻克

---

① 《文史资料选辑》，第63辑，第60–61页。
② ［日］《中国事变陆军作战史》第1卷第十分册，第56页，中华书局1981年版。
③ 《刘桂堂残部由元氏窜晋境》，《申报》1932年7月16日。
④ 《中华民国史档案资料汇编》第5辑，第一编《军事》（五），第660–661页。
⑤ 《中华民国史档案资料汇编》第5辑，第一编《军事》（五），第629页。
⑥ 《中华民国史档案资料汇编》第5辑，第一编《军事》（五），第635页。
⑦ 《反蒋运动史》，第610–611页。

多伦等战役，为将日伪军赶出察哈尔作出了贡献。

1933年8月9日抗日同盟军总部在蒋介石的压力下被迫撤销后，刘桂堂于8月下旬被宋哲元委为察东游击司令，所部三个团。9月6日宋哲元与刘接洽改编问题时，刘不置可否。不久刘即率部逃出察哈尔，经热河、河南，一路烧杀抢掠，于次年3月再次窜回山东。日军则借口进剿刘匪，于1934年初派兵侵入华北，自古北口、喜峰口越过长城。[①]

日军在抗日同盟军解散后“以巨资向关外各地招收土匪，押赴长城边界解散……关东军部扬言中国如无能力肃清土匪，日军为国境安宁计，即代歼除”，蓄意利用土匪问题进一步染指华北。[②]

1933年9月日军指使土匪多次进攻抚宁县城。24日晨得到日方大批接济的土匪向抚宁县城发起全力进攻，攻入城内后大事抢掳，县长偕公安局长逃至昌黎。[③] 半个月之后抚宁周围各村十室十空，占据抚宁之匪有的因私欲已偿，趁机罢手，总人数由千余人下降为400余人。然而随着金八点股匪500余人的到来，城内匪数又增至千余人，准备进攻昌黎。10月10日晨秦皇岛日本宪兵队长山谷远滕亲自到昌黎，“代匪向地方征索粮饷”[④]。“似海蛟”、“二龙”、二尤、宋子文四股土匪还窜扰洋河南岸梁各庄，被保安队击溃四散，匪首“似海蛟”被击毙。[⑤] 10月19日保安队沿北宁路进剿盘踞留守营的北戴河股匪戚文平部，就地捕杀约40人，戚匪部闻讯逃匿，其中“一部逃往抚宁，拟与老耗子联络”[⑥]。10月下旬河北省保安队包围抚宁城，并派人进城与匪部接洽收抚事宜，“并携大批劝告书，促匪早日就范”。但土匪在日方的支持下态度强硬。受日方保护的匪首“老耗子”由秦皇岛经海阳镇秘密返回抚宁城后，城中土匪于30日晨四时缒城而下试图反攻，幸为保安队察觉，被打回抚宁城内。[⑦] 11月3日拂晓保安队开始进攻抚宁县城，5日收复该城，败匪向台头营逃窜。

1934年8月日方指使土匪们在山海关外加紧扰乱。14日下午土匪200余人“著警察及军队制服”窜扰海阳西北20里同源地方，“附近各村皆遭抢掠，并奸淫妇女”。16日晨土匪与前往镇压的县公安队开始激战。另外散处山海关西门外青纱帐内的股匪百余人也于14日深夜“由西关外向警卡攻扰，激战半小时，匪恃众攻入”，大队警察及时赶来救援，击溃匪部。与此同时，日军

---

① 《红色中华》1934年1月19日。

② 《日军招收土匪扰乱长城边界》，《申报》1933年8月18日。

③ 《土匪入抚宁城》，《申报》1933年9月26日。

④ 《昌黎县城危急》，《申报》1933年10月10日。

⑤ 《滦东匪祸历险记（下）》，《申报》1933年10月15日。

⑥ 《保安队开到后抚城土匪溃退》，《申报》1933年10月21日。

⑦ 《抚宁土匪态度依然强硬》，《申报》1933年10月31日。

则不断进行演习，炫耀武力，制造紧张局势。当地百姓人心惶惶，有钱富户均迁往天津。①

1934年10月30日行政院驻平政务整理委员会委员长黄郛向行政院报告说，有失意军官戚文平、刘木铎在长城口外凌源县松岭子、沟门子竖旗招兵，公开“声言奉外国人命令招集”，组织“东亚同盟军”，所招4000余人“多半为去岁事变时在口外之溃军及扰抚逸匪”。经查“戚文平等为去岁扰抚逃逸之匪首”，“匪首保国、黑龙、三合等均已入伙……枪支齐全，并有轻机关枪三十余架，小钢炮十余门，声言进口扰乱滦东，并派匪多人假充警察，在长城各口验查往来行人”。另据卢龙县长李毓琦报称，该县“罗屯、太平寨地方，有汉奸首领在彼招兵，自编为东亚同盟军，现已招收四万土匪及无业游民四百余人……迁、卢两县之土匪、流民均纷纷往投”②。席北前救国军右纵队司令官张宗哲自9月推行华北独立运动以来，派遣丁达三等40人分赴关内外秘密招兵，至11月已在关内战区内募兵愈万。在张的策动下，遵化、玉田、丰润、滦县、迁安、抚宁、卢龙、临榆、宝坻、蓟县的汉奸土匪还公推代表致函日本驻山海关特务机关长，倒打一耙，声称要根本解决战区内的土匪问题“必须将中国官吏全部迁出战区”，要求该特务机关电张宗哲请他早日就任全区保安司令官。③ 伪满洲国方面也派出苏相萱、洪占元等人潜入凌源、玉田、凌南、平泉、山城子及阜新一带，联络同党，协力募兵，已募得约7000余人伺机越过长城，进犯抚宁。1935年1月初戚文平、“老耗子”旧部400余人，图攻抚宁县乾沟镇，保安队闻讯后即派出两个中队前往防堵。④ 可与此同时关外骑匪200余人，于7日下午窜入密云县石匣镇东北40余里之石塘路口，“携有男女肉票多名，沿途抢掠，盘踞南山一带……乡民迭遭蹂躏”⑤。1月下旬马任、张绍率股匪700余人窜扰长城董家口，该匪部“武装齐备，并有机关枪十余架，钢炮十门”。实力甚弱的当地民团根本无法与之抗衡。⑥

1935年日方启用冀南巨匪刘式南为伪华北民众自治保卫团支队长。7月间刘在河北大名金滩镇发起黄沙会暴动。刘式南，山东莘县人，1894年生。1919年曾任莘县稽查长，后即为匪，祸及鲁西各县。1925年任王冠军匪部混成团团长。1928年张宗昌失势后刘退至大名为匪，“八九年来横行于冀南之清丰、南乐、大名、濮阳、东明、顺德及山东之濮县、范县、寿张、

① 《榆秦间土匪大活动》，《申报》1934年8月17日。

② 《中华民国史档案资料汇编》第5辑，第一编《外交》(一)，第841–842页。

③ 《中华民国史档案资料汇编》第5辑，第一编《外交》(一)，第844页。

④ 《抚宁发现土匪》，《申报》1935年1月7日。

⑤ 《滦保安团搜获滦东巨匪》，《申报》1935年1月9日。

⑥ 《长城董家口外大股土匪出没》，《申报》1935年1月26日。

阳谷、馆陶、莘县等县，号召力甚大，零星小股震其名，多仰其声势……听其指挥，屡抗官军，攻城劫寨，所过为墟”。1935 年 7 月刘率大名黄沙会匪占据金滩镇抗拒官军时，日军参谋曾带翻译“乘飞机前往三次，每次到时金滩镇匪众即竖起太阳旗为号，机即降落，先后曾收到接济 800 元，并言明枪械子弹充分接济，只要匪等能继续暴动即可”。冀鲁豫三省当局调集大军，包围多日，始将匪解决。“但匪之余党，则仍潜伏冀南一带”。同年冬华北事变发生后，刘式南又接受日方委任，出任伪华北民众自治保卫军第一路第一军军长，负责扰乱冀南清丰、南乐、大名、东明、濮阳一带，与伪满洲国及刘桂堂匪部勾结，于 1936 年初召集 300 余人企图暴动。1 月 14 日刘在顺德西关被捕，31 日解往济南。① 2 月 4 日刘匪经韩复榘亲自审讯后押往千佛山刑场枪决。

华北事变发生后，日本浪人前往河南勾结豫北土匪。在日本浪人的组织策动下，1935 年 11 月“安阳、淇县、获嘉、辉县、汲县、修武、孟县、新乡、浚县、博爱、林县、温县、孟津、武安、涉县、济源、封邱等县时有土匪出没。匪徒最多者仅三四百人，余者或为十人二十人、五六十人不等，武器多为步枪、手枪”。汉奸匪徒还拟以武安县为根据地，组织“护国讨逆军”。② 该部被县府及时破获后，武安城北的真武道、六门会、六合拳等会道门首领又在日本浪人和伪自治同盟会的指使下，组建东亚同盟军第九路军，煽惑会匪数千人，以“倡言自治”为由，于 12 月中旬在武安附近桃源峪一带起事，进扑县城。与此同时日本浪人指挥的土匪攻占了河北房山县城，后经驻任邱的特警第一团驰往镇压，才将乱民击散，救出县长，恢复了秩序。③

在华南，日方于 1936 年派台湾籍的江文章赴福建厦门组织“郑成功事迹显彰会”厦门分会，以谎称是郑成功十九世孙的郑旭为傀儡，“勾结各地土匪，重演满洲故技”。日本参谋本部也派人赴闽，与日领事中村等人秘商组织伪福建自治军，“已决定分福建全省为闽东、闽南、闽西、闽北、闽中等五区，各区设指挥一人……以日领中村为各匪联络指挥”。仙游匪首陈国华、土匪张雄南之侄张克武、永泰匪首苏泉泉分别委为福莆仙军区指挥官、德化伪自治军司令、伪自治救国军司令。与此同时，驻闽日本海军派人在福州组织俱乐部，“谋以俱乐部会员拉拢各地汉奸、土匪及失意政客等，作为将来闽省伪自治机关之基础。”至 1936 年 7 月已召集会员数百人。日本亚细亚联盟会还资助在厦门设立“敬佛会”，“并在漳泉等处设立分会，以敬佛为名，联络

① 《冀南巨匪刘式南落网》，《申报》1936 年 2 月 4 日。

② 《豫省匪氛复炽》，《申报》1935 年 12 月 18 日。

③ 《武安乱民蠢动》，《申报》1935 年 12 月 23 日。

各地流氓、土匪作种种阴谋活动”。另外日本人土桥太郎秘密潜入福建，在莆田、安溪、仙游、晋江等处设立“生命保险株式会社”，“专为拉拢各地土匪，扩充汉奸组织为目的”[①]。

从九一八事变到七七事变期间，一部分绿林土匪在日本帝国主义的蓄意利用操纵下已成为一股背叛祖国，出卖民族利益，为虎作伥，引狼入室的反动政治军事力量。他们的所作所为最集中地暴露了绿林土匪反社会的本质。

① 《中华民国史档案资料汇编》第5辑，第一编《外交》（二），第869-873页，江苏古籍出版1994年版。

刘桂堂与日本侵略势力[1]

甲午战争以来，日本对中国的侵略步步紧逼，为达到占领中国的侵略目的，不惜采用各种手段。日本帝国主义早就视土匪为一支可收买利用的破坏力量，或直接收编土匪武装，充当侵华前驱，或予土匪枪械子弹，在中国统治区域扰乱破坏，以削弱中国的统治力量和社会治安，达到以华乱华、不战而占之阴谋。民国以来，日本更视土匪为侵华过程中一支不可缺少的现成力量，加紧收编笼络各路土匪，为己所用，特别是东北、华北地区。各股大小土匪从自身生存发展利益出发，或依附投靠日本，供以驱使，沦为民族败类；或与之勾结，为害地方，难以剪除；或出于民族义愤，奋起抗日。各股土匪与日本之间关系多有变动，即使同一股土匪在不同的时期，也有不同的表现。刘桂堂匪帮在华北各地活动20余年，正处于日本侵华的前沿地带，自然与日本侵略者产生了各种关系。从中我们可以审视在外来势力入侵时，土匪所扮演的社会角色和日本侵华方式的多样化。

一、附日

所谓附日，就是指投靠依附日本，并被后者予以名义，编成伪军，听命于日本，供以驱使。刘桂堂从是否有利于自身匪帮的生存原则这一原则出发，在可以为匪帮带来好处或逃避危机的情形下，接连依附日本，助纣为虐，沦为日本控制下的侵华工具。

1933年春，刘桂堂率部抗击入侵热河北部日伪军的同时，也为自己后路着想，派副军长夏子明（夏兴德）到长春活动，得到关东军司令菱刈和参谋长小矶国昭的接见，关东军答应给刘桂堂配备一个师的武器弹药作为条件，让刘部编入伪军。[2] 3月，热河沦陷后，刘在围场县公开投降，被伪满委任为“第三路军总指挥”，下设三个军，夏兴德为第一军军长，供日驱使。同年5月，日本阴谋侵犯察哈尔，“为避免直接出动，纯采以华制华之毒计，利用刘桂堂、崔新五、张海鹏、汤玉麟等汉奸，为虎作伥，率领逆军，担任前驱，

① 本文作者为欧七斤。

② 刘映元：《惯匪窜扰七行省》，《专辑》，第144页。

彼则自处监督地位”[①]。刘桂堂时有近万人，积极配合日军侵占林西、多伦、沽源等地，得到日军赏识。不久，在冯玉祥发起的察哈尔抗盟军的军事打击和政治攻势下，刘又率部反正，脱离日军。

1937 年夏，察北义军蜂拥而起，抗击伪蒙军以及德王等附日蒙古王公。日军一时抽不出兵力增援，只得“招致前在直鲁境内横行之匪首刘桂堂、前直鲁军旅长马廷福、夏振东与白坚武诸人，组织所谓‘华北防共军’，受关外某军司令部华北防共共隆会之统制，而以浪人三浦总其事，刘桂堂则为总司令”。[②] 此次附日后，刘以日方提供的军费 60 万元，招到土匪 5000 余人，成立 3 个师。6 月 26 日偕其旧部由日方以飞机运送绥蒙边境，抵御察北义军。1937 年底，日军委任刘桂堂为“皇协军前进总司令”，随日军第三次回到山东，进驻胶东一带，在掖县、即墨等地刘招兵买马，发展至 3000 余人，日军意调刘部往青岛，借机整编其部。消息被刘得知，遂于 1938 年底率部由即墨、平度打着“反正抗日”的旗号，开进鲁南沂蒙山区老巢。

1943 年 8 月，刘桂堂积极配合顽固反共的国民党九十二军入鲁，然被八路军痛击，九十二军被赶出山东。刘桂堂也遭到沉重打击，率残部 1500 人逃往费县柱子山一带，见国民党在鲁南大势已去，就公开投降日寇，被编为“伪和平救国军”第三师，与伪一、二师互为依托。八路军鲁南军区于 11 月发动柱子山战斗，一举歼灭了刘桂堂匪部。

二、通日

通日就是与日本侵略者相互勾结，狼狈为奸，为着各自的利益臭味相投。通日与附日一样都是背叛民族利益，为日本侵华目的服务，但两者之间也有所不同，附日是公开投靠日本，被委以军职，为日本所完全控制。通日状况下土匪保持一定的独立性，并没有完全被日军控制，双方暗中勾结，没有公开化。刘桂堂在土匪生涯中经常与日方保持这种关系。

1929 年初，杨虎城率军将刘桂堂匪部从莒县一直赶到安邱一带。行将剿灭之际，刘桂堂买通占据胶济路的日军，将匪部开至日方控制的胶济路坊子车站附近。据报载，刘桂堂“贿某国军队，得由胶济路逃脱”[③]。时胶济路被日军占领，铁路两侧 20 里地不准中国军队驻扎。杨虎城的军队也就无法再越路追击，只好眼睁睁地看着刘部北逃而去。可见，通日可以使刘得到日方的庇护，逃避被剿除的可能。

1931 年 10 月，刘桂堂从河北大名窜回山东老巢，纠合鲁南各匪股共有万

① 《申报》1933 年 6 月 2 日。
② 《申报》1937 年 6 月 30 日。
③ 《申报》1929 年 3 月 24 日。

余人。在遭到韩复榘大军围剿之时，竟然派人“赴青岛与日人接洽，谋扰胶东”①，一时让坚决剿除刘匪的韩复榘只得暂时将刘收编，一则因刘部人强马壮，一时不易剿除，二则刘已经同日方有勾结，一意主剿恐为日人所利用。

察哈尔抗日同盟军解散后，刘桂堂被察哈尔省主席宋哲元收编，竟然充任察东剿匪司令，驻防赤城一带。等到日伪军向赤城附近的沽源开进时，刘又与之相勾结。宋决心将刘桂堂部移防山西阳泉，刘桂堂不听调，遂背叛宋哲元南逃，窜扰冀豫鲁各省。在韩复榘率全省数万兵全力进剿下，将刘部消灭。匪首刘桂堂却在日本人的帮助下，“由安东卫附近海口乘某国商轮弃部逃脱，……前数日，有某国军人由津来徐赴海州，藉名游历，或即办理此事”②。引文中的“某国人”就是日本人，在《塘沽协定》等一系列中日条约签订后，中国的一些“反日”字样被迫禁用，用“某国”代替“日本”。

刘桂堂逃到天津日租界后，没有了地盘和队伍，旧部散居各处。刘遂以天津为策源地，搜罗散居各地残部，暂时隐匿起来，待机而动。在山东，刘桂堂“广收在鲁之残部，已多半潜赴东北隐匿”③。又在冀察热地区纠合股匪，希图日后有所谋。招集旧部和搜罗股匪最重要的资本是资金和弹药枪械。由于得到日本方面的暗中接济，刘桂堂现金充裕，枪械充足。于是刘收罗了大量土匪，并将他们以各种名义武装起来。各地发现的匪股大多武器精良，揭“东北共和军”、“强国军”等刘之旗号，受刘暗中指挥。1935 年 8 月间，榆关石河间发现匪众约六七百名，揭“华北自治救国军”旗号，枪械均整齐，并有机枪野炮等重火器，“查刘桂堂旧部在口外秘密训练半年”④。1936 年春，刘桂堂亲自出马，率数千匪众拟在冀鲁豫边界建立一块巢穴，由于得到日本方面枪支弹药的接济，使得三省交接地区秩序大乱。1936 年 2 月 4 日《申报》在分析刘桂堂窜扰冀豫背景时评道：“刘桂堂匪股，自察东延庆四海内窜，因有某方之大量军火资济”，“加上冀省兵力单薄，指挥不同意，致匪股奔窜 20 余县，竟如入无人之境”，“此次匪股之窜扰，有某国人在内，故起行动与目的，均有计划”。

在 1937 年郑州破获日本浪人秘密勾结匪类案中，发觉日方与刘桂堂勾结的铁证。日方“勾结刘桂堂匪部千余人，在禹县山中潜伏，乘机暴动，刘桂堂之参谋长张乾敏到郑活动”，日方企图“策划河南省黄河以北各县独立，利用某某（刘桂堂）为自治区官，勾结土匪民团供给械弹，使之暴动”⑤。由于日本与中国方面签订《何梅协定》等文书，不便直接出面，而谋华北早有企

① 《申报》1931 年 12 月 21 日。
② 《申报》1934 年 4 月 24 日。
③ 《申报》1934 年 11 月 9 日。
④ 《申报》1930 年 8 月 7 日。
⑤ 《申报》1937 年 1 月 9 日。

图，于是利用土匪汉奸先行捣乱，破坏社会经济和地方治安，削弱地方政权，逐渐达到侵占华北乃至中国的目的。资助土匪资金和械弹，并派人进入匪帮中进行策划，勾结匪类扰乱中国是其侵华的重要手段之一，也使华北土匪较前猖獗的重要原因之一。

就日本方面来说，土匪易于收编，却难以调动、训练，往往拿了枪械、军饷后又叛变，且战斗力不强，纪律难以约束，刘桂堂几次不成功的收编即是例证。收买笼络土匪，策应其在前方或后方扰乱，使中国统治区域大乱，可以使其找到侵略要挟的借口或分散中国方面的注意力。成则更好，败也损失不大，是有利于其侵华目的的。相比附日或抗日而言，刘桂堂大多数情况下与日方保持这种关系，这与刘桂堂见风使舵，左右逢源，数方不得罪的处世风格相符合，且此种方式是暗中进行的，不易被发觉，使日匪双方获利。

三、抗日

九一八事变后，东北沦陷，日本进一步发动对华北的侵略，中华民族处于危亡之秋。为挽救民族危亡，中国民众掀起了抗日浪潮，各阶层人民奋起抗日，其中也包括了部分土匪武装。为暴力抢劫而组织起来的武装土匪，危害人民的生命财产，为社会最不稳定的因素之一。然而，在外敌入侵、民族危机的紧急关头，一部分土匪能以民族大义为重，起而抗日。东北各路义勇军中就有不少是绿林土匪武装，著名的有高老梯子高鹏振、老北风张海天、三江好罗明星等等。土匪的抗日行为，体现出大多数农民出身的土匪成员，具有朴素的抗御外族入侵的传统。当然他们也有为求得生存发展的实用主义意图，一者参加抗日可以改变在人们心目中一贯的恶名声，二者可以逃避政府军追剿，得到政府的承认乃至收编，还可以利用抗日名义来进行“合理”抢劫。但是无论如何，土匪的抗日在客观上却抗击了日军的入侵。刘桂堂就是上述情况下数度参与抗日活动。

刘桂堂与日方早有接触，但产生抗日意识却是在九一八事变后不久。1931 年 10 月，刘桂堂在鲁南啸聚匪众万余人，声势浩大，给九一八事变后本已严重的山东形势雪上加霜。韩复榘派第三路军布阵清剿，刘桂堂一面骚扰鲁南各地，极力抗剿，一面表示投诚。刘桂堂对韩复榘派来接洽收编的代表说：“余部万人，若以二万人来解决余等，何若以此三万人去打日本。”① 日本特务山本曾以 50 万元运动刘匪，使扰胶东，刘表示“宁当中国匪，不作日本奴”②，加以拒绝。刘桂堂在遭围剿、收编过程中提出抗日要求，大多出于

① 《申报》1932 年 1 月 15 日。
② 《申报》1931 年 12 月 21 日。

逃脱被清剿的可能，但从他拒绝日方收买的事件中，看出刘桂堂也能顺应当时全国的抗日潮流。以后刘桂堂率部流窜热河、察哈尔等地，曾经一度参加到抗日的行列中去。

1932 年 6 月，刘桂堂率部从高唐撤出，北上河北，一路遭地方军队和民团的围剿。8 月刘在龙南马峪树起抗日旗帜，却仍旧大肆劫掠。9 月刘桂堂击溃了热河省主席汤玉麟的防军，迫使汤让出开鲁、林西、林东一带，让刘桂堂部队驻扎，并将刘桂堂部编为“抗日义勇军”，任命刘为抗日义勇军第二军军长。[①]

1933 年初，日军分三路进攻热河省。刘部正驻扎于北路的开鲁、林西一带，会同各路义勇军一起英勇抗日，阻止日军的北路攻势。1 月 15 日，日军由通辽进攻热河北部，被李海青、冯占海、刘桂堂 3 万人围攻，日以空军增援，战斗激烈，“我方李海青由某地增援，刘桂堂部据守右翼，遂于二十日击退关东军第六师团一部”[②]，“2 月 4 日，日方利用过山炮及飞机向冯部（占海）及开鲁家油房刘桂堂大肆轰炸，激战不已”。刘部抵挡住了日军的凌厉进攻。11 日，“刘振东、冯占海组决死队，刘桂堂派千余人往援”[③]。可见刘在大敌当前的时刻，率部同日军作英勇顽强的抵抗，显示了一定的民族气节，这也是他一生中的亮点。刘桂堂在同年 6 月投入抗盟军的反正宣言中说：“溯自东北沦陷，国事日亟，凡中华民族莫不敌忾同仇，桂堂一介武夫，迫于义愤……挥戈杀敌，血溅塞草，深入辽西，奋牺牲精神，屡挫顽敌淫威。”[④] 虽对此次抗日行为有夸大其辞之嫌，却也无法抹去他曾随同义勇军和部分东北军浴血抗战的事实。1933 年 3 月，汤玉麟不战而逃，热河失陷，刘桂堂遂投日，然而却得不到日军的信任，同时又受到伪军李守信、王水清部的打压排挤。时值冯玉祥组织的察哈尔抗日同盟军兴起，6 月底刘部三四千人加入同盟军，被任命为第六路总指挥，再一次走上抗日道路。7 月 4 日在吉鸿昌的指挥下，刘部参加了收复多伦、张北等地区的战斗。收复多伦的战斗打得很残酷，日伪军万余人，且配有飞机、大炮、铁甲车等先进武器，同盟军奋勇善战，经五个昼夜的拼杀，将多伦收复，举国振奋，中外震惊。刘桂堂部在收复多伦的战役中，顽强战斗，冯玉祥、吉鸿昌都给予很好评价。当有人说刘桂堂是土匪时候，冯玉祥说：“我看他不光土匪，还是爱国的呢。”[⑤] 不久，冯玉祥在南京政府的压力下，被迫解散抗盟军，刘桂堂抗日活动也结束。

---

① 《中华民国史档案资料汇编》第五辑，第一编《军事》（五），第 629 页，江苏古籍出版社 1994 年版。

② 《新中华》1933 年，第一卷第三期，第 75 页。

③ 《新中华》1933 年，第一卷第三期，第 79 页。

④ 《申报》1933 年 6 月 29 日。

⑤ 参见穆欣：《反复无常的刘桂堂》，《专辑》，第 123 页。

1937年七七事变爆发后，日本发动全面侵华战争，中国军民奋起抗日。刘桂堂在长期附日后，又起而抗日。8月刘桂堂率7000余人在平津及门头沟附近反正，反正前一日领到日领馆发下新枪3000余枝，饷二月。“刘便衣队500人，潜入丰台飞机场，将敌人汽油数千桶，完全焚烧，敌机七架，亦同时焚毁”①。可谓战果辉煌，迫使平汉前线的日军调部队回防，增援平郊。然到年底，刘桂堂又附日。

纵观刘桂堂数次抗日行为，可知其参与抗日的动机虽然具有民族意识的思想成分，但更重要的是实用主义的因素，即迫不得已而为之，从中就不难看出刘桂堂抗日立场的动摇性。刘桂堂抗日活动时间较短暂，但相当英勇、顽强，表现了土匪军队具有一定的战斗力，在客观上打击了外族入侵势力。通过刘桂堂与日本帝国主义之间的关系可以得出以下结论：

第一，像刘桂堂这类人数众多、组织军队化的大匪帮，在外来侵略势力面前，在大多数情况下或依附外方，作为侵华工具，背叛国家民族利益；或被外来侵略者收买利用，受其资助和庇护，使得中国近代病态社会中产生的这颗毒瘤更加难以根除，危害着中国十分脆弱的社会机体。

第二，在某种情况下，土匪也并不是一成不变，在外侮面前，也曾投入到抗战行列，英勇杀敌，作出了一点不可抹杀的历史贡献。但是由于土匪将自身生存利益至于第一位，就决定了他们抗日行为的投机性和动摇。

第三，日本帝国主义在侵华过程中，利用土匪武装作为侵略工具，反映了日本侵略中国手段的多样化。

① 《申报》1937年9月10日。

刘桂堂与八路军[①]

抗日战争爆发之前，刘桂堂与中国共产党之间没有任何联系。1939年春，刘桂堂打着“抗日”旗号，回到费北、费南境内，被改编为国民党新编36师。刘桂堂此次回鲁南，旨在乘国民党溃退之机，假借抗日名义，重建往昔以沂蒙山为中心的“土匪”王国，重当山大王。刘桂堂自言道：“我生在南锅泉，长在南锅泉，费南的地盘姓刘。”[②] 此时中共已在费南费北开辟了抗日根据地，建立了地方抗日武装。同年秋，罗荣桓率八路军115师部和部分主力，从鲁西南来到抱犊崮山区，先后建立了鲁南党委，专员公署和鲁南军区，使根据地建设初具规模。刘桂堂回鲁南是为了建立自己的“小天堂”，而八路军则是在民族存亡之机发动广大人民群众，壮大人民军队，以图抗日救亡。因此两者的矛盾不可避免，甚至是生死较量。由于双方在不同时期实力上、策略上有别，且双方受日伪顽三角关系的复杂环境等因素的影响，刘桂堂与八路军之间经历了三个阶段的发展。

一、“联合抗日”

这一阶段始于刘桂堂1939年春回到鲁南，止于1939年11月刘悍然对八路军发动“拓沟事件”为止，为时半年多。此间刘桂堂与抗日根据地政权之间基本相安无事，刘成为八路军的统战对象，甚至还一度联合抗日。

1939年初刘桂堂入鲁南时，人马不多，基础未稳，虽为匪多年，旧部很多，但是这一带被八路军早先开辟，枪支在成立地方武装时都带出去了。刘回来后虽然有不少地痞流氓前来投奔，人数凑了不少，却缺乏枪支。于是便先积蓄力量，假借“抗日”名义，与八路军“联合抗日”，以争取时间。

中共对山东敌后战场的土匪问题很重视，在1938年月5日向山东省委发出的指示中就表明了态度，“山东为土匪最多的地方，必须对土匪有正确的政策。我们对土匪总的方针应当是争取他们抗日。”[③] 这是鉴于当时国共处于合

① 本文作者为欧七斤。

② 唐昌华：《马县长亲临虎穴劝刘匪》，《专辑》，第168页。

③ 《中共中央文件选集》第十一册，第418页，中共中央党校出版社1991年版。

作阶段，对一些在国民党机关领有名义和委任状的土匪队伍难以处理而作出的策略。遵循这一原则，考虑到刘桂堂对当地的影响等实际情况，中共开始对刘采取争取抗日的方针。中共鲁南军区常委发动沂蒙诸县，尤其费南费北群众，张贴“欢迎刘桂堂反正抗日”、“联合抗日”等标语，上治等村还给刘部送去了粮、肉、衣服等一大批物资，希望刘部痛改前非，真正抗日杀敌。1939年初中共费南县长马健亲自到刘部商谈联合抗日事宜，刘桂堂满口答应说“以前投靠小日本是为了弄点枪弹。一家人不说两家话，中国人有中国人的良心，从现在开始坚决抗日”①。以后，刘确实也同日军打了几仗，以至于费南县委被刘桂堂的“联合抗日”的假象所迷惑，偏重联合，统而不战，忽视了必要的斗争，使得刘桂堂有了时间扩充势力，得以坐大。刘桂堂收买革命队伍中的不坚定分子，修筑工事，勾结日寇和地方顽固势力，队伍又发展到三四千人，日益暴露出与中共地方抗日政权势不两立的真面目。

二、积极反共

1939年11月，刘部三团500余人对八路军津浦支队第三团驻地拓沟发动突然袭击，抢走了200多支步枪和3挺机枪，扣留了团长续志先，制造了拓沟事件。这表明刘部已经撕下了与中共联合抗日的假面具，走上了积极反共的道路。事件的发生使抗日根据地军民看清了刘桂堂的反动本质，意识到在创建游击战争中土匪问题的复杂性。刘桂堂视鲁南为自己的地盘，仇视抗日政权和武装力量。此后，鲁南军区改变了对刘的策略，采取了军事防御为主，政治联合为辅的策略，对付刘桂堂的反共行为。于是刘桂堂与中共的冲突不可避免，日益公开化。

刘桂堂之所以一改初入鲁南时接受中共统战的做法，是因为他自恃有反共的强大资本。经过一年的经营，刘匪兵增多，设有三团，在其老家锅泉村修建了一座固若汤池的碉堡。他既投靠了国民党，又与日寇勾结上了，成了当地的“双保险”的头面人物。同时和各路土匪头目连成一气，南边的土匪头子李以瑾，西边大土匪头子申宪武和泗水的张显荣，结成一个广泛的反动联盟。② 1941年秋，刘桂堂对来做统战工作的中共费南县长马健说：“老三团、五团那几个人怎能和我4000多人相比，两个团只能当我的一个团用。”③于是刘勾结敌伪顽等对八路军领导下的根据地频频进攻，妄图把八路军赶出鲁南，达到独自称霸鲁南的目的。

① 唐昌华：《马县长亲临虎穴劝刘匪》，《专辑》，第167–168页。
② 参见田野：《刘桂堂恶迹片断》，《专辑》，第192–195页。
③ 唐昌华：《马县长亲临虎穴劝刘匪》，《专辑》，第168页。

1940年11月20日，刘匪部勾结日寇汉奸突占武安镇，企图建立环蒙封锁线，以蚕食蒙山根据地，配合日军的“扫荡”，在一一五师代师长陈光的亲自指挥下，才被打退。1941年春，刘乘一一五师主力不在，加紧围攻抗日根据地，包围费南县二区中队100多人，使中队伤亡惨重。1941年9月27日，刘部3000重兵包围了费南县委，杀害抗日人员24人，轻重伤120余人。刘匪部对根据地的破坏与进攻，加上日寇不断的“扫荡”和国民党顽固分子在地方不断制造摩擦，致使根据地不断遭到袭扰、蚕食与分割而日趋缩小，鲁南军区武装力量总共不到4000人，而刘桂堂一部就有2500人，另有日军8000人，伪军两万余，国民党顽军4000余。[①] 针对刘匪的频频进攻，根据当时敌强我弱、关系复杂等具体情况，鲁南军区采取以斗争求团结，逐渐削其势力的方针。在1942年秋之前，军事防御为主。之后，以老三团以主力，开始连续打击刘部，刘屡败。在鲁南军区正确方针的指导下，嚣张一时的刘桂堂逐渐走向了末路。

三、垂死挣扎

刘桂堂在日军向山东根据地大肆“扫荡”“蚕食”过程中，连续向八路军及地方武装进攻，却屡遭失败，就连刘桂堂精心经营、耗时近一年修建的南锅泉老巢也丢了，军心涣散，人员大减，匪内部士气极为低落，战斗力日趋削弱。刘桂堂深感形势对他极为不利，亲自将其母亲和两个老婆，送往费县地方镇日本据点里。

1943年春，日军在我国军民的顽强抵抗下，战线过长，兵力不足，国库枯竭，日益走向颓势。这时国民党顽固派担心中共日益壮大，遂加紧实行“反共第一”的政策。在山东，蒋介石派自己的嫡系李仙洲的九十二军取代反共不力的东北军于学忠部，加强在山东的反共力量。1943年1月，九十二军一四二师进入鲁西，3月越津浦线入鲁南，大肆喧嚷“驱除逆流，收复失地”，反共气焰十分嚣张，计划与当地顽固势力汇合，先控制鲁南地区，然后入侵鲁中与滨海地区。

九十二军入鲁给几陷于绝望中的刘桂堂带来了重振旗鼓的极好机会，刘桂堂立即重返其家乡锅泉一带，亲率部众接应九十二军一一四师，想借九十二军为后台，预谋一举赶走八路军，夺取抗日根据地，重温20年代的“山大王”迷梦。刘桂堂称过去被“共产党整得够呛，现在要背靠中央，同八路军大干一场”[②]。1943年8月中旬，刘桂堂参加刘春蔺召开的反共会议，叫嚣

---

① 参见刘春：《惯匪巨奸刘桂堂的灭亡》，《专辑》，第278页。

② 刘香斋：《二刘山盟海誓结兄弟》，《专辑》，第230页。

"消灭鲁南八路军主力"，"打走共产党，再讲抗日"，誓与八路军势不两立，随后刘率千余人从土桥出发，进攻费南根据地。刘桂堂与一四二师师长刘春蔺商定，由一四二师直接进攻中共天宝山区根据地，刘黑七从侧翼作迂回进攻。刘桂堂拟凭借顽固派势力，跃跃欲试，作最后一搏。

1943 年 8 月 30 日，鲁南军区政委王麓水部署和指挥了松林伏击战，予以一四二师迎头痛击，打垮了敌人，打伤了刘春蔺，又乘胜组织了四开山战役，又击伤副师长牛乐亭，九十二军狼狈逃出山东。至此，九十二军被赶出鲁南，刘部也遭到沉重的打击，更失去反共的靠山，陷入八路军的包围之中。刘桂堂预感危在旦夕，犹如惊弓之鸟，已临穷途末路。军心更加涣散，士兵感到刘反共反人民不得人心，纷纷逃亡。"仅在费北何庄一带，8 月 25 日一夜，武装逃出的不下五百人，白天三五人便衣逃出更多"①，刘匪虽采用活埋等残暴手段镇压也归于无效。当地群众中有首民谣能形象的说明刘桂堂已在人民军队的连续攻击下，处于四面楚歌之中，"刘部队，不吃香，破袜子破鞋破军装，天天腚上挨机枪"②。

刘桂堂见国民党军队在八路军面前不堪一击，使他想借国民党军队赶走八路军的迷梦破灭，遂率残部约 1500 人，逃亡费县柱子一带，公开投降日寇，被编为伪"和平救国军"第三师，与伪一、二师互为依托，犹作困兽斗，成为楔进天宝山与抱犊崮两块根据地之间的一个钉子。

鲁南军区在赶走九十二军后，装备得到很大改善，补充了兵员，士气十分高涨。刘桂堂这次公开降日，名义上已脱离了国民党，使歼灭刘桂堂的行动名正言顺，不会招致国民党的非难。11 月中旬，日军将主力转到清河区"扫荡"，使鲁南日军兵力单薄，采取守势。山东军区决定利用上述一些有利条件，全歼刘桂堂部，罗荣桓政委作出"坚决消灭刘黑七部"的决定，鲁南军区积极布置，准备一举全歼刘桂堂，不能让刘桂堂本人再逃走。首先，在政治上进行麻痹。继续派人与之进行联络，进行统战工作。其次，在军事行动上也实行麻痹战术，有意将部队主力调开，经常不断地派出地方武装向其驻地进行夜间袭扰，打几枪放几个手榴弹，待其反击时就撤。久而久之，刘桂堂对之习以为常了，待 11 月 5 日夜柱子战役打响了，他还以为又是小分队袭击了。第三，在精神意志上进行麻痹，军区派宣传员化装为说书人，到刘桂堂驻地说京韵大鼓。刘桂堂从小喜欢听说书，连说十几天，刘桂堂听得很入迷，放松了警惕。第四，在战术上，采取夜间长途袭扰，分进合击，打击其首脑和主力，务求全歼的指导原则。以老三团、老五团为主力，另有地方部队配合。一切布置妥当后，于 1943 年 11 月 15 日夜发动柱子战役，第二天

① 《鲁南时报》1943 年 9 月 3 日。

② 田野：《刘匪桂堂的恶迹片断》，《专辑》，第 195 页。

黎明结束战斗，彻底摧垮了刘匪，击毙了刘桂堂。

刘桂堂与中共领导的八路军以及地方抗日武装的三种关系表明：（1）刘桂堂与中共之间是不可调和的对立关系。刘桂堂视鲁南为自己的领地，任意抢劫，残杀人民，仇视共产党领导的人民军队和抗日政权。共产党领导的八路军要发动人民群众，扩大自身力量，抗击日本侵略者，解放劳苦大众，因此，中共就必定要消灭刘桂堂此类悍匪，才能提高威信，壮大自己。（2）土匪是敌后抗日根据地建立与巩固过程中的必须处理好的一个棘手问题。抗日战争中土匪队伍大都也打出抗日旗号的，虽有部分土匪出于民族责任感真心抗日，而大部分和刘桂堂这类土匪一样，想乘国难之时发展力量，发财致富，满足个人欲望。土匪有时钻入八路军队伍，有时被国民党收编，鱼目混珠，难以辨清，需要根据地军民认真对待。（3）刘桂堂最终被八路军和抗日队伍所灭，一方面说明抗日力量的壮大，另一方面也说明只有共产党领导的人民军队，真正为老百姓谋利益，为害鲁南以及中国数十年的土匪，在人民军队的发展过程中被彻底解决。

张治中与抗战初期的湖南匪患[①]

张治中（1890—1969），原名本尧，字文白，安徽巢湖人。1985 年 10 月 28 日，全国政协举行张治中诞辰 95 周年纪念会，时任中共中央政治局委员、书记处书记的习仲勋在讲话中对张治中做出高度评价，称赞张治中是“杰出的爱国将领、富有远见的政治家、民革中央的卓越领导人，是同我们党有长期历史关系的亲密朋友”。“文白先生一生主和，为国内和平而奔走，心诚志坚，不遗余力”。“文白先生始终坚持孙中山先生的革命三大政策”，“从黄埔建军到共同建国，从言到行，他是国民党方面始终坚持国共合作的代表人物。他对促进国共合作，对民族、民主革命事业做出的卓越贡献，国家和人民是永远不会忘记的”[②]。张治中作为中国近现代史上的重要人物，学术界对其进行全方位的研究是十分必要的。

1937 年 11 月，由于“革屯运动”[③] 的冲击和国民党派系间的互相排挤，时任湖南省主席的何键被调离湖南，国民政府改组湖南省政府，任命刚从淞沪战场归来的张治中“为湖南省政府委员兼主席”[④]。随着抗日战争形势的发展，湖南的战略地位显得愈加重要。11 月 28 日，张治中在谈话中表示，“目前战区之规模正在展开，战区之范围，必日益扩大，湘省此日之地位，决不容苟且偷安，更不容粉饰升平”[⑤]。张治中一到任，就面临伤兵、兵役和土匪三大难题，而土匪问题在三者中最为复杂和难办。尽管如此，首次接触和从事地方工作的张治中依然踌躇满志，表示要“树立一种新风气，来培育护持新政治的力量，即以这一新政治的力量来支持抗战，奠定复兴国家之基础”，并决心要“改造旧社会，建设新湖南”[⑥]。

关于张治中的整体研究主要涉及与中国共产党的关系、主政湖南、主政

---

① 本文作者为张智伟。

② 习仲勋：《在纪念张治中先生诞辰九十五周年座谈会上的讲话》，《人民日报》1985 年 10 月 29 日。

③ 1937 年 1 月，湘西苗民发动革除屯租的武装起义。“七七事变”后，湘西苗民组织“抗日革屯军”，提出“革屯、抗日、倒何（即时任湖南省主席何键）”的主张，武装起义很快蔓延整个湘西苗区和湘、鄂、川、黔边境，震动国民党中央。

④ 《湘鄂皖黔四省政府改组》，《申报》1937 年 11 月 21 日。

⑤ 张治中：《非常时期之湖南省施政方针》，《张主席言论选集》，第 149 页，湖南省学生集中训练总队政训委员会 1938 年 8 月编印。

⑥ 张治中：《张治中回忆录》（上册），第 141 页，文史资料出版社 1985 年版。

新疆、军事等方面，所发表的著作、文章大多为回忆录、纪实文学、历史报告文学作品。[①] 学术界关于张治中治湘问题的研究论著、论文大致涉及国共合作、整顿吏治、组训民众、发展教育、长沙大火等方面。[②] 关于民国时期湖南匪患的研究成果颇丰，多部论著、多篇论文都有论及。[③] 但是，学术界对于张治中与湖南匪患问题的专门研究则是十分欠缺的，偶有论及，也是一笔带过，没有翔实的论述，只停留在对张治中治匪措施的简单罗列上，没有进行深入的分析和探讨。笔者通过对搜集到的相关史料的梳理分析，试图从张治中主湘期间对湖南匪患问题的言论入手，来论述其对这一时期湖南匪患的认识，以及其对匪患的成因和治理措施的探讨，并进行简要的理论分析。

一、“治安之癌”——抗战初期的湖南匪患

湖南匪患历来严重，湖南的“土匪模式”由它“特有的自然条件所决定，其中部平原湖泊星罗棋布，为群山所环抱”，湖泊和群山为土匪活动提供了有利场所，形成湘西、湘南、湘中等几个传统匪区，啸聚大量的土匪。在湘西，“几个世纪以来就以土匪猖獗而声名狼藉”，在当地各种少数民族居住的茂密丛林覆盖的山区，“隐匿着成千上万的结帮土匪”，有“无处无山，无山无洞，无洞无匪”之说。在湘南，在与广西交界的边境地区，“有时几万匪帮联手一起越过省界，遇到紧急情况时便隐入丛林山脉”[④]。大股土匪武装纷纷涌现，到处流窜，大有从传统匪区向相对平安的地区扩散的趋势。

---

① 关于张治中的整体研究，除了《张治中回忆录》以外，可参看张紫葛：《在历史的夹缝中——忆张治中先生》，重庆出版社 1986 年版；余湛邦：《张治中与中国共产党——张治中机要秘书回忆录》，中共中央党校出版社 1991 年版；莫志斌、暨爱民：《和平将军张治中传》，团结出版社 2000 年版；张素我、张素久：《纪念父亲张治中将军》，团结出版社 2003 年版；屠筱武、范泓：《张治中传》，安徽人民出版社 2003 年版；张斌：《试评民主革命时期的张治中》（中国优秀硕士学位论文全文数据库）等著作、文章。

② 关于张治中治湘的相关问题研究可参看朱玉宝：《张治中主湘与国共合作在湖南的发展》（中国优秀硕士学位论文全文数据库）；李世宇：《张治中治湘与长沙大火》，《贵州文史丛刊》1995 年第 5 期；董季林、肖栋梁：《张治中主湘数论述论》，《湖南教育学院学报》1997 年第 3 期；吴亚文、李蓉：《论抗战初期张治中在湖南的治理整顿及其历史作用》，《松辽学刊（哲学社会科学版）》2000 年第 2 期；张湘：《论张治中主湘》，《湖南轻工业高等专科学校学报》2001 年第 4 期；戴开柱：《抗战初期张治中“湘政”工作的三大特色》，《山东社会科学》2001 年第 6 期等论文。

③ 关于民国时期湖南匪患问题的研究可参见彭先国：《民国湖南土匪史探》，岳麓书社 2002 年版；彭先国：《湖南近代秘密社会研究》，岳麓书社 2001 年版；邵雍：《中国近代绿林史》，福建人民出版社 2004 年版；［英］贝思飞著，徐有威、李俊杰等译：《民国时期的土匪》，上海人民出版社 1992 年版；蔡少卿：《民国时期的土匪》，中国人民大学出版社 1993 年版；冉光海：《中国土匪》，重庆出版社 2005 年版等论著。

④ ［英］贝思飞著，徐有威、李俊杰等译：《民国时期的土匪》，第 42–43 页，上海人民出版社 1992 年版。

抗战初期，在备战状态下的湖南，匪患变得日益复杂和严重。《申报》记者在1938年初的湘西旅行手记中谈到，“湘西因为交通的不便，文化之闭塞，所以盗匪遍地，是有历史性的状态。自湘黔公路直达后，政府力量易于深入，匪风继渐低落下来。可是当此抗战开始之后，湘黔路更增加其重要性，湘西亦增加其时代的意义的时候，匪风却猖獗起来。去年，从乾城之变，以至现在，各交通线、各乡村，多深感不靖”①。各地土匪在政府忙于备战和处理战时事务无暇顾及之时，趁机扩充力量、到处流窜、危害乡里、影响后方。在湘西部分地区，大量的股匪啸聚起来，形成大小不等的匪股，“芷江、晃县巨魁姚继虞、杨畏三，辰溪巨魁熊桂清、陈琳、米金龙，黔阳、会同巨魁贺竟成、蒋炳南等，势焰之猖狂，尤为人所共知。总计大小匪股二百四十余起，人约一万数千名，枪万余枝”②。联合在一起的土匪，势力得到壮大，规模和影响均不可小觑。1937年湘西土匪龙云飞发动“乾城事变”，龙云飞“聚众数千，占据乾城，旁及凤、麻各县。而北河永、保各地也乘时而起，攻破界地，已达十七县之宽”③。在湘南湘中各县，有“牵牛吊羊的零星散匪”，有“大股拐枪掩队的投机啸聚之徒”，甚至出现打着“义勇军”、“游击队”、“抗日自卫”的旗帜的土匪。“匪氛之炽，使若干县份痛苦连天”④。

二、“慢性的沉疴”正在“急性的发作”——张治中对抗战初期湖南匪患的认识

张治中对被称作“治安之癌”的湖南匪患有较为清醒的认识，他认为“行侥幸之徒，或者意想升官发财之辈”，“利用强悍的民风，地瘠民贫的环境和落后的交通的掩护，肆行裹挟，于是大股的土匪形成了”。“政府没有根除的方法，人民没有自卫的力量，于是，多年的匪患，成了一个几乎无法治疗的癌症”⑤。匪患是“慢性的沉疴”，而这种沉疴正以“急性的发作的姿态表

① 《湘西轮廓》，《申报》1938年3月8日。

② 白夜、单屹：《抗战初期湘西剿匪实录》，《档案春秋》2005年第8期。1940年国民政府军事委员会中将高级参谋、派驻鄂湘川黔边区绥靖主任公署督察成光耀奉命对湘西第三清剿区的土匪清剿和清查工作进行视察，事后编著《鄂湘川黔边区绥靖工作视察报告书》，详细介绍了第三清剿区清剿经过，并对该地区清剿清查结束后，提出了按七分政治三分军事思想指导下加强地方建设的十一条政策建议。《抗战初期湘西剿匪实录》一文是将成光耀原始报告中涉及剿匪部分的内容予以摘录介绍，除重新标点并对个别文字作订正外，基本保持原貌，对研究1938—1939年国民党组织湘西剿匪活动有重要的史料参考价值。

③ 陈元吉：《陈渠珍遗著》，第5页，湖南人民出版社2008年版。

④ 张治中：《两大方案中重要说明》，《张主席言论选集》，第27页，湖南省学生集中训练总队政训委员会1938年8月编印。张治中：《张治中回忆录》（上册），第151页，文史资料出版社1985年版。

⑤ 张治中：《张治中回忆录》（上册），第152页，文史资料出版社1985年版。

现在湘西，甚至在湘中各县”，匪患最为严重的是在“多年不曾真正安定的偏僻的湘西”①。张治中对抗战初期湖南匪患的认识大致体现在以下几个方面：

第一，在传统匪区，民风野蛮强悍，土匪势力猖獗。

在湖南传统匪区，民风野蛮强悍由来已久。张治中在《巡视湘西之印象及感想》中谈到，在芷江附近的一个乡间，百姓仿佛嗜杀成性，十一二岁的小孩子就佩上一把刀，无论碰过什么事情动手便是杀，假使刀拔出来就必须要见血，才能插回鞘里去。还发生了一位父亲出五百元雇佣邻居杀掉自己儿子的事情。张治中认为，这种风气，这种残酷，“必须要用教育的功夫去转移，去改造”②。如此野蛮强悍的民风影响了地方的社会稳定，同时也为土匪的滋生和猖獗提供了一定的社会环境。

在当时的湖南，土匪活动十分猖獗。在湘西某些地方，存在着一种秘密的“某大王的收税机关”。凡是经过“某大王”势力范围的客商，必须缴纳“土匪税，算是买路钱或者保险费”。不缴纳土匪税，货物的通过就要出问题；缴纳的，就可以通行无阻。张治中认为这是一种严重的病态的存在，并感叹“现在一般的商运，在那些地方并不是受着政府的保护，合法政治的保护，而是受土匪的保护，这是不是一个耻辱?”③ 在湘东南某县，“有一股土匪只有十杆破枪，在旧历去年除夕日，这股土匪竟跑到离县城只有三十里的地方，把一个中央军校学生吴家十几口人统统杀死，临走还绑了许多人去”。当地士绅还告诉张治中，在此事之前，某人到该县当保安团司令，负责肃清这股土匪，这位司令“大出布告，说拿获匪首刘厚总的重赏多少多少。这位匪首就在这位司令的布告旁边，也贴了一张赏格，说是拿获某某人的赏铜圆一枚”④。张治中认为这件事情既反映出土匪势力的猖獗，也可以推知地方保安团无能和地方自卫力量的薄弱。

第二，来源多样，成分复杂。

抗战爆发后，各种社会势力的闻风而动、鱼龙混杂，使得土匪的来源和成分更加复杂多样。除了受政治压迫被逼为匪、为做官发财而为匪、为防匪而为匪和职业土匪这四类土匪之外，⑤ 张治中认为还有三类土匪值得注意。

在乡军人为匪。湘西、湘南领导土匪队伍的，大都是在乡军人。所谓在

---

① 张治中：《张治中回忆录》（上册），第151页，文史资料出版社1985年版。

② 张治中：《巡视湘西之印象及感想》，《张主席言论选集》，第82-83页，湖南省学生集中训练总队政训委员会1938年8月编印。

③ 张治中：《巡视湘西之印象及感想》，《张主席言论选集》，第83-84页，湖南省学生集中训练总队政训委员会1938年8月编印。

④ 张治中：《出巡湘东南各县经过及观感》，《张主席言论选集》，第57页，湖南省学生集中训练总队政训委员会1938年8月编印。

⑤ 张治中：《巡视湘西之印象及感想》，《张主席言论选集》，第80-81页，湖南省学生集中训练总队政训委员会1938年8月编印。

乡军人，是指退伍军人或每次军队编遣编余的军人。这些在乡军人，“有队伍的就拖着几杆枪上山去，没有队伍的或者没有路可走的，也可以去找绿林豪杰。野心小一点的相信时势可以造英雄，野心大一点的就相信英雄可以造时势。所以做匪不但成了一条退路，而且还成为一条出路。山林草泽成了冒险者的乐园，成了在乡军人的根据地”①。

为逃兵役的壮丁为匪。抗战爆发后，由于最初没有统一的组织，各地的兵役混乱繁重、民不聊生。很多地方的壮丁，为了逃避兵役，晚上必须躲到山林中。兵役使民众感到普遍的恐慌，壮丁们除了逃避到城市和“买放”外，“强悍的壮丁不愿意被捉当兵，而宁愿流为土匪，于是草泽山林，成了逋逃渊薮”②。沈从文在散文《湘西》中写道：“因兵役法的缺憾，和执行兵役法的中间层保甲制度人选不完善，逃避兵役的也多，这些壮丁抛下他耕牛，向山中走，就去当匪。”③

伤兵迫而为匪。抗战初期，湖南成为抗战的后方。从前方浴血归来的伤兵，得不到妥善的安置和治疗，便聚集在包括省会长沙在内的大小城市和城镇之中，街头巷尾，三五成群，横冲直撞，招惹事端。在被逼无奈的情况下，便有伤兵铤而走险，与不法匪徒、流氓、痞棍等相勾结，抢劫财物、烧毁店铺、越轨滋事、捣毁县署，导致“官恇民怯、相顾惊惶”④。

第三，民众不以当土匪为耻辱，兵匪反复。

从20世纪20年代后期开始，湖南就先后进行了多次清剿土匪，有大量的匪部被招抚收编。成光耀在《鄂湘川黔边区绥靖工作视察报告书》中对1938—1939年湖南剿匪之前的匪患状况这样描述道，“所收编的匪部，就地驻防，明军暗匪，贻害地方。不肖之徒，更以当匪为升官之捷径”。民间流传“养儿要当官，先当土匪后招安”的口号，混淆视听。“村氓无知，有慕其势，弃正业而往服从者；有畏其焰，暗与交欢以为保障者”。经过招抚离开本地的土匪，多数都以不习惯军队生活为由，携带武器，“潜回老巢，仍操故技，滋长蔓延，日甚一日，杀人越货，时有所闻”。⑤ 需要指出的是，多数土匪武装即使在被招抚收编之后也是“明兵暗匪、日兵夜匪、本性难移，即招即叛、屡招屡叛是不足为奇的”⑥。传统匪区世风日下，民众不以做土匪为耻辱，被收编招抚的土匪，在兵与匪之间游荡。张治中意识到，“有很多人好像不知道

---

① 张治中：《张治中回忆录》（上册），第152页，文史资料出版社1985年版。

② 张治中：《张治中回忆录》（上册），第148页，文史资料出版社1985年版。

③ 沈从文：《湘西・沅陵的人》，《沈从文全集》第十一卷，北岳文艺出版社2002年版。

④ 张治中：《张治中回忆录》（上册），第354页，文史资料出版社1985年版。

⑤ 白夜、单屹：《抗战初期湘西剿匪实录》，《档案春秋》2005年第8期。

⑥ 邵雍：《中国近代绿林史》，第3页，福建人民出版社2004年版。

做匪是一件耻辱的事情，不认为是罪恶的事情，这就糟透坏透了”。[①]

笔者认为，张治中对湖南匪患的认识是通过对实际情况的了解，并进行两次巡视考察而得出的，是较为准确的。因此，张治中较为准确地掌握了抗战初期湖南匪患的基本情况。为政者只有掌握准确的信息资料，才能进行合理的分析，进而做出正确的行之有效的决策。

三、“物必自腐而后虫生”——张治中论抗战初期的湖南匪患

张治中在对湖南匪患概况基本掌握的前提下，对其成因进行合理分析，并结合其形成因素，对匪患的治理措施进行深入探讨。张治中对待匪患的态度是明确的，“不必掩耳盗铃，更不必粉饰太平”，要“把握时机，负责去做，一切难题都是可以解决的”。“绝对不讳疾忌医，要绝对指出病症研究病因之所在，要求大家负责来医治，使一切早日恢复健康”。[②] 张治中认为，对匪患的治理“清剿收编都是治标的办法，旨在阻止匪势的蔓延；其治本的办法是在清明政治，改造社会，使政治上不再存留‘官逼民反’的因素，在社会上把人民力量发动起来，特别把正人君子提拔起来，把土豪劣绅打下去；在经济上开发资源，改善人民生活，更施以教育，转移风气，这样，才可以根除匪患”。“在清明政治的领导之下，土匪就没有法子可以产生”[③]。

首先，张治中认为匪患是一个政治问题，“物必自腐而后虫生”，政治黑暗腐败是产生匪患的真正原因。应当革新政治、发展经济，使民众安居乐业。“政治领导的不得其法”，“政治的黑暗与腐败，产生土匪”。“政治上的欺骗与不公平，在人民心理上招致的反感，可以成为酿乱之源”。“苛捐杂税等等剥削是摧残人民生计、迫使铤而走险的一个因素”。[④] 沈从文在散文《湘西》中写道：“男子好杀人”，“湘西人充过兵役的，被贪官污吏坏保甲逼到无可奈何时，容易入山做匪，并非乐意为匪”[⑤]。张治中认为要从根本上解决匪患问题，就必须整顿吏治，惩治贪腐，令行禁止，实现一个清明的政治局面。还需要免除苛捐杂税，发展地方经济，改善人民生活。张治中上任伊始，就颁布了《湖南省政府施政纲要》，提出了清明政治、发展经济的具体措施。先后处理了新化税务局赋税主任车衡侵占公款枉法贪污案和湖南省公路局长周凤

① 张治中：《巡视湘西之印象及感想》，《张主席言论选集》，第 81 页，湖南省学生集中训练总队政训委员会 1938 年 8 月编印。

② 张治中：《巡视湘西之印象及感想》，《张主席言论选集》，第 85 页，湖南省学生集中训练总队政训委员会 1938 年 8 月编印。

③ 张治中：《张治中回忆录》（上册），第 153 页，文史资料出版社 1985 年版。

④ 张治中：《张治中回忆录》（上册），第 151-152 页，文史资料出版社 1985 年版。

⑤ 沈从文：《湘西 · 苗民问题》，《沈从文全集》第十一卷，第 410 页，北岳文艺出版社 2002 年版。

九渎职案，使湖南的政坛震动，风气有所转变。同时对地方保安团进行整顿。之前的一些保安团，在剿匪时，先放消息出去，让土匪逃走。然后保安团“跑了一趟，又跑回来，说匪都剿没了”。甚至有些地方土匪的子弹，“就是保安团卖给他们的”。张治中要求森严保安团队的纪律，彻底肃清各地散匪。使保安团真正尽到保障民众的天职，“能够为人民所信任所敬重”①。

其次，张治中认为，没有有效地组织民众，民众自卫力量薄弱是导致土匪势力蔓延的直接原因。应当组织民众，自卫乡村，抗日御侮。在腐败政治的领导之下，社会组织无法健全，政府无法与民间正义力量深相结纳，而民间正义力量也得不到清明政治的保障，于是就形成了“好人不敢露脸，坏人争抢出头”的现象。“人民真正自卫力量的不得其用”，民众本身力量太薄弱，不能够实行自卫，所以匪患蔓延。② 如果民众没有一点担当，“看到土匪害怕”，也就自然成为“可欺的鱼肉”。究其原因就是民众“无组织、无训练、无力量”。要想有效的组织民众，就要“加强乡村组织，扶植人民力量：第一步能够自卫乡村，第二步一定能抗日御侮”③。1938 年 1 月，湖南省政府颁布了《湖南省组训民众改进政治加强抗日自卫力量方案》，要求各地组训抗日自卫团，并指出其目的是“按照行政机构的系统，运用军事的编组，把民众的力量全部发动起来，把人民自卫的力量领导起来”④。张治中认为，“人民自卫力量发动起来以后，不但土匪可以肃清，就是贪官污吏，土豪劣绅，也都可以肃清的”。在抗日自卫团组织起来之后，民众已经意识到自身的力量，意识到民众自卫是对付土匪的办法，他们表示“绝不怕土匪”，“有土匪来一定要把他打出去”，“打得他们不敢再来”⑤。

第三，张治中认为，民风强悍中带有残酷，民众不以当土匪为耻辱是导致土匪势力猖獗的社会环境。应当教化民众，淳朴民风，共趋于善。在湖南，尤其是在湘西要成为一个土匪很容易。有枪便可以为匪，为非作歹，掳人越货。如果没有枪，“只要拖到别人家的一条牛，跑到一个制造土枪的地方（是在川边一带），就可以换一根土枪”，有了枪就可以为匪。这样“啸聚几十人

---

① 张治中：《出巡湘东南各县经过及观感》，《张主席言论选集》，第 58-59 页，湖南省学生集中训练总队政训委员会 1938 年 8 月编印。

② 张治中：《张治中回忆录》（上册），第 151-152 页，文史资料出版社 1985 年版。

③ 张治中：《两大方案中重要说明》，《张主席言论选集》，第 33 页，湖南省学生集中训练总队政训委员会 1938 年 8 月编印。

④ 张治中：《两大方案中重要说明》，《张主席言论选集》，第 25-26 页，湖南省学生集中训练总队政训委员会 1938 年 8 月编印。

⑤ 张治中：《巡视湘西之印象及感想》，《张主席言论选集》，第 96-97 页，湖南省学生集中训练总队政训委员会 1938 年 8 月编印。

几百人就成为股匪了”①。还存在着一种风气，一人家儿子出去为匪，名叫“打生意”，平时可以不回家，但在每年除夕时一定要赶回家，否则就算是死了。即使儿子死了，“这一家人却没有一点痛惜之心，还是一样兴高采烈的过年”。这样残酷强悍的民风，要“因势利导、潜移默化、撷长去短、拨乱反正”。为了社会的安宁和地方风气与秩序的正常，要“运用政治的力量，教育的方式来消除固有强悍中的残酷，来改正那一种狭隘的近于蛮野的战斗的精神”②。要努力形成一种风气，使大家“都不想做匪，不肯做匪，都以做匪为最大的耻辱，最大的罪恶，上是辱没了他们的祖宗，下是辱没了他们的子孙。”在这种风气之下，“才可以勉人共趋于善，才可以得到长治久安、一劳永逸的解决”③。

第四，张治中认为应对不同类型的土匪进行具体的分析，有计划、有区别地解决各类土匪。张治中经过实地考察和多方了解，认为湖南匪患的形成，大致有以下几种原因：“第一是受政治的压迫而激起反抗，所以逼而为匪。第二是受升官发财心理的影响，就是以祸国殃民的行为来做升官发财的捷径，而因为历史的风气关系，大家也不以做匪为耻辱，这样啸聚地方的也是不少。第三是一部分人为了保身家，为了保障自己的生命财产，以防匪而为匪。第四就是甘心为匪的，这就是真正的积匪，是完全以匪为职业，以匪为生活”。张治中认为“根据这四种原因来分析，我们对于匪患的解决，就可以有相当的办法”。第一类土匪是因为“政治压迫引起反抗来为匪的”，政府要清明政治，“决心为人民服务，决心为人民解除痛苦”，使这些土匪“无所借口”，“要觉悟”，“要向政府归心”。“至于第二类，以做匪为升官发财的捷径，及第三类为保障其身家生命财产而为匪的”，要设法“使之感化觉悟，可以善为化导”。只有第四类的职业土匪，“既全究是以做匪为其职业、为其生活，不受政府支配，不听政府合理的解决，那只有绝对的去剿，绝对的去肃清”。张治中乐观的估计，匪患在“不久的时间就可以得到一个正本清源的解决”④。

第五，张治中认为应对不同地域的土匪区别对待，有计划、有重点的解决各地匪患。湘西不仅在湖南是一个重要地带，而且因为屏障川黔和战时陪都重庆的关系，在“抗战全局中必然也将成为一个重要的根据地”⑤。应该对

① 张治中：《巡视湘西之印象及感想》，《张主席言论选集》，第84页，湖南省学生集中训练总队政训委员会1938年8月编印。

② 张治中：《巡视湘西之印象及感想》，《张主席言论选集》，第82–83页，湖南省学生集中训练总队政训委员会1938年8月编印。

③ 张治中：《巡视湘西之印象及感想》，《张主席言论选集》，第81页，湖南省学生集中训练总队政训委员会1938年8月编印。

④ 张治中：《巡视湘西之印象及感想》，《张主席言论选集》，第80–81页，湖南省学生集中训练总队政训委员会1938年8月编印。

⑤ 张治中：《张治中回忆录》（上册），第203页，文史资料出版社1985年版。

湘西的匪患进行具体分析、认真处置，委任干员、妥善剿抚。为此，张治中曾在1938年6月和12月两度出巡湘西，实地考察匪患的治理，以及风土人情和社会民生。

在张治中第一次出巡湘西时所收到的四百余件禀帖中，“请求惩治盗匪劣痞的是占第一位”①。质朴善良的民众普遍处在水深火热之中，“有田不能耕，有家不能归，甚至有路不能行”②。通过在湘西实地考察了解情况，张治中得出湘西土匪猖獗的原因，“一则山多田少，耕耘不足以自给，加以豪强兼并，捐税如麻，于是以当兵做匪为必然之出路。二则由于历史之沿革，在往昔屯边制度中，即以兵农合一为基础，一旦基础破坏，只有为匪之一途。三则地理上之环境有助成其便利”。“四则政治力量之薄弱，复助长匪氛。初则任民与匪争，继则纵匪逼民，终则逼民为匪，秩序乃不堪问”。“既有生计之驱逼，复受风气之熏染，更有山林之掩护，复无政治力量之防闲，于是凡有一枪可用之人，均群趋于上山吃粮之一道，此所以使边区不易治”。张治中认为，“凡此数因，一言以蔽之，厥在‘管教养卫’四字未曾做到一字。长治久安之道，固待于正本清源，非单纯以军事力量所能使每一个乡村臻于静谧安宁之境地”③。张治中的分析无疑是正确的，只有做到了“管教养卫”和正本清源，才能根除匪患，实现百姓的安居乐业和地方的长治久安。

1937年12月，湖南省政府设置湘西绥靖处，以“军事政治的力量协同改进地方”④。张治中派总参议徐权到“沅陵成立绥署，剿抚兼施，经四个月之久，匪患愈深，就是沅陵对河也有股匪盘踞，向城内射击”⑤。鉴于此张治中于1938年3月决定在沅陵设立行署，作为省政府派出的统一管辖湘西22个县的行政机构。他提议并经省府委员会“推定陈委员渠珍为行署第一届主任”⑥，主持湘西绥靖事务，意图“进一步安定并开发湘西，使其政治、经济、文化得与其他各地平衡发展”⑦。4月1日，沅陵行署成立，陈渠珍赴沅就职，“费了一个半月的剿抚力量，才把各县匪患肃清”⑧。陈渠珍上任后不负众望，除了采取“整理保甲，实行连坐，负责清剿各点”的措施之外，又规定了三项训令，其一是各县如发生股匪时，乡镇长应率队抵抗，各该县应迅速驰援堵剿；其二是盗窃案件发生后，县长应亲往查勘破案，“并彻底实行

① 张治中：《张治中回忆录》（上册），第205页，文史资料出版社1985年版。
② 张治中：《张治中回忆录》（上册），第151页，文史资料出版社1985年版。
③ 张治中：《张治中回忆录》（上册），第216-217页，文史资料出版社1985年版。
④ 张治中：《张治中回忆录》（上册），第153页，文史资料出版社1985年版。
⑤ 陈元吉：《陈渠珍遗著》第5页，湖南人民出版社2008年版。
⑥ 陈元吉：《就任沅陵行署主任的通电》，《陈渠珍遗著》，第619页，湖南人民出版社2008年版。
⑦ 张治中：《张治中回忆录》（上册），第153页，文史资料出版社1985年版。
⑧ 陈元吉：《陈渠珍遗著》。第6页，湖南人民出版社2008年版。

连坐，须知内奸不除，外匪随时仍可侵入”；其三是各乡镇长及保长应恪尽职守，坚守岗位，“倘有闻警逃匿不见面者，亦应拘办”①。陈渠珍“令所部各师分别清剿零星股匪外，对于大批杂色部队，多加以改编，曾在某地设立干部训练班，施以相当训练”。② 这些措施的实施，使湘西匪患暂时归于平静。事实表明，张治中委任陈渠珍绥靖湘西是一个正确的选择。

张治中强调要以“实实在在的态度”，“诚诚恳恳的精神”去对待匪患问题。选择一个人，就绝对信任他；收编一股土匪，就绝对待之以诚；清剿土匪，就要彻底，“不存有丝毫姑息”。张治中认为，“本着这种态度和精神做去，更在政治方面、经济方面、教育方面，正本清源地解决这一个‘治安之癌’的各种病原，相信永恒的安定必将代替这样久长的骚乱的”③。

四、“治安之癌”得到暂时“抑制”——抗战初期湖南匪患的治理

1938 年 11 月 13 日的“长沙大火”，作为省政府主席的张治中负有不可推卸的责任，被国民政府“即予革职，并着留任，责任办理灾区善后事宜，以观后效”④。革职留任的张治中“待罪任中，不敢稍自暇逸，在任一日，即誓尽一日之责”。⑤ 1938 年 12 月下旬前往湘西、湘中、湘南等地视察，访问民间疾苦和匪患治理。12 月 28 日，张治中在沅陵行署，召集行署主任陈渠珍及“一、四、七各区专员县长等，举行会议，商讨治安问题”⑥。张治中在会上“对湘西匪患问题确定了一个最后的计划”⑦。1939 年 1 月 17 日，国民政府行政院通过了改组湖南省政府的决议，由薛岳取代张治中任湖南省主席。至此，张治中结束其一年零两个月的主湘生涯。张治中主湘期间采取各种措施对匪患的治理，取得了

湘西剿匪报道

① 陈元吉：《湖南省政府沅陵行署训令》，《陈渠珍遗著》，第 619-620 页，湖南人民出版社 2008 年版。

② 《湘西匪患　即可肃清》，《申报》1939 年 3 月 23 日。

③ 张治中：《张治中回忆录》（上册），第 154 页，文史资料出版社 1985 年版。

④ 《张治中撤职留任　国府明令发表》，《申报》1938 年 11 月 24 日。

⑤ 张治中：《张治中回忆录》（上册），第 286 页文史资料出版社 1985 年版。

⑥ 《张治中视察湘西》，《申报》1938 年 12 月 29 日。

⑦ 张治中：《张治中回忆录》（上册），第 287 页，文史资料出版社 1985 年版。

一定的成效，[①] 但也存在诸多问题，匪患依然存在且严重。对此张治中有较为清醒的认识，他在一次谈话中指出，主湘十个月的工作已经“得到国内的一点好评”，但是这点名誉，“就快要维持不了了”，“单就治安情形来讲，湘西有匪，上级机关对我们还能谅解，现在湘鄂公路上平江附近都走不通，我们省政府改组十个月之久，到现在还是土匪为患”，是值得深刻检查、痛切反省的。[②]

薛岳接主湘政后，“严申抚匪之令，对于湘西匪患，限三月底肃清”[③]。在国民党最高军事当局的统一指挥下，“国民政府军事委员会委员长宜昌行辕在各有关省政府的配合下，具体组织了对湘鄂川黔边区的绥靖工作”[④]。湖南的绥靖工作就表现为对匪患的治理，尤其是对湘西土匪的大规模进剿。沿湘川湘西两公路之乾城、永绥、辰谿、芷江各处匪患，由陈渠珍调所部驻军就地清剿。同时调集“第某军团王仲廉部，负沅陵上下泸溪一带清剿之责”。陈渠珍和王仲廉在沅陵发表谈话，“湘西匪患，决可如期肃清。刻下水程公路，行旅往来，以无复昔日之行路难矣。各处难胞及各服务团队均徒步西上，未有梗阻”[⑤]。此次剿匪行动基本上达到了保持这一地区安定的政治目的与军事需要。张治中主湘期间采取种种措施对湖南匪患的治理，可以说是这一大规模进剿的预演和前奏；而薛岳对湖南匪患的清剿，从某种意义上来说，就是张治中对匪患治理的延续和发展。

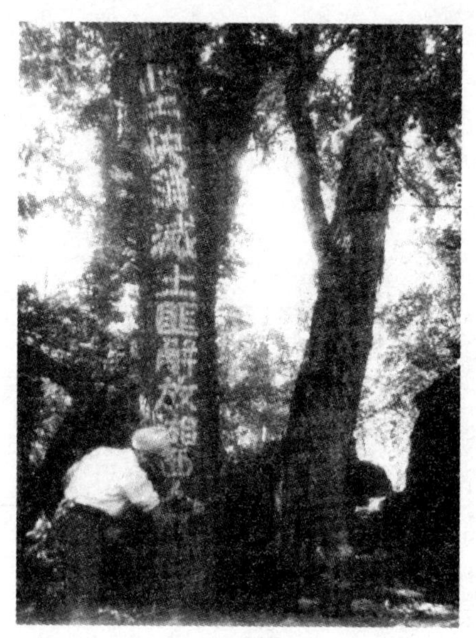

湘西剿匪标语

关于这一时期湖南的土匪情况，时任中共湖南省委组织部长的郭光洲在1939年11月给中共中央的报告中指出，“最近这时期土匪问题的严重性是比较减轻了些”，主要是“国民党最近在湘西成立了一个‘湘黔鄂边区’”，用

① 张治中治理湖南匪患成效显著，但是笔者目前还没有搜集到能够反映其治理湖南匪患成效的具体数据资料，待将来找到后再加以补充。

② 张治中：《张治中回忆录》（上册），第256-257页，文史资料出版社1985年版。

③ 《湘西匪患　即可肃清》，《申报》1939年3月23日。

④ 白夜、单屹：《抗战初期湘西剿匪实录》，《档案春秋》2005年第8期。

⑤ 《湘西匪患　即可肃清》，《申报》1939年3月23日。

宪兵在湘西“以残酷的办法去剿匪，而且直接干涉到行政的工作”。“在这种政治之下，湘西的大股匪虽然很少了，然灵细的散匪则无法消灭；而同时湘南的土匪问题，今天仍然是严重的问题”①。可见国民党的弹压清剿并没有完全消除匪患。

湖南匪患一直持续到1949年湖南和平解放。“解放军在进驻湘西一年多的时间内全歼土匪8万余人，完全解放了湘西22个县”，在两年半的时间内就彻底消灭了湖南全省境内20余万土匪武装，彻底根绝了湖南百年来遗留的匪患。②

五、结束语

张治中对抗战初期湖南匪患的认识是较为准确的，对匪患成因的分析是正确的，提出的匪患治理措施是切实可行的。在短短一年零两个月的主湘生涯里，张治中对匪患的治理也收到一定的成效。然而，在其离开湖南时，匪患依然严重且普遍存在。造成这种局面的原因是多方面的，主要是其一，政治腐败、经济凋敝非短时期内可以解决；其二，民众的动员和组训需要一定的时间；其三，民风的教化改易不可能一蹴而就。

张治中在抗战的大背景下关于湖南匪患问题的言论与做法多数是合理和正确的。然而，当时的张治中没有意识到，仅凭一己之力很难扭转国民党黑暗腐败的政治；没有意识到动员和组训民众后，要相信和依靠民众；没有意识到除土匪为患外，还有会匪、神兵、教匪、兵匪、绅匪、官匪为患。这是时代、社会环境、张治中初次从事地方工作以及主湘的时间短等因素使然，非张治中所能左右。尽管如此，张治中治理湖南匪患成效显著，值得肯定，为后来者留下了宝贵的历史资源。

---

① 湖南省档案馆编：《郭光洲关于湖南党的工作概况给中央的报告》，《抗战时期湖南地下党历史文献选编》，第92页，湖南人民出版社1985年版。

② 邵雍：《中国近代绿林史》，第559页，福建人民出版社2004年版。

1935 年至 1941 年中共治理陕北地区土匪问题初探[①]

1935 年至 1941 年是一段对于中国共产党来说十分重要的时期，在这段时间内，中国可以说是处于一个从土地革命时期向抗日战争时期的转型阶段，同时，中共也处于对他们的根据地——陕北地区——的控制由弱及强的一个发展过程，而中共对陕北地区的社会环境的成功治理，应该被认为是其统治力不断加强的原因之一。

过往，关于对 1935 年至 1941 年中共对陕北地区的社会环境的治理的相关研究成果基本上有如下这些：雷云峰总编的《陕甘宁边区史》，王天亮的《近代中国土匪实录》，贝思飞的《民国时期的土匪》和邵雍的《民国绿林史》等。但是，这些著作对于这方面基本上都是泛泛而谈，不是十分深入，并且没有系统地整理过《红色中华》[②] 和《新中华》[③] ——这两份中国共产党中央机关报纸——所刊登的相关信息、材料。

本文以《红色中华》和《新中华》上报道的相关信息为基本史料，对 1935 年至 1941 年中共对陕北地区的社会环境的治理作一番比较系统的回顾。

---

① 本文作者为宋涵鑫。

② 《红色中华》创刊于 1931 年 12 月 11 日，是中华苏维埃共和国临时中央政府机关报，后改为中共中央和苏维埃中央政府的机关报。发行对象主要是中央苏区军民，发行方法主要靠各级苏维埃政府机关，由苏区印刷厂用活字铅印。1934 年 10 月 3 日，在中央红军长征出发前暂时停刊，当时出版到 240 期。中央红军长征到达陕北后，《红色中华》于 1935 年 11 月 25 日从 241 期开始复刊，仍为中华苏维埃共和国中央政府机关报，一直出到 1937 年 1 月 29 日的 324 期。从这时起，《红色中华》报改为《新中华》报。1934 年 10 月 3 日后，在江西中央苏区的《红色中华》报，实际上并未全面停刊，而是在红军主力长征后，由瞿秋白继续带领部分同志坚持出版到 1935 年 1 月 21 日才被迫停刊。当时，《红色中华》报仍接着原期数编号，每周出版三期，后来由于环境恶化，改为每周两期，最后是每周一期。其发行数量逐渐减少，最后仅发行 3000 多份。报纸的宣传内容，主要是扩红、征粮、动员群众开展游击战争、保卫苏区等，后来又有大量篇幅报道，揭露国民党军队侵占苏区后大肆烧、杀、抢、掠的野蛮罪行，号召苏区人民同敌人斗争到底。为了保守秘密，对红军主力突围长征的消息，《红色中华》报始终只字未提。红军主力长征后，在极度困难的条件下，江西的《红色中华》报能在中央苏区坚持出版发行 4 个多月，极大地鼓舞和激励了中央苏区军民的革命斗志。

③ 《新中华》报，是抗日战争时期中共中央和陕甘宁边区政府机关报。1937 年 1 月 29 日，在延安改名出版。起初为陕甘宁边区政府机关报，1939 年 2 月 7 日，改为中共中央和边区政府机关报。1941 年 5 月 15 日终刊，它与《今日新闻》合并为《解放日报》。

一

社会是由无数的个人组成的，社会环境对我们每个人都起着潜移默化的作用，虽然每个个体对整个社会所起的作用是极其有限的，但我们仍然经常看见有一只“大手”在掌控这个“大染缸”，那就是我们的政府，或者说是统治集团。社会环境的好与坏对于一个统治集团的统治基础来说是极其重要的。对社会环境的治理是任何统治集团都必定要走的一步，也是展示其执政能力与水平的一个舞台。

那么，什么是社会环境呢？借用社会学的概念，社会环境指社会发展之现存的全部表现。人类在一开始作用于自然时就不是个人的行为，而是群策群力的社会劳动。这种社会劳动的结果，就创造了人类劳动的史迹，并且也同时表现为一定的生活方式、思想体系、社会规范以及等级和阶级制度等等。社会环境是随着社会发展而不断变更，因此，个人要适应社会环境，就要使自己不断社会化，改造自己的主观世界，只有这样，才能改造作为客观世界的社会环境。①

中国共产党作为一个执政党自然也不例外地力求呈现给世人一个稳定、安全、良好的社会。他们从来不曾放松过对于他们所控制的有限的范围内社会环境的治理。1935 年 12 月至 1941 年 1 月间他们所采取的种种措施是很具有历史借鉴意义的。

二

良好的治安环境是社会稳定、和谐的基础，很难想象在一个不断发生犯罪的社会中，人们可以得到他们所想要获得的安全感。而这一切又直接等同于统治集团所带给人们的安全感。由此，每个政权上台后，必然首选治安作为展示其统治水平的一个平台。

1935 年 12 月至 1941 年 1 月间，中共在陕北地区所面临的最大治安问题莫过于匪患了。众所周知，陕北地区历来是土匪的温床，中国共产党人是如何处置这个棘手的问题的呢？从《红色中华》与《新中华》这两份一脉相承的中共中央机关报上刊登出来的信息来看，当时在陕北地区活跃着的土匪，其犯罪的表现形式是各不相同的，而中共在不同的历史时期对待土匪的方针、策略上也是有一定区别的。

在 1935 年的 12 月至 1937 年的 7 月间，中国社会虽然仍旧处于土地革命

① 《社会学大辞典》，第 302 页，中国人事出版社 1995 年版。

时期的晚期，但中日大战的硝烟味已经弥漫在空气中了，中日之战可谓一触即发。

那么，在这样的历史背景下，土匪活动的主要表现形式有些什么样的特点呢？

从两份报纸上的报道来看，当时在陕北的土匪的活动主要有这样几种形式：

一种是对陕北苏区地方上的骚扰，甚至于蹂躏人民群众。比如在1937年4月29日出版的《新中华》中提到的："在中宜一带，土匪活动较厉害，不少人民受其蹂躏，以致乡村中发生一种不安的空气"①，以及1937年5月19日报道中的"该地土匪却乘机活动，骚扰地方"②，和同年5月29日的报道："景林股匪在新城一带骚扰，群众受害极甚"③ 等等，都可以看出，像这样的土匪对地方的骚扰，是一种有组织、有目标、具有一定规模的集团犯罪活动，可以说，其对社会的危害是最为严重的。因为土匪不是对个体的安全进行危害，而是危害了很大范围的社会群体的安全。他们使得地方上的人民群众人人自危，空气中充满了不安的气味，害怕土匪哪天就会"光临"自己的村庄。而土匪的烧杀抢掠虽不如后来日寇的"三光"如此出名，但恐怕也只是小巫见大巫。这样的社会气氛，对一个统治集团来说，必然不是一个好现象，试想在如此不安全的生活环境中，谁还能安心自己的生产、工作和学习呢？长此以往，谁还会对统治集团抱有希望呢？

另一种对统治集团带来严重威胁的就是冲击政府机关。这样的犯罪事实在两份报纸的报道中并不是很多，比如在《甘洛县续破获匪案二起》中提到"甘洛县自部分的小股土匪闯进苏区后，经常扰乱人民治安，破坏苏区组织，使人民不得安居乐业"④。甚至于连苏区医院这样的救死扶伤的地方也不能逃过被土匪洗劫的命运，"近来，延安各地发生土匪很多。三五成群，经常抢劫群众的东西、衣物、牲畜等，断绝商业交通路线，日前在细家山发现土匪抢了残疾医院的东西甚多"⑤。这些足以可见土匪当时的气焰是如何地嚣张，对中共在当地的统治基础构成了何等的威胁。而且，就算是到了中日战争爆发后，土匪对政府机关的冲击也仍然零星可见。如1937年7月29日的《新中

① 《中宜被土匪骚扰，正进行清剿工作》。

② 《陕甘边土匪冒红军名抢劫人民——大军进剿已告完全肃清》。

③ 《景林股匪的末路》。

④ 《新中华》第368期，1937年6月23日。

⑤ 《延安县捕获细家山匪三名——二名枪决，一名判徒刑一年》，《新中华》第359期，1937年5月23日。

华》报上就刊登了《延水永胜区合作社被匪抢》[①] 和《安志边土匪捣乱》[②] 这样两则消息。

除了以上两种土匪的犯罪活动外，还有一种土匪经常运用的犯罪手法就是假冒红军来进行犯罪。由于当时红军的装备、服装等比较差，所以导致从外观上无法清晰地同土匪区分开来，给了土匪以可乘之机。这才有了 1937 年 5 月 19 日《新中华》报道的“假冒红军名头，在陕甘边各地不分穷富掳掠榨取人民粮食和现款……罪恶行为无所不为”[③] 如此犯罪行径。而“红宜县……某晚有土匪三名携带土枪，假冒红军名义，闯进农民家里，拷打农民，掳掠财物”[④] 这样类似的报道也出现在了十天后出版的《新中华》报上。土匪的如此犯罪行为，不仅对陕北地区的治安造成直接的威胁，而且使得红军与人民群众的鱼水情受到间接的阻隔。

当然，土匪对社会最大的危害，还是在于对社会治安的严重影响。而土匪的“作为”莫过于抢劫掳掠了。在报纸上，相关的报道是治安方面最多的。1937 年 6 月 9 日，《新中华》报刊登《子长县［破］获现抢案，匪徒刻已被擒》[⑤] 和《靖边土匪抢劫商民》[⑥] 两则报道，从标题我们就能看出，虽然陕北苏区的经济条件并不是十分好，但仍然出现“土匪……经常抢劫人民财产及来往商人”[⑦] 的现象。其中，比较典型的有像“延安东三区刘世业日前假冒了刘志清为匪的招牌，联络了蟠龙街南门处赵玉英等三人，把古家寨张建炳家抢劫一空，抢去白票洋二十余元，苏票洋十余元及其他物品很多”[⑧] 这样假借土匪头子名声犯罪的案件，也有像“蟠龙区域内时有小股土匪出没无常，以棍棒拦路抢［劫］人，破坏苏区之治安”[⑨] 和“甘洛县五区一乡的乔家庄最近发现由西垣来的土匪三名到该地抢去群众东西甚多”[⑩] 这样明抢强夺的。总之，土匪抢夺财物的“本领”可谓五花八门、无所不有。而在当时特别艰苦的岁月里，土匪除了抢夺财物外，还会出现像“清涧城内的清乡队经常到城外苏区来抢粮掳掠财物”[⑪]、“闫占奎……在三区谷家河抢群众的粮食”[⑫] 和

---

① 《新中华》第 379 期，1937 年 7 月 29 日。

② 《新中华》第 379 期，1937 年 7 月 29 日。

③ 《陕甘边土匪冒红军名抢劫人民——大军进剿已告完全肃清》。

④ 《红宜捉获假冒红军的土匪三名》。

⑤ 《新中华》第 364 期，1937 年 6 月 .9 日。

⑥ 《新中华》第 364 期，1937 年 6 月 .9 日。

⑦ 《陕北进行清剿土匪》，《新中华》第 354 期，1937 年 5 月 6 日。

⑧ 《枪决土匪四名》，《新中华》第 362 期，1937 年 6 月 3 日。

⑨ 《枪决土匪四名》，《新中华》第 362 期，1937 年 6 月 3 日。

⑩ 《甘洛县续破获匪案二起》，《新中华》第 368 期，1937 年 6 月 23 日。

⑪ 《清涧游击队消灭抢掠的清乡队》，《新中华》第 325 期，1937 年 1 月 29 日。

⑫ 《甘泉县公审土匪，闫占奎等一律枪决》，《新中华》第 368 期，1937 年 6 月 23 日。

"赤安一带土匪经常抢劫当地群众粮食与牲口"[①] 之类的特殊情况。应该说，这是存在于特殊岁月中的一个特殊现象了。

由此种种土匪的犯罪行为来看，无论他们是骚扰地方、冲击政府机关还是抢劫人民财产及商人，都是对社会治安的极大破坏，中共怎么会允许这样一群人肆意破坏自己的统治基础呢？他们当然会充分运用手中掌握的武装力量，对土匪进行狠狠地打击。

从现在的角度来看，中共在整个革命斗争过程中，做得最好的就是在群众的发动上面了，尤其在抗日战争最艰苦的岁月里。同样的，在面对土匪问题时，中共也是"立即动员了群众"[②]，"在肃清土匪保卫地方治安中，各乡群众自动组织起几个自卫军"[③] 来"积极举行清剿，动员了广大群众的力量"[④]。一旦发现了土匪的踪迹，"于是全体自卫军动员起来了"[⑤]，"马上动员了英勇［的］自卫军六、五名，带土枪五支及锄头前去把土匪包围"[⑥]。可以看到，当有落了单的或是小股的土匪来捣乱时，人民群众自发组织的自卫军就会担负起抗击这些土匪的责任，虽然他们的武器装备极为落后，甚至连锄头都用作兵器，但从 1937 年 5 月 6 日《新中华》报道：群众"配合武装部队在最近十天内将有组织的不觉悟的潘三、郝生才等股匪打得落花流水，现捉获匪徒四十余名，获得短枪数支，夺回商人及群众的布皮及其他财物甚多"[⑦]，"当时打死土匪一名，逮捕起来二名，送到县保卫局拘押"[⑧] 等等消息来看，对付那些单个的土匪，自卫军还是绰绰有余的。

当然，光靠群众自发组织的武装力量是远远不足以对付那些大规模的土匪侵扰的，说到底，受过专业训练的苏区武装力量才是土匪真正害怕的。而在当时，中共所控制的正规武装力量应该分为三种：保安队（或称保卫队）、游击队、正规军（包括红军、警卫营等）。在这些武装力量中，保安队的战斗力是比较差的，因为这个保安队是国民党统治下的保安队直接改编过来的，本身也就只能做一些维持秩序、抓抓小偷这样的工作，让他们参加正式的战斗恐怕难以胜任。但幸运的是，有些零星的土匪战斗力更是不堪一击，所以我们才能在报纸上看到《双栖镇保安队积极剿匪》[⑨]，并且取得不错的效果，

---

① 《赤安某乡主席勾通土匪》，《新中华》第 360 期，1937 年 5 月 26 日。
② 《甘洛县续破获匪案二起》，《新中华》第 368 期，1937 年 6 月 23 日。
③ 《中宜被土匪骚扰，正进行清剿工作》，《新中华》第 351 期，1937 年 4 月 29 日。
④ 《陕北进行清剿土匪》，《新中华》第 354 期，1937 年 5 月 6 日。
⑤ 《自卫军参加剿匪工作》，《新中华》第 361 期，1937 年 5 月 29 日。
⑥ 《甘洛县续破获匪案二起》，《新中华》第 368 期，1937 年 6 月 23 日。
⑦ 《陕北进行清剿土匪》。
⑧ 《甘洛县续破获匪案二起》，《新中华》第 368 期，1937 年 6 月 23 日。
⑨ 《新中华》，第 365 期，1937 年 6 月 13 日。

"前陕北省保卫队分途追剿、根绝土匪"[①]。比保安队战斗力稍强的是游击队。他们无法与正规军在正面交锋，但却能在侧后方进行有效的牵制，这一点在土地革命时期已经被证实了。他们的对手也不再是那些零星的土匪，而是有一定组织形式的清乡队：《清涧游击队消灭抢掠的清乡队》[②]、《宁镇南土匪猖獗，游击队积极进剿》[③]。正所谓棋逢对手，对付那些有严密组织、破坏性极大、流动性极强的"股匪"，中共当然要出动正规军，"对于这些土匪一面以武力威胁"[④]，"遂认真剿灭［土匪］以除民害"[⑤]。既然面对的是正规军的清剿，那些土匪怎么会是对手呢？自然地，我们就看到《志丹警卫营剿匪获胜，广大群众热烈拥护》[⑥] 这样鼓舞人心的报道了。

在这样的严厉打击下，匪患得到了相当有效的治理。这一点在《新中华》的报道上可以得到充分的体现。在1937年6、7月间，我们可以连续看到有关土匪被肃清和匪徒向中共投降的报道，比如《刘志清匪已入穷途》[⑦]、《红宜县股匪异常动摇，三人带枪六支来投诚》[⑧]、《土匪日渐觉悟，来县苏自首自新》[⑨]、《志丹境小股匪已告肃清》[⑩] 等等，足见中共治理匪患的措施是比较得当的。

从指导方针上来说，中共在这个时期中，对待陕北地区出现的土匪问题采取的策略是有些许区别的。在早期，中共采取的态度是"剿抚并用、以抚为主"。如"遣资回籍"[⑪]、"匪服匪"[⑫]、"促其回到生产战线上来"[⑬]，"乃至和土匪订立互不侵犯条约"[⑭] 等等温和的治匪手段可以不断见诸报端。这些手段的采用可能与当时在陕北的"土匪中的成分完全是不参加生产的流氓，生活上无法解决，还有少数的革命叛徒以及哥老会中最落后的份子"[⑮] 有关，在抗日民族统一战线正在初步形成的时候，中共的意图是将一切可能争取的对

---

① 《枪决土匪四名》，《新中华》第362期，1937年6月3日。

② 《新中华》第325期，1937年1月29日。

③ 《新中华》第360期，1937年5月26日。

④ 《陕甘边土匪冒红军名抢劫人民——大军进剿已告完全肃清》：《新中华》第358期，1937年5月19日。

⑤ 《景林股匪的末路》，《新中华》第361期，1937年5月29日。

⑥ 《新中华》第364期，1937年6月9日。

⑦ 《新中华》第370期，1937年6月29日。

⑧ 《新中华》第370期，1937年6月29日。

⑨ 《新中华》第370期，1937年6月29日。

⑩ 《新中华》第372期，1937年7月6日。

⑪ 《清涧游击队消灭抢掠的清乡队》，《新中华》第325期，1937年1月29日。

⑫ 《中宜被土匪骚扰，正进行清剿工作》，《新中华》第351期，1937年4月29日。

⑬ 《陕北进行清剿土匪》，《新中华》第354期，1937年5月6日。

⑭ 《消灭土匪问题》，《新中华》第360期，1937年5月26日。

⑮ 《严防土匪的阴谋》，《新中华》第356期，1937年5月13日。

象都引导到统一战线中来，“一句话：政治上争取不放弃，武力上进剿不放松。”①。

然而，随着中日民族矛盾的不断升级，战争已经到了一触即发的地步。中共的领导者们当然清楚地意识到了这一点，因此，他们的方针、政策也有了相应的一些变化。其中，对于陕北的土匪问题，中共也从当初的“剿抚并用、以抚为主”，变为了“剿抚并用、以剿为主”。在《延安县捕获细家山匪三名——二名枪决，一名判［处］徒刑一年》②、《枪决土匪四名》③、《延安市地方法庭公审著匪白云山等五犯，最后判决处以死刑》④、《甘泉县公审土匪，闫占奎等一律枪决》⑤、《甘谷驿枪决土匪二名》⑥，这些报道中已经基本看不到类似“争取”的词汇了，取而代之的是“枪决”、“积极进剿”、“严加防范”的字眼，可见中共已经意识到“消灭土匪的办法就不能采取与土匪讲统一战线的策略乃至和土匪订立互不侵犯条约的办法，那是不正确的。应该采取根绝土匪、消灭土匪的方针，把大的部队驻在土匪的根据地外面，碰到土匪即行猛打猛进、跟踪进击，务必至完全消灭而后停止，在土匪已经处于计穷力竭，无法逃走来和我们将和时，我们绝对不要被土匪欺骗而放松了我们的进攻，必须使之完全解除武装”⑦。考虑到当时抗战在即，中共需要迅速稳定后方，集中力量对付日本侵略者，当然要采取较为强硬的手段来尽快解决土匪问题；并且经过前一段的“安抚”，该投降的都已投降，余下的那些属于顽固分子，自然要给以强硬的打击。

周育民将土匪分成社会性土匪和政治性土匪两类。前者以整个社会作为其掠夺对象，无政治性；而后者则有其特定的打击目标和政治目的。⑧

当 1937 年 7 月 7 日卢沟桥的枪声响起，意味着中日两国之间的全面战争终于爆发了；意味着中国共产党与中国国民党这两个原本敌对的政党，因为共同面对的民族危机将再次合作；同时也意味着此时在陕北地区出现的土匪，不再是“单纯”的社会性土匪了。

如果说，1938 年前陕北出现的土匪的性质还算比较“纯洁”的话，那么，进入 1938 年后的土匪则更多的是与汉奸联系在了一起，也就是成为了政治性土匪。

---

① 《消灭土匪问题》，《新中华》第 360 期，1937 年 5 月 26 日。

② 《新中华》第 359 期，1937 年 5 月 23 日。

③ 《新中华》第 362 期，1937 年 6 月 3 日。

④ 《新中华》第 364 期，1937 年 6 月 9 日。

⑤ 《新中华》第 368 期，1937 年 6 月 23 日。

⑥ 《新中华》第 369 期，1937 年 6 月 26 日。

⑦ 《消灭土匪问题》，《新中华》第 360 期，1937 年 5 月 26 日。

⑧ 周育民：《辛亥革命与游民社会》，《上海师范大学学报》1991 年第 3 期。

此时，除了“发现少数土匪拦路抢劫”[①]，“三五成群、出没无常”[②]外，更多的是看到类似《延川公审土匪匪徒徐月山加［入］汉奸组织，群众一致要求判处死刑》[③]、《匪首冯占魁落网——该匪进行汉奸活动》[④]、《关中公审汉奸土匪》[⑤]这样的报道出现在《新中华》报上，足以证明土匪已经与汉奸相勾结，破坏抗日民族统一战线成为了他们共同的目标。这些“变了质”的土匪，不仅给社会治安带来了不小的危害，更是出卖了自己的人格和国格，“完全尽了日寇进攻边区的先遣队作用”[⑥]，犯下了累累罪行：“在绥德西川抢劫脚夫一次；在冶瑶子抢劫商人一次；在横山马尾河沟岔抢劫骑自行车商人一次；在漫滩沟抢劫骆驼客商一次；又在周家大麦地滩抢劫行人一次。两月前潜行回到七区家中，并假造招兵公事招兵，并说‘加入了他的组织，可以不用打日本去了’……”[⑦]。更有甚者，还出现了土匪行刺我党领袖这样的事情。根据1938年5月20日的《新中华》报道：“去年四月间，伙同匪众在湫山打劫抗日领袖周恩来同志坐的汽车。八月中，他改走清涧路线送邮件，又勾结土匪张桥三，苗海旺，并同谋派张桥三之侄入八路军活动，企图拖枪逃跑，破坏抗日军队，扩大匪股”[⑧]。这些土匪已经变成了中国人民取得抗战胜利的一道阻碍，惟有彻底解决之，才能保证抗日战争的胜利。

基于此，中共为《巩固抗日后方，西分区开剿匪会议，讨论肃清土匪问题》，[⑨]决定了对于投靠汉奸的土匪分子一律予以严惩，像《公审土匪朱继明》、[⑩]《延川公审土匪匪徒徐月山加［如］汉奸组织，群众一致要求判处死刑》、[⑪]《关中公审汉奸土匪》[⑫]这样的报道在报纸上就多了起来，并且这些个土匪的下场多半是被处以死刑、枪决等厉刑。同时，这样的公审大会的形式，既打击了敌人的气焰，又教育了群众，可谓一举两得。

经过这一番长期的、有效的治理，土匪问题可以说得到了有效的控制。在抗战进入了相持阶段后，在《新中华》报上关于土匪的相关消息出现了如

---

① 《红宜二区捉获匪首一名》，《新中华》第398期，1937年10月19日。
② 《群众捉匪》，《新中华》第449期，1938年7月30日。
③ 《新中华》第446期，1938年7月15日。
④ 《新中华》第454期，1938年8月25日。
⑤ 《新中华》第457期，1938年9月10日。
⑥ 《土匪在延安活动——帮助日寇进攻边区》，《新中华》第436期，1938年5月20日。
⑦ 《破化地方治安，枪决楼匪志成——安塞开群众大会公审》，《新中华》1939年2月7日。
⑧ 《公审土匪朱继明——行同汉奸打劫公用汽车，破坏部队接受日寇驱使》。
⑨ 《新中华》第391期，1937年9月14日。
⑩ 《新中华》第436期，1938年5月20日。
⑪ 《新中华》第446期，1938年7月15日。
⑫ 《新中华》第457期，1938年9月10日。

下的变化：《人民协助军队剿匪，土匪份子纷纷投诚》[1]、《破化地方治安，枪决楼匪志成——安塞开群众大会公审》[2]、《扰乱关中之惯匪李仰之部已全部击溃，匪首就地正法》[3]。

由此可见，中共从1935年至1941年期间对土匪不遗余力的治理比较有效和成功的。

① 《新中华》第465期，1938年10月20日。

② 《新中华》1939年2月7日。

③ 《新中华》，第147号，1940年7月19日。

八　解放战争时期的土匪

陈云与东北剿匪①

陈云同志是伟大的无产阶级革命家、政治家，杰出的马克思主义者，中国社会主义经济建设的开创者和奠基人之一，党和国家久经考验的卓越领导人。② 从1945年9月至1949年7月，陈云在东北历时近4年，在关系东北党政军存亡的根据地建设、坚持南满、东北财经、接管中心城市等重大问题上，他坚持一切从实际出发，高瞻远瞩，有胆有识，在纷纭变化的复杂形势下，推动了东北解放战争胜利的进程，并对全国解放战争产生了重大影响。以往的学者的研究侧重于陈云对经济所做出巨大的贡献，本文试图就陈云在对东北土匪问题的政策上，利用现有的史料，作进一步的探讨。

陈云

一

1945年抗日战争胜利后，中国人民面临着两种命运，两种前途，必须作出艰难的选择。为了争取人民革命的成功，实现人民的解放，中共中央作出重要的战略决策："向北发展，向南防御"，明确指出："只要我能控制东北及热察两省，并有全国各解放区及全国人民配合斗争，即能保障中国人民的胜利"。鉴于东北在战略上的重要性，中央决定派遣大批干部和部队到东北开辟工作。作为东北局主要领导兼北满分局书记的陈云同志，以其丰富的实际斗争经验和敏锐的目光，看到了这一问题的重要性，并为创建我党东北第一块

① 本文作者为罗国辉、邵雍。

② 胡锦涛在陈云同志诞辰100周年纪念大会上的讲话，2005年6月13日。

根据地——北满根据地进行了不懈地努力。

东北历史上匪患不绝，北满更是有名的土匪活动地区。北满地区北至黑龙江，南到第二松花江，东起绥芬河，西接内蒙古，当时包括松江、合江、黑龙江、嫩江、牡丹江（时称绥宁）5个省和一个哈尔滨特别市，共辖80多个市、县，地域辽阔，资源丰富，而且背靠苏联，进可攻，退可守。如果国民党占领这一地区，将切断中国共产党领导的革命力量与苏联的联系，并将利用其雄厚的工业基础，对华东、华北、西北解放区造成南北夹攻之势。相反，如果中国共产党控制这一地区，就可以改变自己薄弱的物质基础，形成不受国民党包围的战略基地，摆脱长期被四面包围的局面，所以其战略地位极为重要。这一时期，国内外特别是东北的政治、军事正处于一个风云变幻、错综复杂的局势。

抗日战争胜利以后，东北一些地方暂时处于真空状态，土匪再次蜂起，危害百姓。国民党统治集团急于控制东北，在主力部队大批运到东北前，派遣了大批特务、干训团人员进入东北各省，通过与各种会帮组织的联系。“国党勾结的土匪蜂起，占据战略要点，四处袭我新部队及我占之县城。国、伪、匪所占北满县城有三分之二，武装抗我接收”，[①] 收编加委敌伪残余（伪官吏、警察、宪兵）、惯匪和被清算的地主恶霸，利用投机分子、野心家等，组成所谓的“地下军”、“先遣军”、“保安军”、“忠义救国军”等，对各地进行接收。较早收编土匪的有胡宗南的第一战区东北挺进军，活动于辽宁、黑龙江。接着有国民党东北党务主任专员罗大愚组织的光复军，其活动区域几乎遍布东北全境。[②] 据统计，国民党反动派在东北组织的匪伪系统就有16个之多，有37种名目，先后加委敌伪残余、惯匪和地主武装，“总司令”和“总指挥”32个、“军长”33名，“师长”158个。[③] 一时间，东北土匪势力急剧膨胀，最猖狂时的人数达到25万左右，为中共军队最初进入东北兵力的2.5倍。这些土匪“不是历史上的胡子，是国民党委任的国、伪、匪合流的政治土匪。”[④]

同时在初期的建军与扩军工作中，以老的部队为基础、以连或营扩大成团是正确的，但采取“找工人农民学生中的群众领袖或用新兵去扩兵的办法是不好的，它使某些地区和部队没有掌握正确发展原则，忽视党的阶级路线。只求数目，不择良莠，单纯地招兵买马，甚至采取封官加委的办法进行扩军，因而建军素质很差，部队成分复杂，战斗力不强。当国民党军队由山海关侵入东北解放区后，在这些部队中开始发生有组织的整营、整团、整旅的叛变。

① 《陈云文集》，第474页，中央文献出版社2005年版。

② 邵雍：《中国近代绿林史》，第523页，福建人民出版社2004年版。

③ 连永新：《东北解放区剿匪斗争的特殊性》，《哈尔滨师专学报》1998年第4期。

④ 中共中央给东北局的电报，1945年12月13日。

据统计仅北满的合江、牡丹江、松江、龙江、嫩江等地叛变为匪者达33200人。[①] 这些武装土匪，袭击我军，破坏新生政权和扰乱土改运动，抢掠财物、奸淫烧杀，作恶多端，成为中共在北满建立根据地的极大障碍。

二

1945年12月6日，时任中共中央北满分局书记的陈云在给中央的电报中认为："国民党在许多战略要点上组织不少反动武装，并已袭击过宾县、兆内、讷河、泰来等县。苏军将撤出，国民党接收后必然更加扩大反动武装，加委胡子（土匪）及地主武装，必然产生更多反动武装。"[②] 并分析了我军在北满一些现状，"新老兵二万八千人（松一万，嫩六千，黑五千，合三千，牡四千），内有老兵二千七百人（松江二千五百人，合二百）"[③]。在当时嫩、合、黑三省新的部队，枪支均不到半数，北满四省轻重机枪不过二百挺。如无老兵带领，新兵也无战斗力，并且百分之九十的部队都五百或一千地分散于各县，除老兵外，尚未组成机动部队；而"国与匪"的情况："计五常、榆树、舒兰五千，合江勃利西李华堂、谢文东一千人，黑、松交界之庆城、东兴等县二千余，黑省依安、明水一千三百人，内江讷河一千。此外，各省二三百人一股者颇多。北满国、匪已发现的约共有一万五千人。"[④]

李华堂

谢文东

陈云到北满最初十多天的经历，对土匪祸害之大有着切身的感受。陈云把剿匪看成"当前急务"、"决胜的一环"。他认为，不剿灭土匪，群众心存疑惧，不可能发动起来，也就不可能建立巩固的根据地。陈云根据北满土匪蜂起、三分之二县城被土匪占领等严重局面，要求"各省立即以可靠部队组成机动部队，主动地有计划地并充分胜利地进行剿匪，首先消灭最凶之股，达各个消灭之目的"，并指出："苏军未退，

① 连永新：《东北解放区剿匪斗争的特殊性》，《哈尔滨师专学报》1998年第4期。

② 《陈云文集》，第459页，中央文献出版社2005年版。

③ 《陈云文集》，第466页，中央文献出版社2005年版。

④ 《陈云文集》，第466页，中央文献出版社2005年版。

蒋军未到时，剿匪是北满决胜的一环。”①

松江省于1945年12月中旬起，动员地方武装主力，开始有重点的剿灭顽匪。张秀山、温玉泉率领松江军区部队2000人从宾县南下，配合吉林军区曹里怀、刘居英所率部队6000人，南北夹击五常、榆树、舒兰一带土匪。11日，陈云、高岗电告在长春的周保中、张启龙，“你们立即抽调主力部队，由南面外攻，以收夹击敌人之效，并将指挥员姓名、兵力、出动时间告我们”②。14日，陈、高又来电询周、张：“争取在苏军未撤、蒋军未到之前，扫清北满国匪，镇压新部队之叛变，造成开展工作之便利条件，成为当前急务”③。陈云、高岗还电告在长春的周保中、张启龙，北满分局为建立根据地采取的第一个步骤是：“在苏军未退、蒋军未到前，将新老兵组成机动部队，并迅速接应三五九旅北上，协同扫荡国、匪及占领其县城，使明年二月底前基本上拔去后方反动钉子，造成我与蒋军斗争之有利局面。”④ 这次剿匪，最初一仗是打五常、阿城之间的上八家子，消灭伪“先遣军第三军”200余人。合江省工委根据12月1日陈云、高岗在北满分局扩大会议上的讲话精神和北满分局确定的建立巩固的根据地的方针及剿匪部署，于12月中旬召开会议，指出合江当前最紧迫的任务，就是集中力量消灭土匪。1946年1月中旬，合江军区部队在依兰县城召开剿匪动员大会，出师东剿，打团山子、道台桥及周围各村庄的土匪据点，首战告捷，再战又捷，歼灭了谢文东的孙景涛旅大部。1947年3月26日，合江军区剿匪部队又将“先遣军第二军”中将军长孙荣久活捉。至此，合江地区影响最大匪首全部就擒，并被公审处决。重要匪首接连被擒，使当地人民群众受到极大鼓舞，也沉重地打击了残余土匪的反动气焰。黑龙江军区于1946年6月9日发布剿匪命令，要求各县按地区划分进行剿匪。6月中旬，第二、第三旅和骑兵团等主力部队攻下交通要道老西窝棚屯，歼刘山东匪部200余人，接着解放逊河、奇克两县城，歼匪百余人。10月、11月两个月中，黑龙江军区部队出动剿匪62次，共毙、伤匪200余人，俘匪530余人，活捉匪首37人，缴获步枪647支，短枪96支，轻机枪6挺，马800余匹。嫩江省军区对土匪活动频繁的地区采取了追剿和驻剿相结合的作战形式。对大股流窜土匪，组织骑兵部队等主力奋力追剿；对小股零星散匪，主要依靠县、区武装清剿。1946年8月22日至25日，嫩江第一军分区及县区武装，毙伤“七点”、“天龙”、“金龙甲”、“草上飞”、“中央军后备第七旅”等股匪1300余人。仅据1946年9月至1947年3月统计，嫩江军区

---

① 中共中央北满分局给北满各省工委的电报，1945年12月16日。

② 陈云、高岗给周保中、张启龙的电报，1945年12月11日。

③ 陈云、高岗给周保中、张启龙的电报，1945年12月14日。

④ 《陈云文集》，第467页，中央文献出版社2005年版。

共进行剿匪战斗 524 次，收复城市 10 座，毙、伤、俘土匪 1.5 万余人。[①] 牡丹江军区部队也于 1946 年 1 月开始向土匪谢文东部进行反击。7 月 23 日，在牡丹江北部柞木台子围剿“九彪”为匪首的土匪，活捉匪团长以下百余人，毙 70 余人。11 月 27 日，牡丹江军区集中第二、第十四团各一部近千余人东进清剿土匪，至 12 月 29 日结束，历时 32 天，经集中力量追剿大股土匪和分散搜山清剿土匪两个阶段，作战 7 次，击毙土匪营长郑玉发以下 23 人，伤匪 10 人，共计歼匪 158 人。

陈云对北满、西满的严重匪情是有充分认识的，他认为“特别是土匪，不要小看。已向下（人数减，地区小，干部死，民心失），数量还大”[②]。为此，陈云多次向中共中央和东北局提出抽调正规部队到北满、西满剿匪，建立巩固的根据地。根据陈云、高岗的意见，东北局先后决定派刘转连、晏福生率领的三五九旅和杨国夫、刘其人率领渤海军区第七师奔赴北满。在一部分主力南下参战，一部分主力进占哈尔滨和齐齐哈尔时，陈云最担心的是北满土匪乘东北民主联军兵力空虚的机会进行反扑。他也清楚地看到：“北满各

威虎山剿匪纪念地

地顽匪，经我全体指战员无数次的英勇战斗，积极清剿，大部已被消灭。所剩少数顽匪，或仍成股匪盘踞在我力量尚未到达之处；或此剿彼窜，保存实力；或分散潜伏，以待时机。估计在目前苏军撤退，国顽北进，我主力结集争夺哈、齐之际，必然乘机再图复起，破坏与滋扰我后方。因此，继续坚决消灭所有成股顽匪（如仅将其击溃而不能消灭仍为后患），配合发动群众，彻

① 《剿匪斗争·东北地区》，第 25 页，解放军出版社 2001 年版。

② 《陈云文集》，第 492 页，中央文献出版社 2005 年版。

底肃清散匪，是目前我建立北满巩固根据地的一个重要关键。”① 1946 年 3 月 25 日，陈云在部署主力部队进占哈尔滨、齐齐哈尔时，要求北满各省军区部队继续加紧剿匪，不使土匪有蠢动机会，并对北满各地剿匪进行了具体的部署：“（一）合江部队与八团及牡丹江进入东安地区之一支队，均归方、李统一指挥。除留必要部队控制佳木斯及勃利等县城外，应集中力量，争取于半个月内全部消灭在勃利以东及密山、宝清等地顽匪，以控制合江全部在我手，并须严防顽匪西窜通河、方正袭击扰乱。（二）哈东、延寿、珠河、苇河现有部队归程启文指挥，负责肃清该地区顽匪。牡丹江田松支队应酌量派队到苇河一带，积极助剿，完成松江与牡丹江连成一片之任务。（三）五常、双城守备部队由刘可天统一指挥，清剿五常一带之顽匪。（四）黑河及嫩江剿匪由王、范、叶及刘、王、朱分别具体部署。（五）各县地方武装除留必要的部队在家看守仓库及保护领导机关外，应组织可靠的精干部队，指定有剿匪经验的干部率领，机动灵活地到处寻找和打击小股土匪，以求得锻炼和扩大自己，不坐待主力，形成被动。”② 经过一段时间剿匪后，北满土匪虽曾一度乘中共部队主力南下参战之机，活动又趋积极，但总体上已成强弩之末，大势已去，只能过着隐伏流窜、被动挨打的日子。

张雨新

至 1947 年 5 月上旬，东北境内的土匪除九万余人被国民党收编为正规军之外，其余 79000 余人全部被歼。③ 著名匪首李华堂（国民党委其为“东北挺进军”第一集团军上将总司令）、谢文东（第十五集团军上将总司令）、张雨新（先遣军中将军长）、王乃康（先遣军第一副军长兼嫩东总指挥）、姜鹏飞（新编二十七军中将军长）等均为我所捕获，同时，还有许多国民党任命的军长、师长被俘或被击毙，剿匪斗争取得了决定性的胜利。剿匪斗争的胜利为发动农民深入进行土地改革、为解放军夏季攻势创造了有利条件。

① 《陈云文集》，第 540 页，中央文献出版社 2005 年版。
② 《陈云文集》，第 540-541 页，中央文献出版社 2005 年版。
③ 《中共党史人物传》第四十三卷，第 247 页。

三

1945 年 12 月 28 日，毛泽东为中共中央起草的给东北局的电报中，明确地指出“我党现时在东北的任务，是建立根据地，是在东满、北满、西满建立巩固的军事政治的根据地。”还着重地指出，在确立建立巩固根据地的地区和部署力量之后，“我党在东北的工作重心是群众工作”，并要求：“将正规军队的相当部分，分散到各军分区去，从事发动群众，消灭土匪，建立政权。”[①]毛泽东为中共中央起草的这个指示，为建立巩固的东北根据地和后来东北解放战争的胜利发展，指明了正确的方向。

到 1946 年 4 月中旬，北满 65 个县，中共控制的有 58 个县，到 5 月中旬，“击溃顽匪四万余，匪伤四万人，我伤亡六七千人，缴获各种炮约二百门，机枪五百余挺，步枪两万余支”[②]。实行坚决的剿匪政策，对建立和巩固北满根据地关系重大：它锻炼了新部队的战斗力，改变了北满分局成立初三分之二县城被动局面。剿匪之所以取得重大的胜利，应该说与陈云对东北土匪问题的对策有密切的关系。

1. 采取科学的战略战术

1946 年 4 月 20 日，陈云同志为北满分局起草了一份给东北局并转中央的《北满根据地建设的进展状况》的报告，提出了北满工作的三大任务，即继续积极主动地肃清残匪；把发动群众看成是一切工作的根本；建设北满为兵源及练兵的基地。此后，陈云便脚踏实地地从事开创北满根据地的工作，开展剿匪斗争；发动农民群众，实行减租减息，分配日伪土地；摧毁敌伪势力，建立人民政权，发展革命武装。根据党中央毛主席的指示，陈云结合东北的具体情况，提出了“建军、剿匪与发动群众”三位一体的战略任务。并且认为，剿匪和建军，这是创建根据地的首要任务；发动群众，是创建根据地的关键环节；在进剿土匪、摧垮敌伪势力的同时，北满分局还进行建立人民政权的工作。经过剿匪、发动群众、建党、建政、建军和初步的民主改革，打击了敌伪残余势力，壮大了党的力量，增强了基本群众的斗志。此外，还开展了财经、后勤、兵工、交通、文化等方面工作。

陈云在分析了北满的具体情况后，认为对待土匪应当“采取奔袭、合击等战术，以歼灭敌之有生力量，并在击溃敌顽之际，乘敌失败沮丧、内部动摇，必须在军事上继续穷追。”[③] 另外，“在事先必须对匪情作详细侦察，对

---

① 《毛泽东选集》第四卷，第 1179-1182 页，人民出版社 1991 年版。

② 陈云、高岗给中共中央的电报，1946 年 5 月 25 日。

③ 《陈云文集》，第 541 页，中央文献出版社 2005 年版。

合、牡部队必须密切联络，协同动作，准备周密击匪计划，以期一鼓消灭此匪。”[①] 因为东北各省地区、各分区联结地带大多为土匪喘息之地，所以必须组织会剿，统一指挥才能有效。根据土匪分散活动的情况，我剿匪部队也进行了适当的分散配置，区分为追剿、驻剿、堵剿以及掩护群众工作团的部队，根据匪情的变化，随时交替变换任务，以斩草除根。剿匪部队任务一旦明确后，即坚决执行命令，克服一切困难，坚决穷追，才能造成连读的打击机会，直至最后消灭。

陈云还注重军队纪律建设。每到一地，都强调“所有的新老兵，都必须严整纪律。”[②] 军人应有的品质：“不入妓院，不醉酒，不许坐三轮车，对市民态度要和蔼尊敬，自己的服装要整洁。”[③] 例如在北满军区部队进占哈尔滨后，纪律严明，秋毫不犯。陈云、高岗向中共中央和东北局报告说：“群众反映我军比苏军及国民党均好。”“我军进哈，因未经战斗，市内水源、电业、工厂、交通设备均未破坏，火车、电车均开出，广播电台昨天开始放送节目。警察缴械后，我暂仍利用其维持市内交通秩序。”[④] 虽然当时我军还没有取得全国优势，但在东北局部地区取得了相对的胜利，东北剿匪的胜利是与我党我军采取的这些科学的战略战术分不开的。

2. 建立基干武装，发动群众

东北地区的土匪大多是“地头蛇”，在群众未发动起来时，他们有自己的匪窝、匪溜子（行动路线），有深山密林作后方，在匪窝及行动路线的村落中设有情报人员，在深山丛林中藏有粮食，所以在行动中及隐蔽时均不感觉情报、粮食的困难。

陈云认为“我要在东北稳住脚跟，只有把群众发动起来。”[⑤] 建立地方基干武装，发动群众，“部队每到一地，应即组织工作团，开展群众的清算减租、分开拓满拓地及大汉奸土地的斗争，使基本群众得到实际的经济利益；和地主撕破了脸，并进而把大地主大排武装拿到自己手中，才能造成真正的人民剿匪运动”[⑥]。在剿匪与发动群众关系上，陈云认为：“部队应一面剿匪，一方面做群众工作。只有基本群众真正发动起来之后，匪患才能根绝。否则，此剿彼窜，群众观望”[⑦]。要让县委必须实质上成为农民运动委员会，在我军到达尤其是剿清了土匪地区，立即开始农民运动，“分配开拓地与满拓地给无地及地少的农民，而不是一般地分地，并保证地主现有的地权财权，如发现

---

① 《陈云文集》，第523页，中央文献出版社2005年版。
② 《陈云文集》，第541页，中央文献出版社2005年版。
③ 《陈云文集》，第536页，中央文献出版社2005年版。
④ 陈云、高岗给中共中央和东北局的报告，1946年5月2日。
⑤ 中共中央北满分局给北满各省工委的电报，1945年12月25日。
⑥ 《陈云文集》，第541页，中央文献出版社2005年版。
⑦ 《陈云文集》，第478页，中央文献出版社2005年版。

不适当，则再停止；由农会组织自卫队，将当地警察及地主保安队的武装转到农民手里。”① 通过剿匪和深入细致地发动群众，到1946年4月中旬，“北满六十五个县，我已占的五十八个县中，农民已经发动者十六个县，宾县、宁安、木兰、方正、通河五县更普遍深入，其余仅在开始”②。通过发动群众，依靠群众，大大密切了我党与人民的联系，正如陈云在通河干部座谈会上的讲话中指出：“在打土匪中，使国民党与老百姓的距离远了一点，我们与老百姓的距离近了点。究竟土匪好还是我们好，老百姓看到了，相比之下，认为我们好一点，这在争取人民方面做了一些事情。”③

随剿匪斗争的深入，陈云认为：“我们方针仍将主力部队及军事干部分散各县，放手发动群众，组织群众武装，肃清反动土匪，建立政权。”④ 1946年7月动员大批干部下乡，组成工作团随剿匪部队出发，根据中央土地政策的指示，发动群众，进行了清算、分地斗争。广大群众得到实际利益后，极大激发了革命热情，广泛开展了“起枪”斗争，变地主坏人的武装，不仅给我剿匪部队提供情报、上山带路、配合搜剿残匪，而且在防匪保家的口号下组成联防区。这就使得土匪无法进出、无法得到粮食、情报，处于走投无路状态，便于我军的进剿。

3. 鼓舞士气，分化匪军

为配合军事上坚决消灭的方针，一方面积极动员，使全体人员认识剿匪任务的重要性，即剿匪工作能否完成，对东北工农群众的翻身斗争、根据地的建立与巩固、将来战局的胜败有直接关系，提高大家的认识，发挥积极性，克服环境不熟，气候恶劣，物资困难等不利因素。当然，“在不断的剿匪的战斗中，部队中可能产生疲劳现象。因此，必须继续的动员，振奋士气，向全体指战员说明，只有不给敌人以喘息的机会，争取迅速、彻底肃清顽匪，才能使部队早日得到休整。”⑤ 陈云还密切关注各省军区部队在日常生活中所遇到的问题。松江军区部队在打上八家子土匪时，正值天寒地冻季节，指战员服装过于单薄，被冻坏手脚的，约有百余人。“剿匪可能与否又决定于能否迅速全部解决部队大衣、暖鞋、手套，皮帽”⑥，陈云提醒各部队首长：“（一）须注意收集医务人员和药品器材，并培养、训练卫生部门工作。（二）北满严寒，须注意部队发生冻伤减员，应教育预防，其要点是：在严寒中注意摩擦运动，冻了不可急于烤火，免致发生坏疽，要经过摩擦恢复。已冻伤的，要

---

① 《陈云文集》，第481页，中央文献出版社2005年版。
② 《陈云传》，第457页，中央文献出版社2005年版。
③ 《陈云文集》，第506页，中央文献出版社2005年版。
④ 《陈云文集》，第455页，中央文献出版社2005年版。
⑤ 《陈云文集》，第541页，中央文献出版社2005年版。
⑥ 中共中央北满分局给北满各省工委的电报，1945年12月16日。

争取早期治疗，并多准备冻疮膏。外出除穿衣戴帽外，要设法戴口罩，以防感冒。烤火要防炭气中毒。（三）进行部队健康检查，老、病、衰弱不能服役者淘汰，并拒绝招收。”① 正是由于陈云对士兵的关心，从而极大地鼓舞了士气，为剿匪的最终的胜利做了重要保证。

另一方面，当土匪受到打击时，陈云认为“对土匪是使其情绪向下，人数缩小，与群众关系搞坏，政治影响下降。我们应进行政治攻势，但不是对土匪的政策改变了，那是不变的。对土匪占的城市，最好争取不战而进。”② 在政治上采取分化政策：“区别其内部各种不同情况，经过各种社会关系，瓦解其内部。对降我之股匪，应用巧妙的方式解除其武装。”③ 简而言之，要利用各种关系展开政治攻势，以瓦解胡匪心理防线，争取使其携械投降。

4. 宣传时事，重视教育

陈云不仅重视在军事上的策略，而且还注重宣传教育，“不论发动斗争或分地，都要经过思想酝酿，打破顾虑，切不要操之过急。因此，要农民诉苦，提高觉悟，并对其进行时事教育，使其真正认识到与地主斗争的必要性和斗争胜利的可能性。”④

通过一段时间的宣传教育，北满的人民已逐渐认识到共产党是帮助农民的，国民党来不利农民。正如陈云在给高岗的电报中所说：“东北人民正统观念的幻想已大大改变了，我军土地改革的结果，人心向我了（东北人民仍是农民最多，农民大体上普遍知道共党为人民，国党反人民）。根据地初具规模，子弟兵在部队中增加了，我军与东北人民血肉关系增加了。”⑤

陈云还重视在群众工作中树立“模范”的作用。在指导宾县县委工作时，他很快发现了善于做群众工作的宾县县委书记马斌。马斌是知识分子干部，过去在华中任过县委书记，后到松江军区政治部任民运部长，随野战军在剿匪战斗过程中做地方群众工作。在工作过程中，“马斌同志发现了东北社会的特点是武装的农民反对武装了的地主、土匪、大排，斗争的规律是经济—武装—再经济。他调查了解了宾县的雇农占全人口的百分之五十到六十。”⑥ 在他的办公室内各村农民积极分子川流不息地来往，农民当他为自己人，见了他不是九十度的鞠躬，而是随便拉话。陈云及时地总结了马斌做群众工作的经验，认为“马斌同志是我们东北群众工作的模范。在东北有各式各样的群

① 《陈云文集》，第472页，中央文献出版社2005年版。
② 《陈云文集》，第507页，中央文献出版社2005年版。
③ 《陈云文集》，第541页，中央文献出版社2005年版。
④ 《陈云文集》，第602页，中央文献出版社2005年版。
⑤ 《陈云文集》，第594页，中央文献出版社2005年版。
⑥ 《陈云文集》，第549页，中央文献出版社2005年版。

众工作，我们提倡马斌式的群众工作。”[1] 并且提出“每个县委书记要向马斌看齐，每个县要出一个马斌，每个工作队员要向马斌看齐，每个工作队里要出一个马斌，我们要求到处有马斌，马斌到处有。”[2]

陈云根据东北的具体情况，提出了“建军、剿匪与发动群众”三位一体的战略任务。在这一正确思想的指导下，东北剿匪斗争取得了胜利，这不仅有力地保卫了解放区人民生命财产的安全，保卫了根据地的恢复和建设，密切了我党我军同人民群众的联系，极大地巩固我军的战略后方，为解放全中国做出了积极贡献；而且积累了宝贵的经验和教训，为日后的全国各解放区剿匪也提供了借鉴。

① 《陈云文集》，第549页，中央文献出版社2005年版。

② 《陈云文集》，第551页，中央文献出版社2005年版。

解放战争时期察北的剿匪斗争[①]

一、察北的匪情

察哈尔位于在我国北部。1914 年设察哈尔特别区，1928 年改设省，辖今河北省西北部及内蒙古自治区锡林郭勒盟。1949 年改辖今河北省西北部及山西省北部，省会张家口市。1952 年撤销，分别并入河北、山西两省。

察北，又统称坝上，包括张北、康保、宝源（原宝昌、沽源合并）、多伦、崇礼、尚义、商都、化德等县。它北接内蒙古草原，是与蒙古、苏联联系的一条通道；南面俯瞰张家口，与张家口唇齿相依。地理位置十分重要。察北多山岳与草原，地形十分复杂。民国各级政府对察北地区的管理重视不够，行政建制不完善，有的行政村纵横达一百多里。政府政令不能迅速通行，十分闭塞落后。"许多村庄坏人当道，有些村庄连村长都没有，群众有了急事无人管，有了困难没人帮"[②]。地形复杂、封闭落后、政令不通这些都便于土匪活动。

解放战争前的察北土匪遍地。其中有二三十年代从外地溃逃来的散兵游勇，也有当地惯匪，最主要的还是国民党在察北的政治土匪。抗战之后，国民党为抢夺胜利果实，极力推行利用伪军和土匪武装的政策，派遣了大批的特务到察北搜罗拉拢土匪伪军，给察哈尔境内的原伪军、土匪封官加爵，授以"先遣军"、"游击队"等各种番号，制造了大量的匪特武装。其中包括"骑兵先遣队"司令王子登、"骑兵第一纵队"队长刘明、"骑兵第二纵队"队长曹凯、"暂编骑兵旅"团长宋殿元（"小五点"），以及"老九江"、"小九江"、王宝善、"海老五"等匪伙。草原惯匪胡图凌嘎也被国民党控制。此外，国民党还从绥远等地派出匪首苏美龙等率领的"反共游击队"来察北为害人民，使得察北匪患更加严重。据统计 1945 年察北土匪"一度达六千余

① 本文作者为李丽娟。

② 刘克宽：《坝上"天下第一军"》，中国人民解放军历史资料丛书编审委员会：《剿匪斗争·华北地区》，第 531 页，解放军出版社 2001 年版。

人，经去冬剿匪，现（1946 年 4 月）尚存两千余人，武器半数。”①

察北的匪特武装是以国民党中统、军统特务和反动军官为领导，以惯匪、国民党残余部队和散兵游勇为骨干，以地主恶霸、封建势力、帮会团体为依靠，并以一部分被胁迫受蒙蔽的落后群众作掩护而组成的反革命武装集团。国民党妄图在察北建立据点，作为将来反苏反共的基地，所以“绥远之傅顽，山西之阎顽，北平之张厉生，继续派遣匪首供给武器潜入察北，企图制造更大的匪患”②。察北土匪与国民党军互相呼应，在察北忽分忽合，长途流窜，无恶不作，给社会造成了极大危害：

1. 制造血案，杀害干部群众。土匪严重威胁人民生命安全，“他们对百姓实行各种酷刑，吊打、用火铲烫、头朝下活埋，或者用铡草刀铡脑袋，或者把人活活钉死在墙上，有的还用铁棍插入人的肛门，把人捅死。”③ 1945 年秋，苏美龙和地主恶霸勾结，制造了血洗张北班青区政府、血洗商都万昌元村等血案。在商都万昌元村，他们杀害群众 27 人，被杀群众占全村人口的 1/3。④ 抗战胜利后察哈尔康保匪首“小五点”（宋殿元）专门袭击基层人民政权，杀害地方干部和战士百余人，奸污妇女 300 多人。⑤ 1945 年 9 月 14 日，宋殿元股匪袭击康宝丹清河区，杀害民主政府区长、区小队长和战士多人。⑥ 1947 年傅作义还多次派遣土匪特务扰乱、破坏察北地区，“计有土匪‘还乡团’三十多人，袭扰尚义解放区，阎三霸梁村被奸淫妇女十余人，蒙古营子蒙胞被抢一空，他们还强迫农民割庄稼给他们喂马。”⑦

2. 谣言惑众，进行反革命宣传。1950 年察北匪特反革命分子制造“割蛋”谣言，以此来恐吓群众，制造混乱，扰乱社会秩序。⑧ 1951 年周喜顺等股匪勾结反动分子公开对抗，叫嚣“宁死于山头，不死于监狱”，借青纱帐之际，妄图暴乱。⑨ 匪特分子化装冒充士兵和民兵、地方干部搞破坏。他们利用反动组织有计划地散布谣言，扩大其反动宣传，煽惑群众，扰乱社会治安，打击干部，威胁、组织村干部集体辞职，破坏剿匪的各种工作。

---

① 《聂荣臻关于剿灭察哈尔和热西匪患致肖克、程子华等电》（1946 年 4 月 22 日），李金明：《燕赵扫残——华北大剿匪》，第 40 页，解放军出版社 1998 年版。

② 《冀察军区关于清剿察北地区土匪的命令》（1946 年 4 月 30 日），《剿匪斗争 · 华北地区》，第 64 页，解放军出版社 2001 年版。

③ 杨在泉：《简谈康保的匪患》，《近代土匪实录》中卷，第 98 页，群众出版社 1992 年版。

④ 李金明：《燕赵扫残——华北大剿匪》，第 32 页，解放军出版社 1998 年版。

⑤ 邵雍：《民国绿林史》，第 440 页，福建人民出版社 1998 年版。

⑥ 《剿匪斗争 · 华北地区》，第 9-10 页，解放军出版社 2001 年版。

⑦ 宋致荣、李政权等：《傅作义派土匪扰乱察北地区》，《解放日报》1947 年 3 月 23 日。

⑧ 杨世明：《察北三个月来的剿匪经验》，《剿匪斗争 · 华北地区》，第 479 页，解放军出版社 2001 年版。

⑨ 《察哈尔省军区司令部 1951 年剿匪工作总结》（1951 年 12 月），《剿匪斗争 · 华北地区》，第 335 页，解放军出版社 2001 年版，第 360-361 页。

3. 利用弱点，破坏剿匪斗争。有些散匪利用某些乡村基层组织不纯的弱点和某些干部怕“变天”的思想，与村干部订立所谓“双保险”，即村干部保证土匪在该村不被捉，土匪保证国民党军重打回来时不杀村干部。仅商都第十区就有10个村搞这样的“双保险”。沽源六区甚至发生了村支书窝藏土匪的事情。[①] 土匪的这些破坏活动，对当时清剿土匪、恢复生产、巩固政权造成很大威胁。

4. 破坏生产和群众生活。察北匪特拉拢惯匪、地痞、烟鬼、二流子等人进行各种破坏活动。1950年“察北五个县，干部群众草垛被焚烧达三十起，损失粮食在十万斤左右。万全及十二月中旬孔家庄（五区区公所及车站所在地）供销社被抢后，附近铁路上的道钉被拔去一百余个”[②]。京绥路（即北京至今呼和浩特的铁路线）“孔家庄至郭磊庄段铁道钉被拔145个，柴沟堡以北四十里处之路牌被匪拔去不少……万全县城至洗马林间电线被割四孔”[③]。

察北匪患猖獗，严重的危害了人民的生命财产安全和生产建设，引起党中央和华北军区的高度重视。为了迅速有力地解决匪患，华北军区于1945年9月成立了察北党政军领导机关，又于同年十月成立中共察哈尔省委，由刘道生任书记。在各级党政机关的领导下，察北迅速组织力量深入各地发动群众进行剿匪。

二、察北剿匪经过

察北党政军各级领导机构在中共中央和华北军区的领导下，积极调兵遣将组织力量深入各地，发动群众减租减息、反奸反霸，建立党组织、基层政权和剿匪武装。察北地委、察北军分区指挥骑兵第一、二、三团和各县大队，并在绥蒙军区骑兵旅的协同下，于1945年10月份开始了艰苦的剿匪斗争。

察北剿匪分为三个阶段：

第一阶段，1945年10月—1946年10月，前期剿匪。

1. 从1945年10月到1946年3月，察北集中剿匪时期。在此期间，察北进行了几次较大规模的军事剿匪行动：

1945年10月中旬，由兴和、尚义、商都等县的伪军残部组成的“反共游击军第一纵队”约500余人，在匪首曹凯、王子登的带领下袭扰商都地区。

① 《中共察哈尔省委关于继续加强剿匪工作的指示》（1951年10月4日），《剿匪斗争·华北地区》，第335页，解放军出版社2001年版。

② 《中共察哈尔省委关于剿匪工作的指示》（1950年1月26日），《剿匪斗争·华北地区》，第173页，解放军出版社2001年版。

③ 《察哈尔省军区关于加强剿匪工作的训令》（1950年1月），《剿匪斗争·华北地区》，第175页，解放军出版社2001年版。

察北武装与友邻部队在商都至集宁之间的七大顷全歼该匪股，并活捉王子登，缴枪马各数百。在宝源县大干沟一带，察北骑兵二团与多伦、宝源两县大队配合全歼"老九江"股匪。这次歼敌200余人。该年11月末，察北军分区骑兵第一团在康保与化德交界处的大小英图山歼灭王宝善股匪。歼敌300余人活捉王宝善。[①] 这三次战斗使察北股匪闻风丧胆，纷纷外逃和隐匿。察北地区形势稍缓。

1946年春，去年冬天逃到外地的股匪又复回窜，察北匪情再次猖獗。针对这一情况，察省领导制定了"分进合击，长距离奔袭"的战术，在各县大队民兵配合下向土匪活动的主要地区进剿。1946年3月察北骑兵一团在迭卜齐山地区歼灭宋殿元股匪。察北骑兵二团由多伦向宝源地区进剿，在小河子毙俘小股匪徒后继续长途奔袭至宝源县丹木淖消灭"海老五"股匪200余人。此次战斗共毙、伤、俘182人，缴步枪82支，子弹5000余发，战马125匹。骑兵三团于3月12日在张北县两面井一带消灭王英、刘明股匪大部，歼敌112人，缴获步枪72支，轻机枪1挺，子弹16700发，战马87匹。[②]

两面井战斗后察北土匪慑于剿匪部队威势，嚣张气焰有所收敛。大股土匪不敢再在当地活动，纷纷逃到其他省区，小股土匪也不敢公开活动，而是四处流窜于各县乡结合部或分散隐匿起来。针对这种情况，察北分区部队立即转入分散清剿的驻剿时期。

2. 从1946年3月下旬到1946年10月，察北地区进入驻剿阶段。随着内战危机的加深，根除察北匪患已变得越来越重要。1946年4月30日刘道生把察北分为4个剿匪区，即商都地区、张北、崇礼、尚义地区、多伦地区和宝源、康保、化德地区，由地委、军分区及有关负责人指挥分区清剿。这一阶段察北开始分散清剿，同时协助地方进行减租减息和建党建政等工作。

在此期间察北军区又取得了一些胜利。3月下旬骑兵二团在沽源李旺营子全歼了股匪李明部400余人，活捉李明。4月10日骑兵三团在商都县西南的蒙古营子将陈发股匪大部歼灭，在城西的山嘴村将匪首陈发捕获，接着又争取其内弟带匪32人携枪马向我投诚。陈发匪部全部剿灭。[③] 察北军区军民还打击了活动于乌登山、骆驼山、牛群山、满天哥儿一线的"小九江"、曹凯等匪部及为数众多的小股匪徒，并在乌登山设伏截获了国民党飞机空投给土匪的枪支弹药和军用物资，消灭了来接应的数十名土匪。察北各级机关在清剿同时，还帮助各村改造村政权，建立新的社会秩序。

---

① 刘道生、赖富、李虎：《坝上风云急　艰难百战多——追记抗日战争胜利后的察北剿匪斗争》，《剿匪斗争·华北地区》，第525-526页，解放军出版社2001年版。

② 刘道生、赖富、李虎：《坝上风云急　艰难百战多——追记抗日战争胜利后的察北剿匪斗争》，《剿匪斗争·华北地区》，第525-526页，解放军出版社2001年版。

③ 李金明：《燕赵扫残——华北大剿匪》，第38页，解放军出版社1998年版。

第二阶段，从1946年10月到1948年12月，中期剿匪。

1946年10月傅作义部侵占察北多数县城，察北土匪在活动方式和意图上虽各有异，但在反共反人民方面却是一致的。小股土匪一般不敢与我正规军作战，专门袭击我基层政权，杀害我基层干部。一些势力较大的土匪队伍多被国民党收编，他们多为骑兵，枪法准且思想顽固。

察北各武装一面抵抗国民党正规部队的进攻，一面坚持剿匪斗争。察北人民武装在11月，突袭盘踞在张北重镇公会、被国民党任命为"保警团长"的惯匪王子干部，将其全歼，仅王匪只身逃脱；12月，攻克崇礼县所在地西湾子，俘国民党县党部书记长及恶霸地主多人；1947年1月，察北军分区攻打康宝城时，重创曹凯和"小五点"宋殿元的土匪武装。4月，在康保附近围歼穆格登宝股匪；5月在张北黄岱营子袭击张北县保警队，活捉王子干；10月底，再歼穆格登宝叛部。① 1947年7月，胡图凌嘎经多伦跑到张家口，再次跟国民党勾结，再多伦、张家口、宝昌等地活动。9月份胡图凌嘎"从宝源县逃至张北县途中遭到察北军区打击，伤亡几十人，辎重物资全部丢失"②。

第三阶段，1948年12月—1950年，后期剿匪。

察哈尔解放较晚，境内存在以国民党残余部队为基础的股匪。平津战役结束后，国民党又派了大量特务进入察北，与当地惯匪、恶霸地主等反动势力勾结组织"地下军"、"敌后游击队"，妄图颠覆新生政权。1948年12月张家口解放后，部分蒙绥边境的小股溃匪窜至察北商都、兴和、尚义等地与流窜察北多年的周喜顺等股匪和地方反动势力结合，形成新的匪患。

为了解决新形势下的匪患，察北在察哈尔省委的领导下在1949年积极剿灭境内匪患，取得了很大成绩。"大股公开匪患，有的被歼灭或遭到歼灭性打击，有的被迫由公开而转为隐蔽或由几十人分散为几个人活动"③。

1949年5月中国人民解放军华北军区召开剿匪工作会议，决定在发动与依靠群众的基础上以政治攻势争取瓦解成股土匪；对土匪实行首恶必办、胁从不问，立功者受奖的方针，以达到瓦解、分化、争取的目的。6月11日聂荣臻接到冀东军区一份匪患猖獗，大兵团进剿收效甚微的报告后指示："必须从发动群众着眼，做到人人肃匪，村村防匪，军队与政权、民兵取得密切协同，才能彻底肃清匪患。……剿匪兵力并不在大，应做有重点的分散，以便

① 中国人民解放军历史资料丛书编审委员会：《剿匪斗争·华北地区》，第12页，解放军出版社2001年版。

② 高乐民：《草原土匪胡图凌嘎》，《近代中国土匪实录》中卷，第248页，群众出版社1992年版。

③ 《察哈尔省军区关于加强剿匪工作的训令》（1950年2月7日），《剿匪斗争·华北地区》，第175页，解放军出版社2001年版。

机动，在动作上应根据匪之特点务求奔袭。”① 这一指示明确剿匪的指导思想和战略战术，在整个华北地区具有普遍的指导意义。

至1950年在察北剿匪过程中开始出现麻痹轻敌的思想。“许多干部认为解放战争即将胜利，我区已早获解放，因胜利而麻痹，产生太平思想，忽视治安工作；或认为‘小丑跳梁，不足为患’，从而轻视土匪；也有的认为公开敌人已被打倒，而忽视匪特隐蔽活动。”② 在对待俘虏时不能正确把握尺度，有重大罪行的土匪被放掉。1947年解放军占开鲁时捕获胡图凌嘎，由于不了解实情而过度宽大，使胡图凌嘎逃脱惩罚，致使群众对我剿匪政策十分不满，影响剿匪工作的正常进行。这些错误思想必须先肃清，才能提高警惕，有利剿匪工作。

按照省委指示，察北各级机关严厉检讨了自身的麻痹轻敌思想。他们根据实际情况进行了政策调整，实行“分区清剿”与“联防联剿”。在党委领导下，察北军分区不仅在地区结合部加强了联合协同和情报网的建设，同时在兵力使用上实行组织小分队的形式进行分散隐蔽活动。察北军分区和所属各部队均按划定区域建立了各级剿匪指挥部，并与邻近省区合组了联合指挥系统。他们还派出工作队到农村协助地方开展土地改革，发动群众，纯洁内部，建立情报网，鼓励并捕捉散匪。

1950年下半年，察哈尔省委推广阳高县经验，各区实行“包打包剿”责任制。察北6县组织了111名公安、武装人员计12个小组赶赴绥远等地，在当地的协助下侦捕漏网土匪。察北军分区派出剿匪人员分三路去商都、兴和、尚义和绥远、内蒙古追剿，捕回在察北危害数十年的匪首左六子、刘明、曹凯、郝继珍、张吉拐子、吕维州、高七子、小五点等。除了侦捕漏网土匪外，察北军分区对大股土匪也进行了军事围剿。1950年冬察哈尔军区骑兵第三师与内蒙古军区骑兵部队协同，将溃逃至绥远武东一带又回窜察北危害多年的周喜顺匪部近百人一举歼灭。其后察北地区把“分区清剿”与“联防联剿”和“包打包剿”责任制结合在一起实施剿匪，到1951年底彻底剿灭了察北匪患。

三、察北剿匪策略

历史上的察北匪患很严重，历届政府都进行过剿匪，但均未解决察北的匪患问题。察北人民在共产党的领导下艰苦奋斗，终于解决了困扰察北数十年的匪患问题。纵观察北剿匪，我们可以看到察北之所以能取得如此大的成

---

① 周均伦主编：《聂荣臻年谱》上卷，第517页，人民出版社1999年版。

② 《察哈尔省军区关于加强剿匪工作的训令》（1950年2月7日），《剿匪斗争·华北地区》，第175页，解放军出版社2001年版。

绩，缘于党中央及各级领导的正确领导，以及制定实施的措施的正确和有效。其主要的政策有：

1. 党委重视，统一领导

党中央一直以来就对察北的剿匪工作十分重视。多次发电给华北军区及察哈尔省委询问察北剿匪工作的进展情况，并给以正确指导。命令“刘道生协同党政民得力干部，组织一元化领导的察北剿匪司令部……专力担任剿匪及配合地方发动群众接防”①。由于察北土匪都为本地人或在此活动久者，他们熟悉地形，有活动经验和社会关系，能够利用亲朋关系和封建迷信作掩护，同时由于察北是新解放区，党的工作薄弱，群众觉悟不高，土匪不容易暴露出来。地方党强调一元化领导和党政军民的协同动作，并制定正确的剿匪措施，一道应该发挥发动组织群众，孤立瓦解土匪的作用，并为察北的军事剿匪提供各种便利和保证。部队主要任务是剿灭公开的股匪，其次是给民兵和群众撑腰。民兵主要是对小股和分散潜伏之匪实行逮捕和劝降，并组织联防，完成保家自卫。只有党政军民协同作战，统一领导，才能顺利地推动工作。

2. 把剿匪和发动群众相结合

察北地区是新建立的解放区，群众觉悟尚有待提高。“匪均为当地人，有其反动之社会基础，基本群众恐于报复不得抬头，如为匪掩护，我之情报较匪慢。故必须是剿匪与发动群众相结合”②。察北在发动群众方面采取了以下具体方法：

（1）通过宣传发动教育群众

解放军采取各种形式多样的宣传方式，宣传解放军的宗旨、性质和当前形势以及剿匪的目的，使群众增加对剿匪军队的了解，拆穿国民党和土匪制造的谣言，增强群众与土匪、反动势力斗争的信心。冀察军区第二纵队六旅十七团在察北地区的群众工作非常出色。“该团三连的文艺宣传队半个月走遍了15个村庄，为群众演节目75场，集中讲演1700多次，受教育群众达3.6万余人”③。他们不仅对普通群众进行宣传，对土匪家属也进行了宣传教育。部队干部、战士帮群众放牛放羊、挑水扫院，以赤诚之心去接近群众了解群众生活，打消他们的顾虑。部队应群众要求，为没村长的村选举村长，对群众不满意的村干部，又由群众进行改选。他们与群众朝夕相处，遵纪爱民，帮助群众建政，以实际行动取得群众的信任和支持。

---

① 《聂荣臻关于剿灭察哈尔和热西地区匪患致肖克、程子华等电》（1946年4月22日），李金明：《燕赵扫残——华北大剿匪》，第40页，解放军出版社1998年版。

② 《聂荣臻关于剿灭察哈尔和热西地区匪患致肖克、程子华等电》（1946年4月22日），《剿匪斗争·华北地区》，第59页，解放军出版社2001年版。

③ 刘克宽：《坝上“天下第一军”》，《剿匪斗争·华北地区》，第532页，解放军出版社2001年版。

（2）把发动群众剿匪与群众性的清算复仇运动和减租减息斗争相结合。对匪首奸特与支持土匪的豪绅恶霸，进行群众性的清算复仇运动。发动群众检举土匪，清除眼线。组成群众性的剿匪自卫队，改造村政权。同时根据中央“必须将发动群众解决土地问题与剿匪任务联系起来，方能达根除匪患目的”[①] 的指示，及时坚决地进行土地改革，普遍开展减租斗争。群众获得了土地，减轻了负担，生活有了保障，更加信任和支持党的各项工作。许多担心报复的群众，开始主动提供土匪活动的线索。因生活所迫沦为土匪的贫苦农、牧民，陆续被家属找回争取宽大处理。察北军区与地方密切协同，配合以群众性的清算复仇运动和减租减息斗争，使察北剿匪取得明显效果。

3. 采取正确的军事政策进行剿匪

（1）实行“包打包剿”与“分区清剿”、“联防联剿”的内外夹击、全面开花的剿匪措施。这是肃清匪患的有效办法。由于察省地广人稀，土匪多为骑兵，流窜性强且多藏匿于边沿结合部。土匪作案时也常在城乡结合部或省或区的交叉地，如兴和、尚义、商都、万全、张北地区。他们往往作案在甲地藏匿在乙地。采取“分区清剿”政策，可把完全分散隐匿的散匪剿灭。同时大力贯彻“包打包剿”，解决了剿匪中受地区限制，各地剿各地的土匪的“各扫门前雪”的情况。由于采取了这样的措施，察北地区既肃清了遗散流窜之匪，又消灭了边沿结合地区的死角，挖掉了匪特赖以生存的基地。“察北分区于1950年四月初组织干部结合察北公安处赴绥远‘包剿’一次，共捕回匪首二十名。”[②]

（2）军事清剿与政治瓦解结合。察北军区在进剿过程中总结了切实可行的作战方针。

首先，军事上清剿，政治上争取瓦解，剿抚结合，军政并重。一方面强调军事，目的是把土匪打垮或逼其分散；然后再以政治争取作为主要策略，广泛宣传宽大政策，利用各种关系、方法争取其改邪归正，就业生产。他们深入土匪内部进行劝降瓦解，如争取陈发内弟带匪32人携枪马向我投诚又发动宣传攻势，召开土匪家属座谈会，对家属进行教育，还热诚帮助土匪家属。土匪家属深受感动，他们主动宣传解放军的政策，劝当土匪亲人回家。冀察军区第2纵队6旅17团在察北发挥政治宣传和政治瓦解的作用，孤立了少数顽匪，坚定了群众的灭匪信心。“全团在三个月的时间里，基本上不是以武力而是以发动群众瓦解土匪为主要斗争形势，共计剿匪百余名，缴获200多支

---

① 《中共中央关于必须解决土地问题与剿匪联系起来致聂荣臻、刘澜涛电》（1946年5月21日），《剿匪斗争·华北地区》，第75页，解放军出版社2001年版。

② 《华北军区1951年剿匪工作总结及对今后剿匪工作的指示》（1951年12月25日），《剿匪斗争·华北地区》，第368页，解放军出版社2001年版。

枪，缴马700多匹，收缴了土匪抢走的大量财物。”①

其次，建立县乡民兵组织，形成党政军民互相配合共同剿匪。民兵组织积极侦察敌情，为部队带路；协助政府筹集粮草，保障军需给养；踊跃参战，配合部队行动。县大队和民兵组织还单独作战，“1946年4月份，商都县大队掩护政府干部在十名村进行减租减息工作时，80余匪徒突来袭扰。县大队将其驱至三太昌、小五号，经激烈战斗，毙、伤匪50余。同月，匪首赵常胜带40余人在沽源三区老张沟一带活动，该区区小队闻讯前往，将匪全部歼灭。”② 在1949年“延庆捕获匪首盐占山……尚义捕灭十一人的股匪，都是民兵做的”③。

再次，加强侦情工作，建立情报网。各部队派出“便衣侦察部队及侦查组，供给部队情况，并广泛的利用地方关系询问居民或审讯俘虏。各部队主动与友邻部队联络，各地区应用骑兵、电台及时与我联络，每一步兵连或排驻地与区游击队配合侦查联络，附骑兵三五名。”④ 他们还非常重视追查线索，速捕速审。使用这种办法，万全县武装部结合公安局破获敌“反共自卫军”案，捕获匪连长李万发等五名。察北为建立情报网，采取一切办法加强社会调查，以侦查为主建立内线，普遍建立大众情报网以扩大情报来源，掌握了土匪活动地区、规律、特点，便利了察北地区剿匪。

4. 存在的问题

我们在看到察北剿匪工作的成绩的同时也应该注意出现的问题。

“双保险”事件的出现说明了当时中共在基层管理方面存在问题。首先，基层干部素质低，大多为刚刚翻身的农民，文化素质、政治觉悟很低，对共产党的剿匪建政政策理解不够，因此在与土匪、特务作斗争时看不透敌人诡计而导致失败。其次，基层干部不纯，一些地主、富农、国民党特务混入农村政权，他们与土匪特务相勾结从内部破坏剿匪建政工作。这些问题都极容易出现在新解放区的剿匪工作过程中。再次，新解放区群众长期受国民党、土匪、地主恶霸等剥削，共产党的工作还未深入展开，群众政治觉悟很低，因此对中共信心不够，怕反攻倒算也是很正常的心理。但是这种心理对共产党的剿匪工作的贯彻实施产生了很大的负面影响。“双保险”事件的出现就是这种心理负面影响的反应。

剿匪过程中还出现了麻痹轻敌思想。首先，当大股匪患被剿灭时，许多

---

① 李金明：《燕赵扫残——华北大剿匪》，第46页，解放军出版社1998年版。

② 刘道生、赖富、李虎：《坝上风云急　艰难百战多——追记抗日战争胜利后的察北剿匪斗争》，《剿匪斗争·华北地区》，第525–526页，解放军出版社2001年版。

③ 《察哈尔省党政军民协同剿匪有成绩》，《华北解放军》1950年1月14日，《剿匪斗争·华北地区》，第443页，解放军出版社2001年版。

④ 李金明：《燕赵扫残——华北大剿匪》，第43页，解放军出版社1998年版。

干部认为土匪是乌合之众，是‘小丑跳梁，不足为患’，轻轻松松就能消灭。从而轻视土匪产生轻敌思想。当小股匪患反复出现不能尽剿时，干部又认为察北匪患是历史现象，是不能剿灭干净的而产生畏难情绪。其次，解放战争即将胜利，察北解放区已获解放，因胜利而产生麻痹，产生太平思想，忽视治安工作；也有的认为公开敌人已被打倒，而忽视匪特隐蔽活动。

其他还有在对待俘虏时不能正确把握尺度，有重大罪行的土匪被放掉、回乡人员的安置容易被国民党特务利用安插特务干扰、破坏剿匪工作等问题。这些都在具体的剿匪工作中得到了解决。

四、小结

察北的剿匪斗争在共产党的领导下经过了多年的艰苦斗争，终于消灭了困扰察北多年的匪患问题。在剿匪斗争中，共产党和人民克服了种种困难，根据实地情况创造了许多行之有效的政策方针，如把剿匪工作与土地改革紧密结合来发展生产，铲除匪根；广泛发动群众、联防联剿与包打包剿相结合等等。在剿匪过程中也出现了一些麻痹轻敌的错误思想，暴露了自身的缺点和弱点，但在具体实践中最终纠正了错误，取得了剿匪工作的胜利。

察北的剿匪斗争，维护了社会秩序和人民的生命财产，纯洁了基层组织巩固了民主政权。剿匪的胜利促进了土改等各项工作的顺利进行。人民生活得到改善，生产积极性和爱国热情高涨。察北剿匪过程中取得的经验教训，对于我们今天的社会治安仍有借鉴意义。

新中国建立初期的苏北剿匪[①]

苏北，即江苏的长江以北。晚清以来，匪祸连绵，进入民国，愈演愈烈，波及整个苏北区域，几乎无县不匪，呈现出一种匪化的趋向，给苏北的政治、经济、社会带来极大的危害，是苏北社会失范的最主要的体现。民初以降，由于国家权威的丧失，无法保证基本的社会秩序。民国前期的苏北就长期陷于这样的政治无序之中，成为令人望而生畏的“土匪世界”。“捉不完的虱子，剿不完的匪”，这是挂在苏北老百姓嘴边的一句话，可见匪氛之炽。民初至南京政府建立前后、抗战开始到中共抗日根据地建立前后，是匪患最严重的两个时期。“水旱灾荒，无岁不有，盗匪劫夺，警告频闻”，“匪盗出没，杀人越货，虏男妇子女”[②]，“杀人越货，视为故常”[③]，由于土匪猖獗，连庙宇这样的佛门净土也都设有防匪的炮楼。[④] “江北之患在水而又在匪”[⑤]，这是苏北地区全面衰败的两大主要因素。

淮海战役结束，苏北地区基本解放，但还残留大量匪特。渡江战役过后，苏北地区的匪特活动更加活跃，抢夺拦劫，杀人越货，屡见不鲜；造谣惑众，放火暗杀，时有所闻。为巩固地方治安，安定社会秩序，使广大群众得以致力于生产建设、安居乐业，剿匪工作成为苏北党政军民的当前中心政治任务之一。[⑥] 关于这方面的研究及其薄弱，本文拟对新中国建立初期苏北地区的剿匪斗争做一疏理，以期更好地把握这段历史。

一、严重的匪患及其原因

新中国建立初期，苏北地区一直为敌伪所盘踞，敌伪、特务和反动党团分子横行，土匪肆虐。由于解放战争的急剧发展，来不及逃散的散兵游勇流

① 本文作者为石玉中。

② 《民国续纂清河县志·序》。

③ 《民国续纂清河县志·疆域·风俗》卷一。

④ 刘大卫：《清末民办“民达中学堂”简史》，《滨海文史资料》，第1辑，第125页。

⑤ 韩国钧：《止叟年谱》，《近代中国史料丛书》，第9辑，第65页，台湾海天出版社版。

⑥ 《苏北军区政治部关于剿匪政治工作的指示》（1949年9月4日），中国人民解放军历史资料丛书编审委员会：《剿匪斗争·华东地区》，第173页，解放军出版社2004年版。

散各地，形成零星股匪。同时，新中国成立前夕国民党有计划留下或派来的党团特务分子，此时乘机活动，扩大匪特武装；江南解放后，也曾遣散或自己潜回一批罪恶的敌伪分子及过去的老土匪：地方原有的惯匪被特务勾引或因灾荒所迫而重操旧业，还有从邻区窜来的股匪、散匪到解放区进行勾结拉拢活动。这些匪特和反动顽固分子麇集在一起，形成一股扰乱社会秩序和破坏社会治安的敌对势力。苏北的土匪武装实际上是一伙以国民党中统、军统特务和反动军官为领导，以反动地方武装和惯匪为骨干，恶霸和地方官绅为依托的反革命集团。匪特霸三位一体，并有较雄厚的封建社会基础，极大的反动性和破坏性，给苏北人民带来极大的恐慌。

新中国建立初期，苏北土匪造谣惑众，进行反革命宣传，鼓动胁迫落后群众参加土匪组织。匪特到处造谣，东坎镇的李子平说："'三反'反干部、'五反'反商人、将来反穷人"：又传"东台被炸了，并放下细菌，爬到人民身上就死"；上岗发现"打倒毛主席，反对共产党"的反动标语。[①]

解放初期，苏北湖匪成群，大都是一些散兵游勇、地痞流氓和无业游民，其中也有职业出身的土匪，他们在湖区落草为寇，占据地盘，以打家劫舍为业。高邮湖、邵伯湖及大片滩涂成了湖匪聚集和流窜作案的出没之地，沿湖的郭集地带盗匪横行，民无宁日。湖匪作案心狠手辣，极其凶残，危害极大。[②] 同时，国民党军队勾结海匪，在长江游弋招兵，抢劫商船，杀人越货，致使商船不敢在长江运输，渔民不敢出海捕鱼，一时间，江面不得安宁，水上安全失去保障。一些地方杂牌军队荷枪实弹，公开下湖抢劫骚扰，这实际上也是一种官匪。溃逃至高邮城的原伪七区区长马瑞云，命令区队以收税为名大肆进行抢劫。[③]

利用宗教作幌子进行反革命活动是匪特惯用的伎俩。反动会道门道首大都是国民党的残渣余孽，他们的活动与匪特联系紧密，并受匪特的指使。他们极尽造谣之能事，利用宗教活动进行聚会、制订计划、互通情报。各地主要会首纠集会员聚集枪支弹药，做好武装暴动的准备：蔡德法在镇江地区有步枪 30 至 40 支；涟水县朱合玉有 700 至 800 人，20 至 30 支枪，2 挺机枪；泗阳县刘步之有 200 人至 300 人，少量的枪支；两淮反动会道门首要分子马奎、朱纪之有 1 万至 2 万人，也有一定数量的枪支和刀具，其他县的反动会道门也有少量的枪支。他们的主要目标是夺取地方政权，杀害地方干部，抢

① 《苏北军区一九五二年夏季海防剿匪工作总结》（1952 年 8 月 13 日），《剿匪斗争·华东地区》，第 884 页，解放军出版社 2004 年版。

② 《建国初期的高邮湖匪》，《南通文史资料》第 5 辑。

③ 《郭集人民同湖匪的斗争》，《高邮文史资料》第 15 辑。

劫银行和公粮，掠夺人民财产。①

苏北匪特大致可分三类，一是大股匪特武装，如活动于崇、启一带之袁国英、袁国祥部，各有五百至千余人，均为国民党直接指挥与有计划有组织之惯匪；二是小股匪特，人数多寡不等，三五成群，窃据湖沼地区、沿江一带及山区，或我工作薄弱之新区及省界边境接合部，大约三四十股之多。这类小股匪特与国特不全有联系，多为散兵、顽伪人员及自江南流窜过来之散匪与地方恶霸、土匪、流氓、地痞、特务：三是一些零星散匪，在城市与交通要道拦路行窃带强盗行为，但为数较多。②

匪特产生的原因：

1. 国民党有计划的部署

国民党反动派发动反人民战争，被人民力量打败后，幻想挽救其命运，一面乞求美援，一面进行有计划的布置特务，在解放区勾结农村地主、恶霸、封建势力，进行反人民的破坏活动。

2. 大批散兵游勇的存在

解放军渡江后，迅速向南挺进，接连击溃国民党的残余主力，散兵游勇四散逃命。加上对俘虏处理欠当，散兵没有很好的收容，后方革命秩序未能建立，群众尚未发动，特务利用这一弱点，收容散兵、残匪，聚集成群，继续为匪作恶，进行捣乱活动。惯匪、地痞、流氓乘机而起。这类人员在国民党统治时期，就以抢劫为职业。

3. 农村封建势力尚未摧毁，人民觉悟程度低

新解放区受到反动派长期黑暗统治，群众受其长期麻痹、欺骗教育，对中共的政策认识不清，以及对中共力量认识不足，解放军前进时多沿交通要道，多驻城市，广大农村群众没有看见我军力量，易受匪特蒙蔽。

二、剿匪的阶段

对于新解放区的严重匪患，中共中央早有预见，并及时作了部署。1949年3月，毛泽东在党的七届二中全会上指出："在乡村中，则是首先有步骤地开展清剿土匪和反对恶霸即地主当权派的斗争。"③ 4月，毛泽东又指出："剿匪是肃清残余反动力量的一个重要部分，又是保障实施各种政治、经济、文

① 刘童：《淮阴地区剿匪肃特和取缔反动道会门的斗争》，《剿匪斗争·华东地区》，第972页，解放军出版社2004年版。

② 《中共苏北区委、苏北年区关于剿匪工作的指示》（1949年10月19日），《剿匪斗争·华东地区》，第396页，解放军出版社2004年版。

③ 《毛泽东选集》第四卷，第1429页，人民出版社1991年版。

化、国防建设的先决条件。"① 10月1日，朱德总司令向人民解放军发布命令，命令解放军"迅速肃清国民党反动军队的残余，解放一切尚未解放的国土，同时肃清土匪和其他一切反革命匪徒，镇压他们的一切反抗和捣乱行为"②。苏北地区剿匪总的方针是以军事、政治双管齐下，以军事镇压配合政治攻势，军队与地方齐头并进，这也就是军事清剿、政治瓦解、发动群众武装自卫三者的密切结合。这一策略的指导原则是："争取多数，打击少数，利用矛盾，各个击破。"③ 苏北地区的剿匪斗争，是随着解放战争的战略进行而逐步展开的。从总体上看，大致可分为4个阶段：

第一阶段（1949年4月至1949年7月）结合进军和接管，实施初步清剿。1949年4月1日中共中央华东局发出《关于江南新区农村工作的指示》，要求各地"采取政治军事双管齐下的办法，坚决的消灭国民党和地主阶级的反动武装力量，和有步骤有方法的肃清匪患"；强调对土匪应"实行首恶者必办，胁从者不问，立功者受奖的政策，采取以政治瓦解为主，配以军事打击的办法，达到完全消灭的目的"。4月份，苏北军区组织部分地方武装在匪情较为严重的淮阴地区展开清剿，至5月共歼匪170余人，缴获各种枪730余支；6月中旬起，又以淮阴军分区为基础，配合鲁中南第五（台枣）、第六（滨海）军分区及皖北宿县军分区，组成苏、鲁、皖三省剿匪指挥部，共25个连，在三省边界的沭阳、睢宁、邳县、灌云、郯城、兰陵等9县展开军事清剿，半个月基本剿灭公开活动的股匪。

第二阶段（1949年8月至1950年2月）统一部署，全面展开剿匪斗争。经过1949年4月以来的清剿，苏北地区的匪患一度平息，但是随着长江以南广大地区逐步解放，许多原先由苏北外窜逃亡的匪特陆续潜回，加之国民党斗有计划地向苏北派遣武装匪特，匪患又起，8月份全区共有土匪75股、1300余人。针对这种情况中共中央华东局于1949年7月29日发出《关于剿匪工作的指示》，要求各地党政军民对严重的匪患加以高度重视，"凡有土匪特务活动的新解放区，要迅速的动员群众，组织力量，有计划有重点地加紧清剿。"④ 随后，全区围绕恢复和发展生产这一中心任务，开展以搜缴残匪为主要内容的中心工作，组建冬防小组5863个，整理与发展民兵18.8万余人，形成群众性的剿匪热潮。至年底全区又捕捉散匪、潜匪420余人。

第三阶段（1950年3月至1951年6月）陆海并举，重点清剿成股匪特。1950年初，苏北地区的匪特利用当地春荒严重、灾民较多的形势，勾结反动

① 转引自《剿匪斗争·华东地区》，第136-137页，解放军出版社2004年版。

② 《朱德选集》，第269页，人民出版社1983年版。

③ 《苏北军区政治部关于剿匪政治工作的指示》（1949年9月4日），《剿匪斗争·华东地区》，第295页，解放军出版社2004年版。

④ 《剿匪斗争·华东地区》，第118页，解放军出版社2004年版。

会道门、地主恶霸和反革命分子，煽动、胁迫灾民抢粮事件120余起，损失公粮近200吨，伤亡群众40余人。就1951年1月份而言，苏北全区有匪73股、929人，其中淮阴有33股、437人，泰州27股、340人，流窜抢劫，暗杀干部，袭击民兵，夺取枪支，活动甚是猖獗。针对各地匪势有所抬头现象，中共苏北区委、苏北军区于4月上旬联合发出关于抓紧时间继续贯彻剿匪斗争的指示，要求各地整顿民兵组织，结合生产救灾开展群众性的剿匪运动，限期肃清匪患。苏北军区经过1950年冬天的大力清剿，获得很大成绩，沉重打击了匪焰。根据不完全统计，1950年淮阴区共剿灭匪特工9股共464人，逮捕会道门道首50余人，缴获长短枪1200余支，破获匪特和会道门组织暴动案件20余起，较大的案件8起，其中有国民党“中统”、“军统”、“国防部”的特务案件4起。

第四阶段（1951年7月至1953年12月）调整力量，肃清残余匪特。经过第三阶段的重点清剿，该地区的股匪已经肃清，残余匪特隐蔽于江河、湖泊、草荡及县区接合部等处，力图逃避清剿，待机再起。针对这一变化，华东军区于1951年6月28日向各军区发出《关于深入贯彻肃清散匪工作的指示》，指出“整个剿匪工作已经由大张旗鼓的剿灭股匪，进到精雕细刻的肃清散匪的转化时期”，各清匪部队应充分认清“肃清散匪仍是今后一个比较长期的、复杂细腻的斗争任务，应经常保持部队执行清匪任务的积极性”，要求各级剿匪武装重视思想领导与教育，防止自满松懒的情绪，进一步加强联防，注意政治瓦解工作，加强人武工作的领导。①

1952年10月，中央军委发布命令，将苏南、苏北军区合并组建为江苏军区。江苏军区成立后，继续加强对剿匪治安工作的领导。1952年全省歼匪700余人，1953年又捕获散匪159人，剩下的89名匪特全部落网。②

三、剿匪的经验总结

苏北匪患由来已久，历届政府均实行过剿匪，均无明显效果。新生的人民政权，仅用三年时间，就彻底根除匪患，创造了奇迹。这一奇迹的取得，其根本原因还在于人民政府代表人民利益，对危害国民的匪特实行坚决剿灭的政策。同时，还在于人民政府在剿匪过程中，不断总结经验，制定和实施正确的政策和措施：

1. 在特定的时候把剿匪斗争放在重要的战略地位，作为各项工作的中心。剿匪斗争关系到新中国革命和建设事业的全局，在解放战争战略追击的作战

① 《剿匪斗争·华东地区》，第760页，解放军出版社2004年版。

② 《剿匪斗争·华东地区》，第44页，解放军出版社2004年版。

任务基本完成之后，必须把剿匪作为一项重要任务来抓。只有坚持以剿匪斗争为中心，下大力气抓好这一斗争，才能有效地保证其他各项工作的顺利进行。早在剿匪斗争刚开始时，中共中央华东局就明确表示：加强新区农村工作，是目前华东全党具有头等重要意义的任务，而清剿匪特，又是安定社会秩序以及开展农村工作的先决条件。正确执行宽大与镇压政策，中共的基本政策是“首恶必办，胁从不问，立功受奖”①，宽大与镇压正确的结合，基本上以宽大为主。但必须结合一定的镇压，如果只宽大不镇压，不但不能镇压匪特气焰，同时会使群众不满，但是镇压过分会使匪特内部凝聚力加强，使群众恐怖，因此会脱离群众。

2. 注意结合本地区的实际，认真贯彻有关剿匪斗争的方针和政策。剿匪斗争是一场包含军事、政治、经济乃至文化等方面的错综复杂的综合性斗争，这就要求各地必须坚定不移地贯彻执行中共中央、中央军委为剿匪斗争制定的有关方针、政策，注意结合本地区的具体情况，创造性地加以灵活运用，充分发挥其巨大威力，达到保证剿匪斗争取得全胜的目的。剿匪斗争的总方针是“军事进剿、政治瓦解、发动群众武装自卫三者密切结合”。各部队在清剿过程中，一方面强调必须坚决地、自始至终执行这一方针，另一方面又注意区分不同情况，灵活加以运用。

3. 实行一元化的领导，最大限度地发挥整体力量的优势。中国共产党和人民军队历来具有在大局下协同配合的优良传统。发挥整体力量的优势，必须建立一元化的领导机构。剿匪斗争不仅是艰苦的军事斗争，更是复杂的政治斗争，涉及军队和地方各级党委、政府、公安，人武等部门的方方面面。苏北军区的党政军领导对此十分重视，先是要求各地组织坚强有力的军政干部，组成统一的剿匪指挥机构，做到统一步骤，协同动作后又明确要求各地建立与加强以地方党委为核心的剿匪委员会，集中领导，使得剿匪力量的作用得到充分发挥。

4. 针对剿匪斗争的特点，大力加强剿匪战术的研究与指导。进剿土匪与同国民党正规军的作战，在作战样式、作战手段等方面都有很大区别，而剿匪部队一时还难以完全改变打大仗的习惯。为此，各级领导注意研究土匪活动特点，并根据匪情的变化，适时发出有关指示，进行战术思想上的具体指导。各剿匪部队也坚持在斗争实践中加强学习和探索，研究和改进剿匪战术，逐步掌握许多行之有效的战法。

5. 及时进行坚强有力的思想政治工作，为部队顺利完成剿匪任务提供有力的保障。剿匪斗争是在解放战争战略追击不断获胜，新民主主义革命即将

① 《华东军区司令部关于剿匪工作经验的初步总结》（1950 年 1 月 23 日），《剿匪斗争·华东地区》概述第 295 页，解放军出版社 2004 年版。

取得全面胜利的大好形势下展开的。必须及时进行强有力的思想政治教育和服务保障，帮助部队尽快适应形势和任务的转变，才能保证剿匪斗争不断取得胜利。例如剿匪斗争刚开始时，部队中往往会出现“国民党军的主力都被歼灭了，几股乌合之众算不了什么”思想，以及尽早结束的急躁情绪。针对这些思想反映，各级领导注意引导大家认清青武装匪特的凶残本性，明确土匪不是“一冲即垮，一剿就完”，必须经过长期的、艰苦的努力才能取得这场斗争的全胜。

四、结语

苏北剿匪的胜利，使得社会秩序日益稳定，社会风气焕然一新。过去常有土匪拦路抢劫，打家劫舍，残害百姓，人民生活不得安宁。经过剿匪，肃清了匪患，收缴了匪枪，人民对反动分子实行了管制，社会秩序日益稳定，人民安居乐业。同时，广大农村办起夜校，群众积极参加学习，开展各种健康的文体活动。勤劳朴素，助人为乐的风尚形成，农村中遗留下来的不良旧习惯也得到改造，城乡面貌大为改观。

苏北剿匪的胜利，纯洁了基层组织，锻炼了干部，巩固了新生的人民政权，加快了土改进程，激发了群众的生产积极性和爱国热情，为经济建设创造了良好的环境，使在剿匪时期已开始的土地改革运动得到迅速发展。

邓小平与西南剿匪

西南地区土匪众多，历史上没有少过三万。四川有的地方是土匪窝子，以前把那些地方的老百姓叫“匪民”。成都以北岷江地区以前是土匪猖獗的地方，过去一个人不敢背着包袱走路。

“国民党反动派在淮海战役失败后，就着手进行其所谓游击战争的准备工作，四川一省就训练了所谓游击干部达五千人之多。”① 1949 年 8 月国民党国防部保密局制定了《关于扩展游击工作纲要》，明确规定“成立联络组，联络我区地方团体及警察，尤以本局同志掌握之团队与警察与下层社团、绿林土匪等予以秘密组织，以为陷匪后之游击力量。但予组织之先必须严密考核，选择反共意志坚强、确能于陷匪后立足者方可进行。……协助我区地方团体、警察□□、绿林土匪等，本局不于任何名□□械弹粮服等大补给，但可酌量其实际情形拨发电台。”② 因此西南土匪从一开始就带着明显的政治土匪性质。

解放军进四川前后西南地区的土匪分布如下：

川西及川康边境的主要股匪是：程志武（惯匪头子）、郭保之（曾任国民党二十四军联防队长、旅长，时任“反共救国军”第一纵队队长）、乔子均（袍哥头子、时任“川康挺进军”第五纵队司令）、李泽如（惯匪头子，曾任温江、崇庆、双流三县的“联防主任”、国民党十二军团长，起义后叛变）、黄光辉（曾任反共的“人民协作军”纵队长，时任“川康边区挺进二纵队”司令）、刘仕奎（特务、大恶霸地主，时任“解放人民军司令”）、刘树成（曾任雷马屏守备司令，时任“反共救国军司令”以及女匪［赵］洪文国等。南京政府国防部曾派人参加黄光辉与郭保之组织土匪的会议。

川北岳池股匪严勋是国民党县党部执行委员。南充市匪首胡伯洲奉胡宗南之命在四川境内组织“中国国民党四川省救民义军”，后在川北策划特务骚动。

川东股匪主要是：活动在南川以南地区的张国清三千余人（自称“川黔人民自卫救国军”司令，纠合张忠、张道华、邓友伯等匪部）、盘踞于龚滩一

---

① 《关于西南军事情况的报告》，《邓小平军事文集》第二卷，第 287–288 页，军事科学出版社、中央文献出版社 2004 年版。

② 《剿匪斗争 · 西南地区》，第 1218 页，解放军出版社 2002 年版。

带的陈铨、张忠德股匪三千余人。另在大竹分区有股匪王志仁（曾任国民党军营长，时任“国防部第一挺进军”首领）。

邓小平晚年回顾二野历史时说：“淮海战役一打完，以后就没有什么大仗了。渡江作战后，除了三野在上海打了一仗以外，其他的算得了什么大仗？……真正打了一场的是剿匪战斗，打得很漂亮”，消灭了九十万土匪。①

邓小平认为，“在政治上来说，民国以来四川从未统一过，抗战期间只是形式上的统一。多年的封建军阀割据，封建势力根深蒂固，更甚于河北、山东。封建阶级武装数量很多。封建势力、军阀、土匪三者结合，加上流氓势力，将是我们工作中的强大敌人。我们在思想上要准备面对这样一个强大的封建敌人，应估计到国民党在那里利用封建势力进行的法西斯统治。”② 同时鉴于各个解放区的历史经验和国民党对于西南的布置，邓小平领导的中共中央西南局在成都周围大战方告结束时就指出了以国民党特务为骨干的土匪骚扰必然发展，因而提出了准备打第二仗的方针。

四川解放后，青年党、民社党分子策划了驻崇庆的原国民党九十五军与土匪勾结的叛乱事件。青年党头子杨文彬与郭保之一起进攻邛崃县城。

1950 年 2 月 5 日，由袍哥土匪组成的“川西人民反共救国军”游击纵队龙潭寺支队近万人在成都西南龙潭寺发动暴乱，杀害解放军一七八师政治部主任朱向璃等干部战士 50 余人。随即在郫县、崇宁、蒲江、灌县、崇庆、大邑等 7 县也发生了武装叛乱。匪势严重时曾发展到 24 万余人，包围我县城 17 座，并占领了温江、崇庆、郫县、金堂、新繁等多座县城，切断由成都向外延伸的 7 条公路。土匪有句口号“只打山东人”，泛指从外省来的革命干部。1950 年春，潜伏在贵州的国民党匪特乘解放军主力自黔入川进滇，利用其掌握的哥老会袍哥等封建组织和民间枪支发动叛乱。至三四月间全省匪乱达到高潮，武装土匪多达十二三万人，杀害我军政人员二千余人，占据县城 31 个。占贵州地主阶级百分之四十的恶霸绝大多数当了土匪。

当土匪蜂起时，解放军进入指定地区时间较晚，地形人情当未摸熟，群众发动尚需时间，苦无情报，故剿匪工作一时难以获得显著成绩，在二月份仅歼灭土匪两万余人。

1950 年 2 月 9 日邓小平在中共中央西南局会议做报告时指出：“剿匪反霸，这是反对封建阶级的当权派，但当前的中心口号是剿匪生产。”③ 他在报告提纲中写道：“土匪，特别是政治性的反动武装正在繁殖，剿匪工作必须全

① 《对二野历史的回顾》，《邓小平军事文集》第三卷，第 328 页，军事科学出版社、中央文献出版社 2004 年版。

② 《克服西南困难要掌握好三个法宝》，《邓小平军事文集》第二卷，第 264 页，军事科学出版社、中央文献出版社 2004 年版。

③ 《邓小平年谱 1904—1974》中，第 897 页，中央文献出版社 2009 年版。

盘计划，严密布置，认真进行。仍然采取以政治为主、军事为辅的方针，采取首恶必办、胁从不问、立功受奖的政策。对首恶不办是不对的。”①

2月15日西南军区的剿匪指示说，“最近各地匪特开始猖獗，剿匪部队均已展开，并开始获得成绩，这是西南全区新斗争形势中新的大战役的开始。……首先要根据邓政委在西南局会议报告提纲精神，布置剿匪工作，确定一个较常时期剿匪之方针，应充分说明非彻底全部消灭所有匪特决不停止。要动员所有部队及地方工作同志以不受时间限制的精神，克服任何困难与一切怕疲劳的情绪，来进行这一艰苦复杂的斗争。”②

2月18日邓小平给刘少奇并中共中央的书面报告中说：“当前西南的基本情况是：国民党匪特和封建阶级（包括地主、恶霸、帮会、土匪）正展开全面地反抗革命的斗争。其特点如同其他新区一样，一开始就带着剧烈的武装斗争的性质，其形式是到处土匪蜂起，有的地方已开始有会门活动，而且表现出明显的政治性质。他们的口号主要是抗缴公粮，提出‘饿死不如战死’的口号。他们制造共产党要抓丁、收民枪、打第三次世界大战的舆论，提出‘死在异乡不如死在本乡’的口号，提出‘专打北方人（或外乡人）不打本地人’，‘打穿军衣戴帽花的，不打穿便衣和不戴帽花（指起义投诚的国民党军）的’。他们的行动着重于破坏工厂，抢劫公粮公盐，并提出‘开仓济贫’的口号。这些口号也确动员了部分贫民参加。据现有材料，反革命武装川东区约有三万人，川南区约有两万余人，川北、川西、西康、贵州的反革命武装刻均甚猖獗。由于土匪的猖獗，不但严重地影响了公粮的征收，而且严重地影响了城乡的交流，这成为近日重庆、成都等城市物价大涨的重要原因之一。所以剿匪已成为西南全面的中心任务，不剿灭土匪，一切无从着手。……现各省、区军区正在布置，……刻正进行动员和组织工作，总要经过短期之后才能见效。”③

云南的土匪自新登记处

---

① 《在中共中央西南局委员会第一次会议上的报告提纲》，《邓小平西南工作文集》，第95页，中央文献出版社、重庆出版社2006年版。

② 《剿匪斗争·西南地区》，第90页。

③ 《目前剿匪已成为西南全面工作的中心任务》，《邓小平军事文集》第二卷，第284-285页，军事科学出版社、中央文献出版社2004年版。

2月27日邓小平在西南及重庆各民主党派负责人座谈会上发表讲话时说："肃清土匪特务是一个严重的斗争，我们的方针是'不可不杀，但更不可多杀'。我们的剿匪方针是军事与政治相结合，这个方针的正确性，已为各个战略区的经验所证明，以之运用于西南，我们相信必能收到同等的效果。"① 针对贵州土匪"在共产党这里抢三次五次是不要紧的，再多了就不行"的嚣张言论，邓小平提出："现在好像把镇压这方面丢了，把首恶必办也丢了，结果是非不辨，界限不明。如果当了土匪、抢了人也可以回来安居乐业不受惩罚，这是危险的。我们不是不杀，但不能乱杀。……假使土匪们都来抢三次五次，试想社会秩序会成什么样？乐山三十几个干部被土匪击伤二十个，我们部队赶到后，捉住了三十个土匪，但一个也不杀，这还有什么是非呢？璧山、大竹、铜梁捉住了好几百人，为什么不枪毙几个呢？他们持枪反革命，杀干部，为什么不可以杀呢？要杀几个，群众才敢报告，才能孤立土匪，对最坏的要打得最坚决，这样土匪是不会不怕的。现在就是永川土匪和庹贡庭两股匪比较大一些，杀几个就可以使他们不敢猖狂了。"②

贵州安顺剿匪事迹展览

① 《邓小平年谱1904—1974》中，第901页，中央文献出版社2009年版。

② 《邓小平西南工作文集》，第119-120页，中央文献出版社、重庆出版社2006年版。

广西剿匪标语

6 月 13 日邓小平在起草中共中央西南局复贵州省委的电文时明确提出了处理土匪队伍的意见：“只能令其投诚，不能接受改编等条件。投诚后，对于土匪首领个人可给以适当安排给予工作和改过之路，罪恶重大者亦可减轻处分，但须视其表现好坏而定。在争取过程中，你们可以适当的与军事打击相配合。”①

1951 年广西融县剿匪功臣合影

在邓小平为首的中央西南局的直接领导下，西南剿匪进展顺利。1951 年 1 月 6 日西南军区向毛泽东主席和中央军委报告；“一年来……歼匪数字已近 85 万人。缴获各种炮 790 余门，轻重机枪 3700 余挺，长短枪 40 余万支，……重要匪首基本上都已落网。并在剿匪过程中建立了十余万人民武装

① 《邓小平年谱 1904—1974》中，第 920 页，中央文献出版社 2009 年版。

自卫队，革命秩序已臻巩固。”①

2月20日邓小平进一步指出：西南土匪经过清剿，已经消灭八十七万，抓获几万个土匪头子，“剩下的一些主要在广西边界，更主要的在靠近东南亚越南、缅甸的边界。……全西南还有不到一百个土匪头子没有捉到。……至于残余土匪，很快在国防线上就可以肃清。”②

2月，毛泽东亲自批转了西南军区的剿匪报告，向全国推广西南剿匪的经验。经过人民解放军的英勇奋战，至1951年6月全歼四川土匪3000余人，基本平息了四川匪乱；同年夏秋之间又悉数消灭贵州股匪，解放贵州所有县城。

西南地区剿匪斗争的彻底胜利标志着危害中国大地的百年匪患终告结束。

---

① 《1949—1952中华人民共和国经济档案资料选编》农村经济体制卷，第182页，社会科学文献出版社1992年版。

② 《一九五〇年主要工作情况》（1951年2月20日），《邓小平西南工作文集》第341-342页，中央文献出版社、重庆出版社2006年版。

参考书目

蔡少卿主编．民国时期的土匪．中国人民大学出版社，1993

曹保明．东北土匪考察手记．时代文艺出版社，1999

邵　雍．民国绿林史．福建人民出版社，2001

彭先国．民国湖南土匪史探．岳麓书社，2002

邵　雍．中国近代绿林史．福建人民出版社，2004

冉光海．中国土匪．重庆出版社，2004

[英] 贝思飞著．徐有威译．民国时期的土匪（修订版）．上海人民出版社出版，2010

徐有威，[英] 贝思飞主编．洋票与绑匪——外国人眼中的民国社会．上海古籍出版社，1998

徐有威，[英] 贝思飞主编．我和土匪在一起的日子：民国匪案洋人亲历记．团结出版社，2009

中国近代土匪实录（上、中、下）．群众出版社，1992

中国人民解放军历史资料丛书．剿匪斗争·东北地区．解放军出版社，2001

中国人民解放军历史资料丛书．剿匪斗争·华北地区．解放军出版社，2001

中国人民解放军历史资料丛书．剿匪斗争·西南地区．解放军出版社，2002

中国人民解放军历史资料丛书．剿匪斗争·西北地区．解放军出版社，2003

中国人民解放军历史资料丛书．剿匪斗争·华东地区．解放军出版社，2004

中国人民解放军历史资料丛书．剿匪斗争·中南地区．解放军出版社，2006

后 记

本书是本人在以前出版的《民国绿林史》、《中国近代绿林史》的基础上研究的深化。就选题范围而言，进一步缩小到土匪，与中国共产党有过历史交往的绿林人物不是本书研究的重点，基本不予提及。

本书同时是多年来本科生与研究生课程教学的结晶，收录了若干篇学生的论文。其中研究生写的论文均经过了课堂讨论，根据同学及本人的意见，由原执笔人认真修改后才最终定稿的，在某种程度上体现了上海师范大学文科教学的一般水平。

本书是上海市第四期本科教育高地上海师范大学历史学科规划项目，也是上海市重点学科中国近现代史（S30404）、上海市普通高校人文社科重点研究培育基地中国近代社会研究中心（SJ0703）的研究成果。

中共中央党史研究室有关专家对书稿进行了认真的审读，提出了具体的修改意见，合肥工业大学出版社副社长朱移山先生对书稿进行了认真细致的加工，在此一并表示衷心的感谢！

邵 雍

2011 年 11 月 3 日

图书在版编目(CIP)数据

中国近代土匪史/邵雍等著. —合肥:合肥工业大学出版社,2012.4
ISBN 978-7-5650-0686-9

Ⅰ.①中… Ⅱ.①邵… Ⅲ.①土匪—史料—研究—中国—近代
Ⅳ.①D693.98

中国版本图书馆 CIP 数据核字(2012)第 035149 号

中国近代土匪史

邵 雍 等著　　　　责任编辑 朱移山

出 版	合肥工业大学出版社	版 次	2012 年 4 月第 1 版
地 址	合肥市屯溪路 193 号	印 次	2012 年 4 月第 1 次印刷
邮 编	230009	开 本	710 毫米×1010 毫米 1/16
电 话	总编室:0551-2903038	印 张	25
	发行部:0551-2903198	字 数	448 千字
网 址	www.hfutpress.com.cn	印 刷	合肥现代印务有限公司
E-mail	hfutpress@163.com	发 行	全国新华书店

ISBN 978-7-5650-0686-9　　　　定价: 48.00 元